智能教育技术与应用

李建伟　姬艳丽　文福安　编

北京邮电大学出版社
www.buptpress.com

内 容 简 介

本教材系统介绍了智能教育技术的基础知识，涵盖理论与应用案例。本教材内容包括智能教育的概念、任务、特征、发展历程、关键技术、典型应用、面临的挑战及与智慧教育的关系；智能教育的理论基础，如建构主义学习理论、具身认知理论、智慧教育理论和计算教育学理论；智能教育的技术基础，包括人工智能、云计算和大数据技术。本教材还详细介绍了教育知识图谱、学习者画像、自适应学习、计算机自适应测验、智能评阅、智能问答、智能沉浸式学习环境和多模态学习分析的构建与应用。最后，本教材展望了生成式人工智能、元宇宙、脑机接口和区块链等未来智能教育技术的发展趋势。

本教材可以作为高等院校教育学、教育技术学等专业的教材，也可供相关教师、研究生、研究人员和开发人员参考。

图书在版编目（CIP）数据

智能教育技术与应用 / 李建伟，姬艳丽，文福安编.
北京：北京邮电大学出版社，2024. -- ISBN 978-7-5635-7414-8
Ⅰ.G40-057
中国国家版本馆 CIP 数据核字第 2025U30Z32 号

策划编辑：彭 楠　　责任编辑：彭 楠　蒋慧敏　　责任校对：张会良　　封面设计：七星博纳

出版发行	：北京邮电大学出版社
社　　址	：北京市海淀区西土城路 10 号
邮政编码	：100876
发 行 部	：电话 010-62282185　传真：010-62283578
E-mail	：publish@bupt.edu.cn
经　　销	：各地新华书店
印　　刷	：保定市中画美凯印刷有限公司
开　　本	：787 mm×1 092 mm　1/16
印　　张	：19
字　　数	：483 千字
版　　次	：2024 年 12 月第 1 版
印　　次	：2024 年 12 月第 1 次印刷

ISBN 978-7-5635-7414-8　　　　　　　　　　　　　　　　　　　　　　　　定价：58.00 元

・如有印装质量问题，请与北京邮电大学出版社发行部联系・

前　言

　　自 2011 年以来,移动互联网、大数据、虚拟现实、新一代人工智能等新技术正在向教育的各个领域渗透,已经对传统的课堂教学结构、教学模式、教育评价产生了深远影响。教育信息化从数字化到智能化的阶梯式发展趋势日益明显,尤其是以深度神经网络为代表的新一代人工智能技术,呈现出深度学习、跨界融合、人机协同、群智开放和自主操控等新特点,成为推动社会进步的重要动能。人工智能不但促进了教育理论的创新发展,如智慧教育理论、计算教育学等,而且还广泛应用于自适应学习、自动测评、课堂评价、数据决策、智能治理等场景,促进了教育创新与变革。

　　《智能教育技术与应用》是教育学新兴前沿技术的学科交叉课程"智能教育技术"的配套教材。由于"人工智能+教育"尚处于初始阶段,且发展速度非常快,所以国内外与之配套的教材非常少。例如:国内的朱佳等编著的《智慧教育技术与应用》;李艳燕编著的《人工智能教育应用》;陈凯泉等著的《人工智能教育应用的理论与方法》;袁振国主编的"人工智能与智能教育"丛书,这套丛书共计 24 本,全部为专著,丛书定位于高水平科学普及。这些图书基于作者最新的研究成果,分别从不同视角对智能教育进行了深入阐述,具有很高的参考价值,但是,这些图书并不适合作为教材,主要原因是这些专著对智能教育的理论、技术和应用介绍得不够全面和系统,往往是对某一领域的深入研究,例如,《智慧教育技术与应用》主要介绍了教育知识图谱构建及其表征学习的相关理论,以及目前基于教育知识图谱的三大应用方向,即教育问答、认知诊断和作文批改。

　　此外,通过网络搜索,在国外找到一本与智能教育相关性较高的教材 *Artificial Intelligence in Higher Education: A Practical Approach*,该教材由普拉塔梅什·帕德马卡尔·丘里、舒巴姆·乔希、穆罕默德·埃尔霍索尼和阿米娜·奥姆拉内编写,于 2022 年出版。该教材强调了人工智能在教育中的广泛应用,涉及与教育相关的任何类型的人工智能。该教材具体讨论了学习方法、智能导学系统、智能学生指导和评估、智能教育聊天机器人和人工导师,并介绍了人工智能在教育中的实用性和适用性。该教材提供了最新的研究成果,并展示了最新技术和教育活动的案例研究,具有很高的参考价值。但是,该教材没有对智能教育的理论基础、技术基础以及智能沉浸式学习环境等内容给出详细的介绍,尤其是以 ChatGPT 为代表的生成式人工智能将对教育带来颠覆性的变革,该教材由于出版时间早于 ChatGPT 的出现时间,所以,也没有介绍与之相关的内容。

本教材与国内外同类教材或著作相比，具有以下四个特色或创新。

（1）智能化新形态教材。本教材利用人工智能技术，构建课程知识图谱，实现教材内容的动态更新、自适应推荐、智能互动等功能，为读者提供个性化、智能化的学习体验。

（2）理论与实践相结合。本教材不仅介绍了智能教育技术的理论基础、技术基础和发展趋势，而且还展示了智能教育技术在各个教育场景中的具体应用和实践案例，如学习者画像、自适应学习、自适应测验、智能问答、智能评阅、智能沉浸式学习环境等。

（3）跨学科融合。本教材深入挖掘了教育学与计算机科学与技术、人工智能等学科的交叉融合点，从多个视角探讨了智能教育技术对教育理论、教育模式、教育评价、教育变革等方面的影响和启示。本教材体现了北京邮电大学教育学学科的特色和优势，同时也拓展了读者的知识视野和学习领域。

（4）突出前沿性与时效性。本教材紧跟人工智能技术的最新发展动态和研究成果，及时反映了人工智能技术在教育领域的最新应用和创新案例，如生成式人工智能、数字孪生、教育元宇宙等。本教材具有很强的前沿性和时效性，可以帮助读者了解人工智能技术在教育领域的最新进展和未来趋势。

本教材的编写得益于北邮-润尼尔虚拟现实创新技术与应用联合实验室的资助和北京邮电大学教育技术研究所的大力支持。李建伟负责本教材内容结构的整体设计，并编写了第1~9章；姬艳丽编写了第11~12章；文福安编写了第10章。孙燕莲为本教材提供了第10章的部分案例，李青和张茹为本教材提出了很多宝贵的意见。另外，在本教材的编写过程中，武佳惠、石斯瑾、徐明芮、田心怡等4位研究生为本教材提供了许多宝贵的参考资料，并进行了全书的校对工作。最后，本教材还参考了相关技术的官方文档和大量的互联网资源。在此，向有关单位、作者表示由衷的感谢，并尽量在参考文献部分一一列出，若有遗漏和不妥之处，敬请相关作者指正。

由于编者水平有限，书中难免存在不足之处，敬请读者批评指正。

李建伟
2024年6月

目　　录

第1章　智能教育概述 ……………………………………………………………… 1
1.1　智能教育的概念、任务与特征 …………………………………………… 1
1.1.1　智能教育的概念 ……………………………………………………… 1
1.1.2　智能教育的任务 ……………………………………………………… 2
1.1.3　智能教育的特征 ……………………………………………………… 3
1.2　智能教育的发展历程 ……………………………………………………… 4
1.2.1　人工智能的三次浪潮 ………………………………………………… 4
1.2.2　教育信息化的发展历程 ……………………………………………… 5
1.3　智能教育的关键技术 ……………………………………………………… 6
1.4　智能教育的典型应用 ……………………………………………………… 6
1.5　智能教育面临的挑战 ……………………………………………………… 8
1.6　智能教育与智慧教育的关系 ……………………………………………… 10
本章小结 …………………………………………………………………………… 11
习题 ………………………………………………………………………………… 12
参考文献 …………………………………………………………………………… 12

第2章　智能教育的理论基础 …………………………………………………… 13
2.1　建构主义学习理论 ………………………………………………………… 13
2.1.1　建构主义的知识观 …………………………………………………… 13
2.1.2　建构主义的学习观 …………………………………………………… 14
2.1.3　建构主义的学生观 …………………………………………………… 14
2.1.4　建构主义的教学观 …………………………………………………… 15
2.2　具身认知理论 ……………………………………………………………… 18
2.3　智慧教育理论 ……………………………………………………………… 22
2.3.1　智慧教育的起源 ……………………………………………………… 22
2.3.2　智慧教育的图式建构 ………………………………………………… 23
2.3.3　智慧教育的三种境界 ………………………………………………… 24
2.3.4　智慧教育的本质特征 ………………………………………………… 26
2.3.5　智慧教育的体系架构 ………………………………………………… 26
2.4　计算教育学理论 …………………………………………………………… 28
2.4.1　起源与概念 …………………………………………………………… 28

  2.4.2 关键问题与核心任务 29
  2.4.3 研究范式 30
本章小结 35
习题 35
参考文献 36

第3章 智能教育的技术基础 38

 3.1 人工智能技术 38
  3.1.1 机器学习概述 39
  3.1.2 监督学习 41
  3.1.3 无监督学习 42
  3.1.4 深度学习 45
  3.1.5 强化学习 48
 3.2 云计算技术 50
  3.2.1 云计算技术概述 51
  3.2.2 云计算架构 54
 3.3 大数据技术 58
  3.3.1 大数据技术概述 58
  3.3.2 大数据的数据源 60
  3.3.3 大数据技术的教育应用 61
  3.3.4 大数据处理流程及技术 62
  3.3.5 Hadoop简介 64
本章小结 66
习题 67
参考文献 67

第4章 教育知识图谱 69

 4.1 知识图谱简介 69
  4.1.1 知识抽取 71
  4.1.2 知识融合 72
  4.1.3 知识推理 73
 4.2 知识图谱的表示学习 74
  4.2.1 距离模型 74
  4.2.2 翻译模型 75
  4.2.3 语义匹配模型 76
  4.2.4 神经网络模型 77
 4.3 教育知识图谱简介 79
  4.3.1 教育知识图谱的概念 79
  4.3.2 教育知识图谱的分类 80

4.3.3 教育知识图谱的技术框架 ·· 81
4.4 教育知识图谱的构建 ··· 82
4.4.1 知识本体构建 ·· 83
4.4.2 命名实体识别 ·· 84
4.4.3 实体关系挖掘 ·· 85
4.4.4 知识融合 ·· 86
4.4.5 知识加工 ·· 89
4.5 教育知识图谱的应用 ··· 91
4.5.1 学科知识点查询 ·· 91
4.5.2 学情分析与评价诊断 ·· 92
4.5.3 学习者画像构建 ·· 92
4.5.4 学习资源推荐 ·· 92
4.5.5 个性化学习路径规划 ·· 93
4.5.6 知识问答系统 ·· 93
本章小结 ·· 94
习题 ·· 94
参考文献 ·· 95

第5章 学习者画像 ·· 96

5.1 学习者画像概述 ··· 96
5.1.1 学习者电子档案袋 ·· 97
5.1.2 学习者模型 ·· 97
5.1.3 用户画像 ·· 98
5.1.4 学习者画像 ·· 98
5.2 认知风格建模 ··· 100
5.2.1 认知风格模型 ·· 100
5.2.2 认知风格识别方法 ·· 101
5.2.3 认知风格自动识别方法 ·· 102
5.3 知识追踪建模 ··· 103
5.3.1 基于马尔可夫过程的知识追踪模型 ·· 103
5.3.2 基于逻辑回归的知识追踪模型 ·· 104
5.3.3 基于深度学习的知识追踪模型 ·· 105
5.4 情感状态建模 ··· 108
5.4.1 学习者情感模型 ·· 109
5.4.2 学习者情感状态识别方法 ·· 109
5.5 学习者画像的应用 ··· 115
5.5.1 学习者画像实现流程 ·· 115
5.5.2 基于大数据分析的在线学习者画像案例 ·· 117
本章小结 ·· 122

| 习题 | 123 |
| 参考文献 | 123 |

第6章 自适应学习 125

- 6.1 自适应学习系统的发展历程 125
- 6.2 自适应学习系统的模型 127
  - 6.2.1 领域模型 128
  - 6.2.2 学习者模型 128
  - 6.2.3 教学模型 129
  - 6.2.4 接口模型 130
- 6.3 自适应学习系统的框架 130
- 6.4 个性化学习推荐技术 132
  - 6.4.1 个性化推荐模型概述 132
  - 6.4.2 基于知识图谱深度知识跟踪与强化学习的推荐模型 133
  - 6.4.3 个性化学习推荐模型评估 136
- 6.5 自适应学习系统的应用 137
  - 6.5.1 Knewton 自适应学习系统 137
  - 6.5.2 大学英语自适应学习系统 143
- 本章小结 147
- 习题 147
- 参考文献 148

第7章 计算机自适应测验 151

- 7.1 传统计算机自适应测验概述 151
  - 7.1.1 项目反应理论 152
  - 7.1.2 计算机自适应测验系统 154
- 7.2 认知诊断计算机自适应测验 156
  - 7.2.1 认知诊断模型 157
  - 7.2.2 认知诊断计算机自适应测验系统 159
- 7.3 计算机自适应测验题库构建 160
  - 7.3.1 传统 CAT 的在线标定方法 161
  - 7.3.2 CD-CAT 的在线标定方法 162
  - 7.3.3 在线标定方法总结 163
- 7.4 计算机自适应测验选题策略 164
  - 7.4.1 传统 CAT 的选题策略 164
  - 7.4.2 CD-CAT 的选题策略 166
- 7.5 计算机自适应测验终止规则 169
  - 7.5.1 CAT 变长终止规则 170
  - 7.5.2 CD-CAT 变长终止规则 170

7.6 计算机自适应测验的应用 ……………………………………………………… 171
本章小结 ……………………………………………………………………………… 173
习题 …………………………………………………………………………………… 173
参考文献 ……………………………………………………………………………… 174

第 8 章 智能评阅 ………………………………………………………………… 175

8.1 智能评阅概述 …………………………………………………………………… 175
 8.1.1 智能评阅简介 ……………………………………………………………… 175
 8.1.2 智能评阅的理论依据 ……………………………………………………… 176
 8.1.3 智能评阅的相关技术 ……………………………………………………… 176
8.2 智能评阅的关键技术 …………………………………………………………… 179
 8.2.1 作文自动评分 ……………………………………………………………… 179
 8.2.2 语法错误纠正 ……………………………………………………………… 181
8.3 智能评阅模型构建 ……………………………………………………………… 182
 8.3.1 融合多层次语义特征的自动评分模型 …………………………………… 182
 8.3.2 GECToR 语法错误纠正模型 ……………………………………………… 186
8.4 智能评阅系统的应用 …………………………………………………………… 191
 8.4.1 句酷批改网 ………………………………………………………………… 191
 8.4.2 智能口语评测系统 ………………………………………………………… 193
8.5 智能评阅的未来发展趋势与挑战 ……………………………………………… 194
 8.5.1 智能评阅的未来发展趋势 ………………………………………………… 194
 8.5.2 智能评阅面临的挑战和问题 ……………………………………………… 195
本章小结 ……………………………………………………………………………… 196
习题 …………………………………………………………………………………… 196
参考文献 ……………………………………………………………………………… 197

第 9 章 智能问答 ………………………………………………………………… 199

9.1 智能问答概述 …………………………………………………………………… 199
 9.1.1 智能问答的定义及分类 …………………………………………………… 199
 9.1.2 智能问答的发展历程 ……………………………………………………… 201
9.2 智能问答关键技术 ……………………………………………………………… 203
 9.2.1 问题理解 …………………………………………………………………… 203
 9.2.2 基于知识图谱的实体答案推理 …………………………………………… 204
 9.2.3 自然答案生成 ……………………………………………………………… 205
9.3 智能问答的数据集和评测标准 ………………………………………………… 206
 9.3.1 智能问答的常用数据集 …………………………………………………… 206
 9.3.2 智能问答的评测指标 ……………………………………………………… 208
9.4 智能问答系统构建与应用 ……………………………………………………… 209
 9.4.1 课程知识图谱构建 ………………………………………………………… 209

     9.4.2 命名实体识别 214
     9.4.3 问句文本分类 216
     9.4.4 实现和应用 217
   9.5 智能问答的未来发展趋势与挑战 220
   本章小结 220
   习题 221
   参考文献 221

第10章 智能沉浸式学习环境 224

   10.1 沉浸式学习的理论基础 224
     10.1.1 沉浸式学习概述 224
     10.1.2 沉浸式学习理论支持 225
   10.2 沉浸式技术 228
     10.2.1 沉浸式技术的概念 228
     10.2.2 沉浸式技术的分类 229
     10.2.3 沉浸式技术的特性 231
   10.3 虚拟现实技术 232
     10.3.1 虚拟现实技术的发展历程 232
     10.3.2 虚拟现实技术在教育中的创新应用 233
     10.3.3 虚拟现实技术的挑战与发展 234
   10.4 沉浸式学习环境构建 235
     10.4.1 沉浸式学习环境的设计原则和思路 235
     10.4.2 面向空间推理技能发展的沉浸式学习环境设计 236
     10.4.3 数学沉浸式学习环境的设计与实现 239
   10.5 智能沉浸式学习环境应用 244
     10.5.1 基于MR技术的沉浸式学习 244
     10.5.2 探索火星沉浸式教学全息甲板 245
     10.5.3 上海开放大学沉浸式学习空间 246
   本章小结 247
   习题 248
   参考文献 248

第11章 多模态学习分析 250

   11.1 多模态学习分析概述 250
     11.1.1 多模态学习分析的概念 250
     11.1.2 多模态学习分析的发展历程 251
   11.2 多模态数据处理技术 252
     11.2.1 多模态数据特征提取 252
     11.2.2 多模态融合方法 255

  11.2.3 不确定性估计 ·· 258
 11.3 多模态学习分析的应用 ··· 261
  11.3.1 基于学习分析的在线学习风险预测应用 ·· 261
  11.3.2 面向群体投入特征画像的多模态学习分析应用 ······························· 266
 11.4 多模态学习分析的发展趋势 ·· 274
  11.4.1 基于情境感知的场景数据混合采集技术研究 ·································· 274
  11.4.2 数据融合的理论与科学精准性研究 ·· 275
  11.4.3 数据建模的情境依存特征与适用性研究 ·· 275
 本章小结 ··· 276
 习题 ·· 276
 参考文献 ·· 277

第12章 未来智能教育技术与教育应用展望 ·· 278
 12.1 生成式人工智能与教育应用 ·· 278
  12.1.1 生成式人工智能概述 ·· 278
  12.1.2 生成式人工智能的教育应用 ·· 278
  12.1.3 未来挑战与展望 ·· 280
 12.2 元宇宙与教育应用 ·· 281
  12.2.1 元宇宙概述 ·· 281
  12.2.2 元宇宙的教育应用 ··· 282
  12.2.3 未来挑战与展望 ·· 283
 12.3 脑机接口与教育应用 ··· 284
  12.3.1 脑机接口概述 ··· 284
  12.3.2 脑机接口的教育应用 ·· 285
  12.3.3 未来挑战与展望 ·· 286
 12.4 区块链与教育应用 ·· 286
  12.4.1 区块链概述 ·· 286
  12.4.2 区块链的教育应用 ··· 287
  12.4.3 未来挑战与展望 ·· 288
 12.5 未来智能教育技术展望 ·· 289
 本章小结 ··· 290
 习题 ·· 290
 参考文献 ·· 291

第1章 智能教育概述

自2011年以来,移动互联网、大数据、虚拟现实、新一代人工智能等新技术正在向教育的各个领域渗透,已经对传统的课堂教学结构、教学模式、教育评价产生了深远的影响,教育信息化从数字化到智能化的阶梯式发展趋势日益明显。其中,以深度神经网络为代表的新一代人工智能技术呈现出深度学习、跨界融合、人机协同、群智开放和自主操控等新特点,成为推动社会进步的重要动能。在教育领域,人工智能被广泛应用于自适应学习、自动测评、课堂评价、数据决策、智能治理等场景,促进了教育的创新与变革。

我国高度重视智能教育的发展。2017年7月,国务院印发的《新一代人工智能发展规划》中明确强调"利用智能技术加快推动人才培养模式、教学方法改革,构建包含智能学习、交互式学习的新型教育体系"。2018年4月,教育部印发的《高等学校人工智能创新行动计划》中提出推进智能教育发展,推动智能教育应用示范。2018年4月,教育部印发的《教育信息化2.0行动计划》中提出大力推进智能教育,开展以学习者为中心的智能化教学支持环境建设,推动人工智能在教学、管理等方面的全流程应用,利用智能技术加快推动人才培养模式、教学方法改革,探索泛在、灵活、智能的教育教学新环境建设与应用模式。2019年2月,中共中央、国务院印发的《中国教育现代化2035》中提出"建设智能化校园,统筹建设一体化智能化教学、管理与服务平台"。

综上所述,以人工智能为核心驱动力的"智能+教育"渐成趋势,教育智能化已经成为传统教育改革的关注点和方向标。明确智能教育的概念、任务、特征与关键技术,将有助于把握教育智能化的新方向和新场景,促进人工智能在教育中的应用。本章主要介绍智能教育的概念、任务、特征、发展历程、关键技术和典型应用,并分析智能教育面临的挑战,以及智能教育与智慧教育的关系。

1.1 智能教育的概念、任务与特征

2017年7月,国务院印发的《新一代人工智能发展规划》中明确提出人机协同的混合增强智能理念以及智能教育(Intelligence Education,IE)发展方向,其中涵盖实施"全民智能教育"的目标。这是智能教育首次明确出现在国家的教育政策文件中,标志着我国人机协同的智能教育正式启航。

1.1.1 智能教育的概念

《新一代人工智能发展规划》中将智能教育划分为"人工智能与教育的深度融合(即人工

智能技术支持的教育)"与"提高对人工智能的整体认知和应用水平(即学习人工智能技术的教育)",所以智能教育概念的第一个内涵是人工智能技术支持的教育,第二个内涵是学习人工智能技术的教育。此外,祝智庭等通过研究认为智能教育应注重提升各类人才的全智能水平,由此智能教育应有第三个内涵:促进智能发展的教育,而教育所关注的智能主要包括认知智能、情感智能、志趣智能。本书将主要讨论智能教育概念的第一个内涵,即人工智能技术支持的教育。

针对智能教育概念的第一个内涵,目前没有公认的定义,多名学者根据自身的研究给出了对智能教育的理解。王亚飞等认为智能教育是聚焦于人工智能在教育领域中创新应用的技术、模式与实践的集合。祝智庭等认为智能教育是人工智能技术在教育教学中的深度应用(即人工智能技术支持的教育方面),利用智能化技术改造目前的教育生态,实现教育智能化。周建设认为智能教育是人工智能技术依据教育大数据,精准地计算学生的知识基础、学科倾向、思维类型、情感偏好、能力潜质,结合习得规律和教育规律,合理配置教育教学内容,科学实施因材施教,促进学生个性化的全面发展和核心素养的全面提升。吴砥等认为智能教育是人工智能和教育教学相互融合、相互促进的过程,旨在运用人工智能的理念和技术,促进教学环境、教学方式、课程结构以及教育管理与评价的转型升级,在普及化的学校教育中为学习者提供适合的学习机会,形成精准、个性、灵活的教育服务体系,最大限度地满足人的发展需要。

本书的编写团队根据研究也提出了智能教育的定义,即人工智能技术在教学、管理、资源建设等方面的全流程应用,通过建立以学习者为中心的智能化教学支持环境,提供精准推送的教育服务,实现日常教育和终身教育定制化。

1.1.2 智能教育的任务

智能教育的任务在国家发布的几个政策文件中都有一些描述,总结起来主要有以下几个方面的重点任务。

1. 智能校园建设

在数字校园的基础上向智能校园演进,构建技术赋能的教学环境,推动人工智能在教学、管理、资源建设等方面的全流程应用。

2. 探索新型教学方式

利用智能技术加快推动人才培养模式、教学方法改革,构建包含智能学习、交互式学习的新型教育体系;探索基于人工智能的新教学模式,重构教学流程,并运用人工智能开展教学过程监测、学情分析和学业水平诊断,建立基于大数据的多维度综合性智能评价,精准评估教与学的绩效,实现因材施教;充分利用虚拟现实技术和增强现实技术,建设智能学习空间和学习体验中心等,推行场景式、体验式、沉浸式学习;开发智能教育助理,对教师教学和学生学习、实践的全过程进行分析评价,协助学校和教师及时改进教学方法,探索用于学生综合素质评价的方法。

3. 推进教育治理方式变革

建立科学完善的教育管理公共服务平台、教育统计信息系统和学校教育教学信息系统,加快形成现代化的教育管理与监测体系,推进管理精准化和决策科学化;推动学校治理方式变革,支持学校运用人工智能技术变革组织结构和管理体制,优化运行机制和服务模式,实现校园的精细化管理、个性化服务,全面提升学校的治理水平。

4. 智能化教学支持环境建设

建立以学习者为中心的教育环境,开发立体综合教学场、基于大数据智能的在线学习教育平台,加强大容量智能教学资源建设,加快建设在线智能教室、智能实验室、虚拟工厂(医院)等智能学习空间,提供丰富的个性化学习资源,提供精准的教育服务,实现日常教育和终身教育定制化。

1.1.3 智能教育的特征

技术一直是影响教育生态的重要因素。人工智能技术是在智能时代教育系统变革的重要作用力,同时也是重塑新时代教育生态的关键因素。人工智能技术通过知识表示、计算与理解可以模拟人类教师,实现个性化教学;依托于问题空间理论,实现知识和技能的自动化测量与评价;借助于自然语言处理技术与语音识别技术,解决文本和口语语音的词法分析、语法判别和语义理解;通过教育游戏和教育机器人,以智能增强的方式赋予"寓教于乐"新的内涵。人工智能技术通过作用于教育系统中的教师、学生和管理者等角色,实现对教育系统的变革。因此,进一步深入分析智能教育的典型特征是推动智能教育应用的必要条件。

目前,关于智能教育的特征,学术界没有形成共识,不同学者从不同角度总结出了智能教育的特征。

黄荣怀等认为,数据驱动、个性化、情境化是人工智能技术重塑教育生态的重要切入点和着力点,是智能教育的主要特征。崔中良等认为,智能教育的情境化特征强调人工智能技术需要依据不同的教育场景,对教学模式、教学方法、学习过程等进行合理组合,以满足用户需求为主要导向,弱化用户对技术本身的感知,强化智能技术支持无意识交互情境的改造能力。钟绍春认为,智能教育的个性化特征强调智能技术的应用应尝试回答教育本源性的问题,尊重在教育中人与人之间的个性差异,以智能技术为工具,实现有教无类和因材施教的教育目标。郑旭东认为,智能教育的数据驱动特征,主要以大数据、物联网等技术支持下的学习分析技术为抓手,通过有效地应用海量优质的教育应用场景数据,对传统教育场景进行改造升级,提升分析力和支撑力,实现智能时代教育生态的变革。智能教育需要利用智能技术提供数据驱动、个性化和情境化的支持与服务,构建新教育生态。

兰国帅等认为,智能教育新生态与传统教育生态相比,具有"融合、数字、人机、弹性、互联"五维特征,即教育供给与需求精准匹配,教育产业与产业跨界协同;教育物理产品嵌套数字功能,产品软件化、服务化;基于数据和算法的人机协同运营管理;网络化、扁平化、自适应的教育组织;基础设施共享、综合技术运用、平台开放的系统架构等。吴砥等认为,智能教育的价值和特征主要有以下四个:①因材施教,实现以学生为中心的个性化教学;②因地制宜,提供连接开放的教育文化与环境;③因势利导,形成立体和多元的评价反馈机制;④因人而异,发挥教师、学生各主体的个性特质。梁迎丽等认为,人工智能在教育应用中的典型特征突出体现在智能化、自动化、个性化、多元化和协同化五个方面。刘三女牙等认为,在数据新要素视角下,智能教育的特征是人性化、情境化、集成化和数智驱动。

综合上述学者的研究成果,本书的编写团队提出了智能教育的五维特征,即智能化、情境化、自动化、个性化和协同化。

1. 智能化

海量的教育大数据蕴藏着丰富的价值，通过使用云计算和人工智能技术可以释放这种价值与能量，例如，OpenAI 最新发布的聊天机器人模型 ChatGPT 就具有高度智能，ChatGPT 能够模拟人类的语言行为，与用户进行自然的交互。未来，随着专用人工智能向通用人工智能的跨越式发展，在教育领域将会有越来越多支持教与学的智能工具，智能教育将给学习者带来新的学习体验。

2. 情境化

人工智能技术根据不同学习者的认知特征、学习风格、学习需求、感知器官（视觉、听觉、触觉等）、运动器官（骨、骨连结、骨骼肌等）等方面的信息，实时且灵活地调适学习环境，这种调适主要体现在根据不同的教育场景和实际教学情况实时改变教学活动流程、调整教学策略、重构学习情景等，并通过优化推荐学习资源的推送与交互方式，实现学习资料的适应性呈现和具身交互的适应性选择。

3. 自动化

与人类相比，人工智能更擅长记忆、基于规则的推理、逻辑运算等程序化的工作，擅长处理目标确定的事务，例如，数学、物理、计算机等理工科作业，其评价标准客观且容易量化，自动化测评程度较高。随着自然语言处理技术的突破性发展，基于文本的自动评阅技术更是在教育领域大放异彩，尤其是作业自动评阅技术，它能将教师从冗繁的重复性劳动中解放出来。

4. 个性化

基于学习者的个人信息、认知特征、学习记录、位置信息、媒体社交信息等数据，人工智能技术可以从学习者的知识、行为、认知、情感、交互等多维度构建学习者模型，针对学习者的个性化学习需求，实现个性化资源、学习路径、学习服务的推送。这种个性化将越来越具有客观、量化等特征。

5. 协同化

从学习科学的角度分析，学习是学习者根据自己已有的知识去主动构建和理解新知识的过程。对于人工智能来说，新知识是它们所无法理解的，所以此时学习者就需要教师的协同、协助和协调。人工智能技术不能替代教师，应当为教师所用，为教师赋能。因此在智能学习环境中，教师的参与必不可少，人机协同将是人工智能辅助教学的突出特征。

1.2 智能教育的发展历程

1.2.1 人工智能的三次浪潮

人工智能起源于1956年美国达特茅斯学院举办的夏季学术研讨会。在这次会议上，达特茅斯学院助理教授 John McCarthy 提出的"人工智能"（Artificial Intelligence，AI）这一术语首次被正式使用。之后，人工智能的先驱艾伦·图灵提出了著名的"图灵测试"，即在人机分隔的情况下进行测试，如果有超过 30% 的测试者不能确定被试是人还是机器，那么这台机器就通过了测试，并被认为具有人工智能。图灵测试掀起了人工智能的第一次浪潮。在人工智能的研究方法上,以抽象符号为基础、基于逻辑推理的符号主义方法盛行,其突出表现为:在人机交互过程中数学证明、知识推理和专家系统等形式化方法的应用。但在电子计算机诞生的早期,有限的运算速度严重制约了人工智能的发展。20世纪80年代,人工智能第二次浪潮兴起。传统的符号主义学派发展缓慢,有研究者大胆尝试基于概率统计模型的新方法,语音识别、机器翻译取得了明显进展,人工神经网络在模式识别等领域初露端倪。但这一时期的人工智能受限于数据量与测试环境,尚处于学术研究和实验室中,不具备普遍意义上的实用价值。人工智能的第三次浪潮缘起于2006年Hinton等提出的深度学习技术。ImageNet竞赛代表了在计算机智能图像识别领域最前沿的发展水平,2015年基于深度学习的人工智能算法在图像识别准确率方面第一次超越了人类肉眼,人工智能实现了飞跃式发展。随着机器视觉研究的突破,深度学习在语音识别、数据挖掘、自然语言处理等不同研究领域相继取得突破性进展。2016年,微软将英语语音识别的错词率降低至5.9%,可与人类相媲美。如今,人工智能已从实验室走向市场,在无人驾驶、智能助理、新闻推荐与撰稿、搜索引擎、机器人等方面的应用已经走进社会和生活。因此,2017年被称为人工智能商业化元年。

1.2.2　教育信息化的发展历程

回顾国内外教育信息化的发展历程,主要经历了数字化、网络化、智能化三个阶段的演进。

在20世纪70—80年代,随着信息技术的发展,特别是个人电脑(PC)的出现,国内外首先出现了以计算机教育为着眼点的教育信息化热潮。邓小平同志在1984年的讲话"计算机的普及要从娃娃抓起"深入人心。随着信息技术的发展与PC的进一步普及,教育信息化进入了教育资源数字化、教育管理信息化的时代,各种电化教育手段与电化教育馆、广播电视大学的出现,正式标志着教育信息化进入了数字化时代。

20世纪90年代到21世纪初,随着互联网的高速发展,教育信息化逐步进入了网络化时代。远程教育、在线教育等网络化教育手段成为缩小教育数字鸿沟和缓解教育公平问题的重要途径。1993年我国建成了中国教育与科研计算机网(CERNET);在国际上,互联网也在同一阶段迅速发展壮大,为开展网络化教育提供了重要的支撑平台。进而,随着智能终端与移动互联网的迅猛发展,具有4A特征(Anywhere,Anytime,Anyone,Anydevice)的移动学习成了网络化时代教育信息化的主要特征之一。

自2011年起,随着大数据、云计算、互联网、物联网等信息技术的发展,尤其是以深度神经网络为代表的新一代人工智能技术飞速发展,在自然语言处理、图像分类、语音识别、知识问答等特定领域,人工智能技术实现了超越人类能力的技术突破,人工智能实现了从"不能用"到"可以用"的重大转变。教育信息化进入了一个全新的阶段,呈现出智能化、泛在化、个性化、开放化、协同化的趋势。2011年,大规模开放在线课程(Massive Open Online Course,MOOC)在全球范围内推广,随之而来的是对教育信息化的智能需求与日俱增。人工智能与教育的深度融合已成为提升教育信息化发展水平和质量的重要手段。2017年国务院印发的《新一代人工智能发展规划》中明确指出"开展智能校园建设,推动人工智能在教学、管理、资源建设等全流程应用",这标志着教育信息化的智能教育时代正式拉开序幕。

1.3 智能教育的关键技术

构建相互融通的学习场景、灵活多元的学习方式、弹性多能的组织管理是智能教育发展的主要目标。要实现这一目标，必须综合运用多种人工智能技术，智能教育的关键技术包括机器学习、自然语言处理、计算机视觉、知识图谱、人机交互和机器人等。

(1) 机器学习

机器学习是指计算机通过分析和学习大量的已有数据，模拟人类的学习行为，获得特定领域中的新知识或新技能。机器学习是人工智能教育应用的底层关键技术，当前，机器学习领域的最新技术是深度学习，为人工智能教育应用提供了最先进的算法保障。机器学习在教育领域的主要应用包括深度知识跟踪、用户画像、学习分析与预测等。

(2) 自然语言处理

自然语言处理是计算机理解和处理人类语言的技术，实现计算机可以处理的数据与人类可以理解的文本语言之间的相互转换。自然语言处理在教育领域中的主要应用包括口语评测、智能答疑、作文批阅、文献处理、机器翻译等。

(3) 计算机视觉

计算机视觉是指计算机通过图像获得、过滤和调整、特征提取等技术，模拟人类视觉处理图像信息的过程，从而为解决复杂问题提供信息和依据。计算机视觉在教育领域中的主要应用包括人脸识别、拍照搜题、动态视觉、行为分析与预测、视频编解码等。

(4) 知识图谱

知识图谱通过对信息的语义处理和互联组织，为智能分析和应用奠定基础。知识图谱把指定领域的信息以"关系"的形式连接成一个网络，从而可视化呈现指定领域的核心结构和发展趋势。知识图谱在教育领域中的主要应用包括问答系统、自适应学习系统、教育数据展示、智能化决策等。

(5) 人机交互

人机交互能够实现计算机与人类之间有效、自由地交换信息，将虚拟世界与客观世界自然地融合。人机交互主要包括语音交互、脑机交互、体感交互、情感交互等，其在教育领域中的主要应用包括融入身体图式学习、虚拟现实、增强现实、情感计算、生物特征识别等。

(6) 机器人

机器人能够感知周围环境、分析自身状态，并采取合适的策略和动作解决指定的问题。在教育领域中，机器人可以成为助教，处理学生问题，减轻教师的工作负担；同时，也可以成为学生的学习伙伴，寓教于乐，提高学生的学习兴趣。

1.4 智能教育的典型应用

当前的人工智能仍然属于弱人工智能，特别是在面对教育如此复杂的真实情境应用时，人工智能短期内难以实现跨越多个教育场景的效果，形成可以在教育中通用的人工智能。我们将智能教育应用划分为四大类，分别是教学、学习、评价、治理。在教学分类中，人工智能一方面充当智能教师的角色,开展个性化智能导学;另一方面反过来对教师教学与教师教育提供智能指导与反馈。在学习分类中,人工智能侧重于对学生学习过程的支持,并结合新兴技术,构建人机耦合的新型学习环境。在评价分类中,一方面侧重于对学习结果的自动化评价,另一方面关注在课堂学习过程中的全方位多模态评价。在治理分类中,更关注教育管理者应用人工智能技术进行教育决策与动态智能治理。下面对智能导学、微格教学、课堂评价、数据决策、教育治理等几种典型应用进行简介,并在后续章节中重点介绍教育知识图谱、学习者画像、自适应学习、智能测验、智能评阅、智能问答、智能沉浸式学习环境和多模态学习分析八种典型应用。

(1) 智能导学

智能导学的产生历史可以追溯到 20 世纪 60 年代的程序教学(Programmed Instruction,PI),随后出现基于计算机的训练(Computer-based Training,CBT)和计算机辅助教学(Computer Assisted Instruction,CAI)。基于计算机的训练和计算机辅助教学的系统在一定程度上有助于学生的学习,但它们都没有提供"一个学生对应一个教师"教学的个性化关注,而是采用"一种教学适合所有学生"的教学方式,所以该系统不属于真正意义上的智能教育应用。1970 年,由 Jaime Carbonell 创造的 SCHOLAR 系统被认为是第一个智能导学系统(Intelligent Tutoring System,ITS),该系统具备根据学生的认知特点、当前的知识水平等特征呈现教学材料的灵活性以及对不同学生需求的响应能力,通过提供"怎样按学生的信息进行教学"的教学策略来实现系统的"智能"。智能教学系统研究的最终目的是由计算机系统担当学习者的引导者和帮助者,即赋予计算机以智能,由计算机系统在一定程度上代替人类教师以实现最佳教学。1973 年,Hartley 和 Sleeman 首次提出智能导学系统的基本模型结构:领域模型、学生模型、教学模型,自此揭开了智能导学系统的发展序幕。目前典型的智能导学系统包括 Auto-Tutor、AHP-Tutor、VC Prolog Tutor、SCoT-DC、AITutor、Slide Tutor 等。

(2) 微格教学

在人工智能应用于教学方面,人工智能除了直接扮演人工智能教师的角色,同时也能够反过来促进教师的专业成长。特别是在教师职业培训中,人工智能可提供诸多智能反馈与指导建议。微格教学是一种利用现代化教学技术手段来培训师范生和在职教师教学技能的系统方法。微格教学实际上是提供一个练习环境,以使日常复杂的课堂教学变得精简,并能使练习者获得大量的反馈意见。从极其复杂多变的课堂教学中抽离出来,恰恰能够更加充分地结合人工智能技术,对教师教学给予更多可控制、有针对性、可操作性的指导。

在微格教室中,加装音视频采集装置,以及眼动仪、脑电波等设备,以在技术架构中的基础层获取更多数据。在微格教室中能够更加准确地采集声音,进行语义分析;并能够更加高清地捕捉图像画面,进行表情识别与动作分析;加之其他数据类型结合算法的应用,使得人工智能在典型的微格教室中可以深入地开展微观与系统的教师教学模拟分析。在微格的主控室中可以看到多个微格教室的过程性数据反馈结果与智能分析报告,有助于其他教师或专家基于数据采集点与人工智能反馈结果进行点评、指导与教研。

(3) 课堂评价

目前,课堂依旧是教育教学发生的主要时空。但是,课堂又是极其复杂的教育空间。课堂中学生如何学习始终是一个"黑箱"。在某种程度上,即使依靠大量的人力也难以进行大规模课堂观察与评估。故而,采用图像识别、语音识别、语义识别等技术对课堂进行分析,是人工智能在教育领域内应用的主要方向之一。华东师范大学课程与教学研究所团队对多模态课堂分析进行了试验性探索。多模态课堂分析是对课堂中的语音、图像、视频、空间、姿态以及多模态数据进行采集与分析,全方位追踪课堂轨迹,采用人工智能技术,提取与解析课堂的多维度数据,进而实现智能诊断与智能反馈的一体化课堂教学与研究。

通过人工智能技术能够采集并分析出一系列课堂细化采集点,诸如学生举手次数、教师提问次数、学生回答次数、教师表情、学生表情等。但是这些细化的技术采集与分析结果过于碎片化,如果没有有效整合与重组处理,则难以形成有意义的课堂评价,反而容易陷入课堂监控与过度反馈的局面。因此,人工智能技术运用于课堂评价,需要在尊重数据安全与信息伦理的同时,细化技术指标采集,整合专项分析,从而对课堂评价与教学教研产生实质性价值。

(4) 数据决策

从教育治理的视角切入,人工智能有助于教育部门建立数据中台,基于人工智能分析后的有关信息进行数据决策。不少地区的教育主管部门纷纷搭建平台,形成区、校、班、学生四级协同数据同步,建立区域内教学大数据基础,通过标准化数据管理和教学数据积淀为教育决策提供科学依据和有效支撑。教育大数据的全面采集包括学生层面、学校层面、家庭层面、区域层面,因此通过机器学习等人工智能算法,能够构建学校发展画像分析、区域教育发展趋势预测、教师专业发展路径分析等。

(5) 教育治理

以往的教育治理在某种程度上很难连接起社会需求、技术发展变量,以及政治、经济、人文等相关因素。而在人工智能时代,教育治理不再局限于教育系统的内部数据,从而进一步打破了教育数据的壁垒。教育数据能够联通"城市大脑",使得教育领域与社会、经济、科技、文化等领域协同,从而实现数字化、智能化、动态化、生态化。随着智慧城市的发展,智慧医疗、智慧交通、智慧生活将逐步与教育体系融通,教育治理也能够在动态中更好地融入智慧城市的整体建设中。

1.5 智能教育面临的挑战

人工智能技术正在推动教育信息化的快速发展。然而,在人工智能教育应用的推进过程中,还有很多具体问题值得探讨,亟待解决。如训练人工智能算法模型需要开放教育大数据,但会涉及个人隐私暴露等信息安全问题;相关技术在教学与考试中的应用,可能需要政策和制度的同步完善;人工智能在提高教学效率和推动教育公平的同时,是否也会造成数字鸿沟的加大;未来的教师和学生、教育研究、教育管理和规划等该如何适应人工智能带来的诸多变革等。下面从三个方面详细介绍智能教育面临的挑战。

(1) 教育数据的不足阻碍了人工智能技术的应用价值

数据是产生智能的基础,足够的高质量数据才能促进人工智能技术价值的发挥,减少教师、学生以及管理者的重复性工作,使教育教学更具个性化与科学性。

首先,较之金融、医疗等行业,教育行业目前能够采集到的数据仍相对较少。智能的产生需要依托于大量的数据。作为人工智能关键技术的机器学习是一个始于大量数据的统计学过程，其试图通过数据分析导出规则或者流程，用于解释数据或者预测未来数据。而在教育领域，教师的教学过程和学生的学习过程的数据并未得到完整记录，无法为人工智能提供足够的数据支持。人工智能需要跟踪、记录完整的教学与学习数据，在大量的数据中从多学科、多层次、多精度、多情境、多语义角度地分析教学与学习特点，从而辅助教学、学习、考试与管理。

其次，由于教育行业本身存在数据标准不一致、数据采集不完整等问题，导致其数据质量不高。高质量的数据集可以提升机器学习的效率以及精准性，从而更好地为学习者提供个性化服务。目前教育数据并没有形成统一的标准，教学与学习过程产生了大量的文本、图像、声音、影视、超媒体等半结构化与非结构化数据，其格式多样、标准不一。与金融等行业不同，教学与学习是非线性活动，很难从大量、复杂、凌乱、无模式的教学活动中获取高质量的数据。此外，大数据时代新媒体的便捷性、海量信息内容的离散性、学习者阅读方式的随意性以及学习时间的零碎性使学习者获取的知识更加碎片化，学习的碎片化进一步加大了人工智能获取高质量数据的难度。

(2) 教育业务的多样性和复杂性增加了人工智能技术的适配难度

教育是一个超复杂的系统，涉及教学、管理、科研、服务等诸多业务，不同地区、不同学校的教育业务虽然具有一定的共性，但差异也很突出。教育业务随学校、学科、知识传授方式和应用场景的不同而不断变化。每所学校拥有独特的组织架构以及办学特征，每门学科也都有不同的知识体系和应用场景，每位教师的教学方式和学生的学习方式也不相同。因此，教育系统的复杂性对人工智能技术提出了更高的要求，通用人工智能无法满足教师、学生以及管理者的个性化需求。人工智能在教育行业的"嫁接"需要结合不同的场景做出适应性的改变，以满足不同业务以及不同人员的需求。此外，人工智能技术本身发展的不成熟进一步加大了其适应目前复杂多样的教育业务的难度。虽然语音识别、文字识别、图像识别等人工智能技术已有较大进展，如百度和科大讯飞的语音识别准确率已经非常高，作业帮、猿辅导等的文字识别技术和图像识别技术在拍照搜题方面的应用也相对成熟。但是自然语言处理、情感计算等技术仍存在较大的发展空间。目前自然语言处理仅能对句法结构、单词拼写等进行判断处理，对篇章结构、语言逻辑、观点表达等方面的分析尚未完全成熟。教学与学习均需要大量的语言交流，无论是数据分析还是人员对话均对自然语言处理技术提出了更高的要求。在情感计算方面，学习是一个复杂的过程，学生会在此过程中产生诸如气愤、厌恶、恐惧、愉悦、悲伤以及惊讶等复杂多变的情绪。当前简单的情绪识别技术无法识别学习者复杂多变的情绪，也不利于学习者个性化学习的实现。

(3) 教育用户的价值和角色的困惑导致了对人工智能技术的信任危机

许多教师以及教育管理者对人工智能技术在教育领域的应用价值存疑，导致对其信任感不强。依据技术接受模型理论，感知有用性和感知易用性均影响着教育用户对人工智能教育应用价值的判断。

首先，在感知有用性方面，人工智能能否优化教学目标、教学内容、教学方法、教学过程、课堂环境、作业设置、学习活动，从而提高教师的教学质量，以及人工智能能否切实推动管理的自动化、科学化，从而提升学校各类事务的管理水平，这两个方面目前仍存在较大疑问。

其次，在感知易用性方面，从硬件设施来看，目前大多数学校已完成了数字校园建设，但学校引入人工智能技术需对部分设备进行更新,甚至需要引入一套新的系统和技术来接入人工智能;从软实力来看,目前教师以及教育管理者本身具有的能力能否适应人工智能在教育中的应用,从而提高教学质量与管理水平,也需要进一步深入思考。

最后,大多数教师以及管理者对人工智能与教师之间的关系认识模糊,这种认识模糊也导致教师无法对人工智能完全信任。①教师困惑于如何与人工智能相互合作完成教学。②教师对将人工智能应用于教学之后,谁在掌控教学主导权存疑。③社会上诸多关于人工智能的负面舆论也影响着教师和管理者对于人工智能的认知。随着人工智能时代的到来,建筑工人、司机、收银员、检测员、保险员、翻译等将不同程度地被人工智能代替。而在教育行业,教师是否将被人工智能代替也存在较大争议。可以确定的是,人工智能可以取代模块化的任务,替代重复性的工作,但在教育领域中创新创造性的工作以及学生情感态度价值观的培养却是人工智能所不能胜任的。

1.6 智能教育与智慧教育的关系

在智能教育概念兴起之前,学术界与产业界的研究热点是智慧教育。通常认为智慧教育的概念起源于2008年,由IBM提出的"智慧地球"战略。经过多年的探索研究和建设实践,对智慧教育的理解已变得非常深入和广泛。钟晓流等认为,智慧教育是依托新一代信息技术所打造的泛在化、感知化、一体化、智能化的新型教育生态;通过实现教育环境、教育资源和教育管理的智慧化,最终为学生、教师、管理者、家长等提供智慧化的教育服务。刘邦奇等则认为,实施智慧教育的关键是运用新一代信息技术对传统教育生态进行重构,汇聚、整合教育数据资源,形成具有智能感知能力,可以增进交流互动,有利于协作探究的智慧化教育教学环境,以支持智慧的教与学。祝智庭对智慧教育做出了较为全面的界定,即智慧教育的真谛就是通过构建技术融合的生态化学习环境,通过培植人机协同的数据智慧、教学智慧与文化智慧,秉持精准、个性、优化、协同、思维、创造的原则,让教师能够施展高成效的教学方法,让学习者能够获得适宜的个性化学习服务和美好的发展体验,使其由不能变为可能,由小能变为大能,从而培养具有良好的人格品性、较强的行动能力、较好的思维品质、较深的创造潜能的人才。由此可见,智能化是智慧教育的核心内容之一。智能教育既继承了智慧教育的核心观点、方法与实践,又体现了人工智能时代教育发展的新特征、新要求。

为响应国务院发布的《新一代人工智能发展规划》精神,教育部于2018年4月发布《教育信息化2.0行动计划》,提出以智能技术为手段、以融合创新为目标、以智慧教育为先导理念。这份文件实际上为智能教育奠定了基调,智能教育作为智慧教育创新发展行动的途径。本质上讲,智能教育是技术使能的教育,人工智能技术不但让学习环境更灵活,也让机器在某些方面具有类人甚至超人的智能。有了人工智能技术的帮助,教师可以专注于擅长的情感类、创造类工作,这种人机协同的教学策略使得教师与机器的各自优势得以放大。借助于这两方面的优势,智慧教育将成为现实。智慧教育本质上是智慧教育理念引领的,先进的智慧教育理念决定了智慧教学法的模态,不同的模态需要教师具备相应的教学技能,这些技能需要智能环境的支持才能得以实施。可以看出,智慧教育自顶而下贯通了中国传统哲学的

"道、法、术、器"四个层级("道"主要为教育理念,"法"为教学方法,"术"为应用技能,"器"为技术条件),而智能教育自底而上走向"道"的境界,详见图1-1。

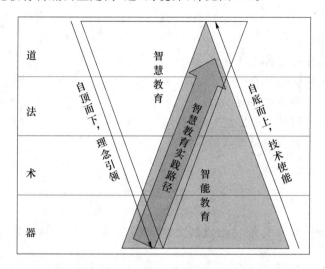

图1-1 智慧教育与智能教育

从实践来看,以技术、工具作为突破口对教育教学进行创新与变革,似乎更具可操作性,这也常常是我们直观能及的实践路径。但是,智能教育不会自然而然地达到教育的核心理念、观念的境界。用中国道家文化"道、法、术、器"的思维框架来理解智慧教育与智能教育,我们能发现这样的区别:智能教育强调从信息化工具(器)入手,基于信息化应用的行为与技巧(术)推动实现一种理想的教育信息化形态;智慧教育强调从教育规律(道)出发,以教育或教学的规则、制度(法)为依据,将理念、规则、方法与工具融为一体,继而达成教育信息化支持教育改革与创新的发展目标。

本 章 小 结

本章主要介绍了智能教育概述,主要包括:智能教育的概念、任务与特征,智能教育的发展历程,智能教育的关键技术,智能教育的典型应用,智能教育面临的挑战和智能教育与智慧教育的关系。

首先,重点介绍了智能教育的概念、任务与特征,目前,由于智能教育属于前沿研究领域,还没有形成业内公认且统一的认识,所以本章通过梳理、分析和总结,提出了对智能教育的概念、任务和特征的理解。其次,结合人工智能的三次浪潮,简要介绍了智能教育的发展历程,并对智能教育的关键技术、典型应用和面临的挑战进行了介绍。最后,对智能教育与智慧教育的关系进行了分析,并详细阐述了他们之间的联系和区别,以帮助学习者能够厘清两者之间的关系。

习 题

1. 什么是智能教育？
2. 智能教育的任务是什么？
3. 智能教育的特征是什么？
4. 请举例描述一种智能教育的应用。
5. 智能教育的关键技术有哪些？
6. 请简述智能教育与智慧教育的区别。

参考文献

[1] 祝智庭,胡姣. 教育智能化的发展方向与战略场景[J]. 中国教育学刊, 2021(5): 45-52.

[2] 国务院. 国务院关于印发新一代人工智能发展规划的通知[EB/OL]. (2017-07-20) [2024-03-14]. http://www.gov.cn/zhengce/content/2017-07-20/content_5211996.htm.

[3] 杨晓哲,任友群. 教育人工智能的下一步——应用场景与推进策略[J]. 中国电化教育, 2021(1): 89-95.

[4] 黄荣怀,周伟,杜静,等. 面向智能教育的三个基本计算问题[J]. 开放教育研究, 2019, 25(5): 11-22.

[5] 兰国帅,郭倩,魏家财,等. 5G+智能技术:构筑"智能+"时代的智能教育新生态系统[J]. 远程教育杂志, 2019, 37(3): 3-16.

[6] 梁迎丽,刘陈. 人工智能教育应用的现状分析、典型特征与发展趋势[J]. 中国电化教育, 2018(3): 24-30.

[7] 吴砥,饶景阳,王美倩. 智能教育:人工智能时代的教育变革[J]. 人工智能, 2019, 6(3): 119-124.

[8] 刘三女牙,彭晛,沈筱譞,等. 数据新要素视域下的智能教育:模型、路径和挑战[J]. 电化教育研究, 2021, 42(9): 5-11.

[9] 郑庆华,董博,钱步月,等. 智慧教育研究现状与发展趋势[J]. 计算机研究与发展, 2019, 56(1): 209-224.

[10] 张丹,崔光佐. 中小学阶段的人工智能教育研究[J]. 现代教育技术, 2020, 30(1): 39-44.

[11] 杨现民,张昊,郭利明,等. 教育人工智能的发展难题与突破路径[J]. 现代远程教育研究, 2018(3): 30-38.

[12] 王亚飞,刘邦奇. 智能教育应用研究概述[J]. 现代教育技术, 2018, 28(1): 5-11.

[13] 祝智庭,彭红超,雷云鹤. 智能教育:智慧教育的实践路径[J]. 开放教育研究, 2018, 24(4): 13-24.

[14] 祝智庭,魏非. 教育信息化2.0:智能教育启程,智慧教育领航[J]. 电化教育研究, 2018, 39(9): 5-16.

智能教育的理论基础

智能教育是指利用人工智能、大数据等智能技术,以学习者为中心,构建智能化的教育环境、教学方法、评估模式和教育治理,以推动教育变革和人才培养的新型教育模式和形态。智能教育是智慧教育的重要组成部分,也是教育信息化发展的新阶段。智能教育的发展需要有坚实的理论基础,本章将从四个方面介绍智能教育的相关理论,分别是建构主义学习理论、具身认知理论、智慧教育理论和计算教育学理论。本章旨在为智能教育的理论研究和实践应用提供一些参考和启示,希望能够促进智能教育的发展,为教育变革和人才培养贡献力量。

2.1 建构主义学习理论

建构主义(Constructivism),也译作结构主义,是在学习理论中由行为主义发展到认知主义后的进一步发展,是当代教育心理学的一场革命。皮亚杰、布鲁纳和维果茨基是建构主义的先驱者。皮亚杰的建构主义被称为个体建构主义,维果茨基的建构主义被称为社会建构主义。另外,布鲁纳的"认知-发现式学习理论"和奥苏贝尔的"认知-同化学习理论"也都具有明显的建构主义倾向。

建构主义的基本思想:学习是一个建构的过程,是通过新旧知识经验的相互作用实现的。建构主义者关注个体如何以原有的经验、心理结构和信念为基础来构建知识,强调以学生为中心以及学习的主动性、社会性和情境性,强调学生对知识的主动探索、主动发现和对所学知识意义的主动建构。

2.1.1 建构主义的知识观

建构主义的知识观是一种关于知识本质和来源的理论,它主要有以下几个特点。①知识不是对现实的客观反映和准确表征,只是人们借助于符号系统对客观现实做出的一种"解释""假设",它也不是问题的最终答案和标准答案。因此,知识不是静止不变的,知识是发展的、演化的。②不存在绝对的终极真理,知识是个人经验的合理化。建构主义认为,人们是在根据自己有限的知识经验来建构知识的意义,因而人们无法确定他们所建构的知识是否就是世界的最终写照。知识并不能准确无误地概括世界的规律和法则,它只是个人经验的合理化。在具体的问题解决中,知识不可能一用就灵,而是要针对具体的问题情境对原来的知识进行加工改造。③知识总是内在于主体的,知识不可能以实体的形式存在于个体之外,每一个学习者对知识的理解只能够由他基于自己的经验背景而建构起来,并取决于在特定背景下的学习过程。④知识不是被动接受的,而是认知主体积极建构的。⑤生存是掌握知识的目的。知识不是被发现的,而是主体为适应环境而发明的工具、手段,掌握知识不是为了探究和掌握真理,而是为了生存。⑥社会建构主义强调知识是个体与他人经过磋商并达成一致的社会建构。激进建构主义虽然强调知识是个体主动建构的,而且只是个人经验的合理化,但这种建构不是随意的任意建构,而是需要与他人磋商并达成一致来不断地加以调整和修正,在这个过程中,不可避免地要受到当时社会文化因素的影响。

由此可见,建构主义的知识观强调的只是知识的主观性、相对性、个体性、情境性、工具性等性质。

2.1.2 建构主义的学习观

学习的实质如下。①学习是认知结构的改变过程,同化和顺应是学习者认知结构改变的两种途径或方式,通过同化—顺应—同化的循环往复,实现平衡—不平衡—平衡的相互交替,不断促进认知结构的重组与发展。②学习是主体建构的自组织循环系统,学习在整体上是一个持续的循环系统,没有起点也没有终点。③学习是主体主动建构自己知识的过程,而不是被动接受的。④社会建构主义理论认为,知识是个体与他人经过磋商并达成一致的社会建构。

关于学习的内容,建构主义认为学习内容不应该事先被确定下来和系统化,学习内容应该包含在学习环境中(包括教学材料、教室、学校、媒体和其他辅助工具等),每一个个体应从各自的现状出发,学习那些认为是重要的、想要的、有用的东西。

关于学习目标,建构主义认为学习是"保证学习者作为自生产系统去应付生活",即培养能够在现实生活世界中能够应用的能力。

关于影响学习的因素,建构主义认为存在以下几个影响学习的关键因素。①先前经验的作用。因为学习是在先前经验的基础上进行的。②真实情境的作用。因为学习总是离不开一定的情境,知识也总是在一定的情境中才有意义。③协作与对话的作用。学习是学习共同体间的协商与对话。建构主义将协作、对话建立在合作学习的平台上,并通过合作学习来实现。④情感的作用。情感是学习的发动机和调节器,情感参与主体的认知与建构,也体现主体的力量。⑤错误与失败的意义。在学习过程中,出现错误是正常的,出现错误和对错误的反省是学习者进行有效学习不可缺少的一部分。当错误发生时,学习者可以集体讨论错误,分析原因,使错误得到纠正,这将有助于学习者反省认知以及对知识的建构。⑥评价的作用。评价应该成为学习环境的整合的、持续的、浑然一体的部分,学习者本人是学习的最好评价者。

可见,建构主义的学习观强调学习者自身的主动建构、情境情感的作用、相互合作的作用,不同于传统学习观的强调接受、记忆的作用。

2.1.3 建构主义的学生观

1. 强调学习者的经验

建构主义学习理论认为,知识是主体个人经验的合理化。因而在学习过程中,学习者先前的知识经验是至关重要的,而且学生不是空着脑袋进入教室的。由于生活的积累,他们已形成一些观念,当问题呈现在他们面前时,他们能用自己的认知能力形成对问题的某种解释。所以,建构主义认为,教学不能无视学生的经验,而是要把学生现有的知识经验作为新知识的生长点,引导学生从原有的知识经验中生成新的知识经验。

2. 注重以学习者为中心

既然知识是个体主动建构的,那么就无法通过教师的讲解直接传输给学生。因此,学生就必须主动地参与到整个学习过程中,要根据自己先前的知识经验来建构新知识的意义。教学不是知识的传递,而是知识的处理和转换。教师不是简单的知识呈现者,而是更应该重视学生自己对各种现象的理解,据此引导学生丰富或调整自己的理解。这样,传统的教师"讲"、学生"听"的学习方式就不复存在了。

3. 尊重学习者个人意见

既然知识并不是说明世界的真理,只是个人经验的合理化。因而,建构主义学习理论主张不以正确和错误来区分人们不同的知识概念。

2.1.4 建构主义的教学观

建构主义的教学观是以建构主义的知识观、学习观为指导的。这里主要介绍建构主义教学目标、教学活动、教学过程、教学模式等方面。

建构主义教学目标强调:①把"理解认知过程"和有用的"意义建构"作为教学的中心目标,建构主义认为,主体在生存过程中和在感知过程中所做的就是建构有用的概念,教学目标就是尽可能激励和支持这种建构过程;②把社会化和文化适应作为教学目标,社会化和文化适应是每个生活在社会文化共同体中的儿童和青少年发展成熟的一个必然归属,也是现代教育的中心目标之一。

关于教学活动,建构主义极力主张要建立和组织好教学活动。认为一个好的教学活动应具备以下特点:①教学应在一个丰富的教学环境中进行,复杂的多维度的教学活动可建立多元的联系,产生多元的理解视角;②教学活动应能保证学习者在真实的情境中,从复杂的、真实的问题中建构新知识;③教学活动要创设一个丰富的学习环境,学习者能有足够的自我建构的空间去建构知识并积累生活经验;④教学活动应保证学习者在学习过程中总是处于"最近发展区";⑤教师应能按照学生的经验和认知来组织教学活动,激发学习者的自主精神和首创精神。

关于教学过程,建构主义强调教学过程是建构和理解的过程。教学是在教师的促进下,学生积极主动地建构自身理解的过程。教学就是促进学生已有的知识、态度和兴趣与新的经验发生相互作用,通过这个相互作用,学生从自身内部建构自己的理解。所以,教学不是传授者与接受者之间简单的、直接的过程,而是一个循环的、反省的、互动的过程。

建构主义教学模式是建构主义教学理论在现代教育技术的支持下产生的,目前具有广泛影响的教学模式有四种:①抛锚式教学模式(实例式教学、基于问题的教学、情境性教学);②认知学徒制教学模式;③随机通达教学模式;④支架式教学模式。

抛锚式教学模式是指为学生创设一个完整的、真实的问题情境,使学生在这种情境中产生求知欲,凭借自己主动学习、生成学习和亲身体验,并通过镶嵌式教学以及与学习共同体中成员的互动、交流、合作,从而达到学习目标的教学活动过程。抛锚式的"锚"指的是支撑课程与教学实施的支撑物,它通常是一个故事、一段历险或学生感兴趣的一系列问题情境。

抛锚式教学模式的特点是学习与教学活动要围绕某一个"锚"来进行设计。抛锚式教学模式的目的是使学生适应日常生活,学会独立识别问题、提出问题、解决真实问题。因此,教师要创设能够有利于学生进行持续探索的、有意义的问题情境,提供有利于学生解决问题的各种信息资源(如专家是如何把知识作为工具来识别问题、表征问题和解决问题的),从而帮助学生通过不同的视角识别、发现和解决真实问题情境中的问题。由于抛锚式教学模式要以真实事例或问题为基础(作为"锚"),所以有时也被称为"实例式教学"或"基于问题的教学"或"情境性教学"。智能教育应用中的智能沉浸式学习环境为抛锚式教学模式的应用提供了沉浸式的问题情境。

认知学徒制教学模式主张学生在真实的现场活动中获取、发展和使用认知工具,来进行特定领域的学习,强调要把学习者和真实世界联系起来。"学徒制"强调经验活动在学习中的重要性,并突出学习内在的、固有的、依存与背景的、情景的和文化适应的本质。认知学徒制教学模式的具体过程一般包括:专家或教师示范—学生讨论问题—教师指导、提供支持—教师逐渐减少指导—学生独立练习、解决问题。认知学徒制教学模式一方面强调演示专家处理、解决复杂问题的过程和策略,另一方面又强调学生在学习活动中的认知和元认知(自我调节和监控)的作用。在智能教育应用中的智能导学和智能问答系统为认知学徒制教学模式的应用提供了个性化的智能教学工具。

随机通达教学模式的基本思想来源于建构主义的"认知弹性理论",该理论的宗旨是要提高学习者的理解能力和知识迁移(即灵活运用所学知识的能力)。随机通达教学模式要求对同一内容的学习在不同时间、不同情境下、为不同目的、用不同方式进行多次呈现,分别着眼于问题的不同面,使学生对概念知识获得新的理解。随机通达教学模式的基本特征是在不同情境下和从不同角度建构知识的意义和理解,由此获得广泛而可灵活迁移的、高级的非结构性知识。这是一种旨在获得高级知识、培养认知弹性(灵活性)的教学。智能教育应用中的基于学习者画像和学习分析的个性化学习资源推荐为随机通达教学模式的应用提供了技术支撑。

支架式教学模式源于维果茨基的"最近发展区"的思想。这种教学模式是借用建筑业使用的"脚手架"来比喻基础知识的概念框架,其实质是利用基础知识的概念框架作为学习过程中的脚手架。支架式教学模式是通过提供一套恰当的概念框架帮助学生理解特定知识、建构知识的意义的教学模式,借助于概念框架,学生能够独立地探索并解决问题,独立地建构知识的意义。因此,支架式教学模式重点是教师要能为学生提供有利于学生建构对知识的理解所必需的概念框架,为此,教师事先需要把复杂的学习任务加以分解,以便帮助学生逐步理解问题,从而通过这种脚手架的支持作用不断地把学生的智力从一个水平提升到另一个更高的水平。智能教育应用中的自适应学习系统是基于"最近发展区"思想设计的智能学习系统,为支架式教学模式的应用提供了工具。

建构主义教学模式强调以学生为主体,重视问题情境的创设,重视学生具体经验的获得,重视学生的认知失调、体验、反馈等的过程,强调互动合作学习等,是建构主义教学思想在教学活动中的集中反映。

近年来,教育技术领域的专家们进行了大量的研究与探索,力图建立一套能与建构主义学习理论以及建构主义学习环境相适应的全新的教学设计理论与方法体系。尽管这种理论体系的建立是一项艰巨的任务,并非在短期内能够完成,但是其基本思想及主要原则已日渐明朗,并已开始实际应用于指导基于多媒体、Internet 和人工智能的建构主义学习环境的教学设计。建构主义使用的教学设计原则如下。

1. 强调以学生为中心

明确以学生为中心,这一点对于教学设计有至关重要的指导意义,因为从以学生为中心出发还是从以教师为中心出发将得出两种全然不同的设计结果。至于如何体现以学生为中心,建构主义认为可以从三个方面努力:①要在学习过程中充分发挥学生的主动性,要能体现出学生的首创精神(发挥首创精神);②要让学生有多种机会在不同的情境下去应用他们所学的知识(将知识外化);③要让学生能根据自身行动的反馈信息来形成对客观事物的认识和解决实际问题的方案(实现自我反馈)。以上三点,即发挥首创精神、将知识外化和实现自我反馈可以说是体现以学生为中心的三个要素。

2. 强调"情境"对意义建构的重要作用

建构主义认为,学习总是与一定的社会文化背景,即"情境"相联系的,在实际情境下进行学习,可以使学习者能利用自己原有认知结构中的有关经验去同化和索引当前学习到的新知识,从而赋予新知识以某种意义;如果原有经验不能同化新知识,则要引起"顺应"过程,即对原有认知结构进行改造与重组。总之,通过"同化"与"顺应"才能达到对新知识意义的建构。在传统的课堂讲授中,由于不能提供实际情境所具有的生动性、丰富性,因而学习者对知识的意义建构存在困难。

3. 强调协作学习对意义建构的关键作用

建构主义认为,学习者与周围环境的交互作用,对于学习内容的理解(即对知识意义的建构)起着关键性的作用。这是建构主义的核心概念之一。学生们在教师的组织和引导下一起讨论和交流,共同建立起学习群体并成为其中的一员。在这样的群体中,共同批判地考察各种理论、观点、信仰和假说;进行协商和辩论,先内部协商(即和自身争辩到底哪一种观点正确),然后再相互协商(即当前问题摆出各自的看法、论据及有关材料,并对别人的观点做出分析和评论)。通过这样的协作学习环境,学习者群体(包括教师和学生)的思维与智慧就可以被整个群体所共享,即整个学习群体共同完成对所学知识的意义建构,而不是其中的某一位或某几位学生完成意义建构。

4. 强调对学习环境(而非教学环境)的设计

建构主义认为,学习环境是学习者可以在其中进行自由探索和自主学习的场所。在此环境中学生可以利用各种工具和信息资源(如文字材料、书籍、音像资料、CAI 与多媒体课件以及 Internet 上的信息等)来达到自己的学习目标。在这一过程中,不仅学生能得到教师的帮助与支持,而且学生之间也可以相互协作和支持。学习应当被促进和支持而不应受到严格的控制与支配;学习环境则是一个支持和促进学习的场所。在建构主义学习理论指导下的教学设计应是针对学习环境的设计而非教学环境的设计,因为教学意味着更多的控制与支配,而学习则意味着更多的主动与自由。

5. 强调利用各种信息资源来支持"学"

为了支持学习者的主动探索和完成意义建构,在学习过程中教师和教育机构要为学习者提供各种信息资源(包括各种类型的教学媒体和教学资料)。这些教学媒体和教学资料并非用于辅助教师的讲解和演示,而是用于支持学生的自主学习和协作式探索。对于信息资源应如何获取、从哪里获取,以及如何有效地加以利用等,是在主动探索过程中迫切需要教师提供帮助的内容。

6. 强调学习过程最终目的是完成意义建构

在建构主义学习环境中,强调学生是认知主体,是意义的主动建构者,所以把学生对知识的意义建构作为整个学习过程的最终目的。教学设计通常不是从分析教学目标开始,而是从如何创设有利于学生意义建构的情境开始,整个教学设计过程紧紧围绕意义建构这个中心而展开,不论是学生的独立探索、协作学习还是教师辅导,学习过程中的一切活动都要从属于这一中心,都要有利于完成和深化对所学知识的意义建构。

建构主义学习理论是继认知主义学习理论之后的另一种具有深远影响的学习理论,它不仅拓展了学习研究的领域,深化了关于知识、学习的本质认识,而且对教学改革具有深远的指导意义。

2.2 具身认知理论

20世纪50年代末期,第一代认知科学诞生,其核心观点是认知是遵循清晰的形式规则对抽象符号表征的操控(计算),且符号是由物质的任何可操控的序列来表示的观点。换言之,认知过程的产生与操作符号的特定规则有关,而与实现这一操作过程的物质载体无关。Lakoff和Johnson曾将其称之为非缘身心灵的认知科学,即认知是脱离身体的。但随着研究的逐步深入,这一认知方式受到越来越多的质疑,表征计算研究范式无法实现承诺的高级人工智能,也无法解释认知的起源与发展等问题。

而后,认知心理学的联结主义范式兴起,它主张以大脑神经元的网状结构作为认知过程的隐喻,试图找寻认知是如何在复杂的联合和并行分布加工中得以涌现,这同实际的脑组织更加接近。但无论是符号加工模式还是联结主义的研究范式,两者都没有否认认知在功能上的独立性、离身性。

20世纪80年代以来,人们逐渐意识到,不能把认知活动完全归结为反思意识符号的思维水平,应该从身体和身体经验中探寻认知的起源、演化以及发展。在Heidegger,Merleau-Ponty,Dewey和Vygotsky等的努力下,开创性地运用新的立场、方法等变革传统的认知方式,第二代认知科学,即具身认知科学(Embodied Cognitive Science)应运而生。

具身认知(Embodied Cognition)是指身体在认知过程中发挥着关键作用,认知是通过身体的体验及其活动方式而形成的,从发生和起源的观点看,心智和认知必然以一个在环境中的具体的身体结构和身体活动为基础,因此,最初的心智和认知是基于身体和涉及身体的,心智始终是具(体)身(体)的心智,而最初的认知则始终与具(体)身(体)结构和活动图式内在关联。换言之,认知包括大脑在内的身体的认知、身体的解剖学结构、身体的活动方式、身体的感觉和运动体验,决定了我们怎样认识和看待世界,我们的认知是被身体及其活动方式塑造出来的。它不是一个运行在"身体硬件"之上并可以指挥身体的"心理程序软件"。"具身认知的研究纲领强调的是身体在有机体认知过程中所扮演的角色",它同传统认知主义视身体仅为刺激的感受器和行为的效应器的观点截然不同,它赋予身体在认知的塑造中以一种枢轴的作用和决定性的意义,在认知的解释中提高身体及其活动的重要性。

近年来,具身认知受关注的程度日渐提高,但不同的研究者由于不同的学术信仰拥有不同的学术立场,对具身认知的理解存在分歧,仅仅在什么是具身认知这一问题上,就存在各种各样的看法。威尔逊(Wilson)对具身认知的各种基本主张进行了整合梳理和重新审视,认为具身认知的基本观点包括以下六个方面:①认知是情境化的,它发生在现实世界的真实场景中;②认知是有时间压力的,它领会于身心与环境的实时交互中;③认知是可卸载的,它的部分工作可以交由环境承担;④认知系统是包括环境的,可扩展到涵盖身心在内的整个环境;⑤认知是为了行动的,其根本目的是指导行为;⑥离线认知是基于身体的,脱离具体环境的心智活动仍基于个体与环境交互作用过程中通过进化而产生的感觉加工和运动控制机制。

在具身认知理论的影响下,具身学习已成为教育界近年来研究和实践的一种新兴学习范式。究竟何为具身学习?人们从不同视角出发,给出了不同的解读。例如,Matthews 认为具身学习即学习者在生活、工作或学习中,通过身体及其感知运动系统与环境的交互,获取具身经验,个体在行为或行为潜能上产生积极的、相对持久的变化的过程,这一过程实际上是涉及感觉、感知、身与心的相互作用和反作用的体验学习;郑旭东等认为从具身认知的观点看,自身学习是基于身体感知的即时性行动和借助技术工具的结构化反思两种认知模式的协调运作;叶浩生认为作为身体学习的具身视身体为学习发生的部位,把身体视为知识的渊源,通过身体活动获取对各种"活"的生活体验。总之,具身学习是基于具身认知的一种新型学习,是一个整合学习科学和人机交互研究的新兴领域。

具身学习强调学习者要根植于情景化的环境之中,并通过具身交互驱动教学要素的交融与具身体验的积累。显然,不同的技术条件会衍生出不同形态的具身学习。下面重点围绕学习环境类型、具身体验方式、感知交互模态、内容映射策略等方面,阐述新兴智能技术,特别是混合现实、触觉仿真、体感交互、人工智能等技术对具身学习形态的影响。

1. 学习环境类型

学习环境是具身学习活动实施的场所,更是影响具身认知发生的重要条件。不同类型的学习环境能够为学习者提供不同的感知信息和交互模态。随着虚拟现实技术,特别是混合现实技术的发展与应用,构建新型学习环境已经成为可能。依据知识呈现方式与感知交互模态方面的差异,将具身学习环境大致分为三类:真实物理环境、虚拟仿真环境和混合现实环境。近年来,国际上多项研究成果表明混合现实环境能够有效支持具身学习,并显著促进 STEAM 相关内容的学习效果。

2. 具身体验方式

具身认知强调在身体与环境互动过程中获得与积累身体体验,故身体的参与程度和参与方式对具身学习具有特殊意义。一方面,从参与程度的维度可以将身体运动分成在自然、无约束状态下的全身运动和在安坐状态下的有限姿态动作。另一方面,具身认知理论以及镜像神经元领域的研究表明,除亲身参与运动之外,学习者还可以通过具身模拟的方式获得具身体验,即通过观察或想象他人在特定环境及情景中的身体运动来获得相应的具身体验。在智能时代,通过体感交互设备和技术,如 Kinect 传感器,可以采集和识别学习者各肢体的空间位置、姿态动作和运动轨迹,从而更智能、更有效地支持身体参与并获得具身体验。

3. 感知交互模态

感知交互模态是学习者与环境之间相互影响、交融共生的桥梁,亦是形成具身体验、实现具身学习的根本途径。具身认知理论强调,在学习活动开展过程中,学习者应通过身体运动、姿态动作、面部表情等方式直接感触和操控学习对象及其可视化、语义化的表示模型;同时,学习者也应通过其"感觉-运动"系统实时、同步地接受相应的反馈信息。这种感知交互模态是高具身度的,有利于有意义学习。然而,在实践过程中,由于学习环境、学习资源、活动类型、可用技术等方面存在的差异和限制,感知交互模态也存在一定的差异,其主要体现在感知通道和交互形式两个方面。近些年来新兴的智能技术,特别是触觉仿真、无线传感、混合现实等技术,有望为实现这类高具身度的交互模态提供良好的支持。

4. 内容映射策略

具身学习主要通过获得并积累"感觉-运动"体验来实现。因此,在具身学习活动开展过程中,需要在学习内容与"感觉-运动"体验之间建立有效的映射关系。这种关系的建立及其产生的效果主要取决于知识呈现的媒介形式。具身学习通过融合无线传感、虚拟现实、3D打印等技术,不仅能以三维动画、全息影像、打印制品等媒介形式逼真地呈现教学内容,而且能支持师生通过身体行为驱动知识呈现媒介的动态变化。这为构建学习内容与"感觉-运动"体验之间的映射关系提供了新途径。

具身学习既是一种新的学习范式,也蕴含着创新教育理念。其形态的多样性赋予了应用领域的广阔性和实现途径的灵活性。下面结合具体的学习环境、学习主题以及技术条件,介绍智能技术支持下具身学习的几种典型应用场景和实例。

1. 基于智能感知技术的具身学习

在传统课堂教学活动中,教师通常会强调学生坐姿端正并认真听讲。从具身学习的视角出发,传统课堂教学应尊重学生的主体性,鼓励学生具身交互,让学生以自然的身心状态参与课堂教学活动,从而实现学生、教师以及教学内容的有机交融以及具体经验的积累。师生可通过身体和具身模拟两种途径在传统课堂中实现具身学习。身体运动指激活学生的感知运动系统,让学生通过有意义的身体运动而参与课堂活动,积累身体经验,学习课堂内容。例如,在外语课堂上学习动物单词时,教师一边讲授相关内容,一边鼓励学生通过身体运动或手势动作来模仿动物的行走、跳跃、飞行等行为,并通过发音来模拟动物的叫声或跟读相应的单词。具身模拟是指让学生通过观察或想象教师、同伴的具身表演以及视频、动画等动作行为而产生相应的身体体验。例如,教师在课堂上讲述相关内容时,不仅通过语言的方式进行描述,还通过身体的表演,手势、表情的运用甚至配合相应的视频、动画,让学生通过观察、模仿进行学习。借助高清摄像头、无线传感器、大屏显示器等设备以及人工智能、大数据等技术,不仅能有效地感知教学过程中师生的身体姿态、动作行为、言语表情等信息,而且能对这些信息进行及时、准确地挖掘与分析。

2. 基于触觉仿真技术的具身学习

在具身认知理论中,触觉对认知具有特殊的作用及意义。究其原因,触觉是人类与外界物理环境交互所采用的一种最原初、最直接且最重要的感知系统。通过刺激身体动觉系统中的肌肉、肌腱、关节等感受器,人们可以感知、探究并识别物体的材质、硬度、重量、形状、温度等物理特性以及物体的弹力、形变、运动等物理状态和变化,从而形成直接的、鲜活的、丰富的具身体验。与视觉、听觉等"远端"感知系统相比,触觉感官与身体联系更紧密,即具身度更高。近年来触觉仿真技术的兴起为人们设计和开展基于触觉交互的具身学习提供了可能。如图2-1所示,触觉仿真技术主要依靠一个支持人机双向交互的特殊机电设备,通过操控杆、数据手套、鼠标、方向盘、手指膜等将学习者与虚拟物体相连,让学习者在交互式操控过程中感知虚拟物体的物理特性和力学特性。

(a) 触觉仿真技术装置实例

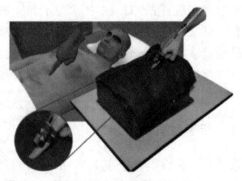
(b) 触觉仿真技术在医生培训中的应用

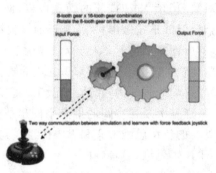
(c) 触觉仿真技术的物理学习

图 2-1 触觉仿真技术及具身学习示例

3. 基于混合现实技术的具身学习

目前,在计算机视觉、空间感知、人工智能以及可视化等技术的支持下,已经可以构建出一种将人、环境和计算机三者融为一体的混合现实环境。在此类环境中,来自物理世界的各类信息和来自虚拟世界的各类信息在时间、空间、视觉、听觉等维度上实现了自然的匹配和有机的融合,能够支持人们进行实时、多模态的交互以及具身、沉浸式的体验。可见,混合现实环境为具身学习提供了良好的支撑条件,不仅能拓展具身学习的应用范围,而且能够提升具身学习的实际效果。目前,面向具身学习的混合现实环境构建已经成为国际研究热点,并已取得一些成果。其中,以美国马里兰大学人机交互实验室构建的SharedPhys混合现实环境和美国亚利桑那州立大学研发的SMALLab混合现实环境最具代表性和影响力。

具身认知的研究正在成为一种思潮、趋势和新的取向。具身学习逐渐成为一种新的学习范式。随着无线传感、虚拟现实、人工智能等新兴智能技术在教育教学环境中的逐步应用,为有效地开展具身学习并促进教学创新提供了重要契机,丰富了具身学习的学习环境类型、具身体验方式、感知交互模态以及内容映射策略,衍生出基于智能感知、触觉仿真和混合现实技术的具身学习应用场景。

2.3 智慧教育理论

智慧教育是经济全球化、技术变革和知识爆炸的产物,也是教育信息化发展的必然阶段。在信息时代,智慧教育的基本内涵是通过构建智慧学习环境,运用智慧教学法,促进学习者进行智慧学习,从而提升成才期望,即培养具有高智能和创造力的人,利用适当的技术,智慧地参与各种实践活动并不断地创造制品和价值,实现对学习环境、生活环境和工作环境灵巧机敏的适应、塑造和选择。

2.3.1 智慧教育的起源

著名科学家钱学森早在 1997 年就开始倡导的"大成智慧学"(Science of Wisdom in Cyberspace)。钱老眼中的"大成智慧学"是引导人们如何尽快地获得聪明才智与创新能力的学问,目的在于使人们面对浩瀚的宇宙和神秘的微观世界,面对新世纪各种飞速发展、变幻莫测而又错综复杂的事物时,能够迅速做出科学、准确而又灵活、明智的判断与决策,并能不断地有所发现、有所预见、有所创新。为此,钱老专门建构了包罗自然、社会、数学、系统、思维、人体、行为、地理、军事、建筑、文艺等多领域知识在内的现代科学技术体系。他经常说的"集大成,得智慧",就是要以科学的哲学为指导,把理、工、文、艺结合起来走向大成智慧。

钱老强调"大成智慧"的特点是沉浸在广阔的信息空间里所形成的网络智慧,是在知识爆炸、信息如潮的时代里所需要的新型思维方式和思维体系。同时,他还强调,"智慧"由"量智"和"性智"组成,前者倾向于逻辑思维,后者倾向于形象思维。随着技术逐步迈向智能化、泛在化、感知化,智能终端和泛在网络的计算速度与精度远胜于人脑,因而比较善于分担"量智"工作,但对于"只可意会,难以言传"的默会知识,或者当需要运用形象思维、求异思维、直觉、灵感进行创造性工作时,它们却显得"疲软乏力",难以表现出"性智"能力。因而要充分利用计算机、信息网络,发挥人-机结合优势互补的长处,使人能够不断地及时获得和集成广泛而新鲜的知识、信息与智慧,从而迅速提高人的智能和创新的能力。

信息技术支持下的智慧教育至少可以追溯到 IBM 的"智慧地球"战略。2008 年,IBM 在《智慧地球:下一代领导议程》*A Smarter Planet:the Next Leadership Agenda* 中首次提出"智慧地球"的概念。

IBM 对"智慧地球"的愿景是:借助新一代信息技术(如传感技术、物联网技术、移动通信技术、大数据、3D 打印等)的强力支持,让地球上所有东西实现被感知化、互联化和智能化。在新一代信息技术的支持下,布满技术"神经"的世界将变得更小、更平、更开放、更智能。当"智慧地球"思想冲击到不同领域时,新的思想随之迸发,如出现智慧城市、智慧医疗、智慧交通、智慧电网等。当这一技术与文化相互交织的浪潮涌向教育领域时,智慧教育便应运而生。2009 年,IBM 发起智慧教育倡导,提出智慧教育的五大路标,即学习者的技术沉浸;个性化和多元化的学习路径;服务型经济的知识技能;系统、文化与资源的全球整合和 21 世纪经济发展的关键作用。

2.3.2 智慧教育的图式建构

智慧教育的真谛是通过利用智能技术构建智能化环境,让师生施展灵巧的教与学方法,使其由不能变为可能,由小能变为大能,从而培养具有良好的价值取向、较高思维品质和较强施为能力的人才。

智慧具有"双重词性",既可充当动词(学习作为运用智慧的过程),又可充当名词(智慧作为学习的一种结果),即智慧既是目的,又是手段。智慧教育的基本假设是:以先进的、适宜的信息技术作为基本支持,设计开发各种新型的、能适应各种特定的学习/教学需求的智慧学习环境,利用计算系统或其他智慧设备分担大量烦琐的、机械的、简单重复的学习任务,引导学习者将更多的心理资源(如注意力、工作记忆、动机系统)投入更为复杂、更有价值、更需智慧的学习任务中,培养学习者的批判性思维、创造力、协作能力、平衡能力以及问题解决能力。总之,促进智慧发展既蕴含一种朴素的教育哲理,也代表一种有益的教育主张。

智慧教育的研究框架主要由智慧教育、智慧环境、智慧教学法、智慧人才构成,详见图 2-2。它们分别与教育理念、技术创新、方法创新和人才观变革相对应。显然,它们之间的关系是:智慧教育理论对研究框架起统率作用,直接指向信息时代人才观的根本变革,通过"硬"的智慧环境和"软"的策略、方法来促成智慧人才的培养。这种关系可以简述为:信息化环境下的智慧教育指在信息技术支持下为发展学生智慧能力的教育,旨在利用适当的信息技术构建智慧环境(技术创新)、运用智慧教学法(方法创新)、促进学习者开展智慧学习,从而培养具有良好的价值取向、较高的思维品质和较强的施为能力的智慧人才(善于学习、善于协作、善于沟通、善于研判、善于创意、善于解决复杂问题的人才),落实智慧教育理念,深化和提升信息时代、知识时代和数字时代的素质教育。

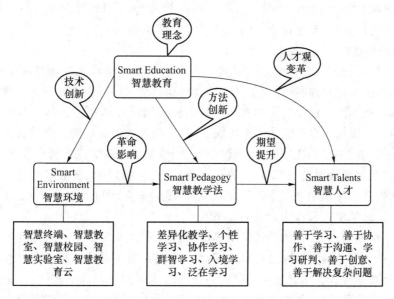

图 2-2 智慧教育的基本图式

智慧环境通常包括智慧终端、智慧教室、智慧校园、智慧实验室、智慧教育云等多种范型;智慧教学法通常包括差异化教学、个性学习、协作学习、群智学习、入境学习和泛在学习等。

2.3.3 智慧教育的三种境界

智慧教育可理解为一种智慧教育系统,其定义为"智慧教育(系统)是一种由学校、区域或国家提供的良好学习体验、高内容适配性和高教学效率的教育行为(系统),它能利用现代科学技术为学生、教师和家长等提供一系列差异化的支持和按需服务,能全面采集并利用参与者群体的状态数据和教育教学过程数据来促进公平、持续改进绩效并孕育教育的卓越"。这一定义将教育技术学领域关心的问题和目前教育学领域关心的问题有机关联到了一起,并尝试从教育方针、政策、信息化的角度来解决教育公平的问题,但更多的是为了解决教育的卓越问题,即我们下一代培养的人是否卓越的问题。

智慧教育可转化为由智慧学习环境、新型教学模式和现代教育制度三个层面构成,而且智慧教育通过寻求教育体制与教育目标的适配,从效果、效率和效益三个方面不断提升知识生产能力,以最终实现培养卓越的国家人才的教育目标,这就是智慧教育的三个境界。

1. 智慧学习环境

智慧学习环境是智慧教育的第一境界。所谓智慧学习环境,是指一种能感知学习情境、识别学习者特征、提供合适的学习资源与便利的互动工具、自动记录学习过程和评测学习成果,以促进学习者有效学习的学习场所或活动空间。智慧学习环境能够实现物理环境与虚拟环境的融合,能更好地提供适应学习者个性特征的学习支持和服务。智慧学习环境的技术特征主要体现在记录过程、识别情境、连接社群、感知环境四个方面,其目的是促进学习者轻松、投入和有效地学习。智慧学习环境主要由学习资源、智能工具、学习社群和教学社群四大要素构成,而且学习社群与教学社群之间是相互关联的,同时智慧学习环境要考虑学习者的学习方式和教师(设计者)的教学方式。换言之,智慧学习环境的构成应与具体的教学方式和学习方式相关联,不存在统一的、笼统的智慧学习环境。

2. 新型教学模式

新型教学模式是智慧教育的第二境界。由于传统的教学模式较为忽视学生的个性发展,学生的创新思维受到抑制,因而难以满足科技和社会发展对人才的需要。现阶段的我们正在经历一场"教学模式危机",人们对创新教学模式的呼吁越来越强烈。随着信息技术的引入,创新的教学模式正以全新的形态不断涌现,并影响着教育实践。教学模式的分析框架主要包括三个层面:一是宏观层面,包括教学理念、教学环境和学习需求三个要素;二是中观层面,包括教学、学习和课堂三个要素;三是微观层面,包括教师、学生和教材三个要素。在信息时代,随着技术逐步融入课堂教学过程中,传统的教室环境发生了较大的变化,因此催生了学习方式、教学模式和课堂形态的变革。

纵观教学模式演进的历史,经历了从传统面对面教学到"Web1.0"技术支持的面对面教学、"Web2.0+数字工具"技术支持的面对面教学、"Web2.0"技术支持的在线教学和混合式教学等信息化教学模式。尽管在不同模式下技术的作用和功能并不相同,但是这些不同的教学模式并不是彼此排斥、彼此替代的,而是互相共存、共同促进的。传统的面对面学习多以知识精加工型学习为主,强调统一规格、统一步调、统一检测,学习者的学习路径是同质的和线性的,学习方法单一且相对僵化,因此不利于学生创新能力的培养。而随着时代的发展,数字一代学生的学习方式将以知识贯通型学习为主。这种学习方式强调构建规格多型、路径多样、评价多元的教学生态。学习者的学习路径是具有差异化的,既有线性的路径,又有从点到面或从整体到局部的学习路径,以此构建的新型教学模式可能会更加倾向于任意时间(Anytime)、任意地点(Anywhere)、任意方式(Anyway)、任意步调(Any pace)的4A模式。在这种教学模式下,信息化学习方式让学生的多样性以及个体差异性得以重视,使"以人为本"的教育理念得以实现。因此,信息化学习方式呈现出三个基本特征:一是有效地学习(Effective Learning),这是信息化学习的目标,信息化教学应该以促进学生的有效学习为目标;二是投入地学习(Engaged Learning),这是有效学习的前提,学生只有真正地投入学习,才能达到有效学习的目标;三是轻松地学习(Easy Learning),这是投入学习的前提条件,信息化教学应尽量使学生的学习变得轻松愉快。

3. 现代教育制度

现代教育制度是智慧教育的第三境界。在现代社会中,建立能充分发挥各类教育机构整体功能的教育制度是培养卓越人才的基础。顾明远在《教育大辞典》中给出的教育制度的定义是:"一个国家各种教育机构的体系,包括学校教育制度和管理学校的教育行政机构体系。"可见,教育制度是指一个国家各级各类教育机构的系统和管理规则,包括两个部分:一是各级各类教育机构的系统,二是教育机构系统赖以存在和运行的一整套规则(如义务教育制度、高等教育的学校教育制度、职业教育制度、成人教育制度、招生与考试制度、学业证书制度、教育督导制度、学校及其他教育机构的教育评估制度等)。其中,学校教育制度是教育制度的核心部分,也是一个国家教育制度的代表。

我国现行的教育制度与现代教育制度主要存在十个方面的差异。第一,在时间长度上,我国现行教育制度限制在人生的某一阶段接受教育,如青少年时期;而现代教育制度贯穿于人的一生。第二,在知识范围上,现行教育制度注重单一的、抽象知识的学习;而现代教育制度涉及理智、情感、审美、职业、政治、身体等多方面的教育。第三,在各类教育的联系上,现行教育制度将职业教育与普通教育、正规教育与非正规教育、校内教育与校外教育、文化活动与教育活动分离隔绝;而现代教育制度注重人格的全面、和谐发展,谋求各种教育之间的一体化。第四,在知识的基础上,现行的教育制度重视已知的信息和知识的学习;而现代教育制度则重视辩证观点的形成。第五,在文化价值观上,现行教育制度因强调内部限制和外部强制,迫使学习者接受既有的文化价值观;而现代教育制度尊重人的个性和独立选择,强调自我发展。第六,在教育的定义上,现行的教育制度将教育定义为向学习者传播文化遗产的过程;而现代教育制度将教育定义为学习者个人持续发展的过程。第七,在筛选功能上,现行教育制度将教育视为筛选人的工具;而现代教育制度认为未成熟期的一次选择是无益的,应充分发挥人的内在潜质。第八,在学习空间上,现行教育制度将教育主要限定在学校;而现代教育制度将教育扩展到家庭、社群、职业岗位等各种环境中。第九,在预设性上,现行教育制度为教育媒体和训练设置了特定的阶梯;而现代教育制度允许自主选择教育机会,强调适配性。第十,在施教者上,现行教育制度规定了教育由社会中的特定人群(教师)进行;而现代教育制度认为施教者可以根据时间和情境由社会整体提供。

因此,智慧教育从国家教育制度的层面更加重视在教育实践中存在的问题,能够放眼世界,汲取和借鉴国际经验,通过制定科学合理的教育制度来提升人才培养质量,促进教育创新与变革,孕育人类智慧,促进世界和谐发展。

2.3.4 智慧教育的本质特征

智慧教育具有五个本质特征。

1. 感知(Sensible)

感知是指采用各种技术(如 GPS、RFID、QR Code)、各类传感器(如温度、湿度、二氧化碳、光照等)以及各种量表(如学习评测量表、学习态度量表等)来感知外在的学习环境与人的内在学习状态。具体包括：①实时监测室内的噪声、光线、温度、气味等参数，根据预设的理想参数，自动调节百叶窗、灯具、空调、新风系统等相关设备，将教室内声、光、温、气调节到适宜学生身心健康的状态；②收集学生学习活动、学习场所、认知风格、知识背景等方面的信息，为按需推送提供基础。

2. 适配(Adaptable)

适配是为达成因材施教的美好愿望，让教育资源能够根据学生个性化的需求而获取和使用，教与学可以按需开展。具体包括：①按需推送资源，根据用户的学习偏好和需求，个性化推送学习资源或信息；②按需推送活动，根据用户的现有基础、学习偏好以及学习目的，适应性地推送学习活动；③按需推送服务，根据用户当时的学习状态和需求，适时推送学习服务(如解决疑问、提供指导等)；④按需推送工具，根据用户的学习过程记录，适应性地推送用户学习所需的各种认知工具；⑤按需推送人际资源，根据用户的兴趣、偏好、学习的内容等，适应性地推送学伴和教师等人际资源。

3. 关爱(Caring)

关爱是一种尊重学生的态度，一般是指教师通过共情、关注、可依性、尊重、肯定等行为，在与学生互动过程中与学生建立并维持信任和支持的关系。具体包括：①关爱学生的学习，充分考虑学生的个体差异，因材施教；②关爱学生的生活，尊重学生的个性、特长和爱好；③关爱学生的成长，为学生提供必要的未来规划。

4. 公平(Equitable)

公平是指受教育者在受教育过程中在教育权利、教育机会、教育资源和教育质量方面享有平等的权利。追求更大程度和更高水平的教育公平已经成为当前世界教育改革的共同主题。具体包括：①入学机会公平，人人享有平等的受教育权利；②教育过程公平，人人平等地享有公共教育资源；③教育结果公平，人人具有同等的取得学业成就和就业前景的机会。

5. 和谐(Orchestrating)

和谐是指教育系统有序运行以及内部各要素有序配置的状态，是人对教育的主观追求和美好理想，也是构建和谐社会的深厚动力。具体包括：①城乡之间、地区之间、学校之间的和谐发展；②教育系统内各级各类教育的和谐发展；③教育经费、教学设施设备、校舍等硬指标的和谐；④学生与教师自身的和谐发展；⑤学生德智体美劳的全面发展等。

2.3.5 智慧教育的体系架构

智慧教育是依托物联网、人工智能、云计算、大数据、无线通信等新一代信息技术所打造的智能化教育信息生态系统，是数字教育的高级发展阶段，旨在提升现有数字教育系统的智慧化水平，实现信息技术与教育主流业务的深度融合(智慧教学、智慧学习、智慧管理、智慧科研、智慧评价和智慧服务），促进教育利益相关者（学生、教师、家长、管理者、社会公众等）的智慧养成与可持续发展。依据上述定义，构建了智慧教育体系架构，具体如图2-3所示。智慧教育体系可以概括为"一个中心、两类环境、三个内容库、四种技术、五类用户、六种业务"。

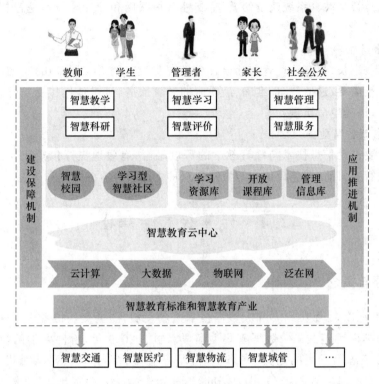

图 2-3 智慧教育的体系架构

1. 一个智慧教育云中心

"智慧教育云中心"是带动一个国家或地区教育信息化整体飞跃发展的关键，对突破教育信息化中普遍存在的"资金难筹措""应用难推进""共享难实施"三大瓶颈有着至关重要的作用。因此，智慧教育发展要将智慧教育云中心的建设放在首要位置。

2. 两类智慧教育环境

智慧教育环境是智慧教育实施的基础和保障，需要创新应用物联网、人工智能、云计算、大数据、语义网、移动通信等新一代信息技术，完善两类智慧教育环境，分别是支持学校教育的智慧校园和支持终身教育的学习型智慧城区。

3. 三个沉淀智慧内容库

学习资源是实现教育系统变革的基础，是教育智慧沉淀、分享的重要载体。需要重点建设三个沉淀智慧内容库，包括学习资源库、开放课程库和管理信息库。学习资源库是教师智慧教学和学习者智慧学习所需资源的基本来源，该库主要由教学案例、多媒体课件、试题和试卷、电子图书、媒体素材、资源目录索引、教育网站、研究专题、认知工具、文献资料等资源组成。随着MOOCs热潮在全球范围内的兴起和发展，开放课程资源的建设共享已成为国际教育资源发展的重要趋势，开放课程库的建设要坚持开放共享的理念，建立合理、可行、有效的课程资源建设与分享模式。管理信息库在整个智慧资源体系中占有重要地位，管理信息的大规模、标准化采集是实现教育业务智慧管理的重要前提。

4. 四种智慧技术

物联网、人工智能、云计算、大数据是支撑智慧教育"大厦"构建的关键技术。人工智能和大数据技术是智慧教育系统建设的"智慧支柱",物联网和云计算技术是智慧教育系统建设的"智慧底座"。

5. 五类服务用户

教师、学生、家长、教育管理者和社会公众是智慧教育的五类服务用户。智慧教育要为各类用户提供最需要、最适合、最准确、最便捷的教育服务,满足他们接受美好教育的期盼,发展数字智慧,提升生命质量。

6. 六种主流教育业务

智慧教育要推动信息技术与教育教学的深度融合,有效地支撑包括智慧教学、智慧学习、智慧管理、智慧科研、智慧评价和智慧服务六种主流教育业务的顺利开展。

2.4 计算教育学理论

2.4.1 起源与概念

进入 21 世纪以来,数据科学和大数据技术蓬勃发展,图灵奖获得者格雷(Gray J)提出了科学研究的第四种范式——数据密集型科学范式。2009 年,哈佛大学的拉泽尔(Lazer D)等在《科学》杂志上发表的论文《网络生活:即将来临的计算社会科学时代》*Life in the Network:The Coming Age of Computational Social Science* 中提出了"计算社会科学"这一崭新学科。21 世纪是数字化时代,无处不在的计算,快速累积的数据,全新的研究范式正在引导自然科学与人文社会科学融合发展的浪潮,自然科学(特别是信息科学)与教育学科的交叉融合也被广泛重视和讨论。得益于新一代信息技术的赋能,大数据技术正快速渗入教育领域的教、学、测、评、管以及研究等各个层面,海量且快速增长的教育数据蕴藏着对教育生态系统优化与变革的巨大价值。在数据的驱动下,教育的研究范式正经历从朴素唯物观基础上的直觉观察期(第一阶段,从古希腊到 17 世纪中叶)、以实证分析为主的方法论时期(第二阶段,17 世纪到 20 世纪初)、解释主义范式时期(第三阶段,20 世纪中叶)向数据驱动下的教育科学研究范式的转变,推动着教育研究由经验判断转向数据驱动、从抽样调查转向全样本分析、从现象的局部观察转向全景式深度解构,这一研究范式的转变正成为教育理论发展与实践创新的重要加速器和助推器。数据驱动的教育研究范式在技术助力教育发展的浪潮中正逐渐形成学术共识,越来越多的学者希望借助这一新范式破解教育的规模化覆盖和个性化发展的难题。

目前,学术界对计算教育学尚无统一的定义。计算教育学的概念最早可以溯源到 2014 年,李未院士在分析如何提高高等教育质量核心问题时,提出了计算教育学的概念,"即在计算机、先进信息网络环境下,研究以大数据为支撑的个人和群体的学习和教学行为,建立面向教育全过程的数学模型,进而合理地优化、配置和共享优质教育资源,全面均衡地实现教育的规模化共享、个性化学习和创新性培养"。许新华将计算教育学等同于计算机(辅助)的教育学,认为计算教育学是用计算机科学技术的一切方法、技术手段与相关成果,来研究教育现象、教育问题及其规律的交叉学科。李政涛等将计算教育学的渊源回溯到MOOC课程兴起带来的大量在线学习交互行为和学习分析技术的发展,他在总结了国内学者对计算教育学研究对象、研究方法和目的与意义的共识基础上提出计算教育学是一门以信息科学为基础、以精确定量为方法的跨领域交叉学科,为教育学本身的研究与发展提供了新的方法、路径和动力。郑永和等认为计算教育学是一门融合多学科知识,基于量化的教育数据和计算的方法,以揭示日常难以发现的教育教学规律,注重体系化的理论建构的跨领域新兴学科。刘三女牙等认为计算教育学是通过技术赋能,基于数据密集型的研究范式,解释信息时代的教育活动与问题,揭示教育复杂系统的内在机制与运行规律的新兴交叉学科。

李未院士认为"计算教育学将成为全面提高教育管理质量的重要抓手和突破点。通过对教育全过程的大数据进行精确分析和计算,把以定性研究为主体、以经验为基础的教育科学,转变为以大数据为基本对象、以计算和模型为手段的定量精确科学。从而创造一门新的科学研究方向——计算教育学。它将成为信息科学的一个重要分支,进一步促进信息科学其他分支的快速发展"。李未院士等认为计算教育学属于信息科学的一个细分学科,刘三女牙等学者认为计算教育学属于教育学的细分学科。目前,关于计算教育学是属于计算科学、信息科学的细分学科还是属于教育学的细分学科还存在很大争议。我们姑且将其看作计算科学、信息科学与教育学交叉的一个全新的研究方向或领域。

2.4.2 关键问题与核心任务

信息时代的人才培养更加关注个性差异和创新思维,在遵循学习者身心发展规律的基础上提供最适宜的发展方式来促进个人成长。刘三女牙等认为计算教育学以创新人才培养为主要目标,聚焦教育主体的理解、教育情境的感知及教育服务的定制等关键问题,其核心任务是围绕计算教育伦理、教育主体计算、教育情境计算、教育服务计算开展研究与实践。

1. 计算教育伦理

在"人-技"协同进化的教育发展态势日趋明显下,尤其是在大数据、人工智能等技术的介入下,伦理问题成为在人才培养过程中不容忽视的问题。发展计算教育学,首先需要计算教育伦理作为助力和保障人才发展的护盾。教育数据伦理作为计算教育伦理的有机组成部分,是对教育数据产生、采集、存储和分析利用过程中所应秉持的道德信念和行为规范的理性审视。同时,为了迎接教育与技术的结合以及人类智能与机器智能的协同,亟须开展信息时代教育场域中有关道德重构的哲学研究,建构相应的计算教育伦理框架,研究技术素养、技术异化问题以及相关的法律法规问题,杜绝技术研发、运用与服务过程中的异化而导致对教育主体的桎梏,服务教育的本质要求。

2. 教育主体计算

教育主体计算是教育系统的核心要素,对教育主体的全面理解是成功开展"因材施教"的前提。教育主体计算以个体行为的多元属性和群体行为的涌现为核心,实现对学习者外显行为和内隐状态精准化的表示与计算,关注个体差异与群体影响,研究在数据驱动的学习者认知建模、情感建模、能力建模等,全方位诊断与评测学习者;研究在数字化环境下学习的认知规律、个体学习机制以及学习者成长与发展规律等,探索新型环境下的学习机理;研究数字化环境下的群体学习规律、群体学习的动因分析及演化趋势预测等,实现群体学习的优化控制。

3. 教育情境计算

教育情境计算是指教育主体在开展教育活动时的环境、场景或背景信息,包括教育目标、学习环境、学习内容与资源、学习模式与方法等,是开展教育活动的物质基础。教育情境计算重点面向教育人机环境中的人与机、机与机的协同与互动,研究多空间学习环境构建理论、人机协同机制、学习环境效能评估方法等,实现物理学习空间与虚拟学习空间的无缝融合;研究多场景教与学过程的量化与数据采集、多模态学习行为自动感知、学习数据链自动生成与融合等,实现伴随性学习数据的采集与融合;研究教育场景边缘计算基础理论及计算模型、教育场景信息智能分析方法等,实现教育场景的智能化。

4. 教育服务计算

教育服务计算针对教学主体的差异性以及教学需求的多样性,以智能导学、精准推荐、群体互助、精细评价等需求为牵引,提供个性化的学习规划、学习资源、学习活动、教学工具与服务等,是实现人才培养目标的重要依托。教育服务计算研究知识供给机制,领域知识图谱与可视化、碎片化知识资源聚合与智能进化、知识服务模式等,解决学习服务的来源与组织问题;研究个性化学习路径规划、自适应学习诊断、学习需求精准提取、学习服务精准匹配、有效性评价以及教学设计优化策略等,解决学习者需求与学习服务的精准匹配;研究智能导师、智能学伴、教育智能体、教育机器人和教育机器解答等,实现更加智能化的个性化学习服务。

2.4.3 研究范式

新技术的应用在不断增加教育体系复杂性的同时,也为认识和理解这种复杂性提供了新的工具和方法。新一代人工智能技术与教育理论、认知理论、实验设计和相关学科研究方法相融合,带来了基于数据科学的教育研究范式转变。计算教育学对复杂的教育系统开展以计算为核心的研究,以新兴的研究方法适应新的教育环境,不仅体现于其数据采集工具和分析方法的变革,更体现在方法论层次的变革;不仅是一种使用海量数据的现象和采用各种算法作为分析工具的趋势,更是探讨教育过程与问题的新理论、新方法乃至新范式。根据国际教育研究手册,一种教育研究范式是在一定研究方法论基础上形成的研究原则和方法体系,包含了其适用范围、主要流程、局限性和信效度评价指标等方面。以下将体系化地审视基于计算的新教育研究范式,通过梳理定量教育研究与计算教育学之间的传承与发展,描绘计算教育学研究的特征,并根据 2007 年 Gary J 在美国国家研究委员会——计算机科学和电信委员会加州山景城(National Research Council-Computer Science and Telecommunications Board,NRCCSTB)会议上提出的四种研究范式分类,辨析现阶段计算教育学研究范式的发展路径,探讨新研究范式的局限性和信效度评价指标等方面的标准。

1. 计算教育学与传统计量教育研究方法的比较

计算教育学的诞生伴随着教育学研究方法从计量到计算的演变,其数据采集、处理和分析均与传统计量教育研究方法不同,这为解决教育研究领域的挑战提供了新的工具与方法。传统教育研究常用的定量与定性的研究方法无法兼顾整体性和动态性的分析,不足以诠释新时代教育的新需求,难以刻画新时代学习者的特征和教与学的复杂过程,缺乏大规模、多模态的科学数据分析的支撑。面对日趋复杂的教育系统,要进行有效分析,解决不断涌现的跨领域问题,急需顺应时代和科技发展的新方法、新工具和新体系。不同于传统计量方法,计算教育学方法包含数据、算法、架构、问题域和复杂信息系统等多方面技术与方法,是能够捕捉、获取和处理有关人类学习行为与教育发展规律的科学方法,为寻找教育活动的内部主导因素和高关联性外部因素提供了可能。计算教育学以教育过程可计算为基础,包括教育系统中的个体与群体可计算(学习主体与学习环境的计算)、数据与知识的可计算(学习的媒介计算)、人-机协同的可计算(学习特征的计算与建模)、认知过程可计算等。与传统通过抽样调查等方法采集一些结构化数据进行实证分析的计量方法相比,计算教育学通过对教育领域中量化数据(既包含大数据又包含小数据)的应用与研究,为精确描述和精准分析教育系统的复杂性和整体性提供了研究工具,为实现多元化的教学资源与服务提供了基础研究的支撑。通过对比计算教育学与传统计量教育研究,提出从数据特征、数据获取效率与方式、研究路径、研究目标、认识过程和关系认知等多个方面阐述计算教育学研究范式的特征,具体如表 2-1 中所示。

表 2-1 计算教育学与传统计量教育研究的研究范式比较

	计算教育学的研究范式	传统计量教育研究的研究范式
数据特征	通过数据采集挖掘获得海量的自然数据、过程数据、结果数据等多维数据	主要通过调查问卷获得有限的样本结果数据为主
数据获取效率与方式	即时获得	延迟获得
研究路径	始于数据:数据汇集—数据清洗—数据挖掘与分析—数据预测和服务	始于假设:现象—假设—抽样—验证
研究目标	数据解释与理论构建	理论修正
认识过程	自下而上(数据分析)+自上而下(专家知识)	自上而下
关系认知	关联关系+因果关系,基于关联关系的因果关系,为干预提供依据	因果关系

计算教育学的研究对象是量化的教育数据,因而比较的对象聚焦于传统计量教育研究范式上。

在数据特征方面,传统计量研究受到技术与方法的限制,往往以结果数据为主,如学生的学业成绩、自呈式的心理和情绪状态等。因为教学环境和人类行为的复杂性,大量的教学行为、活动和环境因素在传统计量研究中难以被数据化,无法获得直接的测量数据,难以提供给研究者全样本、实时的、过程性的教学数据,从而影响了对教学过程的全面而客观的记录,不利于研究的深入展开与分析。如在传统研究中,用视频和音频的方式记录学习过程的数据,由于没有多模态融合技术支持,难以形成规模化智能处理。随着信息技术在教育实践中的渗透,教育研究对象的范围大大扩大,智能环境中的数据采集装备、分析系统可以在学习者和教学者无感知、非干扰的情况下记录他们教学行为的全过程,收集的是在整个教育教学过程中静态和动态的所有数据,如教学资料、互动反应以及学生在每个知识点上停留的时间等。因而数据收集具有更强的实时性、连续性、综合性和自然性,可以更好地反映教学过程的真实状态,支持研究者深入探究教学的规律。这使得计算教育学研究范式下的研究结果相比于传统教育研究结果,具有更高的可靠性、客观性,以及更广泛的适用范围。

在研究目标方面,传统量化研究多以理论修正为主要目标,往往从一个理论假设开始,选择相关的若干组影响因素开展教学实验,验证并分析变量之间的关系,从而根据实验数据修正之前的假设。但基于数据挖掘的计算教育学不一定有已形成的理论假设,往往从数据出发,对研究中找到的数据之间的量化特征进行教育学的解释和意义建构。计算教育学以计算为工具,以期挖掘出教学行为特征中的底层规律,并构建科学的教育学理论以指导实践。

在研究路径方面,传统量化研究遵循自然科学研究方法,往往自上而下,即先根据理论提出假设,再构建模型、创设实验、使用特定的测量工具收集与分析数据,从而验证假设、修正理论;而计算教育学通过大量数据的梳理和分析来发现教育现象和规律,基于数据发现特征,构建理论解释,开展预测应用,往往以自下而上的数据分析为基础。也有研究者提出在计算教育学的研究中,围绕教育意义与价值,数据分析更需要结合自上而下的理论解释。

在关系认知方面,教育研究从关注因果关系转变为关注"关联关系+因果关系"。利用数据科学技术探索认知规律得到的是数据间的关联关系,研究者需要基于理论认知探索更深层次的原因,从而做出具有教育意义的合理解释。这对教育研究者提出了更高的理论要求,需要教育研究者形成新的思维模式,从关注理论驱动、假设检验与解释,转变到重视测量与预测应用的计算教育学。

2. 计算教育学研究范式的两种研究进路

根据2007年Gray J在NRC-CSTB大会上的论述,科学研究正在经历从经验、理论、仿真向数据密集型科学范式的变革,具体如表2-2所示。这种变革也影响到社会科学领域,包含教育研究。但与自然科学领域的发展不同,韩军徽和李正风等社会科学研究者们认为在计算社会学中目前存在大数据社会分析(第四范式)和社会模拟研究(第三范式)两种不同研究进路。类似地,在教育领域已发表的文献和实践案例中搜索关键词"计算教育学"(Computational Education),发现也存在第三范式与第四范式同时兴起的趋势。

表2-2 科学研究范式的变革历程

研究范式	内容	方法	案例
经验范式	以描述自然现象和实验为主	主要基于试验或经验的归纳为主	钻木取火,比萨斜塔实验
理论范式	以理论研究为基础,对经验和试验进行抽象和简化	主要通过构建数学模型对无法用实验模拟的科学原理简化,通过演算进行研究	牛顿第一定律,相对论,博弈论
仿真范式	以计算机仿真模拟取代实验	通过仿真和模拟进行研究	天气预报,核试验模拟
数据密集型科学范式	通过了解相关关系揭示底层规律,开展再预测或防治等应用	基于数据科学,采集数据,智能分析	Google的广告优化配置,IBM沃森问答系统

(1) 计算教育学中的仿真范式

在计算教育学领域,以计算手段来模拟、仿真与分析教育现象的第三范式正逐渐兴起,并受到研究者的重视。在这种仿真模拟实验中,研究者使用计算机建模和基于大数据的网络分析,在计算机或虚拟世界中探索教育系统的运行状况,探寻教育主体之间信息互动的模式,了解系统在变化过程中的特征,从而揭示系统的规律或模式,评估教育系统演化的各种可能性。

仿真模拟实验作为一种教育研究范式的发展,可以追溯到20世纪90年代中后期。随着计算机建模技术的成熟,基于计算机模拟环境的教学实践逐渐兴起。但大部分的教学研究都将模拟环境作为教学环境,围绕学生在模拟环境中的学习模式和学习成效开展研究,这种将计算机模拟作为研究方法的应用受限于教学系统的复杂程度而迟迟未有突破。直到21世纪初,随着欧美国家"第二人生"(Second Life)等在线模拟游戏的普及,部分社会学研究者尝试在在线虚拟环境中开展人类行为模式的分析和虚拟实验,从而掀起了社会学虚拟仿真实验研究的热潮。2007年,Nigel Gilbert在计算社会学领域提出了基于主体的社会模拟(Agent-Based Social Simulation)来实现可多次重复、多主体、多属性、多情景的仿真社会模拟实验技术,深度分析了个体与群体行为,揭示了宏观现象的微观成因、内在机理和传导过程。我国学者王国成在社会计算领域,提出融合人类主体(Human Subjects)参与的实验和基于虚拟主体(Computational Agent,CA)的实验方法,"通宏洞微"地开展了广泛的社会模拟研究,为宏观调控提供微观基础。近年来,随着教育大数据在教育实践领域的普及,基于主体的模型(Agent-Based Modelling,ABM)方法也逐渐进入教育领域的研究与实践中,受到我国研究者的重视。例如,余胜泉等借鉴计算社会学中的计算实验方法,提出计算教育实验,模拟真实的教育系统,通过改变输入变量属性观察系统的演化过程和结果,总结教育系统的演化规律。在实践方面,美国Lamb等基于神经网络计算,建立学生在教育游戏中的行为模型,从而模拟学生参与某个在线科学教学活动的情况,测试该教学活动对学生反思能力提高的影响。Lamb在模拟环境中通过对上万名学生的测试优化了在线科学教育活动。

研究者们提出通过计算机模拟与仿真来研究教育中的现象和问题可以避免部分教育实证研究中的困难,包括征集测试者的困难、因为开展对比实验而引起的道德困境、真实情境中开展教育实验的风险等问题,也可以缩短实验时间,降低研究成本。模拟仿真研究也为教育实验研究提供可重复、可检验的可能性,并且避免了由研究者主观判断带来的误差,从而提升教育实验研究的信效度。因此,学者们呼吁发展基于计算的仿真模拟教育实验,通过对学习者、教学过程、教学环境的计算,界定教育系统要素之间的关系,建立教育系统要素关系的数学模型,然后利用计算机仿真技术对教育体系开展全程全覆盖的复杂实景模拟,分析模拟各种可能出现的教学场景、诱发因素及传导机理,最后概括推断微观教学行为、活动、策略与宏观教学现象的内在关联。

(2) 计算教育学中的数据密集型科学范式

数据密集型科学范式在教育研究领域的兴起源自教育大数据的发展与应用,包括数据的采集与存储、数据结构化、清洗与预处理、自然语言处理与实体识别、数据仓储与关联数据、机器学习与数据挖掘、数据开放与检索、数据可视化与人机互动等过程。第四范式与其他范式的主要区别在于,它是基于已有的大量数据,通过计算得出之前未知的理论。华东师范大学周傲英教授在题为"数据驱动的计算教育学"的报告中,从第四范式、大数据和教育科学等方面阐述教育问题,提出了基于数据驱动的计算教育学观点,以教育大数据作为动能,运用人工智能作为计算工具来研究教育问题。教育大数据具有海量、多样、快速和价值的4V特征,这使得应用于教学领域的数据密集型科学范式可以对复杂教育系统的内在机理进行整体性的研究,提取以前无法获得的潜在有用信息。基于统计、数据库技术、模式识别、机器学习等学科知识,借鉴计算社会学中常用的方法,包括自动信息采集系统(Automated Information Systems)、社会网络分析(SNA)、社会地理信息系统(Social GIS)、复杂模型(Complexity Modeling)和社会模拟模型(Social Simulation Models)等,计算教育学可以分析和处理不同复杂度和深度的数据,探寻教育数据间的相关关系而非探究因果关系,用以揭示教育系统的深层规律和动态演化的特征,探索不为人知的底层教育规律,并能实现预测和决策优化等功能。例如,为支持教育质量动因系统的整体性研究,可以通过采集实时动态的课堂数据来补充横断研究数据的不足,采用计算的方法,基于大数据来刻画真正的动态模型,评估来自不同层面的因素对教育质量的直接影响和间接影响,帮助教育政策制定者和教育实践者针对薄弱环节提出提高教育质量的最优策略。在实践中,北京师范大学的郑勤华在高校教育治理领域开展研究,通过对学生生活与学习行为数据的分析,发现学生学业成绩与学生生活习惯之间的相关性,从而揭示大学生学习规律,为高校开展精准管理与提前干预提供科学依据。但是,目前基于数据密集型的科学探究范式仍面临很多来自技术手段和教育本身复杂性的挑战,在教育领域的应用仍然处于探索阶段。

(3) 计算教育学研究范式的信效度与局限性

计算教育学的研究范式与传统的定量研究、定性研究均不相同,因而衡量计算教育学研究的信效度的标准与方法也有所不同。计算教育学研究的信效度可以借鉴自然科学实验研究中的可重复性、可比较性、可标准化和可推广性来考量。数据科学对教育研究的可重复性赋予了新的内涵。在大数据时代,无须重复观测或实验,就可以检验研究者的发现过程以及发现结果的可靠性。因为大数据留下了研究者研究过程的数据轨迹,提供了可以循着其轨迹进行科学检验的途径,不必耗时费力地重复观测或实验就可以查询研究者的原始科学记录。其次,计算教育学研究能收集和分析实时更新的海量教学数据,这些数据具有大范围、真实和完整描述的特征,能够显著有效地解决传统教育研究中非代表性取样问题,并避免实验条件真实性的质疑。数据密集型科学发现中所使用的数据往往是痕迹数据,也就是人们在教学活动过程中自然留下的"数字脚印"(Digital Footprint),是人们日常行为的实时记录,被记录的行为具有自愿性这一特征,是自然发生的、客观且真实,反映的是人们自觉、自愿的行为,有助于提高基于数据的研究结果的信效度。

研究者需要充分了解基于计算的研究方法,对影响研究信效度的因素保持清醒的审思。首先,计算教育学也存在理论和主观偏差,只是与传统量化研究中被"理论污染"的阶段有所不同。在数据密集型科学范式中,挖掘工具和数据库的选择反映了数据挖掘者的偏好。即便原始数据是客观的,但数据挖掘却渗透了挖掘者的主观意识。在小数据时代,原始数据就已经渗透了理论;而在大数据时代,原始数据未被污染,但在数据挖掘过程中渗透了理论。其次,在计算教育学中需要注意的是大数据未必就是全样本数据,往往也是一种样本。研究者们对于教育大数据是否基本实现"研究对象=全样本"存在争议。例如,我们可以根据微博数据研究某个教育热点议题的传播与公众的反应,但很难得到全样本的微博数据,再加上微博也只是公众表达观点的渠道之一。因而,这种范式的研究结论会受到采集数据的工具和渠道的限制,在解读研究结果时,需要明确所使用的工具和获取的数据的特征与范围。在教育研究中,不能片面追求海量的教育数据,而是要为研究目的服务,选取能描述复杂教育系统和动态演化规律的多维度的数据。最后,在计算教育学研究中尤其需要注意避免受过度拟合影响,需要开展交叉验证,因为所采用的数据并非为特定研究问题而产生的,由数据挖掘得到的相关关系与特征需要与其他研究方法得到的结论相互印证。

计算教育学的研究范式也不可避免地存在自身局限性。计算教育学适合发掘教育系统中的复杂特征、演变模式,适合回答"是什么"和"怎么样"的问题,善于呈现所发生的事件和事物的特征,探究教育系统的客观而普遍的意义,而不适合替代质性研究,即进行"为什么"的研究,也不适合探究在复杂教育系统中不同个体的能动性和突破性,还不适合分析在教育场景中教学活动和策略的意义与动机。计算教育学的研究要处理好科学性与人文性、客观性与主观性、工具性与价值性等不同价值取向之间的关系,既要看到计算教育学对拓展传统教育学研究的价值和意义,也要看到其过于追求人类行为与教学、认知规律的可计算性所隐含的弊端。依据不同研究选题和教育的实际需求,合理、科学地选择研究方法,而不是盲目地以计算教育学去替代传统的教育学研究。

本 章 小 结

本章重点介绍了智能教育的理论基础,主要包括:建构主义学习理论、具身认知理论、智慧教育理论和计算教育学理论。

首先,本章详细介绍了建构主义的知识观、学习观、学生观和教学观,重点介绍了智能教育技术如何支持建构主义教学模式,以及基于多媒体、互联网和人工智能的建构主义学习环境的教学设计原则。其次,详细介绍了具身认知学习理论的起源及基本观点,重点介绍了具身学习,围绕学习环境类型、具身体验方式、感知交互模态、内容映射策略等方面,着重阐述了新兴智能技术,特别是混合现实、触觉仿真、体感交互、人工智能等技术对具身学习形态的影响。再次,详细介绍了智慧教育的起源、图式建构、三种境界、本质特征和体系架构,重点介绍了智慧学习环境、新型教学模式和现代教育制度三种智慧教育的境界,以及"一个中心、两类环境、三个内容库、四种技术、五类用户、六种业务"的智慧教育体系。最后,详细介绍了计算教育学的起源与概念、关键问题与核心任务和研究范式,重点介绍了教育主体的理解、教育情境的感知及教育服务的定制等关键问题,计算教育伦理、教育主体计算、教育情境计算和教育服务计算等核心任务,以及计算教育学的两种研究范式,即仿真范式和数据密集型科学范式。

习 题

1. 建构主义学习观视域下的学习实质是什么?
2. 建构主义认为存在哪些影响学习的关键因素?
3. 请举例说明抛锚式教学模式。
4. 具身认知的基本观点包括哪些?
5. 请举例说明基于混合现实的具身学习。
6. 智慧教育体系框架及各组成部分的关系。
7. 简述智慧教育的五个本质特征。

8. 简述计算教育学的核心任务。
9. 计算教育学研究范式与传统计量教育研究范式的对比。
10. 简述计算教育学研究范式的两种研究进路。

参考文献

[1] 赵瑞斌,张燕玲,范文翔,等. 智能技术支持下具身学习的特征、形态及应用[J]. 现代远程教育研究,2021(6):55-63.

[2] 陈醒,王国光. 国际具身学习的研究历程、理论发展与技术转向[J]. 现代远程教育研究,2019(6):78-88.

[3] 郑旭东,王美倩,饶景阳. 论具身学习及其设计:基于具身认知的视角[J]. 电化教育研究,2019,40(1):25-32.

[4] 李青,赵越. 具身学习国外研究及实践现状述评——基于2009—2015年的SSCI期刊文献[J]. 远程教育杂志,2016,34(5):59-67.

[5] 叶浩生. 身体与学习:具身认知及其对传统教育观的挑战[J]. 教育研究,2015,36(4):104-114.

[6] 杨南昌,刘晓艳. 具身学习设计:教学设计研究新取向[J]. 电化教育研究,2014,35(7):24-29.

[7] 祝智庭,贺斌. 智慧教育:教育信息化的新境界[J]. 电化教育研究,2012,32(12):5-13.

[8] 黄荣怀. 智慧教育的三重境界:从环境、模式到体制[J]. 现代远程教育研究,2014(6):3-11.

[9] 祝智庭.智慧教育新发展:从翻转课堂到智慧课堂及智慧学习空间[J].开放教育研究,2016,22(01):18-26.

[10] 杨现民. 信息时代智慧教育的内涵与特征[J]. 中国电化教育,2014(1):29-34.

[11] 杨现民,余胜泉. 智慧教育体系架构与关键支撑技术[J]. 中国电化教育,2015(1):77-84,130.

[12] 李未. 抓住MOOC发展机遇全面提高高等教育质量[J]. 中国大学教学,2014(3):30-32,40.

[13] 许新华. 计算教育学——一门新兴的交叉融合新学科[J]. 湖北师范大学学报(哲学社会科学版),2019,39(5):101-106.

[14] 李政涛,文娟. 计算教育学:是否可能,如何可能?[J]. 远程教育杂志,2019,37(6):12-18.

[15] 刘三女牙,杨宗凯,李卿. 计算教育学:内涵与进路[J]. 教育研究,2020,41(3):152-159.

[16] 郑永和,严晓梅,王晶莹,等. 计算教育学论纲:立场、范式与体系[J]. 华东师范大学学报(教育科学版),2020,38(6):1-19.

[17] 谭维智.计算社会科学时代需要什么教育学——兼与《计算教育学:内涵与进路》作者商榷[J].教育研究,2020,41(11):46-60.

[18] 吴刚.学科想象与理论生长——兼论计算教育学的错觉[J].教育研究,2021,42(3):76-89.

[19] 刘三女牙,周子荷,李卿.再论"计算教育学":人工智能何以改变教育研究[J].教育研究,2022,43(4):18-27.

第3章 智能教育的技术基础

智能教育的实现离不开一系列信息技术的支撑,主要包括人工智能技术、云计算技术和大数据技术。这些技术使得教育过程中的数据收集、分析、处理和应用更加高效、智能和个性化。

人工智能技术是利用计算机模拟人类智能的一种方式,可以实现对教育数据的挖掘、推理、决策和优化。人工智能算法包括监督学习、无监督学习、深度学习、强化学习等,可以应用于智能教育的各个环节,如智能诊断、智能推荐、智能辅导、智能评测、智能反馈等。

云计算技术是通过网络将大量的计算资源和存储资源按需提供给用户的一种技术,可以实现教育资源的共享、扩展和协作。云计算包括公有云、私有云、混合云等,可以为智能教育提供弹性的计算能力、海量的存储空间、安全的数据保护和便捷的服务接入。

大数据技术是具有海量、多样、快速、价值和难度等特征的数据集合,可以反映教育过程中的各种信息和规律。大数据包括教育数据、学习数据、教学数据等,可以通过数据采集、数据清洗、数据分析、数据可视化等技术,为智能教育提供有价值的数据支持和数据洞察。

综上所述,智能教育技术是一种在教育领域综合运用人工智能技术、云计算技术和大数据技术的技术集合,可以为教育的改革和创新提供强大的技术支持和动力。本章主要介绍人工智能技术、云计算技术和大数据技术。

3.1 人工智能技术

人工智能是研究开发能够模拟、延伸和扩展人类智能的理论、方法、技术及应用系统的一门新的技术科学,研究目的是促使智能机器会听(语音识别、机器翻译等)、会看(图像识别、文字识别等)、会说(语音合成、人机对话等)、会思考(人机对弈、定理证明等)、会学习(机器学习、知识表示等)、会行动(机器人、自动驾驶汽车等)。

人工智能的发展历程非常漫长,从20世纪50年代开始,经历了多次起伏和争论,20世纪80年代以来逐渐开始形成若干不但相互竞争,而且相互补充的研究纲领。现在,人工智能已经广泛应用于医疗、交通、教育、商业、信息安全等领域。

人工智能和机器学习的区别不太明确,因为机器学习是人工智能的一个子领域,也是一种实现人工智能的方法。一般来说,人工智能是指能够模拟、延伸和扩展人类智能的理论、方法、技术和应用系统,而机器学习是指能够利用数据和算法来训练人工智能,使其能够对数据执行分类、预测、聚类等任务。人工智能的范围比机器学习更广泛,包括了一些不依赖于数据和学习的方法,如专家系统、规则推理、搜索算法等。机器学习的优势在于它可以自动地从数据中学习规律和特征,而不需要人为地设计和选择。由于机器学习是人工智能的算法基石,且智能教育主要应用的是机器学习算法,所以,下面将重点介绍机器学习。

3.1.1 机器学习概述

机器学习是指运用大量的统计学原理来求解最优化问题的步骤和过程。机器学习算法又可以分为监督学习、无监督学习、深度学习和强化学习等类型,具体如图3-1所示。监督学习是指从有标记的数据中进行学习,无监督学习是指从无标记的数据中进行学习,而半监督学习则是介于两者之间。常见的机器学习算法有:线性回归、逻辑回归、决策树、支持向量机、朴素贝叶斯、K-近邻算法、神经网络等。

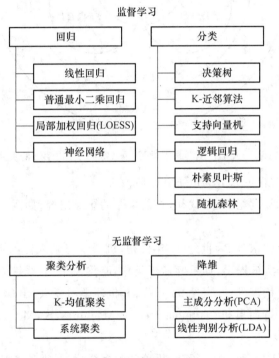

图 3-1 机器学习分类

人工智能与机器学习、深度学习、强化学习的关系可以用图3-2来表示。

人工智能是一个宏大的愿景,目标是让机器像我们人类一样思考和行动,既包括增强人类脑力,又包括增强人类体力的研究领域。

机器学习是人工智能的一种途径或子集,它强调"学习"而不是计算机程序。一台机器使用复杂的算法来分析大量的数据,识别数据中的模式,并做出预测——不需要人在机器的软件中编写特定的指令。

深度学习是一种特殊的机器学习,主要特点是使用多层非线性处理单元进行特征提取和转换。每个连续的图层使用前一层的输出作为输入。深度学习使得机器学习能够实现众多的应用,并拓展了人工智能的应用领域。

强化学习是一种特殊的机器学习,它不仅能利用现有数据,还可以通过对环境的探索获取新数据,并利用新数据循环往复地更新迭代现有模型的机器学习算法。强化学习的目标是让机器在不断与环境交互的过程中,最大化累积奖励或最小化累积代价。

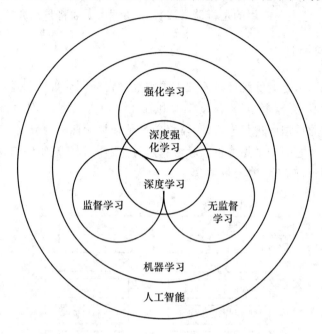

图 3-2　人工智能与机器学习、深度学习、强化学习的关系

机器学习的发展历程可以分为以下几个阶段。

(1) 20世纪初到20世纪50年代初,机器学习的雏形出现,如图灵测试、西洋跳棋程序、感知器模型等。

(2) 20世纪50年代末到20世纪80年代初,机器学习陷入停滞期,受限于计算能力和数据量,只有少数的算法被提出,如贝叶斯分类器、K-均值聚类、线性判别分析等。

(3) 20世纪80年代末到20世纪90年代初,机器学习复兴,出现了大量的经典算法,如反向传播神经网络、支持向量机(Support Vector Machines,SVM)、Adaboost、决策树、EM算法等。

(4) 20世纪90年代末到2010年初,机器学习多样化,涌现了各种不同的方法和应用领域,如概率图模型、核方法、集成学习、半监督学习、强化学习等。

(5) 2011年至今,机器学习爆发,深度学习成为主流方法,在语音识别、计算机视觉、自然语言处理等领域取得了突破性的进展,也引起了社会和产业的广泛关注。

机器学习的流程是指从数据采集到模型部署的一系列步骤,通常包括以下几个阶段。

(1) 数据采集:获取原始数据,可以通过爬虫、API、数据库等方式。

(2) 数据清洗:检查并纠正数据中的错误、缺失、异常等问题。

(3) 数据预处理:对数据进行规范化、标准化、转换等操作,使其符合模型的输入要求。

(4) 特征工程:从数据中提取、构建、选择有助于模型学习的特征。

(5) 数据分割:将数据划分为训练集、验证集和测试集,用于模型的训练、调优和评估。

(6) 机器学习建模:选择合适的机器学习算法,如监督学习、无监督学习或强化学习,定义模型结构和参数。

（7）参数调优：通过交叉验证、网格搜索等方法，寻找最优的超参数组合，提高模型的性能。

（8）模型融合：将多个单模型的输出进行加权或使用其他模型进行融合，以达到更好的预测效果。

（9）模型验证：使用测试集或其他指标，如准确率、召回率、F1值等，评估模型在未知数据上的泛化能力。

（10）模型持久化：将训练好的模型保存到磁盘或其他存储介质，方便后续的使用或部署。

3.1.2 监督学习

监督学习是机器学习的一种训练方式，它利用一组已知类别的样本来调整分类器的参数，使其达到所要求的性能。监督学习可以分为回归和分类两种任务，分别用于预测连续的数值或离散的类别。监督学习的选择取决于数据的形式、维度、量和对准确性和效率的要求。一些常见的监督学习算法有朴素贝叶斯、决策树、支持向量机、逻辑回归、线性回归、回归树、K-邻近算法、Adaboost和神经网络等。下面介绍线性回归算法。

线性回归算法是利用数理统计中的回归分析，来确定两种或两种以上变量间相互依赖的定量关系的一种统计分析方法，它研究的是因变量（目标）和自变量（预测器）之间的关系，例如，不同的学习行为数据对学生成绩的影响等。它试图学得一个线性模型，以尽可能准确地预测目标实值。线性回归模型很简单，每条数据有 n 个特征，每个特征对应着一个自身的权重值，与权重的乘积再加上一个偏置值，这个就是线性回归模型。线性回归模型可以表示为

$$f(x)=w_1x_1+w_2x_2+\cdots+w_dx_d+b \tag{3-1}$$

一般用向量写成

$$f(x)=w^\mathrm{T}x+b \tag{3-2}$$

其中，$w=(w_1,w_2,\cdots,w_d)$，w 和 b 学得之后，模型就得以确定。

线性回归试图学得

$$f(x_i)=wx_i+b, \quad 使得\ f(x_i)\simeq y_i \tag{3-3}$$

如何确定 w 和 b 呢？关键在于如何衡量 $f(x)$ 与 y 之间的差别。均方误差是回归任务中最常用的性能度量，因此我们可试图让均方误差最小化，即

$$E(f;D)=\frac{1}{m}\sum_{i=1}^{m}\left[f(x_i)-y_i\right]^2 \tag{3-4}$$

$$(w^*,b^*)=\arg\min_{(w,b)}\sum_{i=1}^{m}\left[f(x_i)-y_i\right]^2=\arg\min_{(w,b)}\sum_{i=1}^{m}(y_i-wx_i-b)^2 \tag{3-5}$$

均方误差作为线性回归模型的损失函数（Cost Function）。使所有点到直线的距离之和最小，就是使均方误差最小化，这个方法叫作最小二乘法。在线性回归中，最小二乘法就是试图找到一条直线，使所有样本到直线上的欧氏距离之和最小。

在实际使用中,虽然给定一个函数,我们能够根据损失函数知道这个函数拟合的好坏,但是计算量非常大,因此,面对大规模数据时,我们通常采用梯度下降算法来进行计算。

梯度下降算法的原理:将函数比作一座山,我们站在某个山坡上,往四周看,从哪个方向向下走一小步,能够下降得最快,具体步骤如下:

(1) 确定向下一步的步伐大小(Learning Rate),任意给定一个初始值:w 和 b;
(2) 确定一个向下的方向,并向下走预先规定的步伐,并更新 w 和 b;
(3) 当下降的高度小于某个定义的值时,则停止下降。

梯度下降算法的特点:

(1) 初始点不同,获得的最小值也不同,因此梯度下降求得的只是局部最小值;
(2) 越接近最小值时,下降速度越慢。

3.1.3 无监督学习

无监督学习是机器学习的一种训练方式,本质上是一种在没有标签的数据里可以发现潜在结构的统计手段。它主要具备三个特点:无监督学习没有明确的目的;无监督学习不需要给数据打标签;无监督学习无法量化效果。无监督学习算法有几种类型,包括聚类算法、关联规则算法、异常检测算法等。下面就以 K-均值聚类算法为例,介绍无监督学习。

K-均值聚类算法试图将数据集中的样本划分为若干个通常是不相交的子集,每个子集称为一个"簇"(Cluster)。通过这样的划分,每个簇可能对应于一些潜在的概念(类别),如"浅色瓜""深色瓜"和"有籽瓜""无籽瓜"等;需说明的是,这些概念对 K-均值聚类算法而言事先是未知的,聚类过程仅能自动形成簇结构,簇所对应的概念语义需由使用者来把握和命名。

给定样本集 $D=\{x_1,x_2,\cdots,x_m\}$,K-均值聚类算法针对聚类所得簇划分 $C=\{C_1,C_2,\cdots,C_k\}$ 最小化平方误差 E 为

$$E = \sum_{i=1}^{k}\sum_{x \in C_i} \|x - \mu_i\|_2 \tag{3-6}$$

其中,$\mu_i = \frac{1}{|C_i|}\sum_{x \in C_i} x$ 是簇 C_i 的均值向量。

直观来看,上式在一定程度上刻画了簇内样本围绕簇均值向量的紧密程度,E 值越小则簇内样本相似度越高。

最小化平方误差 E 并不容易,找到它的最优解需考察样本集 D 所有可能的簇划分,这是一个 NP 难问题。因此 K-均值聚类算法采用了贪心策略,通过迭代优化来近似求解 E,其流程如图 3-3 所示,其中第 1 行对均值向量进行初始化,在第 4~8 行与第 9~16 行依次对当前簇划分及均值向量迭代更新,若迭代更新后聚类结果保持不变,则在第 18 行将当前簇划分结果返回。

输入：样本集$D=\{x_1, x_2, \cdots, x_m\}$；
　　　聚类簇数k.
过程：
1：从D中随机选择k个样本作为初始均值向量$\{\mu_1, \mu_2, \cdots, \mu_k\}$
2：**repeat**
3：　令$C_i = \varnothing (1 \leqslant i \leqslant k)$
4：　**for** $j=1, 2, \cdots, m$ **do**
5：　　计算样本x_j与各均值向量$\mu_i(1 \leqslant i \leqslant k)$的距离：$d_{ji} = \|x_j - \mu_i\|_2$；
6：　　根据距离最近的均值向量确定x_j的簇标记：$\lambda_j = \arg\min_{i \in \{1, 2, \cdots, k\}} d_{ji}$；
7：　　将样本x_j划入相应的簇：$C_{\lambda_j} = C_{\lambda_j} \cup \{x_j\}$；
8：　**end for**
9：　**for** $i=1, 2, \cdots, k$ **do**
10：　　计算新均值向量：$\mu'_i = \frac{1}{|C_i|} \sum_{x \in C_i} x$
11：　　**if** $\mu'_i \neq \mu_i$ **then**
12：　　　将当前均值向量μ_i更新为μ'_i
13：　　**else**
14：　　　保持当前均值向量不变
15：　　**end if**
16：　**end for**
17：**until** 当前均值向量均未更新
输出：簇划分$C=\{C_1, C_2, \cdots, C_k\}$

图 3-3　K-均值聚类算法流程

下面以表 3-1 的西瓜数据集为例，来演示 K-均值聚类算法的学习过程。为方便叙述，我们将编号为 i 的样本称为 x_i，这是一个包含"密度"与"含糖率"两个属性值的二维向量。

表 3-1　西瓜数据集

编号	密度	含糖率	编号	密度	含糖率	编号	密度	含糖率
1	0.697	0.460	11	0.245	0.057	21	0.748	0.232
2	0.774	0.376	12	0.343	0.099	22	0.714	0.346
3	0.634	0.264	13	0.639	0.161	23	0.483	0.312
4	0.608	0.318	14	0.657	0.198	24	0.478	0.437
5	0.556	0.215	15	0.360	0.370	25	0.525	0.369
6	0.403	0.237	16	0.593	0.042	26	0.751	0.489
7	0.481	0.149	17	0.719	0.103	27	0.532	0.472
8	0.437	0.211	18	0.359	0.188	28	0.473	0.376
9	0.666	0.091	19	0.339	0.241	29	0.725	0.445
10	0.243	0.267	20	0.282	0.257	30	0.446	0.459

假定聚类簇数 $k=3$,算法开始时随机选取三个样本 x_6, x_{12}, x_{27} 作为初始均值向量,即
$$\mu_1 = (0.403, 0.237), \quad \mu_2 = (0.343, 0.099), \quad \mu_3 = (0.532, 0.472) \quad (3\text{-}7)$$

考察样本 $x_1 = (0.687, 0.237)$,它与当前均值向量 μ_1, μ_2, μ_3 的距离分别为 0.369, 0.506, 0.166,因此 x_1 将被划入簇 C_3 中。类似地,对数据集中的所有样本考察一遍后,可得当前簇划分为

$$C_1 = \{x_5, x_6, x_7, x_8, x_9, x_{10}, x_{13}, x_{14}, x_{15}, x_{17}, x_{18}, x_{19}, x_{20}, x_{23}\} \quad (3\text{-}8)$$
$$C_2 = \{x_{11}, x_{12}, x_{16}\} \quad (3\text{-}9)$$
$$C_3 = \{x_1, x_2, x_3, x_4, x_{21}, x_{22}, x_{24}, x_{25}, x_{26}, x_{27}, x_{28}, x_{29}, x_{30}\} \quad (3\text{-}10)$$

于是,可从 C_1, C_2, C_3 分别求出新的均值向量
$$\mu_1' = (0.473, 0.214), \quad \mu_2' = (0.394, 0.066), \quad \mu_3' = (0.623, 0.388) \quad (3\text{-}11)$$

更新当前均值向量后,不断地重复上述过程,如图 3-4 所示,第五轮迭代产生的结果与第四轮迭代产生的结果相同,于是算法停止,得到最终的簇划分。

图 3-4 是西瓜数据集上 K-均值聚类算法($k=3$)在各轮迭代后的结果。样本点与均值向量分别用"·"与"+"表示,虚线显示出簇划分。

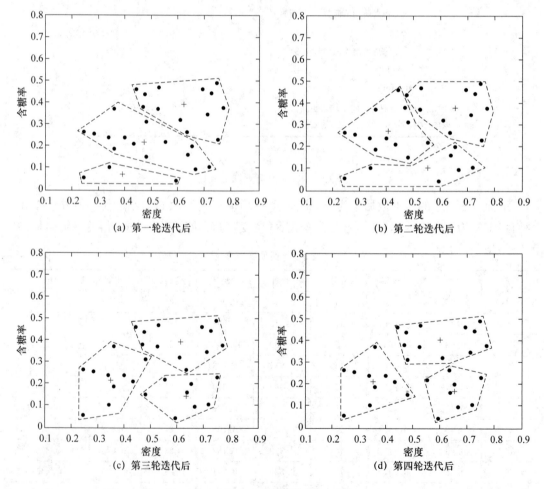

图 3-4 运行结果

3.1.4 深度学习

深度学习是机器学习领域中的一个新的研究方向,它的引入使得机器学习技术更接近于最初的目标——人工智能。深度学习旨在学习样本数据的内在规律和表示层次,在这些学习过程中获得的信息对诸如文字、图像和声音等数据的解释有很大的帮助。它的最终目标是让机器能够像人一样具备分析学习能力,能够识别文字、图像和声音等数据。深度学习之所以被称为"深度学习",是相对于线性回归、决策树、支持向量机等"浅层学习"而言的。在深度学习所习得的模型中,非线性操作的层数更多。深度学习的概念源于人工神经网络的研究,近年来,又形成了卷积神经网络、循环神经网络等专有的网络模型。

1. 人工神经网络

人工神经网络(Artificial Neural Network,ANN)是一种模仿动物神经网络行为特征,进行分布式并行信息处理的算法数学模型。它由大量的节点(或称神经元)之间相互连接构成,每个节点代表一种特定的输入输出关系,而每条连接则代表一个加权值。

人工神经元(Artificial Neuron),也称为神经元(Neuron),是构成神经网络的基本单元,其主要是模拟生物神经元的结构和特性,接收一组输入信号并产生输出。

生物学家在 20 世纪初就发现了生物神经元的结构,如图 3-5 所示。一个生物神经元通常具有多个树突和一条轴突。树突用来接收信息,轴突用来发送信息。当神经元所获得的输入信号的积累超过某个阈值时,它就处于兴奋状态,产生电脉冲信号。轴突尾端有许多末梢可以与其他神经元的树突产生连接(突触),并将电脉冲信号传递给其他神经元。

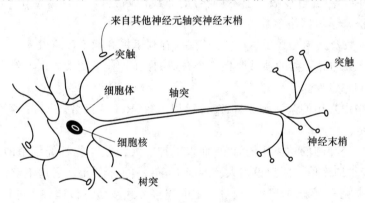

图 3-5 生物神经元的结构图

1943 年,心理学家 McCulloch 和数学家 Pitts 根据生物神经元的结构,提出了一种非常简单的神经元模型——MP 神经元。现代神经网络中的神经元和 MP 神经元的结构并无太大变化。不同的是,MP 神经元中的激活函数 f 为 0 或 1 的阶跃函数,而现代神经元中的激活函数通常要求是连续可导的函数。

假设一个神经元接收 D 个输入 $x_1, x_2, \cdots, x_D$,令向量 $x=(x_1, x_2, \cdots, x_D)$ 来表示这组输入,并用净输入(Net Input)$z \in \mathbb{R}$ 表示一个神经元所获得的输入信号 x 的加权和,则

$$z = \sum_{d=1}^{D} \omega_d x_d + b = \omega^T x + b \tag{3-12}$$

其中 $w=(w_1, w_2, \cdots, w_D] \in \mathbb{R}^D$ 是 D 维的权重向量,$b \in \mathbb{R}$ 是偏置。

净输入 z 在经过一个非线性函数 $v(\cdot)$ 后,得到神经元的活性值 a 为
$$a = f(z) \tag{3-13}$$
其中,非线性函数 $f(\cdot)$ 称为激活函数(Activation Function)。图 3-6 给出了一个典型的神经元结构示例。

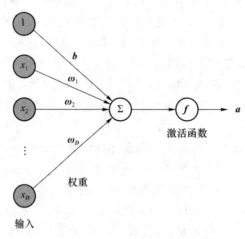

图 3-6　典型的神经元结构

激活函数在神经元中非常重要。为了增强网络的表示能力和学习能力,激活函数需要具备以下几点性质。

(1) 连续并可导(允许少数点上不可导)的非线性函数,可导的激活函数可以直接利用数值优化的方法来学习网络参数。

(2) 激活函数及其导函数要尽可能的简单,有利于提高网络计算效率。

(3) 激活函数的导函数的值域要在一个合适的区间内,不能太大也不能太小,否则会影响训练的效率和稳定性。

在神经网络中常用的激活函数有 Sigmoid 型函数、ReLU 函数、Swish 函数、GELU 函数和 Maxout 单元。

一个生物神经细胞的功能比较简单,而人工神经元只是生物神经细胞的理想化和简单实现,因而功能更加简单。要想模拟人脑的能力,单一的神经元是远远不够的,需要很多神经元一起协作来完成复杂的功能。通过一定的连接方式或信息传递方式进行协作的神经元可以看作一个网络,即神经网络。到目前为止,研究者已经发明了各种各样的神经网络结构。目前常用的神经网络结构有以下三种:前馈神经网络、记忆神经网络(反馈网络)和图神经网络,如图 3-7 所示。

2. 卷积神经网络(CNN)

卷积神经网络(Convolutional Neural Network,CNN)是一种前馈神经网络,人工神经元可以响应周围单元,可以进行大型图像处理。CNN 是一种具有局部连接、权值共享等特点的深层前馈神经网络,是深度学习的代表算法之一。它擅长处理图像,特别是在图像识别等相关机器学习问题中,比如图像分类、目标检测、图像分割等各种视觉任务,都有显著的提升效果。

卷积神经网络是受生物学上感受野机制的启发而提出的。1959 年,大卫·休伯尔(David Hubel)和托斯滕·威瑟尔(Torsten Wiese)发现在猫的初级视觉皮层中存在两种细

胞:简单细胞和复杂细胞。这两种细胞承担不同层次的视觉感知功能。受此启发,福岛邦彦(Kunihiko Fukushima)提出了一种带卷积和子采样操作的多层神经网络:新认知机(Neocognitron)。但当时还没有反向传播算法,新认知机采用了无监督学习的方式来训练。杨立昆(Yann LeCun)在1989年将反向传播算法引入了卷积神经网络,并在手写体数字识别上取得了很大成功。

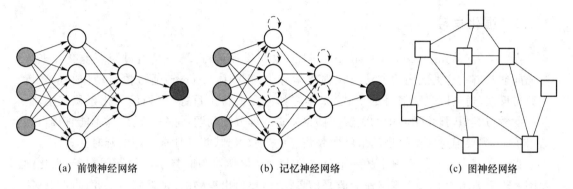

图 3-7 三种不同的神经网络结构示例

卷积(Convolution),也叫褶积,是分析数学中一种重要的运算。在信号处理或图像处理中,经常使用一维卷积或二维卷积。一个典型的卷积网络通常由卷积层、汇聚层、全连接层交叉堆叠而成。目前常用的卷积网络整体结构如图 3-8 所示。一个卷积块由连续 M 个卷积层和 b 个汇聚层组成(M 通常设置为 2~5,b 为 0 或 1)。一个卷积网络中可以堆叠 N 个连续的卷积块,然后在后面接着 K 个全连接层(N 的取值区间比较大,比如 1~100 或者更大;K 一般为 0~2)。

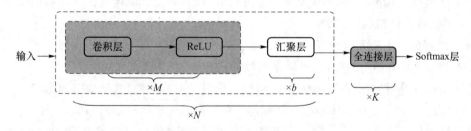

图 3-8 常用的卷积网络整体结构

目前,卷积网络的整体结构趋向于采用更小的卷积核(比如 $1×1$ 和 $3×3$)以及更深的结构(比如层数大于 50)。此外,由于卷积的操作越来越灵活(比如不同的步长),汇聚层的作用也变得越来越小,因此在目前比较流行的卷积网络中,汇聚层的比例正在逐渐降低,趋向于全卷积网络。

AlexNet 是第一个现代深度卷积网络模型,可以说是深度学习技术在图像分类上真正取得突破的开端。AlexNet 无须预训练和逐层训练,首次运用了很多现代深度网络的技术,比如使用 GPU 进行并行训练,采用了 ReLU 函数作为非线性激活函数,使用 Dropout 防止过拟合,使用数据增强来提高模型准确率等。这些技术极大地推动了端到端的深度学习模型的发展。在 AlexNet 之后,出现了很多优秀的卷积网络,比如 VGG 网络、Inception v1、v2、v3、v4 网络和残差网络等。

目前,卷积神经网络已成为计算机视觉领域的主流模型。通过引入跨层的直连边,可以训练上百层乃至上千层的卷积网络。随着网络层数的增加,卷积层越来越多地采用1×1和3×3大小的小卷积核,也出现了一些不规则的卷积操作,比如空洞卷积、可变形卷积等。网络结构也逐渐趋向于全卷积网络(Fully Convolutional Network,FCN),降低汇聚层和全连接层的作用。

3.1.5 强化学习

强化学习(Reinforcement Learning,RL),也叫增强学习,是一类通过与环境交互来学习的问题及解决这类问题的方法。在强化学习中,智能体(Agent)通过执行动作并从环境中获得反馈(通过以奖励信号的形式)来学习如何完成特定目标,比如最大化累积奖励值。与深度学习类似,强化学习中的关键问题也是贡献度分配问题,每一个动作并不能直接得到监督信息,需要通过整个模型的最终监督信息(奖励)得到,并且具有一定的延时性。

强化学习也是机器学习中的一个重要分支。强化学习和监督学习的不同在于,强化学习问题不需要给出"正确"策略作为监督信息,只需要给出策略的(延迟)回报,并通过调整策略来取得最大化的期望回报。强化学习广泛应用于很多领域,比如电子游戏、棋类游戏、迷宫类游戏、控制系统、推荐等。下面描述强化学习的任务定义。

在强化学习中,有两个可以进行交互的对象:智能体和环境。

(1) 智能体(Agent)可以感知外界环境的状态(State)和反馈的奖励(Reward),并进行学习和决策。智能体的决策功能是指根据外界环境的状态做出不同的动作(Action),而学习功能是指根据外界环境的奖励调整策略。

(2) 环境(Environment)是智能体外部的所有事物,会受智能体动作的影响而改变其状态,并反馈给智能体相应的奖励。

强化学习的基本要素包括以下几个方面。

(1) 状态 s 是对环境的描述,可以是离散的或连续的,其状态空间为 $\mathcal{S}$。

(2) 动作 a 是对智能体行为的描述,可以是离散的或连续的,其动作空间为 $\mathcal{A}$。

(3) 策略 $\pi(a|s)$ 是智能体根据环境状态 s 来决定下一步动作 a 的函数。

(4) 状态转移概率 $p(s'|s,a)$ 是在智能体根据当前状态 s 做出一个动作 a 之后,环境在下一个时刻转变为状态 s' 的概率。

(5) 即时奖励 $r(s,a,s')$ 是一个标量函数,即智能体根据当前状态 s 做出动作 a 之后,环境会反馈给智能体一个奖励,这个奖励也经常和下一个时刻的状态 s' 有关。

智能体的策略(Policy)是智能体根据环境状态 s 决定下一步的动作 a,通常可以分为确定性策略(Deterministic Policy)和随机性策略(Stochastic Policy)两种。

确定性策略是从状态空间到动作空间的映射函数 $\pi:\mathcal{S}\rightarrow\mathcal{A}$。随机性策略是在给定环境状态时,智能体选择某个动作的概率分布。

$$\pi(a|s) \triangleq p(a|s) \tag{3-14}$$

$$\sum_{a\in\mathcal{A}} \pi(a|s) = 1 \tag{3-15}$$

通常情况下,强化学习一般采用随机性策略。随机性策略具有很多优点:①在学习时可以通过引入一定的随机性更好地探索环境；②随机性策略的动作具有多样性，这一点在多个智能体博弈时非常重要。采用确定性策略的智能体总是对同样的环境做出相同的动作，会导致其策略很容易被对手预测。

为简单起见，我们将智能体与环境的交互看作离散的时间序列。智能体从感知到初始环境 s_0 开始，然后决定做出一个相应的动作 a_0，环境相应地发生改变到新的状态 s_1，并反馈给智能体一个即时奖励 r_1，然后智能体又根据状态 s_1 做一个动作 a_1，环境相应地发生改变到新的状态 s_2，并反馈奖励 r_2。这样的交互可以一直进行下去。

$$s_0, a_0, s_1, r_1, a_1, \cdots, s_{t-1}, r_{t-1}, a_{t-1}, s_t, r_t, \cdots \tag{3-16}$$

其中 $r_t = r(s_{t-1}, a_{t-1}, s_t)$ 是第 t 时刻的即时奖励。

图 3-9 为智能体与环境的交互。

智能体与环境的交互过程可以看作一个马尔可夫决策过程（Markov Decision Process，MDP）。

马尔可夫过程（Markov Process）是一组具有马尔可夫性质的随机变量序列 $s_0, s_1, \cdots, s_t \in \mathcal{S}$，其中下一个时刻的状态 s_{t+1} 只取决于当前时刻的状态 s_t。

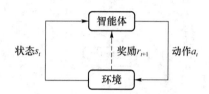

图 3-9　智能体与环境的交互

$$p(s_{t+1} | s_t, \cdots, s_0) = p(s_{t+1} | s_t) \tag{3-17}$$

其中，$p(s_{t+1}|s_t)$ 称为状态转移概率，其需要满足的条件：

$$\sum_{s_{t+1} \in \mathcal{S}} p(s_{t+1} | s_t) = 1 \tag{3-18}$$

马尔可夫决策过程是在马尔可夫过程中加入了一个额外的变量：动作 a，下一个时刻的状态 s_{t+1} 不但和当前时刻的状态 s_t 相关，而且和动作 a_t 相关。

$$p(s_{t+1} | s_t, a_t, \cdots, s_0, a_0) = p(s_{t+1} | s_t, a_t) \tag{3-19}$$

其中 $p(s_{t+1}|s_t, a_t)$ 为状态转移概率。

图 3-10 为马尔可夫决策过程的模型表示。

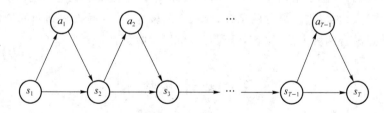

图 3-10　马尔可夫决策过程的模型表示

给定策略 $\pi(a|s)$，马尔可夫决策过程的一个轨迹（Trajectory）如下：

$$\tau = s_0, a_0, s_1, a_1, \cdots, s_{T-1}, r_{T-1}, a_{T-1}, s_T, r_T \tag{3-20}$$

其概率为

$$p(\tau) = p(s_0, a_0, s_1, a_1, \cdots) = p(s_0) \prod_{t=0}^{T-1} \pi(a_t | s_t) p(s_{t+1} | s_t, a_t) \tag{3-21}$$

强化学习是一种十分吸引人的机器学习方法，通过智能体不断与环境进行交互，使智能体能够不断学习和调整其策略,以最大化长期累积奖励。相比其他机器学习方法,强化学习更接近生物学习的本质,可以应对多种复杂的场景,从而更接近通用人工智能系统的目标。

现代强化学习可以追溯到两个来源:一个是心理学中的行为主义理论,即有机体如何在环境给予的奖励或惩罚的刺激下,逐步形成对刺激的预期,产生能获得最大利益的习惯性行为;另一个是控制论领域的最优控制问题,即在满足一定约束条件下,寻求最优控制策略,使得性能指标取极大值或极小值。

强化学习的算法非常多,大体上可以分为基于值函数估计的方法(包括动态规划算法和蒙特卡罗方法等)、基于策略搜索的方法(包括策略梯度等)以及融合两者的方法。不同强化学习算法之间的关系如图 3-11 所示。

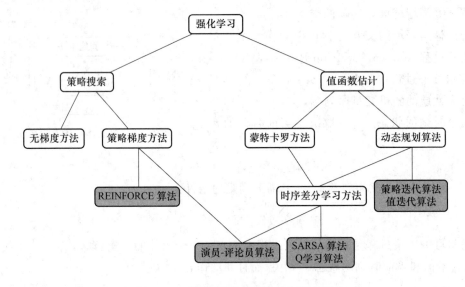

图 3-11　不同强化学习算法之间的关系

一般而言,基于值函数估计的方法在策略更新时可能会导致值函数的改变比较大,对收敛性有一定的影响,而基于策略搜索的方法在策略更新时更加平稳些。但后者因为策略函数的解空间比较大,难以进行充分的采样,导致方差较大,并容易收敛到局部最优解。演员-评论员算法通过融合两种方法,取长补短,有着更好的收敛性。

3.2　云计算技术

云计算技术是一种通过互联网按需访问计算资源的技术。它是分布式计算的一种,指的是通过网络"云"将巨大的数据计算处理程序分解成无数个小程序,然后通过多台服务器组成的系统进行处理和分析这些小程序得到结果并返回给用户。云计算的最终目标是将计算、服务和应用作为一种公共设施提供给人们,使人们能够像使用水、电、煤气和电话那样使用计算机资源。

3.2.1 云计算技术概述

"云计算"一词最早被大范围的传播应该是在2006年,距今已有十多年。2006年8月,在圣何塞举办的搜索引擎战略(SES)大会上,时任谷歌(Google)公司首席执行官(CEO)的施密特(Eric Schmidt)在回答一个有关互联网的问题时提出了"云计算"这个概念。在施密特态度鲜明地提出"云计算"一词的几周后,亚马逊(Amazon)公司推出了EC2计算云服务。云计算自此出现,其后各种有关"云计算"的概念层出不穷,"云计算"开始流行。

云计算具有以下特点:虚拟化、动态可扩展、按需部署、灵活性高、可靠性高和性价比高。云计算可以为各行各业提供便捷、高效、低成本的信息化服务,促进数字化转型和创新发展。

1. 云计算的定义

由于云计算是一个概念,而不是指某项具体的技术或标准,所以不同的人从不同的角度出发就会有不同的理解。业界关于云计算定义的争论也从未停止过,并不存在一个权威的定义。

IBM公司的定义是:云计算是通过互联网按需访问计算资源,即应用程序、服务器(物理服务器和虚拟服务器)、数据存储、开发工具、网络功能等,这些资源托管在由云服务提供商管理的远程数据中心上,并按月订阅费或按使用量计费的方式提供这些资源。

Google公司的定义是:云计算把计算和数据分布在大量的分布式计算机上,这使计算和存储能力具备了很强的可扩展性,使用户可通过多种接入方式(如计算机、手机等)方便地接入网络获得应用和服务,其重要特征是开放式的服务,不会有一个企业能控制和垄断它。

华为公司的定义是:云计算通过互联网按需提供IT资源,并且采用按使用量付费的定价方式,用户可以根据需要从云提供商那里获得技术服务,如计算能力、存储和数据库等。

美国国家标准与技术院(NIST)的定义是:云计算是一种模型,它可以方便地通过网络访问一个可配置的计算资源(如网络、服务器、存储设备、应用程序以及服务等)的公共集。这些资源可以被快速提供并发布,同时最小化管理成本以及服务供应商的干预。

维基百科(Wikipedia)的定义是:云计算是一种按需提供计算机系统资源的方式,特别是数据存储(云存储)和计算能力,而无须用户直接管理,大型云通常将功能分布在多个位置,每个位置都是一个数据中心,云计算依赖于资源共享来实现一致性,通常采用按需付费的模式,这可以帮助减少资本支出,但也可能导致用户意外的运营费用。

2. 云计算的发展历史

云计算并不是突然出现的,而是以往技术和计算模式发展和演变的一种结果,它也未必是计算模式的终极结果,而是适合目前商业需求和技术可行性的一种模式。下面通过分析计算机的发展历程,介绍云计算的出现过程。图3-12从计算模式的角度展现了云计算的发展历史。

云计算是多种计算技术和范式的集大成,因此,其与现有的很多计算范式都存在类似之处。例如,应用程序运行在云端,客户通过移动终端或客户机访问云端服务的方式与客户机/服务器模式类似;云资源的自动伸缩又与自动计算有些相似;云计算将资源集聚起来给客户使用,与曾经的网格计算有些相似;云计算中的大量计算节点同时开动,似乎又和并行计算有几分相像;构成云的节点遍布多个位置又有分布式计算的感觉;而按照用量进行计费的云计费模式又与效用计算有些相似。

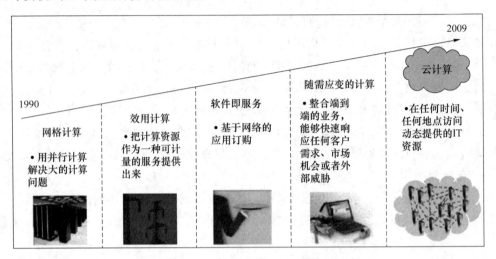

图 3-12 从计算模式的角度展现云计算的发展历史

纵观计算模式的演变历史,可以总结为:集中—分散—集中。在早期,受限于技术条件与成本因素,只能有少数的企业能够拥有计算能力,当时的计算模式显然只能以集中为主。后来,随着计算机小型化与低成本化,计算走向分散。到如今,计算又呈现出集中的趋势,这就是云计算。

用户可以使用云计算来做很多事情。从前面的陈述可知,云计算提供的基本服务有三种:一是硬件资源服务;二是运行环境服务;三是应用软件服务。那么用户也可用至少三种方式来使用云平台:一是利用云计算(平台)来保存数据(使用云环境所提供的硬件资源);二是在云计算平台上运行程序(使用云环境的运行环境);三是使用云平台上的应用服务(使用云平台部署的应用软件服务,如地图、搜索、邮件等)。

云计算所提供的服务不仅仅是 IT 资源本身,如果仅此而已,大可不必发展云计算。存储数据、运行程序、使用软件可以在很多平台上实现,并不需要云计算。之所以使用云计算,是因为其提供资源的方式和能力。云计算在资源提供方式和能力上具有极大的优势。

除了前面已经讲到的云平台的规模优势外,云计算的另一个重要优势是弹性资源配置。云平台上的资源都具有所谓的弹性,即需要多的时候就多,需要少的时候就少。例如,如果我们在云平台上部署一个应用软件,云体控制器将根据该软件的客户需求变化来动态调整并分配给该软件资源,从而保证既能够满足任何时候任何客户需求暴增的情况,同时又避免在客户需求低迷时的资源浪费。

总体来看,云计算至少有以下四个优势。

(1) 具有按需供应的无限计算资源。

(2) 具有无须事先花钱就能使用的 IT 架构。

(3) 具有基于短期的按需付费的资源使用。

(4) 具有单机难以提供的事务处理环境。

虽然各种冠以"云计算"头衔的服务概念层出不穷,但并非每一种服务都可以归于云计算服务的范畴。如何判断一项服务是不是真正的云计算服务？通常来说应该看是否同时满足以下三个条件。

(1) 服务应该是随时随地可接入的。用户可以在任何时间、任何地点，通过任何可以连接网络的设备来使用服务，而无须考虑应用程序的安装问题，也无须关心这些服务的实现细节。

(2) 服务应永远在线。偶发性问题可能存在，但一个真正的云计算服务应时刻保证其可用性和可靠性，即保证随时可通过网络接入，并正常提供服务。

(3) 服务拥有足够大的用户群。这就是所谓的"多租赁"，即由一个基础平台向多个用户提供服务。虽然没有明确的数量来进行划分，但只是针对少数用户的服务，即便使用云计算相关的技术来支撑其基础系统架构，也不应该归为云计算服务。因为只有庞大的用户群，才会产生海量数据访问压力，这是云计算出现的最根本原因，也是云计算服务与其他互联网服务区别的标志之一。

3. 云计算的分类

(1) 根据云计算的部署模式和云计算的使用范围进行分类

根据云计算的部署模式和云计算的使用范围可以将云计算分为三种：公有云、私有云、混合云。

① 公有云

公有云通常指第三方提供商提供给用户进行使用的云，公有云一般可以通过互联网使用。阿里云、腾讯云和百度云等是公有云的应用示例，借助公有云，所有硬件、软件及其他支持基础架构均由云提供商拥有和管理。

② 私有云

私有云是为一个客户单独使用而构建的云，因而提供对数据、安全性和服务质量的最有效的控制。使用私有云的公司拥有基础设施，并可以控制在此基础设施上部署应用程序的方式。

③ 混合云

混合云是公有云和私有云这两种部署模式的结合。出于安全和控制方面的原因，企业中并非所有的信息都能放置在公有云上。因此，大部分已经使用云计算的企业将会使用混合云模式。

(2) 根据云计算的服务层次进行分类

根据云计算的服务层次可以将云计算分为三个层次：基础设施即服务、平台即服务和软件即服务。

① 基础设施即服务(Infrastructure as a Service, IaaS)

IaaS 位于云计算三层服务的最底端。这也是云计算的狭义定义所覆盖的范围，就是把 IT 基础设施像水、电一样以服务的形式提供给用户，以服务形式提供基于服务器和存储等硬件资源的按需变化和可高度扩展的 IT 能力。通常按照所消耗资源的成本进行收费。该层提供的是基本的计算和存储能力，以计算能力的提供为例，其提供的基本单元就是服务器，包含 CPU、内存、存储、操作系统及一些软件，如 Amazon 的 EC2。

② 平台即服务(Platform as a Service, PaaS)

PaaS 位于云计算三层服务的中间，通常也称为"云操作系统"。它提供给终端用户基于互联网的应用开发环境，包括应用编程接口和运行平台等，支持应用从创建到运行整个生命周期所需的各种软硬件资源和工具。通常按照用户或登录情况计费。在 PaaS 层面,服务提供商提供的是经过封装的 IT 能力,或者是一些逻辑的资源,如数据库、文件系统和应用运行环境等。PaaS 的产品示例包括华为公司的 DevCloud、Salesforce 公司的 Force.com 和 Google 公司的 Google App Engine 等。

③ 软件即服务(Software as a Service,SaaS)

SaaS 是最常见的云计算服务,位于云计算三层服务的顶端。用户通过标准的 Web 浏览器来使用 Internet 上的软件。服务供应商负责维护和管理软硬件设施,并以免费或按需租用方式向最终用户提供服务。这类服务既有面向普通用户的,如 Google Calendar 和 Gmail;也有直接面向企业团体的,用于帮助处理工资单流程、人力资源管理、客户关系管理和业务合作伙伴关系管理等业务,如 Salesforce.com 和 Sugar CRM。这些 SaaS 提供的应用程序减少了客户安装与维护软件的时间以及对技能的要求,并且可以通过按使用付费的方式来减少软件许可证费用的支出。

以上的三层,每层都有相应的技术支持提供该层的服务,具有云计算的特征,例如弹性伸缩和自动部署等。每层云服务可以独立成云,也可以基于下面层次的云提供的服务。每种云既可以直接提供给最终用户使用,也可以只用来支撑上层的服务。

3.2.2 云计算架构

云计算平台里面的所有软件都是作为服务来提供的,需要支持多租户,需要具备伸缩能力,需要采用特定的架构才能够胜任,特别是基于服务的软件架构。服务可能分成不同层级的服务,服务的发现和提供方式可能不尽相同,服务本身所需要具备的各种功能及属性也可能不尽相同。

1. 面向服务的计算架构

中间层计算架构、浏览器服务器计算架构、混合计算架构都可以在某种程度上提供云计算所需要的伸缩能力,归因于它们共有的一种特性:无状态连接和基于服务的访问。即客户机或客户所用的访问界面与(中间、数据库)服务器之间的连接是无状态的,服务器所提供的是服务,而非直接过程调用。将这种共性加以提炼,就能够得出面向服务的计算架构,如图 3-13 所示。

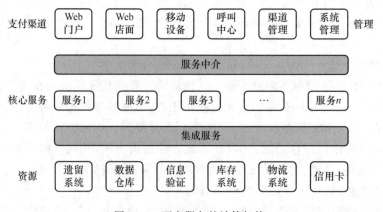

图 3-13 面向服务的计算架构

在面向服务的计算架构下,每个程序做本职任务,同时将服务暴露出来提供给其他程序使用,多个程序通过一个统一的(服务请求)界面协调工作。相对于单一系统来说,此类系统能够将复杂性限制在可控范围内,从而让整个系统的管理更加容易。

由于云计算将一切都作为服务来提供,而本质上云计算就是服务计算的一种形式。只是云计算是服务计算的极致,它不仅将软件作为服务,而且将所有IT资源都作为服务。

2. 云计算架构的二维视角

从不同的角度来看,云计算架构的复杂性有一定的差异性。在最易于理解的二维视角下分析,云计算架构由两个部分组成:前端和后端。前端是呈现给客户或计算机用户的部分,包括客户的计算机网络和用户用来访问云应用程序的界面如Web浏览器;后端则是我们常说的"云",它由各种组件(如服务器、数据存储设备、云管理软件等)构成。

在这种二维视角下,云计算架构由基础架构和应用程序两个维度组成。基础架构包括硬件和管理软件两个部分。其中硬件包括服务器、存储器、网络交换机等;管理软件负责高可用性、可恢复性、数据一致性、应用伸缩性、程序可预测性和云安全性等。图3-14所示是云计算架构的二维示意图。

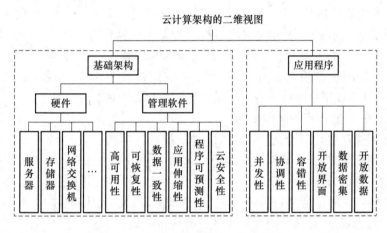

图3-14 云计算架构的二维示意图

应用程序需要具备并发性(多实例同时执行)、协调性(不同实例之间能够协调对数据的处理及任务的执行)、容错性、开放界面、开放数据(以便数据可以在各个模块之间共享)和数据密集型计算(云上面要利用数据)。

下面分别对基础架构和应用程序这两个部分做进一步的解释。

1) 基础架构的分层结构

从二维视图可以将云计算基础架构看作一个整体,它与云计算应用程序一起组成云计算架构的二维视图,而云计算基础架构本身并非一个不可分割的整体,而是一个可以再次分层的结构。通常来说,云计算基础架构由四层组成:虚拟化层、Web服务层、服务总线/通信中间件层、客户机界面层,如图3-15所示。

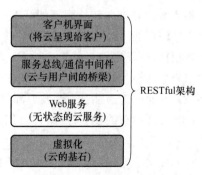

图3-15 云计算基础架构的分层结构

(1) 第一层是虚拟化层,其目标是将所有硬件转换为一致的 IT 资源,以方便云管理软件对资源进行各种细致的管理,如分配和动态调整计算及存储容量。从虚拟化技术的角度看,这种分配和动态调整计算可以在许多不同的抽象层上实现,包括应用服务器层、操作过程层、虚拟机层、物理硬件的逻辑分区层等。对于云计算来说,虚拟化操作主要在虚拟机抽象层进行,虚拟化的结果是提供各种规格和配置的虚拟机,供云架构上一层使用。

(2) 第二层是 Web 服务层,其将云资源提供出来供用户使用。由于大部分的用户不能胜任或不想直接使用云中的虚拟机,云计算架构需要通过一个方便的界面将虚拟机资源呈现出来,而这就是 Web 服务层的作用。其优势是支持面广泛,对客户端的要求较低,只需要浏览器便可访问。通过 Web 服务提供出来的服务均可以通过 Web 服务 API 进行访问,这种 API 叫作表征状态转移(Representational State Transfer,REST)。

(3) 第三层为服务总线/通信中间件层,用来对计算服务、数据仓库和消息传递进行封装,以将用户和下面的虚拟化层进行分离,将 Web 服务与用户进行连接。不同的云计算平台在对外部服务的集成支持方面是不尽相同的,虽然一般的云平台都能够支持托管在业务所在地或合作伙伴处的服务,但是支持的力度可能有所不同。

(4) 第四层为客户机界面层,其目标是将云计算应用程序呈现给客户,以便于客户对该应用程序执行操控、查询等,或者对该应用程序进行调用操作等。通常该部分不过是一个 Web 门户,将各种混搭应用(Mashups)集成在一个 Web 浏览器里,其简单用户界面常常基于 Ajax 和 JavaScript,但趋势是使用功能完善的组件模型,如 JavaBeans/Applets 或者 Silvedight/.NET。该层是可以下载并安装在客户的机器上的。

2) REST 架构:云计算的软件架构

尽管基础架构在逻辑上分为四层,四层之间的软件架构技术纽带可以采用 REST 架构。在很多应用场景下,云计算架构应该采用无状态、基于服务的架构。REST 架构是无状态的架构中的一种。云计算采用 REST 架构的原因是其简单、开放,并已经在互联网上实现。REST 架构体现的正是 Web 架构的特征:源服务、网关、代理和客户。其最大的特点是除了参与者的行为规范,对其中的个体组件没有任何限制。

基于上述特点,REST 架构本身就适应分布式系统的软件架构,而且在 Web 服务设计模型里占据了主导地位。如果某种架构符合 REST 架构的限制条件,则该架构被称为 RESTful。在此种软件架构下,客户和服务器之间的请求和回应都表现为资源的转移,这里的资源可以是任何有意义的实体概念,而一个资源的表示实际上是捕捉了该资源状态的一个文档。客户在准备转移到新的状态时发送请求,当请求在等待处理的时间段内,客户被认为处于"转移"状态。REST 架构采纳的是松散耦合的方式,对类型检查的要求更低,与 SOAP 相比,所需带宽要低于 SOAP。REST 架构的主要特点如下。

(1) 组件交互的伸缩性:参与交互的组件数量可以无限扩展。

(2) 界面的普遍性:IT 界人士都熟悉 REST 架构的界面风格。

(3) 组件发布的独立性:组件可以独立发布,无须与任何组件进行事先沟通。

(4) 客户机/服务器模型:使用统一的界面来分离客户机和服务器。

(5) 无状态连接:客户机上下文不保存在服务器中,每次请求都需要提供完整的状态。

与基于 SOAP 的 Web 服务不同的是,RESTful Web 服务不存在一个"官方"的标准。REST 只是一种架构风格,而不是一种协议或标准。虽然 REST 架构不是协议或标准,但基于互联网的 RESTful 实现就可以使用 HTTP、URL、XML 等标准,在使用这些标准来实现 REST 架构时就可以分别设定标准。

3)云应用程序的结构

云计算的架构与传统的计算范式的架构不同。同理,云应用程序的结构也与传统操作系统上的应用程序结构有所不同,这一点归因于传统操作系统环境和云计算环境的巨大不同。事实上,在云端运行的程序和在传统架构上运行的程序有较大区别。并不是将一个软件发布到云端就是云计算了(当然,有的传统应用程序确实可以直接发布到云端并在一定范围内正确运行),云应用软件需要根据云的特性进行构造,才能适合云计算环境或充分发挥云计算环境的优势。那么,适合云计算环境的应用程序的结构是怎样的呢?

如果熟悉云计算环境和传统操作系统上的应用程序,就不难推导出云应用软件的结构。在云计算环境下,云应用软件的结构可以分为 4 层,分别是应用程序、应用实例、所提供的服务和用来控制云应用程序的云命令行界面。在此,应用程序是最终的成品,但这个成品可以同时运行多个实例(这是云环境的一个重要特点),而每个实例提供一种或多种服务,服务之间则相对独立。此外,云应用程序应该提供某种云命令行界面,以方便用户对应用程序进行控制。图 3-16 为云应用程序的软件结构。

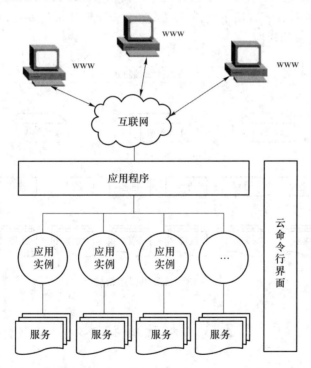

图 3-16 云应用程序的软件结构

与传统操作系统环境进行比较,云应用程序结构的 4 个部分类似传统操作系统里面的进程、线程、服务和 Shell。进程是最终的成品,这个成品可以同时运行多个指令序列(线程),每个线程提供某种功能(服务),Shell 可以用来对进程进行一定程度的控制。图 3-17 为传统操作系统上的应用程序结构。

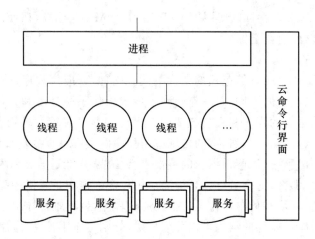

图 3-17　传统操作系统上的应用程序结构

另外,整个云平台可以看作一个应用程序,该程序由许多虚拟机构成,每个虚拟机上可以运行多个进程,每个程序可以由多个线程构成,在整个云平台上覆盖一层控制机制,即云控制器。图 3-18 就是这种视角下的云应用程序结构。

云应用程序的结构并不仅限于此,实际上,随着云计算技术的发展,越来越多的软件都将迁移到云端,形成云端软件。

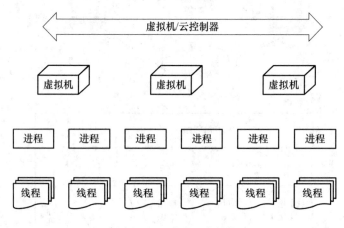

图 3-18　云应用程序结构

3.3　大数据技术

3.3.1　大数据技术概述

随着移动互联网、移动终端和数据传感器的出现,数据正以超出想象的速度快速增长。近几年,数据量已经从 TB 级别跃升到 PB 级别乃至 EB 级别。

2011 年 6 月,麦肯锡全球研究院发布题为《大数据:下一代创新、竞争与生产力的前沿》的研究报告,指出"大数据时代已经到来"。各国政府也相继出台了一系列促进大数据产业发展的政策,例如:2012年3月,美国奥巴马政府发布了《大数据研究和发展计划》,正式启动"大数据研究和开发"计划,大数据上升为美国国家发展战略。2014年5月,美国白宫发布2014年全球"大数据"白皮书——《大数据:把握机遇、守护价值》,报告鼓励使用数据以推动社会进步。2015年8月,国务院印发《促进大数据发展行动纲要》,系统部署我国大数据发展工作,加快建设数据强国。2015年9月,贵州省启动我国首个大数据综合试验区的建设工作,力争通过3~5年的努力,将贵州大数据综合试验区建设成为全国数据汇聚应用新高地、综合治理示范区、产业发展聚集区、创业创新首选地、政策创新先行区。2016年3月,《中华人民共和国国民经济和社会发展第十三个五年规划纲要》发布,其中第二十七章"实施国家大数据战略"提出:把大数据作为基础性战略资源,全面实施促进大数据发展行动,加快推动数据资源共享开放和开发应用,助力产业转型升级和社会治理创新。

大数据目前有多个定义,我们摘取了其中的一些。百度百科的定义是,大数据(Big Data)指无法在一定时间范围内用常规软件工具进行捕捉、管理和处理的数据集合,是需要新处理模式才能具有更强的决策力、洞察发现力和流程优化能力的海量、高增长率和多样化的信息资产。而对于"大数据"(Big Data)研究机构 Gartner 给出了这样的定义。"大数据"指需要新处理模式才能具有更强的决策力、洞察发现力和流程优化能力来适应海量、高增长率和多样化的信息资产。麦肯锡全球研究院给出的定义是:一种规模大到在获取、存储、管理、分析方面大大超出了传统数据库软件工具能力范围的数据集合,具有海量的数据规模、快速的数据流转、多样的数据类型和价值密度低四大特征。

在维克托·迈尔-舍恩伯格和肯尼思·库克耶著的《大数据时代》中,大数据指不用随机分析法(抽样调查)这样的捷径,而采用所有数据进行分析处理。

业界通常用4V来概括大数据的特征:数据量大(Volume)、数据类型繁多(Variety)、数据价值密度低(Value)和速度快、时效高(Velocity)。

1. 数据量大

第一个特征是数据量大。大数据的起始计量单位至少是 P(1000 个 T)、E(100 万个 T)或 Z(10 亿个 T)。截至目前,人类生产的所有印刷材料的数据量是 200 PB(1 PB=1 024 TB),而历史上全人类说过的所有的话的数据量大约是 5 EB(1 EB=1 024 PB)。当前,典型个人计算机硬盘的容量为 TB 级,而一些大企业的数据量已经接近 EB 级。截至 2018 年,互联网用户数已达到 39 亿。Statista 2018 年最新统计数据显示,2018 年全球连接设备的数量将超过 230 亿。微信发布 2018 数据报告,月活跃用户人数超 10.8 亿每天发出 450 亿次信息。

2. 数据类型繁多

第二个特征是数据类型繁多。数据的格式是多样化的,如文字、图片、视频、音频、地理位置信息等,数据也可以有不同的来源,如传感器、互联网等。这种类型的多样性也让数据被分为结构化数据和非结构化数据。相对于以往便于存储的、以文本为主的结构化数据,非结构化数据越来越多,包括网络日志、音频、视频、图片、地理位置信息等。这些多类型的数据对数据的处理能力提出了更高要求。

3. 数据价值密度低

第三个特征是数据价值密度相对较低。随着物联网的广泛应用,信息感知无处不在,信息海量,但价值密度较低,例如,监控视频,一部 1 h 的视频,在连续不间断的监控中,有用的数据可能仅有 1~2 s。如何通过强大的机器算法更迅速地完成数据的价值"提纯"成为目前大数据背景下亟待解决的难题。

4. 速度快、时效高

第四个特征是处理速度快,时效性要求高。这是大数据区分于传统数据挖掘最显著的特征。根据 IDC 的数字宇宙的报告,预计到 2020 年,全球数据使用量将达到 35 ZB。在如此海量的数据面前,处理数据的效率就是企业的生命。

另外,数据具有一定的时效性,是不停变化的。数据可以随时间的推移逐渐增大,也可以在空间上不断移动变化。如果我们采集到的数据不经过流转,最终会过期作废。客户的体验在分秒级别,海量的数据带来的第一个问题就是大大延长了各类报表的生成时间。我们能否在极短的时间内提取最有价值的信息呢?数据在 1 s 内得不到流转处理,就会给客户带来较差的使用体验。若我们的数据处理软件达不到"秒"处理,所带来的商业价值就会大打折扣。

大数据技术的价值不在于掌握庞大的数据信息,而在于对这些含有意义的数据进行专业化处理。换而言之,如果把大数据比作一种产业,那么这种产业实现盈利的关键在于提高对数据的"加工能力",通过"加工"实现数据的"增值"。既有的 IT 技术架构和路线,已经无法高效处理如此海量的数据,而对于相关组织来说,如果投入巨额财力而采集的信息无法通过及时处理得到有效信息,那将是得不偿失的。可以说,大数据时代对人类的数据驾驭能力提出了新的挑战,也为人们获得更为深刻、全面的洞察能力提供了前所未有的空间与潜力。

3.3.2 大数据的数据源

关于大数据的来源,首先,普遍认为互联网及物联网是产生并承载大数据的基地。主要通过各种数据传感器、数据库、网站、移动 APP 等产生大量的结构化和非结构化数据。互联网公司是天生的大数据公司,在搜索、社交、媒体、交易等各自核心业务领域,积累并持续产生海量数据,例如,百度公司数据总量超过了 1 000 PB,数据涵盖了中文网页、百度日志、UGC、百度推广等多个部分,并占有国内 70% 以上的搜索市场份额。阿里巴巴公司目前保存的数量超过 100 PB,其中 90% 以上是电商数据、交易数据、用户浏览数据。腾讯公司保存的数据总量超过 100 PB,主要是社交数据和游戏数据。物联网设备每时每刻都在采集数据,设备数量和数据量都与日俱增,Statista 2018 统计显示,2015 年至 2025 年全球连接设备的数量将从 15 亿增加到 750 亿。这两类数据资源作为大数据金矿,正在不断产生各类应用数据。

其次,还有一些行业大数据,如电信、金融与保险、电力与石化、制造业、医疗、教育和交通运输等行业,这些企事业单位在业务中也积累了许多数据。例如,电信行业包括用户上网记录、通话、信息、地理位置信息等,运营商拥有的数据量都在 10 PB 以上;国家电网采集获得的数据总量就达到 10 PB;列车、水陆运输产生的各种视频、文本类数据,每年达到几十 PB;金融系统每年产生数据达到几十 PB;整个医疗卫生行业一年能够保存下来的数据有数百 PB。从严格意义上讲,这些数据资源比较分散,还算不上大数据,但对商业应用而言,却是最易获得和较容易加工处理的数据资源,也是当前在国内比较常见的应用资源。

最后,还有一类是政府部门掌握的数据资源,如公共安全、政务、气象与地理、人口与文化等。例如,北京市有 50 多万个监控摄像头,每天采集的视频数据量约 3 PB,整个视频监控每年保存下来的数据有近千 PB;中国幅员辽阔,气象局保存的气象数据为 5 PB,各种地图和地理位置信息每年为几十 PB。这些数据被普遍认为质量好、价值高,但开放程度低。国务院印发的《促进大数据发展行动纲要》部署了三方面主要任务,其中首要任务就是要加快政府数据开放共享,推动资源整合,提升治理能力。大力推动政府部门数据共享,稳步推动公共数据资源开放,统筹规划大数据基础设施建设,支持宏观调控科学化,推动政府治理精准化,推进商事服务便捷化,促进安全保障高效化,加快民生服务普惠化。实际上,长期以来政府部门间信息数据相互封闭割裂,是治理问题而不是技术问题。

数据从哪里来是我们评价大数据应用的第一个关注点。一是要看这个应用是否真有数据支撑,数据资源是否可持续,来源渠道是否可控,数据安全和隐私保护方面是否有隐患。二是要看这个应用的数据资源质量如何,是"富矿"还是"贫矿",能否保障这个应用的实效。对于来自自身业务的数据资源,具有较好的可控性,数据质量一般也有保证,但数据覆盖范围可能有限,需要借助其他资源渠道。对于从互联网抓取的数据,技术能力是关键,既要有能力获得足够大的量,又要有能力筛选出有用的内容。对于从第三方获取的数据,需要特别关注数据交易的稳定性。数据从哪里来是分析大数据应用的起点,如果一个应用没有可靠的数据来源,再好、再高超的数据分析技术都是无本之木。

3.3.3 大数据技术的教育应用

大数据技术的应用已经渗透到各行各业,如医疗、金融、餐饮、电商、农业、交通、教育、体育、环保、食品和政务等领域。下面重点介绍大数据技术在教育中的应用。

教育大数据是指教育行业的数据分析应用。教育大数据包含三个含义:第一个含义,教育大数据是教育领域的大数据,是面向特定教育主题的多类型、多维度、多形态的数据集合;第二个含义,教育大数据是面向教育全过程的数据,通过数据挖掘和学习分析支持教育决策和个性化学习;第三个含义,教育大数据是一种分布式计算架构方式,通过数据共享的各种支持技术达到共建共享的思想。

利用大数据分析方法可以对学生的在线学习数据进行全面的收集、测量和分析,理解与优化教学过程及其情境,为教学决策、学业预警提供支持,真正实现个性化学习,提高教学效果,这是大数据分析在教育领域的价值所在。例如,美国的 Knewton 就是一家利用大数据技术提供个性化教育的公司,它利用适配学习技术,通过数据收集、推断和建议三部曲来提供个性化的教学。国内的松鼠 AI 利用大数据和人工智能技术为基础教育(小学、初中和高中)的学生提供自适应个性化教学,让每个学生都清楚自己的潜力,了解自己的强项和弱项。

大数据还可以帮助家长和教师甄别出孩子的学习差距和有效的学习方法。例如,美国的麦格劳-希尔教育出版集团就开发出了一种预测评估工具,帮助学生评估他们已有的知识和达标测验所需程度的差距,进而指出学生有待提高的地方。评估工具可以让教师跟踪学生学习情况,从而找到学生的学习特点和方法。有些学生适合按部就班的学习,有些学生适合图式信息和整合信息的非线性学习。这些都可以通过大数据搜集和分析很快识别出来,从而为教育教学提供坚实的依据。

教育大数据的相关研究主要包括以下四个方面的内容。

(1) 教育大数据的概念、特征、分类和标准。如何界定和划分教育大数据,如何建立教育大数据的框架、模型和元数据,如何制定教育大数据的规范和规则等。

(2) 教育大数据的应用场景、价值和效果。如何利用教育大数据进行学习分析、教学辅导、评价测量、管理决策等,如何提高教育质量和效率,如何促进教育改革和创新等。

(3) 教育大数据的采集、处理和分析技术。如何从各种来源和渠道获取教育数据,如何清洗、整合和存储教育数据,如何运用统计、机器学习、人工智能等方法挖掘教育数据的规律和知识等。

(4) 教育大数据的挑战、风险和对策。如何保证教育数据的质量、安全和隐私,如何避免教育数据的误用、滥用和滞后,如何平衡教育数据的开放与共享,如何解决教育大数据的伦理、道德和法律问题等。

教育大数据的分析方法主要有以下四种。

(1) 教育数据挖掘是利用统计学、机器学习和数据挖掘等方法来分析教与学过程中所产生的数据,对学习行为和学习过程进行量化、分析和建模。

(2) 学习分析是利用计算机技术和数据科学来测量、收集、分析和报告学习者和学习环境的数据,以理解和优化学习和学习环境。

(3) 学习者建模是利用数据挖掘、机器学习、人工智能等技术来构建学习者的知识、能力、兴趣、目标等方面的模型,以提供个性化的学习支持。

(4) 学习者行为预测是利用数据挖掘、机器学习、时间序列分析等技术来预测学习者在在线教育平台上的行为,如是否会完成课程、是否会退课、是否会参与讨论等。

这些方法都可以应用于不同的教育场景和问题,如教务管理、教学创新、应用创新、科研支撑等,可以根据具体需求选择合适的方法进行教育大数据的分析。

3.3.4 大数据处理流程及技术

大数据处理流程图如图 3-19 所示,主要包括数据收集、数据预处理与存储、数据处理与分析、数据可视化与应用等环节,每一个数据处理环节都会对大数据质量产生影响和作用。通常,一个好的大数据产品要有大量的数据规模、快速的数据处理、精确的数据分析与预测、优秀的可视化图表以及简练易懂的结果解释,下面将分别介绍大数据处理流程及相关的主要技术。

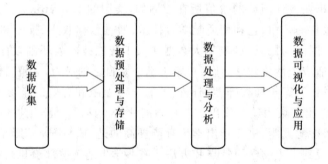

图 3-19 大数据处理流程图

1. 数据收集

大数据的采集是指利用多个数据库来接收发自客户端(Web、APP 或者传感器形式等)的数据,并且用户可以通过这些数据库来进行简单的查询和处理工作,另外,大数据的采集不是抽样调查,它强调数据尽可能完整和全面,尽量保证每一个数据精确有用。

在大数据的采集过程中,其主要特点和挑战是并发数高,因为同时有可能会有成千上万的用户来进行访问和操作,如火车票售票网站和淘宝,它们并发的访问量在峰值时达到上百万,所以需要在采集端部署大量数据库才能支撑。

在数据收集过程中,数据源会影响大数据质量的真实性、完整性和数据收集的一致性、准确性、安全性。对于 Web 数据,多采用网络爬虫方式进行收集,这需要对爬虫软件进行时间设置以保障收集到的数据时效性。

数据采集的技术有 ETL(Extract-Transform-Load)工具(如 Sqoop 等)、日志采集工具(如 Flume、Kafka 等)。

2. 数据预处理与存储

因为数据价值密度低是大数据的特征之一,所以,收集来的数据会有很多的重复数据、无用数据、噪声数据、数据值缺失和数据冲突等,需要对数据进行清洗和预处理。然后,将不同来源的数据导入一个集中的大型分布式数据库或者分布式存储集群,为接下来的大数据处理与分析提供可靠数据,保证大数据分析与预测结果的准确性与价值性。

大数据预处理主要包括数据清理、数据集成、数据归约与数据转换等内容,可以提高大数据的一致性、准确性、真实性、可用性、完整性、安全性和价值性等方面质量。

(1) 数据清理包括对数据的不一致检测、噪声数据的识别、数据过滤与修正等方面,有利于提高大数据的一致性、准确性、真实性和可用性等。

(2) 数据集成是将多个数据源的数据进行集成,从而形成集中、统一的数据库、数据立方体等,这一过程有利于提高大数据的完整性、一致性、安全性和可用性等。

(3) 数据归约是在不损害分析结果准确性的前提下降低数据集规模,使之简化,包括维归约、数量归约、数据抽样等技术,这一过程有利于提高大数据的价值密度,即提高大数据存储的价值性。

(4) 数据转换包括基于规则或元数据的转换、基于模型与学习的转换等技术,可通过转换实现数据统一,这一过程有利于提高大数据的一致性和可用性。

大数据存储主要利用分布式文件系统、数据仓库、关系数据库、NoSQL 数据库、云数据库等,实现对结构化、半结构化和非结构化海量数据的存储和管理。例如,电商会使用传统的关系型数据库 MySQL 和 Oracle 等来存储每一笔事务数据,除此之外,Redis 和 MongoDB 这样的 NoSQL 数据库也常用于数据的存储。

3. 数据处理与分析

(1) 数据处理

大数据的分布式处理技术与存储形式、业务数据类型等相关,针对大数据处理的主要计算模型有 MapReduce 分布式计算框架、Spark 分布式内存计算框架、Storm 分布式流计算系统等。MapReduce 是一个批处理的分布式计算框架,可对海量数据进行并行分析与处理,它适合对各种结构化、非结构化数据进行处理。Spark 分布式内存计算框架可有效减少数据读写和移动的开销,提高大数据处理性能。Storm 分布式流计算系统是对数据流进行实时处理,以保障大数据的时效性和价值性。

大数据的类型和存储形式决定了其所采用的数据处理系统,而数据处理系统的性能优劣直接影响大数据质量的价值性、可用性、时效性和准确性。因此在进行大数据处理时,要根据大数据类型选择合适的存储形式和数据处理系统,以实现大数据质量的最优化。

(2) 数据分析

大数据分析技术主要包括已有数据的分布式统计分析技术和未知数据的分布式挖掘、深度学习技术。分布式统计分析可由数据处理技术完成。分布式挖掘和深度学习技术在大数据分析阶段应用,包括聚类与分类、关联分析、回归分析、神经网络等算法,可挖掘大数据集合中的数据关联性,形成对事物的描述模式或属性规则,可通过构建机器学习模型和海量训练数据提升数据分析与预测的准确性。

数据分析是大数据处理与应用的关键环节,它决定了大数据集合的价值性和可用性。在数据分析环节,应根据大数据应用情境与决策需求,选择合适的数据分析技术,提高大数据分析结果的可用性、价值性和准确性。

4. 数据可视化与应用

数据可视化是指将大数据分析与预测结果以计算机图形或图像的直观方式展示给用户的过程,并可与用户进行交互式处理。数据可视化环节可大大提高大数据分析结果的直观性,便于用户理解与使用,就如同看图说话一样简单明了,所以,数据可视化是影响大数据的可用性和理解性的关键因素。

大数据应用是指将经过分析处理后挖掘得到的大数据结果应用于管理决策、战略规划等的过程,它是对大数据分析结果的检验与验证,大数据的应用过程直接体现了大数据分析处理结果的价值性和可用性。

大数据处理流程基本是以上四个步骤。不过在具体应用时,应对具体应用场景进行充分调研,对需求进行深入分析,明确大数据处理与分析的目标,从而为大数据收集、存储、处理、分析等过程选择合适的技术和工具,并保障大数据分析结果的可用性、价值性和满足用户需求。

3.3.5 Hadoop 简介

自从大数据的概念被提出后,出现了很多的相关技术,其中对大数据发展最有影响力的就是开源的分布式计算平台 Hadoop 了,它就像软件发展史上的 Windows、Linux 和 Java 一样,给接下来的大数据技术发展带来了巨大的影响,很多大的公司和知名学校都加入 Hadoop 相关项目的开发中,如 Facebook、Yahoo、加利福尼亚大学伯克利分校等,这些公司和学校围绕 Hadoop 产生了一系列大数据相关技术,如 Spark、Hive、HCatalog、HBase、ZooKeeper、Oozie、Pig 和 Sqoop 等,这些项目就组成了大数据技术的开源生态圈,开源的 Hadoop 项目极大地促进了大数据技术在很多行业的应用发展。

Hadoop 是一个由 Apache 基金会所开发的、适合大数据的分布式系统基础架构。Hadoop 框架的两大核心设计就是 HDFS 和 MapReduce。HDFS 为海量的数据提供了存储,而 MapReduce 则为海量的数据提供了计算。

1. Hadoop 由来

2003—2004 年,Google 通过论文公布了部分 GFS 和 MapReduce 思想的细节,当时开源搜索引擎 Nutch 的创始人 Doug Cutting 在阅读了 Google 的论文后,非常兴奋,紧接着就根据论文原理用 2 年的业余时间初步实现了类似 GFS 和 MapReduce 的机制,使 Nutch 的性能飙升。2005 年,Hadoop 作为 Lucene 的子项目 Nutch 的一部分正式引入 Apache 基金会。

2006 年,开发人员将 NDFS(Nutch Distributed File System)和 MapReduce 移出了

Nutch,形成 Lucence 的子项目,命名为 Hadoop。Hadoop 这个名字不是一个缩写,而是一个生造词。它是 Hadoop 之父 Doug Cutting 儿子的一只大象毛绒玩具的名字。

谷歌与 Hadoop 技术的对应关系,谷歌的 GFS 对应 Hadoop 的 HDFS,谷歌的 MapReduce 对应 Hadoop 的 MapReduce,谷歌的 BigTable 对应 Hadoop 的 HBase。

2. Hadoop 发展历程

Hadoop 发布之后,Yahoo 很快就用了起来。2007 年,百度和阿里巴巴也开始使用 Hadoop 进行大数据存储与计算。2008 年,Hadoop 正式成为 Apache 的顶级项目,后来 Doug Cutting 也成了 Apache 基金会的主席。同年,专门运营 Hadoop 的商业公司 Cloudera 成立,Hadoop 得到进一步的商业支持。

接下来,一些大公司开始介入 Hadoop 相关项目的研发,Hadoop 的发展步入快速发展轨道。例如,Yahoo 觉得用 MapReduce 进行大数据编程太麻烦了,于是便开发了 Pig。Pig 是一种脚本语言,使用类 SQL 的语法,开发者可以用 Pig 脚本描述要对大数据集进行操作,Pig 经过编译后会生成 MapReduce 程序,然后在 Hadoop 上运行。编写 Pig 脚本虽然比直接 MapReduce 编程容易,但是依然需要学习新的脚本语法。于是 Facebook 又发布了 Hive。Hive 支持使用 SQL 语法来进行大数据计算,如人们可以写 Select 语句进行数据查询,然后 Hive 会把 SQL 语句转化成 MapReduce 的计算程序。这样,熟悉数据库的数据分析师和工程师便可以无门槛地使用大数据进行数据分析和处理了。Hive 出现后极大程度地降低了 Hadoop 的使用难度,迅速得到开发者和企业的追捧。据说,2011 年,Facebook 大数据平台上运行的作业 90% 都来源于 Hive。

随后,众多 Hadoop 周边产品开始出现,大数据生态圈逐渐形成,具体如图 3-20 所示,其中包括:专门将关系数据库中的数据导入导出到 Hadoop 平台的 Sqoop;针对大规模日志进行分布式收集、聚合和传输的 Flume;MapReduce 工作流调度引擎 Oozie 等。

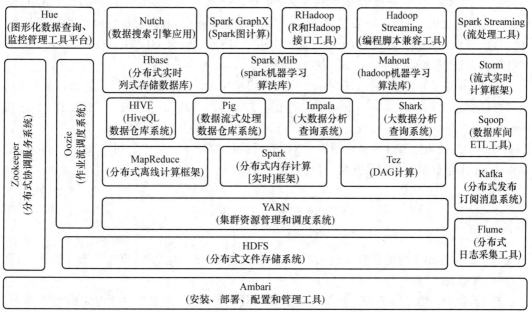

图 3-20 Hadoop 生态圈

在 2012 年，加利福尼亚大学伯克利分校 AMP 实验室（Algorithms Machine and People Lab）开发的 Spark 开始崭露头角。当时 AMP 实验室的马铁博士发现使用 MapReduce 进行机器学习计算的时候性能非常差，因为机器学习算法通常需要进行很多次的迭代计算，而 MapReduce 每执行一次 Map 和 Reduce 计算都需要重新启动一次作业，带来大量的无谓消耗。还有一点就是 MapReduce 主要使用磁盘作为存储介质，而 2012 年的时候，内存已经突破容量和成本限制，成为数据运行过程中主要的存储介质。Spark 一经推出，立即受到业界的追捧，并逐步替代 MapReduce 在企业应用中的地位。

一般说来，像 MapReduce、Spark 这类计算框架处理的业务场景都被称作批处理计算，因为它们通常针对以"天"为单位产生的数据进行一次计算，然后得到需要的结果，这中间计算需要花费的时间大概是几十分钟甚至更长的时间。因为计算的数据是非在线得到的实时数据，而是历史数据，所以这类计算也被称为大数据离线计算。而在大数据领域，还有另外一类应用场景，它们需要对实时产生的大量数据进行即时计算，比如对遍布城市的监控摄像头进行人脸识别和犯罪嫌疑人追踪。这类计算称为大数据流计算，相应地，有 Storm、Flink、Spark Streaming 等流计算框架来满足此类大数据应用的场景。流式计算要处理的数据是实时在线产生的数据，所以这类计算也被称为大数据实时计算。

除了大数据批处理和流处理，NoSQL 系统处理的主要也是大规模海量数据的存储与访问，所以也被归为大数据技术。NoSQL 曾经在 2011 年左右非常火爆，涌现出许多优秀的产品，如 HBase、Cassandra 等。其中，HBase 是从 Hadoop 中分离出来的、基于 HDFS 的 NoSQL 系统。

当前 Hadoop 版本比较混乱，让很多用户不知所措。实际上，当前 Hadoop 有三个版本：Hadoop 1.0、Hadoop 2.0 和 Hadoop 3.0，其中，Hadoop 1.0 由一个分布式文件系统 HDFS 和一个离线计算框架 MapReduce 组成；Hadoop 2.0 则包含一个支持 NameNode 横向扩展的 HDFS，一个资源管理系统 YARN 和一个运行在 YARN 上的离线计算框架 MapReduce。相比于 Hadoop 1.0，Hadoop 2.0 功能更加强大，且具有更好的扩展性等性能，并支持多种计算框架。Hadoop 3.0 是基于 JDK 1.8 开发的，对 HDFS、MapReduce、YARN 都有较大升级，还新增了 Ozone 键值存储功能。

Hadoop 除了开源版本外，还有一些商业公司推出 Hadoop 的商业版。例如，2008 年第一家 Hadoop 商业化公司 Cloudera 成立，2011 年 Yahoo! 和硅谷风险投资公司 Benchmark Capital 创建了 Hortonworks。2018 年 10 月，均为开源平台的 Cloudera 与 Hortonworks 公司宣布这两家公司以 52 亿美元的价格合并。商业公司旨在让 Hadoop 更加可靠，并让企业用户更容易安装、管理和使用 Hadoop。

本 章 小 结

本章重点介绍了智能教育的技术基础，主要包括：人工智能算法（算法）、云计算技术（算力）和大数据技术（算料）。

首先，本章详细介绍了人工智能算法中的机器学习，重点介绍机器学习中的监督学习、无监督学习、深度学习和强化学习算法。其次，详细介绍了云计算技术，重点介绍了云计算概述，包括云计算的定义、云计算的发展历史、云计算的分类、分布式计算的原理和理论基础,云计算的架构以及云原生应用的开发技术。最后,详细介绍了大数据技术,重点介绍了大数据的定义和特点,大数据的数据源,大数据的技术应用场景,详细介绍了大数据在教育中的应用,大数据处理流程及技术,最后,对大数据计算平台 Hadoop 和 Spark 进行了简介。

习 题

1. 什么是监督学习？什么是无监督学习？两者的区别是什么？
2. 卷积神经网络的基本原理是什么？请举例说明其在教育中的应用。
3. 循环神经网络的基本原理是什么？请举例说明其在教育中的应用。
4. 强化学习的基本原理是什么？请举例说明其在教育中的应用。
5. 云计算有哪些分类,请举例说明。
6. 简述云计算的架构。
7. 大数据的概念及特点是什么？
8. 请举例说明大数据在教育中的应用。
9. 简述大数据处理流程及技术。
10. 简述 Hadoop 与 Spark 的区别与联系。

参 考 文 献

[1] 中国科学院. 人工智能的历史、现状和未来［EB/OL］.（2019-02-18）[2023-03-30]. https://www.cas.cn/zjs/201902/t20190218_4679625.shtml.

[2] 陈自富. 人工智能历史:国内外研究现状［EB/OL］.（2019-11-27）[2023-03-30]. https://aiethics.hunnu.edu.cn/content.jsp?urltype=news.NewsContentUrl&wbtreeid=1147&wbnewsid=1732.

[3] 小崔. 人工智能发展与应用综述（科普）［EB/OL］.（2019-03-07）[2023-03-30]. https://blog.csdn.net/qq_36969835/article/details/88321652.

[4] 朱祝武. 人工智能发展综述[J]. 中国西部科技,2011(17):8-10.

[5] 一文概览人工智能（AI）发展历程［EB/OL］.（2021-06-16）[2023-03-30]. http://www.kejibaogao.com/forum.php?mod=viewthread&tid=1914.

[6] 人工智能历史、概念、算法与技术 概括与综述（一）［EB/OL］.（2019-12-02）[2023-03-30]. https://cloud.tencent.com/developer/article/2052920.

[7] 锤子布. 关于机器学习算法分类与经典算法综述［EB/OL］.（2021-08-24）[2023-03-30]. https://www.cnblogs.com/SYXblogs/p/14819791.html.

[8] 【综述】机器学习中的 12 类算法［EB/OL］.（2021-08-29）[2023-03-30]. https://developer.aliyun.com/article/939008.

[9] 干货|机器学习超全综述！［EB/OL］.（2018-11-01）[2023-03-30]. https://blog.csdn.net/lomodays207/article/details/86606137.

[10] 一文看懂机器学习"3 种学习方法＋7 个实操步骤＋15 种常见算法"［EB/OL］.

（2020-05-25）［2023-03-30］. https://blog.csdn.net/lomodays207/article/details/86606137.

［11］深度学习算法简要综述（上）［EB/OL］.（2020-04-14）［2023-03-30］. https://cloud.tencent.com/developer/article/1604789.

［12］监督学习［EB/OL］.（2020-03-25）［2023-03-30］. https://cloud.tencent.com/developer/article/1604789.

［13］一文看懂监督学习（基本概念＋4步流程＋9个典型算法）［EB/OL］.（2020-05-25）［2023-03-30］. https://easyai.tech/ai-definition/supervised-learning/.

［14］机器学习之监督学习篇［EB/OL］.（2020-07-19）［2023-03-30］. https://kangcai.github.io/2019/02/09/ml-supervised-1-intro/.

［15］周志华. 机器学习［M］. 北京：清华大学出版社，2016.

［16］邱锡鹏. 神经网络与深度学习［M］. 北京：机械工业出版社，2020.

［17］王伟，郭栋，张礼庆，等. 云计算原理与实践［M］. 北京：人民邮电出版社，2018.

［18］李建伟. 大数据导论［M］. 北京：北京邮电大学出版社，2019.

［19］Hadoop 官网［EB/OL］.（2023-03-15）［2023-03-30］. https://hadoop.apache.org/.

［20］Spark 官网［EB/OL］.（2023-03-30）［2024-03-16］. https://spark.apache.org/.

第4章 教育知识图谱

教育知识图谱是一种利用知识图谱技术对教育领域的知识进行组织、表示和应用的方法。知识图谱是一种大规模的语义网络，能够表达现实世界中的实体、属性、关系和事件等知识，并提供丰富的语义信息和关联信息。知识图谱技术在人工智能的多个方面发挥着重要的作用，如数据治理、语言认知、知识推理、可解释性等。教育知识图谱则是针对教育领域的特点和需求，构建了面向教育的知识体系，包括课程知识、教学知识、学科知识、百科知识等，并与教育资源、教育场景、教育用户等进行关联，从而形成一个支撑教育智能化的知识基础。本章将介绍教育知识图谱的相关概念、原理和方法，以及教育知识图谱在教育智能化中的应用和价值。

4.1 知识图谱简介

知识图谱是一种结构化的语义知识库，用于以符号形式描述物理世界中的概念及其相互关系，其基本组成单位是"实体-关系-实体"三元组，以及实体及其相关属性—属性值对。知识图谱的概念由谷歌于 2012 年正式提出，但是知识图谱的发展却可以追溯到 1960 年的语义网络，期间经历了一系列的演变，包括本体论、万维网、语义网、链接数据等。知识图谱的应用场景很多，如搜索、问答、大数据分析等。

图 4-1 为知识库的发展历程。它程展示了知识图谱及其相关概念和系统的历史沿革，其在逻辑和人工智能领域经历了漫长的发展历程。图形化知识表征（Knowledge Representation）的思想最早可以追溯到 1956 年，由 Richens 首先提出了语义网络（Semantic Network）的概念。逻辑符号的知识表示形式可以追溯到 1959 年的通用问题求解器（General Problem Solver，GPS）。20 世纪 70 年代，专家系统一度成为研究热点，基于知识推理和问题求解器的 MYCIN 系统是当时最著名的、基于规则的医学诊断专家系统之一，该专家系统知识库拥有约 600 条医学规则。此后，20 世纪 80 年代早期，知识表征经历了 Frame-based Languages、KL-ONE Frame Language 的混合发展时期。大约在这个时期结束时的 1984 年，Cyc 项目出现了，该项目最开始的目标是将上百万条知识编码成机器可用的形式，用以表示人类常识，为此专门设计了专用的知识表示语言 CycL，这种知识表示语言是基于一阶关系的。该项目有极大的野心，但是手动录入、概念属性模糊等缺陷也遭受了许多非议。20 世纪末，资源描述框架（Resource Description Framework，RDF）、Web 本体语言（Web Ontology Language，OWL）相继发布，成为语义网的重要标准。随后，越来越多开放的知识库或本体陆续发布，如 WordNet、DBpedia、YAGO 和 Freebase。

2012 年，知识图谱这一概念由 Google 首次提出并得到广泛接受，更多通用领域和特定领域的知识图谱相继发布。自此,知识图谱逐渐成为一个独立的研究领域,得到学术界和工业界的极大重视,并由此推动了包括知识表征、知识获取、知识推理、知识应用的研究,在自然语言处理、人工智能及其他交叉领域里发光发亮。

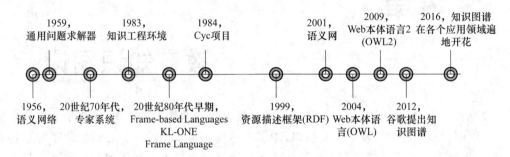

图 4-1 知识库的发展历程

如图 4-2 所示,知识图谱的体系架构分为三个部分:第一部分是源数据获取,即在各个类型的数据中获取有用的资源信息;第二部分是知识融合,用于关联多数据源的知识,扩大知识范围;第三部分是知识计算与知识应用,知识计算是知识图谱能力输出的主要方式,而知识应用是将知识图谱与特定领域或业务相结合,从而提高业务效率。由于构建知识图谱的技术与深度学习紧密相关,因此下面将重点分析知识图谱构建技术。

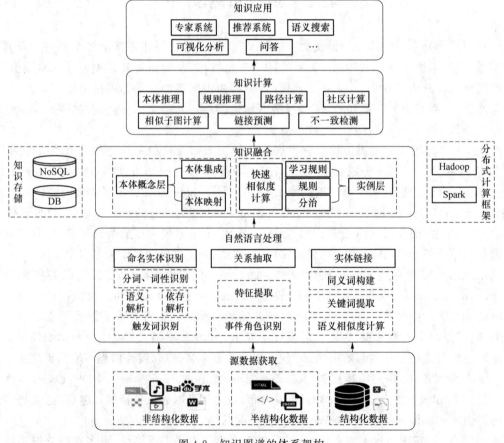

图 4-2 知识图谱的体系架构

知识图谱的构建需要应用到多方面信息处理技术。知识抽取从多种数据源中提取知识并存入知识图谱中,是构建大规模知识图谱的基础。知识融合可以解决不同知识图谱的异构问题,通过知识融合,能使不同数据源的异构知识图谱相互联通、相互操作,从而提高知识图谱的质量。知识计算是知识图谱的主要输出能力,其中,知识推理是最重要的能力之一,它是知识精细化工作以及辅助决策的实现方式。下面根据知识图谱的体系架构详细介绍知识抽取、知识融合和知识推理三大技术。

4.1.1 知识抽取

知识抽取主要分为命名实体识别和关系抽取两个方面。按照其发展历程,主要可分为四类方法,分别是基于规则和模板、基于统计机器学习、基于深度学习和基于预训练模型的知识抽取。命名实体识别和关系抽取的发展历程如图 4-3 所示。

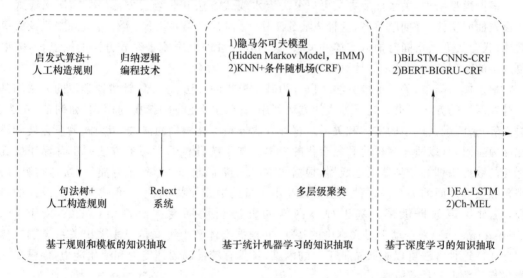

图 4-3 命名实体识别和关系抽取的发展历程

1. 命名实体识别

命名实体识别(Named Entity Recognition,NER)是指识别文本中具有特定意义的实体,主要包括人名、地名、机构名、专有名词等。简单地讲,就是识别自然文本中的实体指称的边界和类别。

命名实体识别的方法大致可以分为四类:基于规则的方法、基于统计机器学习的方法、基于深度学习的方法和基于预训练模型的方法。其中,基于规则的方法主要依赖于人工编写的规则和词典,具有可解释性强、速度快的优点,但是缺乏泛化能力和鲁棒性;基于统计的方法主要利用隐马尔可夫模型(Hidden Markov Model,HMM)、条件随机场(Conditional Random Field,CRF)等概率模型,通过对标注数据进行训练,具有一定的泛化能力和鲁棒性,但是需要大量的特征工程和标注数据;基于深度学习的方法主要利用循环神经网络(RNN)、卷积神经网络(CNN)等神经网络模型,通过自动学习文本的表示,具有更强的泛化能力和鲁棒性,但是需要更多的计算资源和标注数据;基于预训练模型的方法主要利用BERT、XLNet、GPT-4等大规模语言预训练模型,在海量无标注的数据上进行无监督预训练,再在少量标注的数据上进行微调(Fine-Tune)或者使用提示工程技术,具有目前最好的效果,但是需要更多的计算资源和存储空间。

2. 关系抽取

关系抽取是指从非结构化或半结构化的文本中识别出实体之间的语义关系,并将其表示为结构化的数据,如三元组(主体、关系、客体),从而丰富知识图谱中的实体和关系。

根据是否需要标注数据,关系抽取方法可以分为有监督方法、半监督方法、弱监督方法和无监督方法四类。有监督方法需要大量的人工标注数据,但可以获得较高的准确率;半监督方法利用少量的标注数据和大量的无标注数据,通过自学习或协同学习等技术来提高性能;弱监督方法利用外部知识库或规则来自动标注数据,通过远程监督或噪声感知等技术来缓解标注噪声的影响;无监督方法不需要任何标注数据,通过聚类或生成等技术来发现文本中的潜在关系。

根据模型结构,关系抽取方法可以分为流水线式方法和联合式方法两类。流水线式方法指先抽取实体,再抽取关系,这种方法易于实现,但存在误差累积、实体冗余和交互缺失等问题;联合式方法指同时抽取实体和关系,这种方法可以克服流水线式方法的缺点,但需要更复杂的模型结构和更多的计算资源。

根据模型类型,关系抽取方法可以分为基于模式的方法、基于统计机器学习的方法和基于神经网络的方法三类。基于模式的方法利用人工编写或自动挖掘的模式(如词汇、句法、语义等)来匹配文本中的实体和关系。这种方法依赖于高质量的模式,但模式的覆盖度和泛化能力有限,难以适应多样化和复杂化的文本。基于统计机器学习的方法利用有标注或无标注的数据来训练分类器或生成器,根据文本中的特征(如词向量、依存路径、实体类型等)来预测实体之间的关系。这种方法可以利用大量的数据来提高性能,但需要人工设计的特征,且对噪声数据敏感。基于神经网络的方法利用深度神经网络(如 CNN、RNN、Transformer 等)来自动学习文本中的特征,并根据实体和上下文信息来输出关系类别或概率分布。这种方法可以克服特征工程的困难,且具有较强的表达能力和泛化能力,但需要大量的标注数据和计算资源。

4.1.2 知识融合

知识图谱的构建数据来源十分广泛,不同数据源之间的知识缺乏深入的关联,知识重复问题很严重。知识融合将来自不同数据源的异构化、多样化的知识在同一个框架下进行消歧、加工、整合等,实现数据、信息等多个角度的融合。知识融合的核心在于映射的生成,目前,知识融合技术可以分为本体融合和数据融合两个方面。

1. 本体融合

在知识融合技术中,本体融合占据着重要部分。到目前为止,研究人员已经提出了多种解决本体异构的方法,主要分为本体集成和本体映射两大类,如图 4-4 所示。本体集成是将多个不同数据源的异构本体集成为一个统一的本体,本体映射则是在多个本体之间建立映射规则,使信息在不同本体之间进行传递。

由于本体集成步骤比较复杂,耗费大量的人力物力,缺乏自动方法的支持,因此本体映射方法应运而生。研究人员从不同的角度采用不同的方法建立本体之间的映射,其主要分为以下四种映射方法。

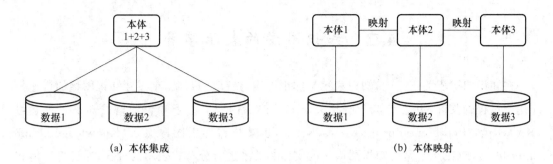

图 4-4　本体集成和本体映射

(1) 基于 NLP 的方法,用于比较映射对象的相似度。例如,Porter 提出的 Stemming 算法,可用于寻找词形的变化。

(2) 基于结构的方法,如斯坦福大学开发的 Anchor-PROMPT 本体工具集。

(3) 基于实例的方法大多采用机器学习方法,使算法能够学习到正确的映射。这类方法可以较好地解决异构本体之间的映射问题,但不适用于本体关系间的映射。

(4) 综合方法,即综合使用多种映射方法,如 QOM。QOM 通过合理利用各种分配算法,可以提高映射效率,有效处理大规模本体映射问题。

2. 数据融合

在数据方面,知识融合包括实体合并、实体对齐、实体属性融合等。其中,实体对齐是多源知识融合的重要组成部分,用于消除实体指向不一致性与冲突问题。知识图谱的对齐算法可分为三类,分别是成对实体对齐、局部实体对齐和全局实体对齐。

成对实体对齐方法包括基于传统概率模型和基于机器学习的实体对齐方法。局部实体对齐方法引入实体属性,并为其分配不同的权重,再通过加权求和计算实体的相似度。全局实体对齐综合考虑多种匹配策略来判别实体相似度,其中包括基于相似性传播和概率模型的实体对齐方法。

4.1.3　知识推理

知识推理根据已有的实体关系信息来推断新的事实结论,从而进一步丰富知识图谱,以满足上游任务的需求。知识推理可以应用于多个场景,如金融反欺诈、智能问答、军事辅助决策等。知识推理的方法主要包括以下几种。

(1) 基于规则的推理:通过定义或学习知识中存在的规则进行挖掘和推理,如 AMIE、AMIE+等算法。

(2) 基于图结构的推理:通过发现连接两个实体的一组关系路径来预测实体间可能存在的某种特定关系,如 PRA 等算法。

(3) 基于分布式表示学习的推理:通过将实体和关系映射到向量空间进行数值表示,从而减少维数灾难,同时捕捉实体和关系之间的隐式关联,如 TransE 等算法。

(4) 基于神经网络的推理:通过使用神经网络结构来编码实体和关系之间的交互,从而提高推理的效果和性能,如 NTN 等算法。

4.2 知识图谱的表示学习

在知识图谱相关研究中,知识表示是知识应用与获取的基础,是贯穿知识图谱的构建与应用全过程的关键,也是知识图谱相关研究的热点内容。基于知识图谱的知识表示学习(Knowledge Representation Learning,KRL),也被称作知识图谱嵌入(Knowledge Graph Embedding,KGE),它是对知识图谱中的实体和关系进行分布式表示的过程,通过将实体和关系映射到低维向量空间,从而间接捕获它们的语义。相较于传统 One-Hot 编码,知识图谱嵌入在显著提升计算效率的同时,能够缓解数据稀疏问题,达到融合异构信息的目的,在知识推理以及整合多源知识方面就显得尤为重要,为下游智能问答、信息检索、系统推荐等任务发挥着必不可少的枢纽作用。

链接预测(Link Prediction,LP),也称知识图谱补全(Knowledge Graph Completion,KGC),是根据知识图谱中已有的知识来生成新知识的过程。面向单个知识图谱的链接预测模型的典型学习过程包含三个步骤。

(1) 首先定义知识图谱 G 中实体 $e \in E$ 和关系 $r \in R$ 在连续向量空间中的表示形式。一般将实体表示为向量空间的确定点,将关系表示为向量空间中的运算,不妨设 h 和 t 分别表示头实体 h 与尾实体 t 的嵌入向量,通常由随机初始化获得。

(2) 其次定义三元组 (h,r,t) 的评分函数 $f_r(h,t)$,并根据嵌入向量 h 和 t 来评估任意一个事实 (h,r,t) 成立的可能性。一般来说,得分越高表明事实成立的可能性越大。

(3) 最后通过优化算法来迭代更新实体和关系的表示。在迭代更新过程中,通常会随机替换真实事实(也称正样例)的头实体或者尾实体,从而产生一系列的无效事实(也称负样例)。优化过程旨在最大限度地提升真实事实的可能性,同时降低无效事实的可能性。

根据模型假设和评分函数的不同,面向单个知识图谱的链接预测模型可以分为距离模型、翻译模型、语义匹配模型、神经网络模型和几何模型五类。下面简要介绍前四类模型。

4.2.1 距离模型

距离模型是最为早期的知识图谱嵌入模型,主要是受词向量工具 word2vec 的启发,将事实的合理性解释为两个实体之间的距离。Bordes 等遵循词嵌入的研究成果,直接使用头实体和尾实体嵌入向量之间的距离来衡量知识图谱中事实 (h,r,t) 成立的可能性,提出了知识图谱嵌入的早期模型——UM(Unstructured Model)模型。UM 模型简单直观,但是无法区分不同的关系类型,只适用于学习仅包含单一关系类型或仅包含等价关系类型的知识图谱嵌入情境。SE(Structured Embedding)模型通过将每个关系 $r \in R$ 建模为两个映射矩阵 $M_r^h, M_r^t \in \mathbb{R}^{d \times d}$,并分别用于投影事实三元组 (h,r,t) 中的头实体和尾实体,以此来对

UM模型进行改进。事实(h,r,t)成立的可能性由投影后的头实体、尾实体嵌入向量之间的距离来衡量。但总体而言,距离模型由于假设过于简单,导致其链接预测性能较差,如今已很少被提及。

4.2.2 翻译模型

翻译模型本质上也属于距离模型,同样是利用基于距离的评分函数来衡量事实成立的可能性。相较于距离模型,翻译模型最大不同点是将关系建模为头实体到尾实体的翻译向量。

1. TransE

TransE是最具代表性的翻译模型,它将实体和关系表示为同一空间中的向量,如图4-5(a)所示。给定一个事实(h,r,t),TransE将关系r解释为翻译向量r,以便嵌入实体向量h和t可以通过r以低误差连接,即当(h,r,t)成立时,$h+r \approx t$。评分函数定义为$h+r$与t之间的距离:

$$f_r(h,t) = -\|h+r-t\|_{\frac{1}{2}} \tag{4-1}$$

尽管TransE具有简单有效的优势,但在处理一对多、多对一、多对多关系时存在缺陷。以一对多关系为例,若(h_1, r_1, t_1)和(h_1, r_1, t_2)同时成立,按照TransE的模型假设,实体t_1和实体t_2对应的嵌入向量需要满足$t_1 \approx t_2$的关系,这会导致模型对实体的区分能力降低。

2. TransH

TransH模型是TransE模型的扩展。为了解决TransE在处理一对多、多对一和多对多关系类型时存在的缺陷,TransH采取的改进措施:允许实体在涉及不同关系时具有不同的表示形式。具体来说,TransH将每个关系r建模为一个超平面上的法向量W_r和一个位于该超平面的关系向量r,在为事实三元组(h,r,t)进行打分前,需要首先将头实体、尾实体的嵌入向量投影到关系r所在的超平面,即:

$$\begin{cases} h_\perp = h - w_r^T h w_r \\ t_\perp = t - w_r^T t w_r \end{cases} \tag{4-2}$$

基于TransE的假设,TransH模型认为投影后的实体$h_\perp$和$t_\perp$可以通过r以低误差连接,如图4-5(b)所示。

3. ManifoldE

ManifoldE模型代表了TransE模型的另外一种扩展方向,同样为了解决TransE在处理一对多、多对一和多对多关系类型时存在的缺陷,ManifoldE采取的改进措施:放宽$h+r \approx t$的过度约束要求。具体来说,ManifoldE为每个关系r额外定义了一个超球体的半径θ_r。对于每一个事实三元组(h,r,t),ManifoldE模型认为尾实体t对应的嵌入向量t位于一个以$h+r$为中心,以θ_r为半径的超球面上,而不是位于$h+r$的精确点上,如图4-5(c)所示。

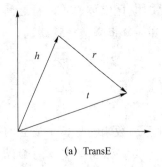 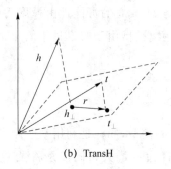 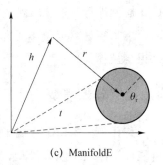

(a) TransE　　　　　　　(b) TransH　　　　　　　(c) ManifoldE

图 4-5　翻译模型示意图

4.2.3　语义匹配模型

语义匹配模型利用基于相似性的评分函数，通过匹配实体的潜在语义和向量空间表示中体现的关系来衡量事实的合理性。与上述两类模型相比，语义匹配模型通常采用乘法算子构建实体和关系嵌入向量之间的交互关系，因此有学者也将距离模型和翻译模型统称为加法模型，将语义匹配模型称为乘法模型。

1. RESCAL

RESCAL 模型也称双线性模型，是最早的语义匹配模型，其表示学习过程一般通过张量分解完成。RESCAL 将关系 r 建模为矩阵 M_r，以捕获实体潜在因子之间的成对相互作用。具体来说，关系矩阵 M_r 的各个权重 m_{ij}^r 捕捉头实体向量 h 的第 i 个潜在因子 h_i 和尾实体向量 t 的第 j 个潜在因子 t_j 之间的相互作用量。因此给定一个事实 (h,r,t)，该事实成立的可能性由下式衡量：

$$f_r(h,t) = h^{\mathrm{T}} M_r t = \sum_{i=1}^{d}\sum_{j=1}^{d} m_{ij}^r h_i t_j \qquad (4-3)$$

通过评分函数可以看出，RESCAL 需要捕获 h 和 t 所有分量之间的成对交互作用。

2. SimplE

在 RESCAL 模型基础之上，SimplE 将关系矩阵 M_r 限制为对角阵，因此关系矩阵可以简化用向量 r 表示。SimplE 强调：实体 e 在三元组中所扮演的主体角色和客体角色应该有所区分，并为每个实体 e 编码了两个嵌入向量 e_h 和 e_t，分别对应实体 e 被用作事实三元组的头实体和尾实体。同时 SimplE 模型还假设：当事实三元组 (h,r,t) 成立时，其反向事实三元组 (t,r^{-1},h) 也同时成立，其中 r^{-1} 表示关系 r 的逆，因此 SimplE 为每个关系 r 同样编码了两个向量 r 和 r_{-1}，分别对应关系的正方向和逆方向。为了充分考虑同一实体两个向量之间的关联，评分函数定义为正向事实 (h,r,t) 及其反向事实 (t,r^{-1},h) 得分的平均值，即：

$$f_r(h,t) = \frac{1}{2}[h_h \mathrm{diag}(r) t_t + h_t \mathrm{diag}(r_{-1}) t_h] \qquad (4-4)$$

已经证明 SimplE 是完全表达的，即给定任何有效的知识图谱，在该模型的假设下至少存在一种嵌入方案，能够将所有真实事实三元组与无效事实三元组分开。换句话说，SimplE 模型在理论上有潜力正确学习任何有效的知识图谱，而不受内在限制的阻碍。

3. TuckER

TuckER 模型将知识图谱表示为三阶二元张量,并引入了三阶张量的 TuckER 分解方法,通过输出核心张量 $\hat{W}$、实体及关系的向量来学习嵌入。其评分函数定义:

$$f_r(h,t) = \hat{W} \times_1 h \times_2 r \times_3 t \tag{4-5}$$

其中,$\times_k$ 表示张量积,k 表示张量积的运算维度。核心张量 $\hat{W}$ 可以看做原始关系矩阵的共享池,隐含了实体和关系向量之间的交互程度。TuckER 同样是完全表达的,并且 RESCAL 和 SimplE 均可解释为 TuckER 模型的特殊情况。此外,TuckER 模型中实体嵌入和关系嵌入的维度相互独立,可以根据实体规模和关系规模分别进行设置。

4. CrossE

CrossE 模型认为实体和关系之间的双向效应有助于在链接预测时选择相关信息,因此 CrossE 除了为每个实体和关系学习通用嵌入以外,还为每个关系 r 学习附加嵌入 c_r 来模拟实体和关系之间的双向交互。对于给定事实三元组 (h,r,t),CrossE 定义头实体和关系的交互嵌入如下:

$$\begin{cases} h_I = c_r \odot h \\ r_I = h_I \odot r \end{cases} \tag{4-6}$$

其中,$\odot$ 表示 Hadamard 乘积。受益于交互嵌入的 CrossE 更有能力生成可靠的解释来支持链接预测任务。需要说明的是,CrossE 模型相对通常意义上的语义匹配模型而言具有一定的特殊性。一方面,CrossE 借鉴了翻译模型的假设,让头实体的交互嵌入向量和关系的交互嵌入向量通过翻译特性的加法算子连接;另一方面,CrossE 具有神经网络模型的特征,在运算中插入了非线性激活函数。

4.2.4 神经网络模型

神经网络具有强大的特征捕获能力,它可以通过非线性变换将输入数据的特征分布从原始空间转换到另一个特征空间,并自动学习特征表示。知识图谱嵌入模型中的神经网络模型,就是借助神经网络的强大学习能力,来完成实体和关系的特征表示。

1. NTN

NTN 模型认为翻译模型存在参数不交互的问题,并借鉴了语义匹配模型的张量表示,使用双线性张量层代替标准线性神经网络层,构建了表达性神经张量网络,如图 4-6(a)所示。该双线性张量层直接关联了跨多个维度的实体向量,解决了翻译模型存在的参数交互问题。其评分函数定义:

$$f_r(h,t) = r^{\mathrm{T}} \tanh(h\hat{M}_r t + M_r^1 h + M_r^2 t + b_r) \tag{4-7}$$

其中,$\hat{M}_r$、M_r^1、M_r^2 和 b_r 分别表示面向关系的张量、权重矩阵和偏置向量。

由于为每个关系定义了一个单独的神经网络,所以 NTN 模型非常有表现力。然而,在处理大规模知识图谱时,它不够简单和有效。此外,NTN 指出:通过平均单词向量来初始化每个实体的表示,可以提高链接预测性能。

2. ConvE

ConvE 是一种基于 CNN 的方法,通过将头实体、关系对 (h,r) 视为特征图来建模实体和关系之间的相互作用。具体来说,对每个事实三元组 (h,r,t),首先将头实体向量 h 和关系向量 r 重塑为 2D 矩阵 M_h 和 M_r,并将拼接后的矩阵 $[M_h;M_r]$ 输入带滤波器 ω 的 2D 卷积层;其次将卷积层的输出张量 $T \in \mathbb{R}^{c \times m \times n}$ 重塑为向量 $vec(\hat{T})$,并输入参数矩阵为 W 的全连接层,其中 c 表示维度 $m \times n$ 的 2D 特征图数量;最后将全连接层的输出向量与尾实体向量 t 进行内积运算,得到的数值即为 ConvE 模型为事实三元组 (h,r,t) 的评分。图 4-6(b)绘制了 ConvE 模型的运算过程。ConvE 通过多层非线性特征学习来表达语义信息,由卷积生成的特征映射增加了潜在特征的学习能力。ConvE 还可以通过 $1 \sim N$ 评分提升运算速度,具有很高的参数效率,在建模具有高关联度的实体时特别有效。

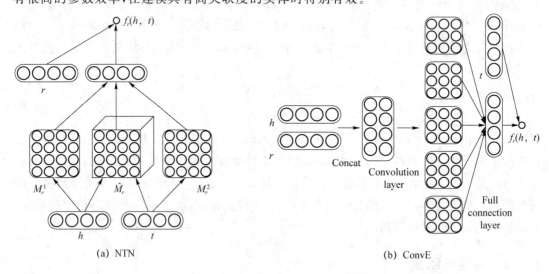

图 4-6 神经网络模型示意图

表 4-1 总结了上述四类链接预测模型的优缺点。需要说明的是,受模型结构、模型超参数(如嵌入维度和负样本数量)和数据集大小的影响,即使是相同模型也会表现出较大的性能差异,没有哪个配置在所有数据集上表现最好,也不存在绝对性能优异的模型。在实际应用中,需要根据情况在所需内存和性能之间进行权衡。

表 4-1 链接预测模型的优缺点总结

模型	优点	缺点
距离模型	假设简单	没有考虑数据的多关系问题,链接预测性能较差
翻译模型	参数量小,能够应用到大规模知识图谱的链接预测任务中;大量实验结果表明,当 TransE 配置适当时,能够超过大多数公布的最先进结果;在嵌入维度设置较低的情况下,表现尤为突出	TransE 模型存在不能建模一对多、多对一、多对多关系范式的缺陷(该缺陷均可以通过适当的假设来弥补,如 TransH、TransR 等)

续表

模型	优点	缺点
语义匹配模型	参数量小；可很好地缩放；可处理对称性和自反性关系，且大多数语义匹配模型都具有完全表达的优势。ComplEx、SimplE、TuckER 等在实际测试中给出了最先进的结果，并且在大量不同的配置中具有鲁棒性	完全表达只有在嵌入维度设置较大时才能凸显出来；不具有适用大规模知识图谱链接预测任务的能力
神经网络模型	能够充分利用知识图谱的物理结构，尤其围绕三元组的上下文信息，在复杂关系的学习中具有很强的表达能力；在嵌入维度设置较低时具有最佳的性能。ConvE 模型在大量测试中的性能表现稳定且突出	需要训练额外的参数，消耗较多的存储空间和模型训练时间；在维度设置较大时，嵌入性能优势不明显；不能够对知识图谱中实体的层次性、关系的多样性进行建模，可解释性差；存在不恰当的评估协议问题

知识图谱表示学习有很多应用场景，如问答系统、推荐系统、知识推理等。在问答系统中，可以利用知识图谱表示学习从问句中提取出头实体和关系，并与知识图谱中的三元组进行匹配，从而得到最终答案。例如，对于问题"刘慈欣的代表作有哪些？"，可以从知识图谱中提取出实体为刘慈欣，关系为作者，尾实体为书籍，然后根据得分函数计算出最相关的书籍作为答案。此外，知识图谱表示学习可以帮助从知识图谱中检索出与问题相关的多个实体和关系，然后通过多跳推理得到答案。例如，对于问题"由 Louis Mellis 编剧的电影有哪些类型？"，可以从知识图谱中提取出实体为 Louis Mellis，关系为编剧，尾实体为电影，然后再从电影实体出发，提取出关系为类型，尾实体为具体的类型，最后将类型作为答案返回。在推荐系统中，知识图谱表示学习可以帮助从用户的行为和偏好中提取出实体和关系，然后通过得分函数计算出推荐的项目。例如，对于用户喜欢的书籍《三体》，可以提取出实体为《三体》，关系为作者，尾实体为刘慈欣，然后推荐其他作者为刘慈欣的书籍。

4.3 教育知识图谱简介

知识图谱作为人工智能从感知智能向认知智能变迁的核心和基础，已成为各行各业从网络化向智能化转型升级的关键技术之一，也为个性化自适应学习系统中的核心和基础问题——领域知识建模提供了新的技术手段。2017 年发布的《新一代人工智能发展规划》明确提出，要研究知识图谱构建与学习、知识演化与推理等关键技术，要构建覆盖数亿级知识实体的多元、多学科、多数据源的知识图谱。这意味着教育领域可以借助知识图谱，从大量无序的信息资源中重构知识之间的连接，有效组织各学科的知识体系，为实现精准化教学、个性化学习等提供前所未有的发展空间。

4.3.1 教育知识图谱的概念

教育知识图谱是一种基于教育领域的知识图谱，以学科知识为核心，建立各个学科的知识点概念、层级关系、关联关系、前后序关系等，构成学科知识图谱。目前，对于教育知识图谱这一概念，学术界还没有形成统一的认识，不同研究者从不同的研究视角对其进行了阐释。李振等通过文献梳理认为应从多维视角对教育知识图谱予以认识：在知识建模视角下，教育知识图谱是一种对学科知识本体进行建模的方法；在资源管理视角下，教育知识图谱是采用"图"的形式，对教育领域的资源及其关系进行语义化组织的方式；在知识导航视角下，教育知识图谱能够在大数据、人工智能等技术支持下，生成面向学习目标的个性化学习路径；在学习认知视角下，基于知识图谱叠加学习者的知识掌握状态信息，能够形成学习者的认知图式；在知识库视角下，教育知识图谱是一种以计算机可"理解"的方式，存储教育领域知识的结构化语义知识库。

目前国内外已经有一些教育知识图谱。例如，美国的 Knewton 公司利用知识图谱构建了包含概念及其先决关系的跨学科知识体系；Wolfram Research 公司通过融合 Mathematica 和各垂直网站的知识体系，构建了面向智能知识检索的知识库引擎 Wolfram Alpha；可汗学院也将知识图谱作为数学、科学与工程、计算机等学科课程的基本组织架构。在国内，清华大学计算机系知识工程实验室研发的 EduKG 23，可以提供公开的访问服务接口，供相关教育信息应用程序进行访问和调用；百度公司提出要构建 K 12 教育知识图谱；北京师范大学研发了基于育人知识图谱的"AI 好老师"智能助理系统；华中师范大学的研究团队开展了基于潜在语义分析的学科知识图谱构建研究等。

教育知识图谱的应用案例有很多，主要是根据不同的学科领域，建立知识点概念、层级关系、关联关系等，形成一个结构化的知识网络。教育知识图谱可以用于提供以下几种应用场景。

(1) 自适应学习：根据学生的学习进度、能力、偏好等，为学生推荐个性化的学习资源、路径和节奏，帮助学生掌握知识点，提高学习效果。

(2) 辅助教学：根据知识图谱中的信息，为教师提供教学规划、教案、讲义、试题等教学资源，帮助教师提高教学效率和质量。

(3) 智能问答：根据知识图谱中的信息，为学生和教师提供针对性的问题解答，帮助他们解决学习中的疑惑和困难。

(4) 知识检索：根据知识图谱中的信息，为学生和教师提供相关的知识信息检索，帮助他们快速获取所需的内容。

(5) 智能评测：根据知识图谱中的信息，为学生和教师提供智能的评测服务，帮助他们评估学习效果和水平。

通过知识图谱，可以提高学习者的认识能力，主要包括以下几个方面。

(1) 构建知识体系：知识图谱可以将零散的知识点组织成一个有层次、有逻辑、有联系的知识体系，帮助学习者理清知识点之间的关系，形成完整的认知结构。

(2) 展示知识网络：知识图谱可以将知识体系以可视化的方式展示出来，帮助学习者一目了然地看到知识点之间的关联，发现知识点之间的相似性和差异性，激发人的思维和创造力。

(3) 支持知识应用：知识图谱可以将知识体系与实际应用场景相结合，帮助学习者将理论知识转化为实践能力，解决实际问题，提升人的技能和素养。

4.3.2 教育知识图谱的分类

教育知识图谱可以分为以下两类。

(1) 静态知识图谱(Static Knowledge Graph, SKG)，该类图谱是以教学过程中涉及的元素为实体节点、以教学元素间的逻辑关系为边,形成的语义网络。这里的教学元素既可以指学科中的知识点(概念、公式、定理、原理等),也可泛指教材、课程、教学资源、知识主题、知识单元、教学目标、教学问题、教学参与者、教学情境等。

(2) 动态事理图谱(Dynamic Reason Graph,DRG),该类图谱是以教学事件或教学活动为表征对象,以逻辑事理关系(顺承、因果、反转、条件、上下位、组成等)为边,构成的多关系图。图 4-7 展示了面向知识点的静态知识图谱,图 4-8 展示了面向活动的动态事理图谱。

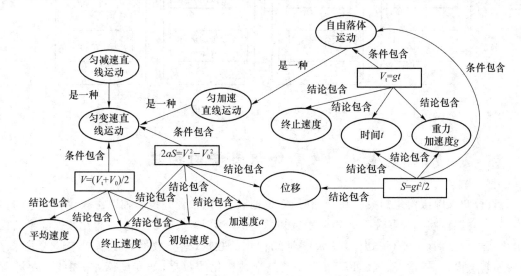

图 4-7　面向知识点的静态知识图谱

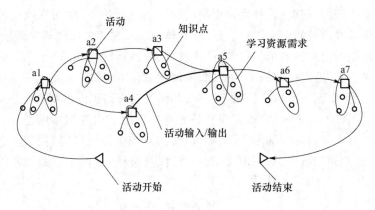

图 4-8　面向活动的动态事理图谱

4.3.3　教育知识图谱的技术框架

借鉴知识图谱的研究成果,构建了教育知识图谱的技术框架,如图 4-9 所示,包括知识本体构建技术、命名实体识别技术、实体关系挖掘技术、知识融合技术四个方面。其中,知识本体构建技术是采用本体构建方法描述知识体系的框架,形成知识图谱的模式;命名实体识别技术通过信息抽取技术识别教学资源中的实体对象;实体关系挖掘技术则是在命名实体识别技术基础上,进一步判断实体之间存在的语义关联关系;知识融合技术是对来自多个数据源的实体信息进行融合的过程,消除了在知识抽取过程中存在具有歧义性的信息。

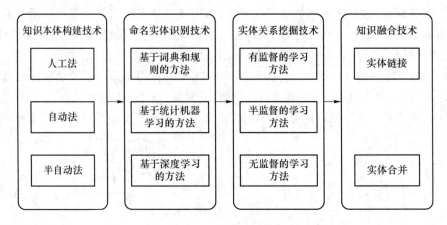

图 4-9 教育知识图谱的技术框架

4.4 教育知识图谱的构建

教育知识图谱构建的关键在于,利用知识抽取、知识融合等技术抽取出教育领域中的实体,并建立实体间的关联关系。教育领域知识来源广泛,多数知识以非结构化数据和半结构化数据进行存储,主要有三类:第一类是非结构化的数据,这类数据大多以文本形式进行存储,如教学设计、导学案、试题库等;第二类是半结构化的数据,如专题网站、在线学习课程等;第三类是结构化的数据,如专业教育机构开发的教学系统。如何将这些数据利用自然语言技术识别出实体(数据获取)是教育知识图谱构建的首要任务;如何从庞杂的教育领域知识中自动抽取出教育领域的概念、公式、原理(实体抽取),并解决实体语义链接的问题(关系抽取),是教育知识图谱构建的第二任务;由于教育领域知识存在知识质量良莠不齐、来自不同数据源的知识重复、层次结构缺失等问题,如何将来自不同知识库的同一实体融合在一起(知识融合),是教育知识图谱构建的第三任务;如何在已有知识库的基础上进一步挖掘隐含的知识,从而丰富、扩展知识库(知识推理),是教育知识图谱构建的第四任务。利用人工智能技术中基于机器学习的实体抽取、关系抽取、实体对齐等方法,从数据获取、知识抽取(实体抽取、关系抽取)、知识融合、知识加工(知识推理、质量评估)四个方面提出教育知识图谱的构建方法,具体如图 4-10 所示。

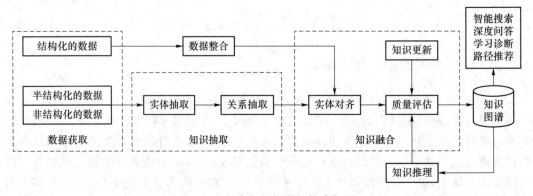

图 4-10 教育知识图谱的构建方法

4.4.1 知识本体构建

知识本体构建是教育知识图谱的框架和抽象模型,是图谱最底层的模式结构,能在很大程度上辅助教育知识图谱的构建过程。知识本体构建的内容,包括实体元素类型、实体所具有的属性以及语义关系类型。当前教育领域知识本体的构建方法,主要有三种:人工法、自动法和半自动法。人工法是指在大量学科专家协助与指导下,采用人工方式手动构建知识本体。目前,常用的构建方法是斯坦福大学开发的七步法。在知识本体构建过程中,也可参照或复用已有知识库的本体模式,如英文的 WordNet、中文的 HowNet 等。为方便知识本体构建而发展起来的编辑工具,主要有 Protégé、WebOnto、KAON 等,这些工具虽然能够在很大程度上降低人工构建知识本体的工作量和技术门槛,但仍需要逐个编辑实体类型、实体属性、实体关系,存在效率低、费时费力等问题。如图 4-11 所示是采用人工法构建的一种教育知识图谱本体结构,包括课程标准本体、学科知识本体、学习资源本体三个子本体,分别对应了知识单元子图、学科知识子图以及学习资源子图。

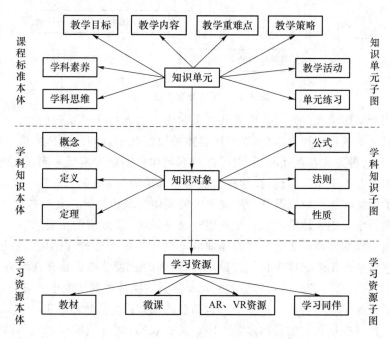

图 4-11 教育知识图谱本体结构

自动法是指利用知识获取技术、机器学习技术以及统计分析技术,从数据资源中自动抽取知识本体,从而降低人工构建成本。自动构建领域本体的方法,主要有以下三种:基于文本的自动构建方法、基于词典的自动构建方法以及基于本体学习的自动构建方法。这些方法仅适用于本体结构简单的领域,对于教育领域而言,其实用性和准确性并不高。

半自动法介于人工法和自动法之间,在利用技术手段的同时,得到相关学科专家的指导。这样既能减轻专家的劳动量,又能提升本体构建的准确性。

4.4.2 命名实体识别

命名实体识别又称实体抽取,其目标是将文本中的实体元素提取出来,包括人名、组织名、地理位置和时间等。学科知识的实体抽取就是从获取到的学科数据中将与知识主题相关的概念、公式以及原理等提取出来。

目前,实体抽取的方法主要可以划分为基于规则的实体抽取、基于统计机器学习的实体抽取、基于深度学习的实体抽取,其中基于统计机器学习的实体抽取又分为基于有监督学习的实体抽取和基于无监督学习的实体抽取。实体抽取方法分类如图 4-12 所示。

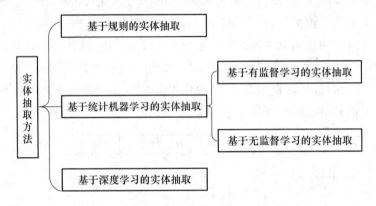

图 4-12 实体抽取方法分类

基于规则的实体抽取首先需要由领域专家和语言学者构建一系列的实体抽取规则,并在此基础上对文本进行字符串匹配,以实现实体抽取。基于规则的实体抽取方法具有较高的准确率,但是这种方式存在耗时耗力、覆盖面不足和自动化程度低等问题,在面对海量的学科知识数据时并不适用。因此,在学科知识实体抽取方面,基于无监督学习的实体抽取、基于有监督学习的实体抽取以及基于深度学习的实体抽取相关研究成为主流。

基于无监督学习的实体抽取的一个典型方法是聚类,该方法的主要思想是根据文本相似度从聚类组中提取实体。无监督的实体抽取方法优势是能够处理无标签数据。但是,由于无标签数据所体现出来的样本特征较少,所以最终的分类结果也会存在准确率不高的问题。目前,有研究者将无监督学习思想融入化学学科的实体抽取研究中。首先,利用布朗聚类和词嵌入的方式生成单词表示特征;其次,结合领域知识增强样本数据的语义特征;最后,通过机器学习模型抽取化学学科的命名实体。实验表明,通过领域知识与无监督学习相结合的方式能够有效解决缺乏标注数据的问题。

基于有监督学习的实体抽取是将实体抽取作为序列标注任务,该方法应用起来比较方便,具有较高的可移植性,但是也存在过度依赖特征工程的缺点。基于特征的实体抽取通常需要通过语料标注、特征定义和训练模型三步实现。斯坦福大学的 NER 是一个被广泛应用于特征定义的工具,具有较高的准确率。经常采用的模型主要有条件随机场(Conditional Random Field,CRF)等。CRF 是一种用于数据分割和序列标记的概率模型,其被广泛应用于实体抽取、句法分析、图像识别等领域。

基于深度学习的实体抽取方法无须人工制定复杂的特征,可以从输入的语料中自动提取特征,但是该方法往往缺乏可解释性。目前,长短时记忆神经网络(Long Short Term

Memory neural network,LSTM)及其双向形式应用极为广泛。LSTM 的双向形式被命名为 BiLSTM,在实体抽取方面,BiLSTM-CRF 模型表现优异。该模型自底向上分别是 Embedding 层、BiLSTM 层和 CRF 层。在 Embedding 层中词的向量表示是 BiLSTM 层的输入,BiLSTM 层利用正向 LSTM 和反向 LSTM 分别计算每个词考虑左侧和右侧词时对应的向量,并将两个向量相结合,形成词向量输出,CRF 层以 BiLSTM 层输出的词向量作为输入,对语句中命名实体进行序列标注。目前,有研究者在 BiLSTM-CRF 的基础上融合了基于变换器的双向编码器表示技术(Bidrectional Encoder Representations from Transformers,BERT)对模型进行优化,构建了 BERT+BiLSTM-CRF 模型。

4.4.3 实体关系挖掘

为形成具有语义关系的教育知识图谱,在对学科知识进行实体抽取后,还需要对实体之间的关系进行挖掘。学科知识关系抽取是指从学科知识数据中抽取出实体间关系的过程,是构建教育知识图谱的重要步骤。

目前,用于关系抽取的常用工具主要有:NLTK、DeepDive、Stanford CoreNLP 以及 LTP-Cloud 等。NLTK 是一个基于 Pyhton 语言开发的自然语言处理工具,其可用于文本分类、文本分析以及推断实体间存在的关系等方面。DeepDive 由斯坦福大学发布,其能有效地减少数据噪声并剔除不精确的数据,提高关系抽取的准确率。Stanford CoreNLP 由众多的语法分析工具集成,如命名实体识别器、词性标注器等,Stanford CoreNLP 可以利用句子中的语法等信息实现实体间关系抽取。LTP-Cloud 由科大讯飞股份有限公司和哈尔滨工业大学联合推出,其可用于语义角色标注和语义依存分析等,对关系抽取任务具有一定的帮助。

学科知识关系抽取的方法主要分为三种:基于规则的关系抽取、基于机器学习的关系抽取以及基于深度学习的关系抽取。其中,基于深度学习的关系抽取又可分为有监督的关系抽取和远程监督的关系抽取。

基于规则的关系抽取重点是依靠学科专家和语言学者人工制定高质量的关系抽取规则,并结合同义词词林以及依存句法分析等技术从文本中抽取出实体间的关系,从而形成"实体-关系-实体"的三元组表示形式。基于规则的关系抽取方法的优点是准确率高,但是,由于需要人工参与制定规则,导致该方法也存在费时费力、难以维护等问题。目前,有研究者通过利用同义词词林对关系触发词进行词频统计,确定了最大词频候选关系和次大词频候选关系,再结合特定的关系判别规则实现了人物关系的抽取,并在主流的人物关系抽取公开数据集上取得了较好的结果。

随着机器学习技术的出现及其在教育领域中的应用,基于规则的关系抽取方法存在的弊端在一定程度上得以解决,关系抽取任务的召回率也有所提升。但是,基于机器学习的关系抽取仍需要人工提取特征,未能实现完全自动化的关系抽取。目前,有研究者从 MOOC 课程资源出发,针对学习者在学习后续课程知识之前应该先学习什么先验知识的问题,通过随机森林等机器学习方式挖掘了学科知识资源间的潜在关系,并充分分析了学科知识资源之间的关系对学习者学习效率的影响,这对个性化学习的发展具有重要意义。还有研究者针对传统的基于机器学习的关系抽取方法效率难以提高的问题,提出了融合特征增强的机器学习关系抽取。首先,通过计算中学课程知识点与核心谓语、语义角色之间的距离以及知识点之间的相似度,获得了知识点的位置特征以及基于词向量的特征,得到了知识点之间更深层次的语义关系;其次,利用支持向量机与 K-近邻算法的机器学习技术实现了知识点之间的关系预测,并构建了中学课程领域的多学科知识图谱。

相比于基于规则的关系抽取以及基于机器学习的关系抽取方法,有监督的关系抽取方法和远程监督的关系抽取方法可以在通过大量数据训练的基础上自动获得模型,不需要人工提取特征。其中,有监督的关系抽取方法主要以 LSTM 形式为主。虽然有监督的关系抽取方法在针对领域知识进行关系抽取时能够更有效地提取特征,但是其不能很好地处理大量的无标签数据,而远程监督的关系抽取方法可以通过数据自动对齐远程知识库的方式来有效解决这一问题。目前,有研究者针对有监督的关系抽取受限于文本质量低、语料稀缺、标签数据难以获取以及模型复杂程度高等问题,结合远程监督的思想,利用基于关系表示的注意力机制,提取了知识点之间的有向关系信息,并基于 BERT 模型实现了初等数学的知识点的关系抽取,有效降低了模型的复杂度,同时也为其他学科知识点之间的关系抽取奠定了基础。此外,还有研究者获取计算机学科教学大纲、教材、教学计划以及互联网中百科全书文本等资源的基础上,将远程监督的思想引入学科知识关系抽取数据集构建任务中,发现利用远程监督关系抽取方法标记的训练数据只包含少量的噪声数据,可以有效地减轻人力负担。表 4-2 是实体关系抽取方法的总结。

表 4-2 实体关系抽取方法的总结

关系抽取方法	主要思想	优点	缺点	相关工作
基于规则的关系抽取	依靠人工制定的关系抽取规则,从文本中抽取出实体间的关系	准确率高	费时费力,难以维护	利用句法分析技术对关系抽取规则进行完善,通过词典匹配技术抽取出实体间关系
基于机器学习的关系抽取	将关系抽取任务当作分类问题,利用机器学习模型实现关系预测	可有效提升召回率	需要人工提取特征	通过机器学习方式挖掘学习资源之间的关系,有效地解决了学习者在学习后续课程知识之前应该先学习什么先验知识的问题。通过特征增强的方式获取知识点之间更深层次的语义信息,有效提升了基于机器学习的关系抽取方法的效率
有监督的关系抽取	对模型投入足量的已标记关系类别的训练语料,然后进行特定关系的抽取	可减少特征提取误差	处理无标签数据能力较差	利用双向 LSTM 提取了实体对之间的上下文特征,有效地解决了现有关系抽取方法会忽略实体上下文特征的问题
远程监督的关系抽取	通过数据自动对齐远程知识库的方式实现关系抽取	可处理无标签数据	容易出现错误标注	提出了适用于知识点之间有向关系抽取的 BERT 模型,有效地解决了有监督的关系抽取受限于文本质量低、语料稀缺、标签数据难以获取以及模型复杂程度高等问题

4.4.4 知识融合

知识融合是一种高水平的知识组织方式。知识融合可以在实体抽取和关系抽取的基础上实现知识的融合过滤。知识融合的过程包括两个方面:实体链接与知识合并。

1. 实体链接

实体链接是指将自然语言文本中的实体指称与知识图谱中的实体相关联的过程。学科知识的实体链接分为实体指称识别、候选实体生成和候选实体消歧三步,如图4-13所示。

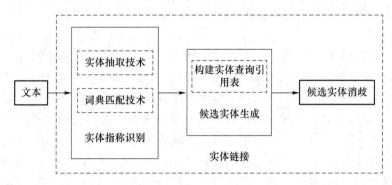

图 4-13　学科知识的实体链接流程

目前,用于实体链接的工具主要有:Dexter、TAGME 以及 AGDISTIS 等。Dexter 是一个用于实体链接的标准程序,不需要其他软件和高性能的硬件作为依托,用户可以很容易地掌握 Dexter 的使用方法。TAGME 能够实现对短文本的注释功能,并能够将短文本链接到 Wikipedia 中。AGDISTIS 能够分析出文本中实体的具体地址信息,并将实体链接到 Dbpedia 中。

实体指称识别是学科知识实体链接的第一步,这一步骤主要利用实体抽取技术和词典匹配技术来实现。词典匹配技术需要依赖事先构建的实体指称词典,从而实现与文本进行匹配,完成指称识别。目前,有研究者从个性化学习的角度出发,从学生对问题的回答中抽取知识单元作为实体,构建实体词典,并基于所构建的实体词典进行学习者认知状态诊断的相关研究,有效地促进了个性化学习的发展进程。

候选实体生成是确定识别出的实体指称可能指向的实体集合的过程,以提高实体链接的准确率。学科知识候选实体生成主要通过构建查询实体引用表来实现。构建查询实体引用表可以建立实体指称与候选实体的对应关系,实现候选实体集合的获取。实体引用表示例如表4-3所示。

表 4-3　实体引用表示例

实体指称	候选实体集合
二叉树	(1) 完美二叉树
	(2) 完满二叉树
	(3) 完全二叉树
图	(1) 有向图
	(2) 无向图
	(3) 完全图

在完成实体指称识别和候选实体生成后,需要为实体指称确定其指向的实体,这一步骤被称为候选实体消歧。目前,有研究者针对规模化、分散化的在线教育资源给用户带来的信

息过载、资源选择困难等问题,构建了 MOOC 资源知识图谱。他们根据文本相似度对不同平台的教师、院校进行候选实体消歧,有效避免了数据的冗余,为学习者了解学习资源概况、查找与个人需求相匹配的课程提供了实质性帮助。还有研究者基于层次过滤的思想,对通过爬虫获取的课程资源进行实体消歧,并构建了基于多源异构数据融合的初中数学知识图谱。这为学习者提供了及时且智能的学习支持服务,也为破解初中数学在线教学个性化不足提供了思路。

在教育大数据的环境下,学科知识的实体链接相关工作主要针对非结构化数据进行链接,但是在目前学科知识图谱构建中一对多、多对多的实体关系挖掘仍面临噪声处理能力不足和先验数据不充分等挑战。其中,最为突出的是现有研究尚未关注跨模态实体语义计算的实体链接,致使学习者在学习过程中因知识资源模态单一出现思维定式以及学习方式固化的问题。因此,提出一种完善的多模态教育资源智能组织策略,进一步拓展与深化学科知识实体链接的相关研究,这是至关重要的。此外,因为中文语料库的语义表达稀疏,存在大量难以区分的相似实体,这就导致一般模型过于依赖文本以外的特征信息,难以对文本特征进行全面且深入的学习,进而致使基于学科知识图谱的上层应用的性能受到限制。针对这一问题,可以将实体链接任务的重点聚焦于候选实体消歧,将候选实体消歧作为分类任务,利用多通道网络模型和注意力机制等技术进行多维度、深层次的文本特征提取,从而降低模型对外部特征的依赖,提升实体链接任务的准确率。

2. 知识合并

除了结构化数据和非结构化数据外,构建学科知识图谱的数据来源可能还包括少部分的半结构化数据。半结构化数据多以 XML、CSV、JSON 等格式进行存储。对于这部分半结构化数据,同样可以采用 RDF 形式对其进行整理。但是前提是需要将其转化为结构化数据,目前可通过相关工具实现转换。例如,可通过 XSPARQL 实现 XML 与 RDF 之间的转换;通过 Datalift 可实现 XML、CSV 和 RDF 的转换。学科知识合并流程如图 4-14 所示。

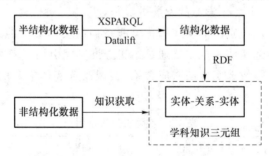

图 4-14 学科知识合并流程

目前,有研究者在获取多源异构学科数据的基础上,融合了基于文献计量学的科学知识图谱和基于知识库的知识图谱,实现了甲骨学知识图谱的构建。这有效解决了不同结构的数据难以融合的问题,并为其他学科古籍类知识图谱的构建提供了借鉴。还有研究者通过对多源异构时空数据的分析与挖掘,研究了地理知识图谱构建的关键技术,为实现地理信息的知识化,提高虚拟地理环境系统的智能化服务水平做出了贡献。

知识合并技术的优化对数据的质量具有很强的依赖性。因此,在获取学科知识数据时要加大对数据的筛查力度,将获取高质量的数据作为首要任务。在高质量的学科知识数据的基础上进行学科知识图谱构建可以有效减少噪声,提升构建环节中神经网络模型对数据样本支持的鲁棒性。

4.4.5 知识加工

通过知识抽取与知识融合后,可以获得一系列事实表达。但是,事实并非知识,还需要通过知识加工后才能获得清晰的知识体系。知识加工主要包括知识推理以及质量评估。

1. 知识推理

知识推理在知识图谱的发展与演变过程中至关重要,主要用于对知识图谱进行知识补全。学科知识推理主要包括实体和关系的推理,目的是扩展和丰富学科知识网络。

学科知识推理较为成熟的方式可以分为四种,分别为基于规则的知识推理、基于图结构的知识推理、基于本体的知识推理以及基于分布式表示的知识推理。

基于规则的知识推理是通过人工制定一系列推理规则,然后将这些规则应用到知识图谱中,从而实现知识的补全和纠错。基于规则的知识推理可以有效地挖掘知识图谱中隐藏的语义信息,提高推理结果的准确率。但是,随着知识图谱规模的不断增大,对复杂规则的需求也越来越大,规则制定所需的人工和时间成本也在逐渐提高。目前,有研究者针对一般的答疑系统缺乏对知识的智能表示的问题,利用构建的推理规则,实现知识点的低阶推理,完成了知识图谱的补全。并利用补全后的知识图谱构建了知识答疑系统,在华东师范大学公共计算机课程上进行实验。实验表明,该系统能够更好地对问题进行分类和表示,对学生提问问题的分类准确率达到了80%左右。

基于图结构的知识推理首先将整个知识图谱视为一个有向图,利用图中节点表示实体以及实体属性,利用边表示实体间的关系或者实体和其属性间的关系,然后利用相关算法实现知识推理。其中,最为经典的算法是路径排序(Path Ranking,PR)算法。该算法的主要思想是将知识图谱看作由一组三元组组成的多关系图。对于一个给定的关系,通用枚举的方法将此关系所连接的路径一一列举出来,然后利用这些路径作为特征训练一个二分类器,进而实现实体间关系推理和预测。由于需要将所有路径作为特征进行训练,并且对于每一个实体对都需要判断它们是否满足每一种存在的关系,所以会消耗大量的计算资源,可扩展性较差。目前,有研究者针对学习路径难以挖掘的问题,将教育知识图谱中的问题图式视为图,问题或任务视为节点,关联关系视为边。从初始问题解决状态开始,利用 PR 算法在图上随机游走,至目标问题解决状态结束,进而实现教育知识图谱中学习路径的挖掘,为智慧学习环境的构造提供了支持。

基于本体的知识推理是将本体中蕴含的语义信息和逻辑提取出来,对实体以及实体间的关系进行推理,从而实现知识图谱的补全。基于本体的知识推理可以充分利用本体中的先验知识,并在一定程度上简化推理过程。但是,覆盖率广的本体难以获得,这就导致基于本体的知识推理过度依赖已有数据,泛化能力低,可计算性较差。目前,有研究者针对学科知识推理类型难以界定的问题,构建了数学课程内容本体以及数学课程习题本体,实现了数学课程中概念关系、习题类型以及习题求解方法等多种类型知识的推理,为数学课程知识的有效组织以及知识服务效果的改善提供了思路。

基于分布式表示的知识推理是将知识图谱中的知识三元组映射到低维空间,从而得到三元组的低维向量表示,然后将推理任务转换为简单的向量操作。该方法能够实现知识三元组向低维向量空间的映射,简化了推理过程。但是,该方法在建模过程中通常只考虑知识三元组的约束,未结合先验知识以融合更多的语义信息,导致推理能力受限。目前,有研究者针对生物学科知识之间关系表示不唯一且难以挖掘的问题,利用基于张量模型的TuckER分解算法,实现了面向学科知识图谱的知识推理。表4-4是知识推理方法的总结。

表4-4 知识推理方法的总结

知识推理方法	主要思想	优点	缺点	相关工作
基于规则的知识推理	通过人工制定的推理规则实现知识的补全和纠错	准确率高	需要人工制定规则,费时费力	利用推理规则实现知识点的低阶推理和知识图谱的补全,并构建了知识答疑系统
基于图结构的知识推理	将整个知识图谱视为一个有向图,利用相关算法实现知识推理	将知识图谱视为有向图,简化推理过程	可扩展性差,计算资源消耗大	将知识图谱视为有向图,利用PR算法在图上随机游走,实现了教育知识图谱中学习路径的挖掘
基于本体的知识推理	将本体中蕴含的语义信息和逻辑提取出来,从而实现知识图谱的补全	可以利用本体中蕴含的语义信息和逻辑	过分依赖已有数据,泛化能力低,可计算性差	通过构建课程内容本体和课程习题本体,实现多种类型的知识推理,有效解决了课程知识推理中知识类型难以界定的问题
基于分布式表示的知识推理	将知识图谱中的知识三元组映射到低维空间,利用语义表达式实现知识推理	将推理任务转换为简单的向量操作	建立推理模型时没有充分考虑先验知识,推理能力受限	利用TuckER分解算法实现了面向学科知识图谱的知识推理,有效解决了学科知识之间关系表示不唯一且难以挖掘的问题

2. 质量评估

通过质量评估来对知识图谱中的知识进行筛选和审查,这是知识图谱构建过程中极其重要的环节。对教育知识图谱进行质量评估,可以直观地判断其中知识的可靠性。

教育知识图谱的构建,不仅应该追求构建环节的自动化程度,还应该保证构建结果的准确率和可靠性。严谨的构建方式是教育知识图谱在个性化学习中充分发挥作用的先决条件,只有高质量的教育知识图谱,才能尽可能地满足学习者多方面的学习需求。

在个性化学习的背景下,针对教育知识图谱的质量评估需要在充分考虑学习者需求的基础上进行整体质量评估。教育知识图谱整体质量评估流程如图4-15所示。

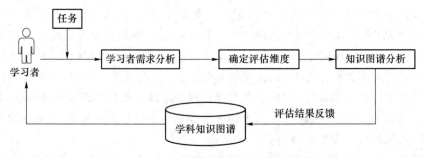

图4-15 教育知识图谱整体质量评估流程

从整体上对教育知识图谱进行质量评估,需要以学习者的具体需求为出发点,在不同学习者的任务情境中理解其需求。在获取学习者需求后,便可以确定教育知识图谱需要评估的维度,在相应维度下对学科知识图谱展开分析,最终将评估结果反馈至教育知识图谱的构建过程,以实现学科知识的质量评估,从而为学习者提供高质量的个性化服务。

目前,还有研究者从学科知识实体链接的角度出发,利用 MRR、HITS@N 等评价指标,对学科知识图谱是否满足多模态资源的实体关系动态嵌入进行检测,从而实现了学科知识图谱与学科课程标准知识体系匹配度的计算。

在大数据、智慧赋能教育改革的背景下,教育场景对学科知识的质量要求更加严格。对教育知识图谱进行质量评估是构建过程中至关重要的一步,对完善知识框架和提高知识质量具有重要意义。但是,当现实的知识体系发生变化时,知识图谱的结构也必须进行相应的改变,以保持一致性;而且,对知识图谱进行质量评估必须考虑其应用场景,从而更有针对性地进行质量提升。由于知识体系具有动态性以及知识图谱应用场景的限制,致使目前还缺少一种针对学科知识图谱的质量评估框架。针对这一问题,可以从准确性、完整性以及简洁性等不同维度出发,通过计算实体链接完整率、实体及关系冗余度、数据简洁性等指标,对教育知识图谱中实体及关系对现实世界中事物描述的正确程度、知识图谱的完整度以及知识图谱中知识的可理解性进行全面检测,从而提高教育知识图谱的质量及其在教学过程中的可用性。

4.5 教育知识图谱的应用

教育知识图谱的构建是以应用为导向的,利用知识图谱的智能化促进教育数字化转型,探索教育知识图谱在智能教育中的应用。基于教育知识图谱的内涵及其对个性化学习的支持进行分析,可将教育知识图谱在智能教育中的应用总结为以下六个方面。

4.5.1 学科知识点查询

教育知识图谱的一个典型应用是实现学科知识资源的检索与可视化。当学习者检索某一特定的学科知识点时,该知识点的详细内容以及与其相关的学科资源会被直观地展示出来。

基于教育知识图谱,学习者可以查询某个知识点及其相关的知识点。例如,当学习者想了解和"氢化物"有关的知识点时,可在查询框里面输入知识点的名称,与该知识点有关系的知识点便会呈现出来。

学习者可以输入两个知识点的名称来了解这两个知识点之间的关系。首先,通过知识点识别技术对应到教育知识图谱中的两个结点,接着,利用图算法在教育知识图谱上将两个结点之间的路径全部搜索出来,并且以可视化的方式呈现给学习者。例如,当学习者想了解"一位数加法"与"借位减法"的关系时,就可以通过教育知识图谱找出这两个知识点之间的所有路径,从而更好地理清知识点之间的关联关系。

基于教育知识图谱的学科知识点的检索与可视化,旨在为学习者提供一个直观的学科知识网络。学习者可依据自身需求实现高效率检索,从而减轻在海量的学习资源中进行人工筛选的负担。

4.5.2 学情分析与评价诊断

学情分析与评价诊断旨在为了合理引导学生,对学生的状态进行检测、评价和研究。学情分析与评价诊断是学生学习过程中的重要检测手段。当前,学情分析与评价诊断存在许多问题,如教师轻视学情分析与评价诊断,传统专家凭借自身经验评价学习者的学习情况,分析评价手段单一,会造成一定偏差。如果只利用一种模态数据反映学习信息会存在一定的局限性,利用知识图谱能实现更精确的学情分析与评价。黄梅根等建议应用知识图谱的系统诊断,在该系统中针对选择题的难易程度进行分类设置,使选择题难易程度的评价更精确、客观、科学。然后,运用数据挖掘方法研究学习者真实的学习情况,并与学科知识图谱进行比较,不仅能通过考试记录、错题本、学习笔记的行为轨迹挖掘学习者对知识点的掌握情况,还可挖掘出一些隐藏问题,如学生的学业情况、认知能力等。钟薇等指出利用多模态生物技术和教学平台日志追踪学生的学习轨迹,以此获得学习者认知水平的信息。张家华等提出通过文本、音频和视频挖掘用户情感信息的开源工具,然后使用知识图谱对其可视化,为全面表达学习者学情信息创造了可能性。通过以上方法会使数据分析结果更客观,更适合具有个性化学习特征的学生。对于近期不能完成的学习任务,可利用知识图谱寻找原因,寻找自身学习存在的薄弱点,推进学生的学习进展。当前,学习者们对学情分析与评价诊断仍处于探索阶段,无法更透彻地深层次追踪学生的学习情感,可添加眼动仪等设备追加学生心理状态变化,使学习者学情分析与评价诊断更准确。

4.5.3 学习者画像构建

学习者画像构建是依据从学习者的基本特征及行为样本中提炼出的学习者特质来进行标记的活动。当前在线学习中存在学习者个性特征缺失、对学习者在线学习的针对性服务不足、在线学习效率低下的问题。学习者画像构建可精准分析学习者学习特征、学习风格及学习兴趣,从而提供精准的教学服务,但当前学习者画像构建因活动资料的稀疏及保护隐私问题,构建的图像无法相当精确。赵玲朗等提出借助知识图谱帮助学习者建立完善的体系结构,也可实现规模化教育与个性化学习的有机结合。李振等提出将知识图谱运用于学习者画像建模与分析,不仅能概括和语义关联、基于知识图谱的标签,还能基于知识图谱标签传播提高数据的可用性及标签的可理解性,从而将学习者画像的建模从基于行为的建模转向基于语义的建模。将知识图谱技术应用于刻画学习者画像,不仅具有较高的准确率与覆盖率,还对学习者理解抽象概念、提取知识逻辑结构具有突出优势,还能有效提升学习者的理解能力与逻辑概括能力。例如,加拿大阿萨巴斯卡大学的学习分析研究专家 Siemens 以及哥伦比亚大学的教育数据挖掘专家 Baker,共同提出了构建个性化学习图谱(Personal Learning Graph)的构想,进而构建了基于个性化学习图谱的学习者数字画像。

4.5.4 学习资源推荐

智能教育的主要技术特点之一就是按需推送,根据学习者特点提供教学资料信息、教学信息服务、教学用具、教学活动安排等,以满足学习者个性化成长与发展的需要。随着在线学习盛行,丰富的网络学习资源给学习者提供了便利,但并未针对性地提供符合个人学习特点的学习资源,导致学习者迷失在大量的学习资源中。学习资源推荐技术能为学习者提供针对性的知识信息。研究表明,传统推荐技术面临冷启动、数据稀疏、目标不适用教学场景等问题。樊海玮等提出与知识图谱相结合的在线学习资源推荐算法解决数据稀疏问题,这一研究也表明学习资源推荐算法融入知识图谱技术对学习者自主学习具有重大意义。

基于知识图谱的学习资源推荐能够从海量资源中挖掘资源关系并进行有效推荐,既节省大量时间,又提高查询效率。通过可视化知识图谱方式进行推荐相较于纯文本方式,可极大地吸引学习者的兴趣。但基于知识图谱的学习资源推荐仍存在不足之处,例如当一门课程学习资源特别多,且资源间联系十分密切时,虽然可看出课程知识点间的规律,但会显得十分杂乱。此外,知识图谱呈现的普适性也存在一定问题。当前,教育知识图谱在学习资源推荐中的应用仍处于初步探索阶段,由于传统学习资源推荐存在数据稀疏问题,所以应在采集多模态数据集方面给予更多关注。通过融合教育知识图谱与多模态数据,推荐更符合学习者需求的学习资源。

4.5.5 个性化学习路径规划

个性化学习随着大数据技术的快速发展,逐渐发展成教育技术的新范式。但当前海量学习资源充斥在学习者周围,使学习者难以选择学习资源,加重了其学习负担。个性化学习路径规划可根据学习者当前知识掌握情况,提供更适合学习者的学习路径规划,实现精准的个体化教学。研究表明,个性化学习路径规划常见问题包括数据量过大和冷启动,或无法适应个性化教育自主学习选择的复杂性。即使依靠深度学习、增强学习等个性化教育自主学习选择方式,也无法融合教学中的领域知识点(如学习者的认知状况、能力以及掌握信息资源的难易程度等)。刘凤娟等从自我决定理论视角,建立基于知识图谱的个性化教育教学模式,学习者可在教学过程中充分了解自身认知能力,从而进行有效学习。

知识图谱作为建立和体现教育知识点的重要工具,展现了教育知识点的先后顺序及其认知依赖关系,提供了较为完备的教育方法系统。根据知识图谱进行个性化教学资源推荐和个性化教学路径规划,遵循了经验认知法则和教育基本逻辑,可克服目前个性化学习选择方法中缺少范畴认识的主要问题。综上所述,利用知识图谱可通过知识点间所蕴含的前驱与后续关联,结合学习者的认知风格、当前认知状况等特点,为学生推送个体化、具有针对性的复习资源与练习途径。

4.5.6 知识问答系统

当前,为满足学习者解答疑问的需求,系统开发者在知识问答系统中融合了图像、语音、文本等多模态信息,一方面为学习者提供解题思路,另一方面通过融合文本、图像、视频为学习者提供多种选择。传统问答系统只呈现文本信息解答,无法帮助学习者理解自身存在的疑问。但融合多模态信息既能满足学习者的求知欲,又能更精准地刻画学习者的需求。教育知识图谱能在海量且复杂的数据中提炼学习者所需知识点间存在的关系,从而为学习者呈现出结构清晰的问题解释。Kim 等为了融合从长课文中提取的知识特征与视觉特征,提出基于图卷积网络的新模块 FGCN。Wang 等提出一种基于注意力的加权上下文特征

(MA-WCF)的可解释多模态系统,可根据问题和图像本身特征及它们上下文特征的重要性,自适应分配权重,为学习者匹配更精准的回答。

在知识问答系统中,学习者可通过图片、语音或文字等形式检索答案,融合多模态知识图谱技术会呈现多种模态的结果,为学习者提供更契合的问题解释。同时,融合多模态知识图谱一方面能为学习者提供对问题的解释;另一方面对学习者而言是一种加深自身理解的有效方法。现阶段,相较于传统知识问答系统,知识问答系统更偏重于让学生理解、掌握核心知识,最大程度上帮助学生解惑。

本章小结

本章主要介绍了教育知识图谱的理论、技术及应用,主要包括:教育知识图谱的概念、分类、构建、表示学习和应用等。

第一,本章详细介绍了知识图谱的知识抽取、知识融合和知识推理的相关理论和方法。第二,详细介绍了知识图谱的表示学习,重点介绍了距离模型、翻译模型、语义匹配模型和神经网络模型。第三,详细介绍了教育知识图谱的概念、分类和技术框架。第四,详细介绍了教育知识图谱的构建方法,重点介绍了知识本体构建、命名实体识别、实体关系挖掘、知识融合和知识加工的方法。第五,介绍了教育知识图谱的应用,重点介绍了学科知识点查询、学情分析与评价诊断、学习者画像构建、学习资源推荐、个性化学习路径规划和知识问答。

习 题

1. 什么是知识图谱?它主要由哪些部分组成?
2. 教育知识图谱和普通的知识图谱有什么区别?请举例说明。
3. 请设计一个教育知识图谱的技术框架,包括数据源、数据处理、数据存储、数据展示和数据应用等模块,并用流程图表示。
4. 什么是知识本体?它在教育知识图谱中有什么作用?
5. 什么是命名实体识别?请列举一些常见的命名实体类型,并给出相应的例子。
6. 请使用 Python 编写一个简单的命名实体识别程序,输入一段文本,输出其中包含的命名实体及其类型。
7. 什么是实体关系挖掘?它在教育知识图谱中有什么作用?
8. 什么是知识融合?请列举一些常见的知识融合方法,并给出相应的例子。
9. 什么是知识加工?它在教育知识图谱中有什么作用?
10. 什么是知识图谱表示学习?请列举一些常见的知识图谱表示学习模型,并给出相应的例子。
11. 请使用 Python 编写一个简单的知识图谱表示学习程序,输入一个知识图谱,输出一个低维向量空间中的嵌入表示。
12. 什么是学科知识点查询?教育知识图谱在学科知识点查询中有什么作用?
13. 什么是学情分析与评价诊断?请列举一些常见的学情分析与评价诊断方法,并给出相应的例子。

14. 什么是学习资源推荐？请列举一些常见的学习资源推荐方法，并给出相应的例子。

15. 什么是个性化学习路径规划？教育知识图谱在个性化学习路径规划中有什么作用？

参 考 文 献

[1] 张吉祥,张祥森,武长旭,等. 知识图谱构建技术综述[J]. 计算机工程,2022, 48(3):23-37.

[2] 刘峤,李杨,段宏,等. 知识图谱构建技术综述[J]. 计算机研究与发展,2016, 53(3):582-600.

[3] 赵宇博,张丽萍,闫盛,等. 个性化学习中学科知识图谱构建与应用综述[J]. 计算机工程与应用,2023,59(10):1-21.

[4] 李振,周东岱,王勇."人工智能+"视域下的教育知识图谱：内涵、技术框架与应用研究[J]. 远程教育杂志,2019,37(4):42-53.

[5] 徐有为,张宏军,程恺,等. 知识图谱嵌入研究综述[J]. 计算机工程与应用,2022, 58(9):30-50.

[6] 赵宇博,张丽萍,闫盛,等. 个性化学习中学科知识图谱构建与应用综述[J]. 计算机工程与应用,2023,59(10):1-21.

[7] 沈红叶,肖婉,季一木,等. 教育知识图谱的类型、应用及挑战[J]. 软件导刊,2023 (10):237-243.

[8] 李艳燕,张香玲,李新,等. 面向智慧教育的学科知识图谱构建与创新应用[J]. 电化教育研究,2019,40(8):60-69.

第 5 章

学习者画像

5.1 学习者画像概述

学习者画像是对学习者的个性、能力、知识、兴趣、目标等特征进行描述和分析的过程，旨在为学习者提供个性化的学习支持和服务。学习者画像这一概念源于心理学和教育学领域，早期主要被用于教师对学生的了解和评估，以及教学设计和策略的制定。随着信息技术和人工智能的发展，学习者画像逐渐引入了数据挖掘、机器学习、自然语言处理等方法，通过对大量的学习数据进行收集、分析和建模，从多个维度揭示学习者的特征和规律。目前，学习者画像已经成为智能教育系统的重要组成部分，为实现精准教育、个性化推荐、智能辅导等功能奠定了基础并提供了支撑。

为了对学习者电子档案袋、学习者模型、用户画像、学习者画像进行区分，帮助教育利益相关者更好地理解学习者画像，从产生背景、应用领域、功能设计、评价目标、评价主体和时间发展六个角度进行对比分析，如表 5-1 所示。

表 5-1 学习者画像相近概念对比

对比维度	学习者电子档案袋	学习者模型	用户画像	学习者画像
产生背景	教育信息化	教育信息化	大数据时代	大数据时代
应用领域	体现了以学生为中心的个人学习空间，具有高度个性化、可定制的特征，能够随时间推移展现学生的成长、学习、业绩的个性化情况和协作情况	主要应用于两个方面，一是关注学习者对目标领域知识的认知状态；二是关注计算机对学习者的认知	勾画商业用户（用户背景、特征、性格标签、行为场景等）并将用户需求与产品设计相联系，帮助解决如何将数据转化为价值的问题	通过将学习者信息标签化，以便为后面的推荐算法或是教学支持服务设计提供更加精准的语义信息
功能设计	偏向于学习档案的"电子化"，能够不断地收集学习者的作品或者作业，动态化地呈现学习者努力的过程和自我成长的轨迹	一是揭示学习者对知识认识的偏差和不足；二是服务于学习系统与学习者之间的个性化交互	尽可能从不同角度全面细致地勾勒一个用户的信息全貌	对学习者进行不同维度的刻画，从而将学习者进一步细分和具象
评价目标	注重教师和其他学习者对学习者的过程性评价，强调评价的真实性、策略性	系统目标需求的影响因素	商业用户行为、用户需求、产品设计等	教育利益相关者关注学习者的问题，选择画像标签

续表

对比维度	学习者电子档案袋	学习者模型	用户画像	学习者画像
评价主体	在不同的学习环境中,有着不同学习主体的电子档案袋,如学生电子档案袋、企业职工电子档案袋、教师电子档案袋等	教育领域中的学习者以及与学习者交互的计算机	商业领域的消费者	教育领域的学习者
时间发展	在不同的人生阶段,比如K12阶段、大学阶段、工作阶段,电子档案的具体功能应该有所异同,强调个性化、动态化的特征	动态发展,实时更新,交互个性化更强	动态发展、迭代更新、精确性越高	动态发展、迭代更新、精确性越高

5.1.1 学习者电子档案袋

学习者电子档案袋又称"电子学档"(e-Portfolio),一直以来受到各界的研究学者和组织的关注。美国 Helen. C. Barrett 较早将电子学档定义为将学习内容和素材以数字化格式(如音频、视频、图片和文本等)进行收集和组织。伦敦大学的 Todd Bergman 教授认为电子学档是根据教与学的目的去搜集学习者的各类人工制品,从而展示学习者的成绩或成长的集合体,同时也是丰富的视觉内容的集合。此外,还有一些学术组织机构如 IMS 全球学习联盟、太平洋西北评价协会、英国联合信息系统委员会 JISC 以及美国电子档案袋协会(e-Port Consortium)等,对电子学档的定义、分类和功能进行了详细的描述。学习者电子档案袋体现了以学生为中心的个人学习空间,具有交互、学业记录、个人身份建立标识的功能,具有高度个性化、可定制的特征,能够随时间推移在个性化和协作两个方面展现学生的成长、学习、业绩的情况。

综上所述,学习者电子档案袋更多是学习档案的"电子化",能够不断地收集学习者的作品或者作业,动态化地呈现学习者努力的过程和自我的成长的轨迹。其中,所收集的作品类型包括文字性的书面材料、图片、视音频等多媒体材料,以及在学习过程中来自专家和同伴的评论和学习者本人的反省和评价。

5.1.2 学习者模型

学习者模型最早出现在智能导学系统中。目前比较经典的学习者模型主要包括铅版模型、知识覆盖型学习者模型、基于约束的学生模型和贝叶斯学生模型。对于学习者模型的概念研究,国内外很多学者从不同的角度进行了定义和说明。通过文献研究对学习者模型的定义大致分为两类,一是关注学习者对目标领域知识的认知状态,通过对学习者知识、行为的分析,揭示学习者对知识认识的偏差和不足;二是关注计算机对学习者的认知,通过对学习者特征属性以及对学习的各种态度的抽象,服务于学习系统与学习者之间的个性化交互。

在实际系统中,学习者模型与学习者画像存在许多类似之处,如学习者画像模型与学习者模型并不是学生所有特征的真实表示,而是根据系统目标,对满足系统需要的部分要素加以描述和表示。同时,由于学习者环境包含大量的不确定性和噪声,建模的复杂性,因此并不存在通用的学习者建模方法。在实际的建模中,要充分考虑建模的对象、内容、模型表示方法以及模型使用方法等要素。

5.1.3 用户画像

交互设计之父 Alan Cooper 最早提出"用户画像"这一概念,认为用户画像是建立在一系列真实数据之上的目标用户模型,是真实用户的虚拟代表。"用户画像"一词最早出现在商业领域内,通过对用户数据的挖掘提炼,勾画商业用户(用户背景、行为场景等)并将用户需求与产品设计相联系,尽可能全面细致地勾勒出一个用户的信息全貌,从而帮助解决如何将数据转化为价值的问题。

从概念上讲,用户画像与用户属性概念相近,但其实各有侧重点,用户属性更倾向于对属性层面的刻画和描述,特别是基本属性的内涵居多,包括性别、年龄、地域等。用户画像更倾向于对同一类用户进行不同维度的刻画,如一个电商的卖家将买家进一步区分和具象成不同类型的用户,如闲逛型用户、收藏型用户等,应用在教育领域就是将学习者进一步细分和具象,如学习成绩优秀、良好、合格、不合格的学生,或技能表现高、中、低的学生等。

从实践上讲,用户画像本质上是从业务角度出发对用户进行分析,不同情境下的用户画像不一样,如根据用户属性、档案(Profile)信息的表示策略分为以下四大类:基于实体(概念)的画像、基于主题(话题)的画像、基于用户兴趣(偏好)的画像以及基于用户行为习惯的画像。目前随着各种数据挖掘技术的不断发展,用户画像在各行各业都有十分广泛的应用,如在个性化业务定制领域,新闻客户端根据读者的行为习惯和阅读经历构建用户画像,为其"定制"内容,为不同用户显示不同的新闻。

综上所述,大数据下的用户画像是基于对相似性聚类后形成的不同类别的典型用户,其中真实数据包括用户背景、用户能力、用户性格、用户习惯、用户行为等,能够全方位、立体化地反映用户特征。用户画像之所以能够迅速发展起来,定性化的方法能够对用户的生活场景、使用场景、用户心智等进行分析,从而对用户的性质和特征做出抽象与概括,定量化可以通过对用户特征进行精细的统计分析与计算,从而精准发现用户需求。

5.1.4 学习者画像

在《汉语词典》中,"画像"有两个层面上的意思,一是用作动词,画人像;二是用作名词,画成的人像。在不同的应用领域,画像有不同的特点。在绘画领域,画像是对人物外在特征(外貌、神态)等进行描写;在电子商务领域,画像又有所差别。由此可见,不同应用领域内的画像既有差异性也有共同性。其差异性表现在不同领域的画像目标、画像技术、画像标签等具有对应领域的场景性特点,其共同性表现在画像是通过与画像主体相关的定性数据和定量数据结合起来,通过一系列的数据分析方法和技术,建立画像模型,进行画像分析,之后通过文字的形式描述画像主体,最后形成画像。

目前在学术界,关于学习者画像尚未有统一的定义。Cooper 认为画像是一种非常有用的设计工具,最大价值在于画像的精确性和特异性,将画像定义为描述用户需求特征、目标、技术经验、可访问性需求和其他个人信息组合的用户原型。画像在之后的发展中,延伸出不同的内涵,Mariana 等将学习者画像定义为包含姓名、照片、职位描述、目标、代表性的签名和其他个人详细信息的集合,Mulken 等将学习者画像定义为一种教学代理,利用教学代理角色来对学习者提供总结性描述,研究者 Lester 等将学习者画像作为一种教学代理的能力展示去促进学习者认知系统的积极发展。Ryu 和 Baylor 是将学习者画像定义为一种包含多种子结构的标签展示,如可信的(Credible)、促进学习(Facilitating Learning)、投入度(Engaging)、与人类行为相似的(Human-like)等,用来呈现一些总结性的描述。国内研究者陈海健等倾向于将学习者画像定义为标签化的学习者群体,以更好地识别不同学习者,提供个性化学习者支持服务。由此可见,目前对学习者画像尚未有统一的定义。

结合对画像的综合定义,在本书中学习者画像侧重于第二层上的含义,即画成的人像。学习者画像是指通过多途径、多方法收集的与学习者学习过程紧密相关的数据,利用分析挖掘技术构建的可通过词云图、仪表盘等形式进行可视化呈现的虚拟学习者模型。该模型是学习者个体标签体系的集合,能够描述学习者的特征、需求、偏好和行为,为更精准的学习支持服务和后续的学习分析提供数据支撑,提升学习者的学习体验。

随着智能技术的发展,学习者特征要素的构成也在逐渐发生变化。2002 年,教育部教育信息化技术标准委员会制定的《网络教育技术规范》(CELTS-11),将学习者信息分为八类:个人信息、学业信息、管理信息、关系信息、安全信息、偏好信息、绩效信息和作品集信息,偏向于在线学习过程中对学习者基本信息和行为信息的采集。随着自适应学习平台的发展、网络学习平台的普及以及大数据和人工智能技术的应用,为学习者画像的构建提供了更广泛的理论和技术支持。研究者们对于学习者画像的构建逐渐深入到学生的认知和情感层面(如表 5-2 所示),关注学习者的知识、行为、认知、情感、交互等方面的发展变化情况,用以挖掘学习者在自我效能感、学习偏好、认知水平、学习态度、学习价值观等方面的深层次特征。这些研究对学习者的特征要素进行了全方位、深层次的挖掘分析,推动了学习者画像的广泛应用。

表 5-2 学习者画像的特征属性

年份	提出者	应用领域	特征属性
2002	IEEE 学习技术标准委员会	—	个人信息、学习者偏好(设备偏好、内容偏好、学习风格偏好)、学习者成绩、学习者安全、学习关系
2002	学习者模型规范 CELTS-11.3	在线学习	个人信息、学业信息、关系信息、管理信息、偏好信息、绩效信息、作品集信息
2007	Katharina Scheiter	在线学习	先验知识、自我调节能力、知识信念、学习态度、学习策略(认知策略、元认知策略)、元认知活动
2012	姜强	在线学习行为分析	学习风格、认知水平
2012	孙海民	在线学习	心理特征、学科知识、信息素养、认知策略、自然环境
2012	高虎子	自适应学习	基本信息、学习偏好、学习目标、认知状态、知识水平
2014	Lucas	在线学习	自我效能感、学习动机、成就归因、学习风格

续表

年份	提出者	应用领域	特征属性
2014	黄焕	在线学习	个人信息、学习历史、知识状态、学习风格、情感状态
2015	牟智佳	资源推荐	个人信息、关系信息、学业信息、绩效信息、偏好信息
2015	Nakic等	自适应学习	背景知识、认知风格、动机状态、学习风格、偏好信息
2016	冯晓英	在线学习	个体行为、交互行为、社会网络属性
2017	菅保霞	自适应学习	知识水平、错误/误解、情感、认知特征、元认知能力
2017	刘忠宝	在线学习	知识掌握、学习兴趣、认知水平
2017	孙力	在线学习	个体属性、学习风格、认知能力、学习态度
2017	岳俊芳	在线学习	个人信息、学习风格、兴趣模型、知识模型
2017	丁继红	资源推荐	学习偏好、认知行为、学习策略、情境特征
2018	徐鹏飞	数据挖掘	知识状态、认知行为、情感态度
2019	武法提	情境感知	基本信息、认知水平、社会网络、兴趣偏好、情感状态、学习风格

总之，学习者画像是学习者的标签化，本书重点从学习者的认知风格、知识追踪和情感状态三个维度介绍学习者画像建模。

5.2 认知风格建模

认知风格是指人类在思维、判断、决策、解决问题等认知活动中所表现出来的一种或几种倾向或偏好，包括信息处理方式、思维模式、学习策略等方面。不同的认知风格可能会影响人类对信息的选择、组织和表达，以及对知识的构建和应用。因此，了解和考虑认知风格，有助于提高学习效果和适应性。认知风格建模是指利用数据挖掘和机器学习等技术，从学习数据中提取和表示认知风格特征，再根据这些特征进行分类或聚类，从而形成不同类型或层次的认知风格模型。

5.2.1 认知风格模型

1. 基于菲尔德依赖-独立(Field Dependence-Independence)理论的模型

根据菲尔德依赖-独立理论的原理，基于菲尔德依赖-独立理论的模型将人类对环境信息的依赖程度划分为两种类型：菲尔德依赖(Field Dependent)和菲尔德独立(Field Independent)，并认为每个人都具有这两种类型中的一种，并且有不同程度的倾向。基于菲尔德依赖-独立理论的模型通过对学习者进行测试或问卷调查，确定他们在菲尔德依赖-独立上的得分或水平，并据此将其划分为不同的类型。菲尔德依赖的人倾向于受环境信息影响，难以从背景中区分出重要细节，善于社交和合作；菲尔德独立的人倾向于忽略环境信息，能够从背景中提取出关键信息，善于自主和创新。

2. 基于多元智能理论的模型

根据加德纳提出的多元智能理论，基于多元智能理论的模型将人类智能划分为八种类型:语言智能、逻辑数学智能、空间智能、音乐智能、身体动觉智能、人际智能、内省智能和自然观察智能,并认为每个人都具有这些智能类型中的一种或几种,并且有不同程度的发展。基于多元智能理论的模型通过对学习者进行测试或问卷调查,确定他们在各种智能类型上的得分或水平,并据此将其划分为不同的群体或个体。

3. 基于沃克(VARK)理论的模型

根据沃克提出的沃克理论,基于沃克理论的模型将人类感知信息的方式划分为四种类型:视觉(Visual)、听觉(Auditory)、阅读/书写(Read/Write)和动觉(Kinesthetic),并认为每个人都具有这些类型中的一种或几种,并且有不同程度的偏好。基于沃克理论的模型通过对学习者进行测试或问卷调查,确定他们在各种感知类型上的得分或水平,并据此将其划分为不同的群体或个体。

4. 基于科尔布(Kolb)理论的模型

根据科尔布提出的经验学习理论,基于科尔布理论的模型将人类学习的过程分为四个阶段:具体体验(Concrete Experience)、反思观察(Reflective Observation)、抽象概念化(Abstract Conceptualization)和主动实验(Active Experimentation),并认为每个人都具有这些阶段中的一种或几种,并且有不同程度的偏好。基于科尔布(Kolb)理论的模型通过对学习者进行测试或问卷调查,确定他们在各个阶段上的得分或水平,并据此将其划分为四种类型:发散型(Diverger)、探索型(Explorer)、整合型(Integrator)和实践型(Practitioner)。

5. 基于菲尔德(Felder)和索尔曼(Silverman)理论的模型

根据菲尔德和索尔曼提出的工程教育学习风格理论,基于菲尔德和索尔曼理论的模型将人类学习的方式划分为五个维度:感知(Perception)、输入(Input)、组织(Organization)、处理(Processing)和理解(Understanding),并认为每个人都具有这些维度中的一种或几种,并且有不同程度的倾向。基于菲尔德和索尔曼理论的模型通过对学习者进行测试或问卷调查,确定他们在各个维度上的得分或水平,并据此将其划分为不同的类型或层次。

6. 基于迈尔斯-布里格斯(Myers-Briggs)理论的模型

根据迈尔斯-布里格斯提出的人格类型理论,基于迈尔斯-布里格斯理论的模型将人类行为和思维方式划分为四个维度:外倾-内倾(Extraversion-Introversion)、感觉-直觉(Sensing-Intuition)、思考-情感(Thinking-Feeling)和判断-知觉(Judging-Perceiving),并认为每个人都具有这些维度中的一种或几种,并且有不同程度的倾向。基于迈尔斯-布里格斯理论的模型通过对学习者进行测试或问卷调查,确定他们在各个维度上的得分或水平,并据此将其划分为十六种类型。

5.2.2 认知风格识别方法

1. 实验方法

通过设计特定的实验任务或情境,观察和记录个体在完成任务或应对情境时所表现出的行为特征或反应模式,从而推断其认知风格。例如,Witkin设计了框棒实验和嵌入图形测验来测量场依存-场独立型;Kagan设计了反应延迟实验来测量冲动-思虑型。

2. 问卷和心理计量测验方法

通过让被试回答一系列与认知活动相关的问题或陈述,根据被试的回答或陈述来评估被试的认知风格。例如,Gregorc 设计了一套自陈式问卷来测量具体-抽象型和有序-随机型;Riding 设计了一套自陈式问卷来测量整体-分析型和言语-表象型。

3. 观察方法

通过观察和记录被试在日常生活或学习中所表现出的行为特征或偏好,从而推断其认知风格。例如,Dunn 设计了一套观察表来测量学习风格,包括环境、情感、社会、生理和认知五个方面的因素。

4. 生理方法

通过测量被试在认知活动中的生理指标,如脑电波、脑血流量、眼动轨迹等,从而推断其认知风格。例如,Riding 等利用脑电图来区分整体-分析型和言语-表象型;Springer 和 Deutsch 利用功能性磁共振成像来研究大脑半球的偏侧化。

5. 自动化识别方法

通过收集和分析学习者在学习系统中的操作行为来自动识别其认知风格,常用的自动识别方法有基于神经网络方法的认知风格识别、基于模糊分类树的认知风格预测、基于贝叶斯网络的认知风格推理、基于遗传算法的认知风格分析和基于语义分析的认知风格识别等。

认知风格的研究对理解和促进个体的认知发展、学习效果、创造力等方面有重要的意义。认知风格的研究可以帮助我们了解个体在认知活动中的优势和劣势,提高个体的自我认识和自我调节能力;根据个体的认知特点,设计适合其学习方式和需求的教学材料、方法和环境,提高教学效率和效果;调节个体之间的认知差异,促进个体之间的沟通和合作,增强团队协作能力;培养个体的多元化思维方式,激发个体的创造潜能,提高个体的创新能力。认知风格的研究在教育领域有广泛的应用,可以根据学生的认知风格进行分组教学、个性化辅导、多媒体教学等。

5.2.3 认知风格自动识别方法

1. 基于神经网络方法的认知风格识别

基于神经网络方法的认知风格识别是指利用神经网络模型从个体的行为数据中提取特征,并根据特征来判断个体属于哪种认知风格。神经网络模型具有强大的非线性拟合能力和自适应学习能力,可以处理高维、复杂、非结构化的数据,适用于多种认知风格理论和量表。例如,有研究者使用卷积神经网络从个体在网页浏览中产生的眼动数据中提取空间视觉特征,并根据特征来区分场依赖型和场独立型两种认知风格。

2. 基于模糊分类树的认知风格预测

基于模糊分类树的认知风格预测是指利用模糊分类树模型从个体的心理测试数据中提取规则,并根据规则来预测个体的认知风格。模糊分类树模型是一种基于模糊逻辑的决策树模型,可以处理不确定性、模糊性和噪声等问题,适用于多种心理测试量表和评分标准。例如,有研究者使用模糊分类树模型从个体在科尔布学习风格测试(Kolb Learning Style Inventory)中得到的分数数据中提取判断规则,并根据规则来预测个体属于哪种学习风格。

3. 基于贝叶斯网络的认知风格推理

基于贝叶斯网络的认知风格推理是指利用贝叶斯网络模型从个体的多源数据中提取概

率,并根据概率来推理个体的认知风格。贝叶斯网络模型是一种基于概率图的概率推理模型,可以处理不完备、不一致、不精确等问题,适用于多源数据融合和不确定性推理。例如,有研究者使用贝叶斯网络模型从个体在智能教育系统中产生的行为数据、情绪数据和反馈数据中提取概率,并根据概率来推理个体属于主动型、反思型、感知型或逻辑型四种认知风格。

4. 基于遗传算法的认知风格分析

基于遗传算法的认知风格分析是指利用遗传算法从个体的认知风格数据中提取模式,并根据模式来分析个体的认知风格特征。遗传算法是一种基于自然选择和遗传机制的优化算法,可以处理多目标、多约束、非线性等问题,适用于多种认知风格数据的聚类、分类和优化。例如,有研究者使用遗传算法从个体在维特克学习风格测试(VARK Learning Style Questionnaire)中得到的数据中提取模式,并根据模式来分析个体的学习风格偏好。

5. 基于语义分析的认知风格识别

基于语义分析的认知风格识别是指利用语义分析技术从个体的文本数据中提取语义,并根据语义来识别个体的认知风格。语义分析技术是一种基于自然语言处理的文本理解技术,可以处理语言的多义性、隐喻性、情感性等问题,适用于多种文本数据的主题、情感、意图等分析。例如,有研究者使用语义分析技术从个体在在线学习平台上提交的文本数据中提取语义,并根据语义来识别个体属于主动型还是反思型两种学习风格。

5.3 知识追踪建模

知识追踪建模基于学习者学习过程中的测评性数据和特定数学模型,随时间的推移对学习者的知识掌握状态进行动态估计,同时可以对学习者的答题表现进行预测。高质量的知识追踪模型一方面可以准确刻画学习者的认知过程和知识状态,另一方面可以为学习资源精准推荐、个性化学习路径生成、学习预警等个性化教育服务提供基础性保障。知识追踪建模的核心问题是对学习者的知识掌握状态进行准确估计。然而,学习者的知识掌握状态属于内隐变量,通常难以进行直接观测。因此,建立准确且易于理解的知识追踪模型,一直是人工智能与教育交叉领域的研究热点。当前,知识追踪模型主要基于三类不同的技术方法(即马尔可夫过程、逻辑回归和深度学习)构建,每一类模型的优缺点、性能及其适用范围存在不同,下面分别进行介绍。

5.3.1 基于马尔可夫过程的知识追踪模型

1. 模型原理

马尔可夫过程指当前时刻状态已知,未来时刻状态仅与当前时刻状态有关而与历史状态无关的随机过程。马尔可夫过程"无历史记忆"的特性,可以有效地简化知识追踪建模的复杂度,即假设学习者下一时刻的知识状态仅与当前时刻的知识状态有关。贝叶斯知识追踪(Bayesian Knowledge Tracing,BKT)模型是其中最具代表性的模型,它基于一阶隐马尔可夫过程构建。其中,"隐含状态"为学习者内隐知识状态,"外显状态"为学习者作答表现。BKT模型包含多个参数,可以通过期望最大化(Expectation Maximization,EM)算法进行估计得到。BKT 模型的工作机制如图 5-1 所示,当学习者完成题目的作答后,BKT 模型便依据其作答正误,结合失误或猜对概率,利用贝叶斯公式对其此时的知识掌握状态进行直接估计。此外,BKT 模型还可以基于已有数据,预测学习者在具有相同知识点但尚未作答的题目上做对的概率。

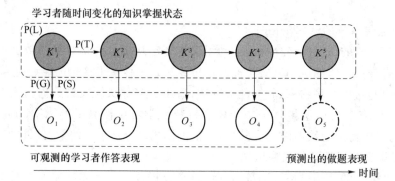

图 5-1　BKT 模型的工作机制

2. 模型发展

作为知识追踪模型的早期代表性成果,BKT 模型开创性地利用马尔可夫过程及其特性,从而在智能导学系统中得到了广泛应用。后续研究基于 BKT 模型,结合实际学习场景和重要因素,从学习者、知识点、参数等不同的角度对其进行了持续改进和优化。

① 从学习者角度看,BKT 模型在每个知识点上对所有学习者共用一套参数,无法区分不同认知能力和知识水平的学习者。因此,Pardos 等考虑学习者的题目作答正确率,将其用于计算个体学习者的初始掌握概率。此后,学习概率被进一步拆分为"来源于知识点"和"来源于学习者"两部分,并在此基础上进行参数更新。

② 从知识点角度看,BKT 模型基于单一知识点进行建模并假设知识点之间相互独立,不适用于包含多个知识点的题目。因此,后续研究考虑知识点间存在的关联、包含等关系时,采用了通过动态贝叶斯网络将知识点关系引入的方式。

③ 从参数角度看,BKT 模型未对参数大小设限。因此,Baker 等提出需要对其大小进行限制,并依据实际情境动态估计每一次作答属于猜测或失误的可能性;Qiu 等考虑时间推移的影响,在 BKT 模型的基础上增加了遗忘参数。此外,人的情感状态(如困惑、无聊)和用脑电波代表的精神状态也被尝试引入 BKT 模型中。

5.3.2　基于逻辑回归的知识追踪模型

1. 模型原理

逻辑回归是一种基于逻辑函数(Logistic Function)的预测模型,其函数输出 y 在 [0, 1] 之间取值,可以直接用于对分类任务进行建模。逻辑回归的非线性环节实现相对简单,且计算量较小,因此常被应用于知识追踪问题。基于逻辑回归的知识追踪模型可以用式(5-1)进行简单表示:

$$p(i,j) = \frac{1}{1+e^{-\text{Model}}} \tag{5-1}$$

其中，i 代表学习者，j 代表题目，$p(i,j)$ 代表学习者 i 能够做对题目 j 的概率，Model 代表不同的知识追踪模型。

式(5-1)中的 Model 可以简单分为以下四类代表性模型。

① 项目反应理论(Item Response Theory，IRT)模型。假设学习者的状态稳定，IRT 模型严格意义上并不属于知识追踪模型。但是，IRT 模型较好地刻画了学习者作答表现与其潜在能力特质之间的关系，为后续基于逻辑回归的知识追踪模型奠定了基础。

② 学习因子分析(Learning Factors Analysis，LFA)模型。LFA 模型由统计模型、难度因子与组合搜索三部分组成，其中统计模型本质上是一种基于逻辑回归的知识追踪模型。LFA 模型考虑了个体学习者在知识点上的练习次数及其初始知识状态等重要因素。

③ 表现因子分析(Performance Factors Analysis，PFA)模型。PFA 模型是对 LFA 模型的进一步改进，认为学习的发生不仅与练习次数有关，而且与具体的作答表现有关。因此，PFA 模型将练习进一步拆解为"学习者正确作答"和"学习者错误作答"两种类型，并假设两种作答对学习的影响不同。

④ 埃洛等级分系统(Elo Rating System，ERS)模型。ERS 模型最初被应用于棋类比赛，根据棋手的每一次博弈结果，利用对数曲线动态更新其能力。由于 ERS 模型具有简单、高效的特点，故此模型常被用于知识追踪问题。ERS 模型类似于 IRT 模型，可以基于学习者能力和知识点难度，评估其答对题目的概率。值得一提的是，ERS 模型无须提前通过训练模型得到参数，而是基于每一次作答情况实时更新参数。

2. 模型发展

在不断发展的过程中，基于逻辑回归的知识追踪模型形成了两个显著的特点。

① 模型构建精细化。原始 IRT 模型仅考虑学习者能力和题目难度，后续又引入题目区分度、猜测概率等形成多参数 IRT 模型。LFA 与 PFA 模型进一步考虑了时间对于知识状态的影响，发现较近的历史作答更能反映学习者当前的知识状态，这一现象即"近因效应"。因此，衰减因子和学习者遗忘曲线陆续被引入 PFA 模型。Gong 等假设所有知识点之间的耦合关系与学习者的能力均对知识状态产生影响，由此进一步构建了 PFA-All 模型。

② 模型构建综合化。研究者将 IRT 模型与 ERS 模型相结合，利用 ERS 模型进行学习者能力估计，同时利用 IRT 模型进行题目选择，从而以较少的数据准确估计学习者能力；相关研究还将 IRT 和 PFA 相结合，同时基于学习和遗忘过程引入时间窗特征，提出了集成模型。例如，Vie 等利用因子分解机将 IRT、MIRT、LFA 和 PFA 模型集合成知识追踪机制模型。集成模型的预测性能得到了提升，并且可以通过特征的选择还原成独立模型。

通过对比可以发现，基于逻辑回归的知识追踪模型充分利用了逻辑函数易于实现、计算复杂程度低等优点，将知识追踪问题转化为逻辑回归中的分类问题，在模型预测准确性上普遍优于基于马尔可夫过程的知识追踪模型。

5.3.3 基于深度学习的知识追踪模型

1. 模型原理

前述两类知识追踪模型一般基于单一或少量的知识点进行建模，且难以在长周期时间维度上捕捉学习者知识状态的动态特性。2015 年，斯坦福大学团队首次将深度学习引入知识追踪领域，提出深度知识追踪(Deep Knowledge Tracing，DKT)模型。DKT 模型主要采用循环神经网络(Recurrent Neural Network,RNN),对学习者的知识状态进行高维连续表征,并利用其作答序列的时序关系信息进行题目作答对错的预测。基于 RNN 的 DKT 模型示意图如图 5-2 所示,其基本原理是:首先,将学习者当前的作答信息 $x_t=\{q_t, a_t\}$ 以独特编码或其他编码形式输入 RNN 中。其中,q_t 代表 t 时刻学习者所做题目信息,a_t 代表学习者的作答情况信息。其次,RNN 利用 $t-1$ 时刻的内部状态信息 h_{t-1},计算当前 t 时刻的内部状态信息 h_t。最后,模型输出层依据内部状态信息 h_t,计算并输出学习者答对当前题目的概率 y_t。DKT 模型通过其特有的神经网络结构,选择性遗忘一部分旧作答信息并同时记忆一部分新作答信息,从而可以在多知识点上进行知识追踪。

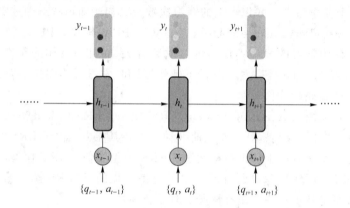

图 5-2 基于 RNN 的 DKT 模型示意图

2. 模型发展

自 2015 年 DKT 模型被提出后,利用深度神经网络构建知识追踪模型逐渐成为人工智能与教育技术领域的研究热点。当前基于深度学习的知识追踪模型构建研究主要分为两类:一类是基于 RNN 模型的改进,另一类是基于其他神经网络结构的模型构建。

(1) 基于 RNN 模型的改进

研究者在多个数据集上对 DKT 模型和 BKT 等模型进行对比,发现 DKT 模型利用了近因效应、完整作答序列和知识点间的相似关系,具备了更好的预测性能。例如,Xiong 等将 DKT 和 PFA、BKT 模型进行了对比,发现剔除数据集中的大量重复性作答记录和支架式问题后,DKT 模型与 PFA 模型的性能相似,但优于 BKT 模型。除了直接与传统知识追踪模型进行比较,研究者还从输入信息、认知特点和模型结构的角度对 DKT 模型进行了改进。

① 从输入信息的角度来看,原始 DKT 模型的输入信息仅包含题目知识点与作答正误信息,后续研究则陆续将学习者作答时间、尝试次数、问题类型、使用提示次数等原始数据嵌入模型输入信息。例如,Chen 等认为知识状态受知识点之间关系的影响,将知识点的前驱后继关系转化为约束条件,用于优化模型参数;Tong 等通过预训练模型对题目文本进行处理后,得到知识分布、语义特征和题目难度并将其嵌入 DKT 模型进行训练。这些改进丰富了信息源,在一定程度上提升了 DKT 模型的预测性能。

② 从认知特点的角度来看,Minn 等认为不同学习者的学习能力存在差异,不应共用相同的参数,因此尝试依据学习者固定时间段的作答记录,对其学习能力进行动态聚类评估,然后在不同类别中进行模型构建;Nagatani 等考虑到遗忘发生在学习过程中,因此通过学

习过程中的两类时间间隔和知识点的学习次数刻画遗忘情况,并将其引入模型。

③ 从模型结构的角度来看,研究者在 RNN 网络的基础上进行了结构扩充,如 Lee 等认为 DKT 模型只输出正确作答题目的概率而未直接输出知识状态,因此通过添加感知机网络,构建了知识查询网络(Knowledge Query Network,KQN)。

整体而言,基于 RNN 的多种深度知识追踪模型突破了传统知识追踪模型的建模局限,可以较好地处理多知识点、大规模学习者作答序列信息,是对知识追踪问题极具创新性的解决方案。

(2) 基于其他神经网络结构的模型构建

基于 RNN 的知识追踪模型取得广泛关注后,研究者陆续将记忆网络、注意力机制、卷积神经网络和图神经网络等其他网络结构,引入知识追踪领域进行建模。

① 基于记忆网络的知识追踪模型

DKT 模型虽能较好地预测题目作答情况,但无法直接输出知识状态。因此,Zhang 等采用记忆增强网络(Memory Augmented Neural Network,MANN)构建了动态键值对记忆网络(Dynamic Key-Value Memory Networks,DKVMN)模型。DKVMN 模型用两个矩阵分别存放知识点信息和知识掌握状态信息,通过特定读取与写入机制,可以直接估计知识掌握状态,并能呈现其随时间的变化情况。Liu 等之后进一步构建了基于题目的知识追踪模型。

② 基于注意力机制的知识追踪模型

Pandey 等发现 DKT 模型和 DKVMN 模型不适用于作答数据稀疏的情况,于是他们利用注意力机制从历史作答数据中提取与当前知识点相关的信息,构建了第一个基于注意力机制的知识追踪模型(Self-Attentive Model for Knowledge Tracing,SAKT)。在 SAKT 模型的基础上,Ghosh 等增加了注意力网络,由此构建了上下文感知注意力知识追踪模型(Context-Aware Attention Knowledge Tracing,AKT)。SAKT 模型可以捕捉个体学习者对问题和知识点的掌握程度,还考虑了近因效应和问题之间的差异性。针对基于 RNN 模型在预测较长的学习者作答序列时所存在的长期依赖问题,后续研究探索利用 Transformer 模型对 DKT 进行改造,使其能够自动提取问题与知识点之间的关系,同时也考虑了学习过程中的遗忘现象。

③ 基于卷积神经网络的知识追踪模型

Shen 等认为 DKT 模型和 DKVMN 模型都忽略了个体学习者在先验知识和学习能力上的差异,因此利用卷积神经网络构建了卷积知识追踪(Convolutional Knowledge Tracing,CKT)模型。该模型专门设计了卷积层,可以在滑动窗口同时处理多个连续作答记录,以提取学习者的能力特征。

④ 基于图神经网络的知识追踪模型

Nakagawa 等构建了基于图神经网络的知识追踪模型(Graph-based Knowledge Tracing Model,GKT)。该模型通过图神经网络将知识追踪任务转化成时间序列下节点层级的分类任务,通过对作答知识点及其相邻知识点进行处理,实现知识状态的估计和作答表现的预测。

整体而言,当前研究者基于不同的神经网络结构,尝试构建具有不同特点的新型知识追踪模型,但仍然主要依赖于学习者作答与题目维度的基本信息。同时,研究者开始尝试引入自然语言处理领域的最新技术,如注意力机制与词嵌入技术,以助力情境信息的提取,从而改善知识追踪模型的性能。表 5-3 总结了几种典型的深度知识追踪模型采用的信息维度与人工智能技术,可以看出多维度的信息与各项前沿深度学习技术被逐步应用于当前知识追踪模型的构建中。

表 5-3　几种典型的深度知识追踪模型采用的信息维度与人工智能技术

	RNN-based DKT	MANN-based DKVMN	Attention-based AKT	CNN-based CKT	GNN-based GKT
学习者基本信息	√	√	√	√	√
作答序列正误信息	√	√	√	√	√
题目基本信息	√	√	√	√	√
注意力机制	—	√	√	√	√
词嵌入技术	—	√	√	√	√

当前,以 BKT 模型和 IRT 模型为代表的知识追踪模型在实际教育场景中已被广泛地应用,为教学提供了直接的服务和帮助。早在 1994 年,BKT 模型便被应用于辅助美国九年级学生数学学习的智能导学系统 PAT 中。使用该系统的学生所取得的数学成绩明显高于未使用该系统的学生。近年来,BKT 模型在 edX 等慕课平台上也开始得到应用,主要用来推荐短视频等课程资源、深入分析慕课学习者的学习行为与特征。IRT 模型较早应用于 Knewton 等自适应学习平台,可以动态诊断学习者的能力,并提供学习资源推送等个性化服务。基于深度学习的知识追踪模型是当前的研究热点。Lu 等将 DKT 模型应用于智能教育机器人中,用于诊断学生的知识状态,据此提供相应的干预措施,以促进学习者的自我认知。DKT 模型也开始被部署到各学科智能导学系统中,以用于线上动态评估并推送个性化学习内容。

5.4　情感状态建模

情绪和情感是能够反映人对客观事物态度的主观体验以及相应行为反应的表现。情绪心理学的相关研究表明,情绪是人在特定情境下的一种短暂而强烈的情感反应,通常以"高兴、惊讶、厌烦、悲伤、恐惧、愤怒"等瞬时反应呈现;情感则是经过长时间积累的、具有深沉体验的感情状态,表现为对特定事物稳定、持久的心理倾向,如幸福、仇恨、喜爱、厌恶等。在大多数情况下,情绪和情感的概念可以通用。

在智能计算领域,情感和情绪主要表征为情感计算和情绪感知两个方面。情感计算的概念最早由美国麻省理工学院皮卡德(Rosalind Picard)教授在 1997 年提出,他把情感计算界定为"与情感有关、由情感引发或者能够影响情感因素的一种计算"。近年来,人工智能领域的相关学者致力于让机器识别和表达人类的情感,把情感计算定义为"利用机器识别、理解和表达人类情感的方法和机制",从而赋予情感计算新的价值内涵。从研究范畴来讲,情感计算包括情感发生机理的研究、情感信号的获取、情感建模分析、情感理解、情感表达、情感生成等方面,囊括了情感和情绪相关研究的各个层面;而情绪感知主要通过情感数据的获取、情感特征的提取和分类,来识别研究对象的情绪状态,是情感计算的重要组成部分。

相关研究表明,学习者情绪状态的变化与其内在的认知发展状况存在显著的相关关系,学习者的情绪状态能够反映出学习者在特定教育情景下的学习投入、学习兴趣、学习动机、认知风格等潜在特征。因此,对于学习者情绪状态的深度剖析,能够在更深层次上揭示教育情境要素对于学习者情绪状态的影响机制,进而构建基于教育情境感知的动态化学习者模型,为学习者提供适切的教育资源供给和精准的学习路径规划服务;同时,构建自适应的课堂教学调控模型,以帮助教师及时调整教学策略、优化教学设计,提升课堂教学的成效。

5.4.1 学习者情感模型

学习者情感模型的构建,有助于对学习者的情绪状态进行更加精准全面的描述,可为情绪识别相关研究工作的开展提供一些参考。目前,常用的情感模型有:皮卡德(Picard)等提出的隐马尔可夫模型,奥托尼(Ortony)、克洛尔(Clore)、柯林斯(Collins)提出的OCC模型,罗素(Russell)等提出的环形情感模型,梅拉比安(Mehrabian)和罗素提出的PAD三维情感模型,普拉奇克(Plutchik)等提出的倒锥体情感三维模型等。

皮卡德等提出的隐马尔可夫情感模型认为,人的情感状态受情境和时间的影响,会因情境、情感主体和情感客体的不同,而表现出特定的情感差异,个体的情感状态会随时间的推移以一定的概率进行转变,强调情境要素对学习者情绪状态的影响机制;OCC情感模型是认知心理学领域经典的情感认知结构模型,该模型描述了22种基本情感类型的认知结构,将情感的发生机制界定为三类事件:事件的结果、仿生代理的动作和对于对象的观感。并从这三类事件出发定义情感的层次关系。罗素等将情绪用愉悦度和唤醒度两个维度来表征,构建了连续的环形情感模型:愉悦维度的负半轴表示消极情绪,正半轴表示积极情绪,唤醒维度的负半轴表示平缓的情绪,正半轴表示强烈的情绪。PAD三维情感模型,将个体的情感分为愉悦度、激活度和优势度三个评价维度,用以表征情感的主观体验、外部表现和生理唤醒之间的潜在映射关系。普拉奇克认为,情绪具有强度、两极性、相似性三个维度,提出了倒锥体情感三维模型,椎体剖面包含八种基本情绪,情绪的强度由锥体自上而下表现出一定的衰减规律。

5.4.2 学习者情感状态识别方法

当前,国内外关于学习者情感状态识别的研究,主要集中在利用文本挖掘、语音识别、面部表情识别、手势识别、生理信息识别等技术,构建基于文本、语音、视频、生理信息等数据的单模态和多模态的情绪感知模型,以实现对个体情绪的智能化测评。结合不同数据来源,可以将学习者情感状态识别方法归纳为基于量表的学习者情感识别、基于文本数据的学习者情感识别、基于语音数据的学习者情感识别、基于视频数据的学习者情感识别、基于生理信息的学习者情感识别和基于多模态数据的学习者情感识别。

1. 基于量表的学习者情感识别

基于量表的学习者情感识别方法是指使用一些标准化的量表或问卷,来测量和评估学习者在学习过程中的情绪状态,如高兴、悲伤、愤怒、厌恶等。这种方法主要依赖于学习者的自我报告,因此需要学习者有足够的自我觉察和诚实的回答。例如,如果想要评估一款在线教育平台的用户在学习过程中的情绪状态,可以使用 PANAS 量表来测量用户的正负情绪状态。PANAS 量表由 20 个描述情绪状态的词语组成,如兴奋、害怕、敌对等。您可以让用户在每次学习结束后,根据自己在过去一小时内感受到这些情绪状态的程度,使用 5 点量表(从 1=非常少到 5=非常多)进行评分。然后,可以将用户的评分分别加和,得到正负情绪状态的总分。正负情绪状态的总分越高,表示用户在学习过程中感受到该种情绪的程度越高。可以根据用户的正负情绪状态的总分,分析用户的情绪倾向和变化,以及与学习效果和满意度的关系。

基于量表的学习者情感识别有以下几个优点。

(1) 可以直接反映学习者的主观感受,而不受其他模态数据的干扰或噪声。

(2) 可以提供丰富和细致的情绪信息,而不仅仅是简单的正负极性或强度。

(3) 可以适用于不同的学习场景和环境,而不需要特殊的设备或技术。

基于量表的学习者情感识别方法也有以下几个缺点。

(1) 它需要学习者花费额外的时间和精力,来填写量表或问卷,这可能会影响学习效率和体验。

(2) 它可能受到学习者的记忆偏差、社会期望、回答倾向等因素的影响,导致数据的不准确或不可靠。

(3) 它不能实时地监测和反馈学习者的情绪变化,而只能在特定的时间点进行测量。

基于量表的学习者情感识别有很多种量表或问卷,其中一些常用的如下。

(1) 积极消极情绪量表(Positive and Negative Affect Schedule,PANAS)。这是一种用于测量正负情绪状态的量表,由 20 个描述情绪状态的词语组成,如兴奋、害怕、敌对等。学习者需要根据自己在一定时间内(如过去一周、过去一天等)感受到这些情绪状态的程度,使用 5 点量表(从 1=非常少到 5=非常多)进行评分。

(2) 自我评估量表(Self-Assessment Manikin,SAM)。这是一种用于测量情绪愉悦度(Pleasantness)、唤醒度(Arousal)和优势度(Dominance)三个维度的图形量表,由 15 个人形图像组成,每个维度有 5 个人形图像。每个人形图像代表一个不同程度的情绪状态,如微笑、皱眉、张开眼睛等。学习者需要根据自己对某个刺激或事件的反应,选择最符合自己情绪状态的人形图像。

(3) 简式心境状态量表(Profile of Mood States,POMS)。这是一种用于测量六种情绪状态(愤怒、抑郁、活力、疲劳、紧张和友善)的量表,由 65 个描述情绪状态的词语组成,如愤怒、沮丧、活跃等。学习者需要根据自己在一定时间内(如过去一小时、过去一天等)感受到这些情绪状态的程度,使用 5 点量表(从 0=根本没有到 4=非常多)进行评分。

2. 基于文本数据的学习者情感识别

基于文本数据的学习者情感识别是指使用文本作为输入信号来进行情感识别的方法。文本数据可以来源于学习者的反馈、评价、问答、日志等。例如,刘智等以课程评论文本中潜在的情感信息为切入点,提出了一种基于半监督机器学习算法的智能化情绪感知模型识别待测样本的情感标签,将其用于提取论坛评论文本的"话题-情感"分布信息,并将该模型分别用于课程单元和学习者个体的关键话题情感信息挖掘;田锋等在基于在线学习交互文本的学习者情绪识别方面进行了大量实验,构建了基于交互文本的情绪识别研究与应用框架,利用支持向量机(Support Vector Machine,SVM)、朴素贝叶斯(Naive Bayes)、随机森林

(Random Forest)等机器学习算法,对学习者情绪进行分类,并提出一种用于情绪识别和调节的主动学习策略。相关研究表明,文本数据往往比视频和语音数据具有更高的情感信息价值密度,能够对个体的情感状态进行更加准确的表示。

基于文本数据的学习者情感识别主要包括以下几个步骤。

(1) 文本预处理。这一步是对原始文本进行清洗、分词、标准化等操作,以便后续的特征提取和分类。

(2) 特征提取。这一步是从预处理后的文本中提取有助于情绪识别的特征,如词频、词性、情感词典、语义角色等。

(3) 情感分类。这一步是利用机器学习或深度学习算法,根据特征向量将文本分为不同的情绪类别,如积极、消极、中立等。

(4) 情感可视化:这一步是将情绪分类的结果以图表或图像的形式展示出来,以便进行分析和理解。

基于文本数据的学习者情感识别面临着一些挑战。

(1) 文本数据的质量和数量:文本数据可能存在噪声、歧义、缺失等问题,影响情绪识别的准确性和效率。同时,文本数据可能不足以覆盖所有的情绪类型和场景,导致模型的泛化能力不足。

(2) 情感模型的选择和构建:不同的情感模型可能以不同的假设和定义,影响情感识别的目标和方法。例如,有些情感模型是基于离散的情感类别,如快乐、悲伤等;有些情感模型是基于连续的情绪维度,如激活度、愉悦度等。选择和构建合适的情感模型是一个关键问题。

(3) 情感表达的多样性和复杂性:不同的学习者可能以不同的方式和程度来表达自己的情感,如使用不同的词汇、语气、修辞等。同时,一个文本可能包含多种或混合的情感,如既有兴趣又有困惑。处理这些多样性和复杂性是一个难点。

3. 基于语音数据的学习者情感识别

基于语音数据的学习者情感识别是指使用语音作为输入信号来进行情感识别的方法。语音数据可以来源于线上或线下学习场景中学习者的语音数据。例如,李武等以语音特征为输入数据,构建了基于语音情感识别的在线学习系统,利用人工神经网络的方法对学习者的八种情绪状态进行识别;胡封晔等开发了一套面向在线学习的实时语音情感识别系统,通过语音活动检测、语音分割、信号预处理、特征提取、情绪分类以及情绪频率的统计分析,实现对在线学习环境中学习者情绪状态的实时监测,利用支持向量机的方法,对学习者的情绪状态进行识别,取得了较高的准确度。

基于语音数据的学习者情感识别主要包括以下几个步骤。

(1) 语音预处理。这一步是对原始语音进行降噪、分段、增强等操作,以便后续的特征提取和分类。

(2) 特征提取。这一步是从预处理后的语音中提取有助于情感识别的特征,如韵律特征、谱特征、音质特征等。

(3) 情感分类。这一步是利用机器学习或深度学习算法,根据特征向量将语音分为不同的情感类别,如积极、消极、中立等。

(4) 情感可视化。这一步是将情感分类的结果以图表或图像的形式展示出来,以便进行分析和理解。

基于语音数据的学习者情感识别面临着一些挑战。

(1) 语音数据的质量和数量：语音数据可能存在噪声、方言、口音等问题，进而影响情感识别的准确性和效率。同时，语音数据可能不足以覆盖所有的情感类型和场景，导致模型的泛化能力不足。

(2) 情感模型的选择和构建。不同的情感模型可能有不同的假设和定义，影响情感识别的目标和方法。例如，有些情感模型是基于离散的情感类别，如快乐、悲伤等；有些情感模型是基于连续的情感维度，如激活度、愉悦度等。选择并构建合适的情感模型是一个关键问题。

4. 基于视频数据的学习者情感识别

基于学习者的面部表情、身体姿态等数据，对学习者的情绪状态进行智能感知，进而识别出学习者真实的情感状态。具有代表性的研究有：古普塔（Gupta）等基于智慧教室环境下学生的面部表情数据，提出了一种基于 Inception V3 的深度学习框架，对学生的高积极情绪、低积极情绪、高消极情绪和低消极情绪进行识别，并在真实课堂环境中进行了实验，情绪分类的准确率达到了 87.65%；徐振国等构建了基于面部表情的学习者情感数据集，并利用卷积神经网络的方法，对学习者的"高兴、愤怒、悲伤、中性、惊恐、专注、厌倦"七种情绪状态进行识别，实验结果显示，七种面部表情识别的准确率均高于 80%；洪启舜等提出了一种基于卷积神经网络的框架，对学习者的面部表情数据进行处理来识别其情绪状态，并以台湾某大学学生课堂中的面部表情视频用作测试数据，取得了 92.42% 的准确度。

基于视频数据的学习者情感识别主要包括以下几个步骤。

(1) 视频预处理。这一步是对原始视频进行裁剪、压缩、对齐等操作，以便后续的特征提取和分类。

(2) 特征提取。这一步是从预处理后的视频中提取有助于情感识别的特征，如人脸表情、眼睛运动、头部姿态、语音音色等。

(3) 情感分类。这一步是利用机器学习或深度学习算法，根据特征向量将视频分为不同的情感类别，如积极、消极、中立等。

(4) 情感可视化。这一步是将情感分类的结果以图表或图像的形式展示出来，以便进行分析和理解。

基于视频数据的学习者情感识别面临着一些挑战。

(1) 视频数据的质量和数量。视频数据可能存在噪声、模糊、遮挡等问题，影响情感识别的准确性和效率。同时，视频数据可能不足以覆盖所有的情感类型和场景，导致模型的泛化能力不足。

(2) 视觉和语音模态的融合。视觉和语音模态可能存在不一致或冲突的情感信息，如何有效地融合两种模态的特征是一个关键问题。不同的融合策略可能有不同的优缺点，如早期融合、晚期融合或混合融合等。

(3) 学习者个体差异。不同的学习者可能以不同的方式和程度来表达自己的情绪，如使用不同的表情、语调、词汇等。同时，一个学习者可能在不同的时间或环境下有不同的情绪状态。处理这些个体差异是一个难点。

5. 基于生理信息的学习者情感识别

基于生理信息数据的学习者情感识别是利用眼动、脑电、皮肤电、功能性磁共振、近红外等感知设备,对学习者的生理信息数据进行采集,如心率、血压、皮肤电、脑电等,进而分析学习者的情绪状态。例如,白璐迪等使用小波变换、样本熵等技术进行脑电图(Electroencephalogram,EEG)特征的提取,利用LSTM来提高学习者情绪识别的准确度;申丽萍等利用学习者的心率(HR)、血压(BVP)、皮肤电导(SC)和脑电图信号,对学习者的四种情绪状态进行识别,取得了86.3%的准确率,并将学习者情绪感知模型与在线学习平台结合,探索学习者情绪的演变规律以及如何使用情感反馈来改善学习体验;赖槿峰等构建了基于皮肤电反应(Galvanic Skin Response,GSR)、脑电图、HR、肌电图(Electromyography,EMG)的学习者生理信息数据集,利用支持向量机模型对学习者的情绪状态进行识别,取得了比单一模态数据更高的准确度。

生理信息可以直接或间接地反映人体的情绪变化,因为情绪会引起自主神经系统和内分泌系统的调节,从而影响各种生理参数。用于实现情感状态识别的常见生理信息有以下几种。

(1) 脑电图

测量大脑神经元活动产生的电压波动。脑电图信号可以反映大脑对情绪刺激的反应,以及情绪对大脑功能的影响。脑电图信号可以分为不同的频率范围,如δ、θ、α、β和γ波,它们与不同的情绪状态有关。

(2) 心电图

记录心脏电活动。心电图信号可以反映心率、心率变异性、心律失常等指标,它们与情绪的强度和效价有关。

(3) 肌电图

测量肌肉收缩时产生的电信号。肌电图信号可以反映肌肉紧张度、疲劳度、疼痛程度等指标,它们与负性情绪(如愤怒、恐惧、厌恶等)有关。

(4) 皮肤电反应

测量皮肤导电性变化。皮肤电反应信号可以反映皮肤湿度、汗腺活动、血管收缩等指标,它们与情绪的唤醒度和兴奋程度有关。

(5) 皮肤温度(Skin Temperature,SKT)

测量皮肤表面温度。皮肤温度信号可以反映血液循环、代谢水平、压力水平等指标,它们与情绪的效价和优势度有关。

基于生理信息的学习者情感识别主要包括以下几个步骤。

(1) 生理信号采集。这一步是使用专门的传感器或设备来测量和记录学习者在学习过程中产生的生理信号,如心电图、血氧饱和度、皮肤电阻等。

(2) 生理信号预处理。这一步是对原始的生理信号进行去噪、滤波、分段、归一化等操作,以便后续的特征提取和分类。

(3) 特征提取。这一步是从预处理后的生理信号中提取有助于情感识别的特征,如时间域特征、频域特征、时频域特征等。

(4) 情感分类。这一步是利用机器学习或深度学习算法,根据特征向量将生理信号分为不同的情感类别,如积极、消极、中立等。

（5）情感可视化。这一步是将情感分类的结果以图表或图像的形式展示出来，以便于分析和理解。

基于生理信息的学习者情感识别面临着一些挑战：

（1）生理信号的质量和数量。生理信号可能存在噪声、干扰、失真等问题，影响情感识别的准确性和效率。同时，生理信号可能不足以覆盖所有的情感类型和场景，导致模型的泛化能力不足。

（2）生理信号的个体差异。不同的学习者可能有不同的生理特征和反应，影响情感识别的稳定性和可靠性。例如，有些人可能对某些刺激更敏感，而有些人可能面对这些刺激更平静。

（3）生理信号与其他模态的融合。除了生理信号外，还有其他模态可以用于情感识别，如面部表情、语音语调、文本内容等。如何有效地融合多种模态的特征是一个关键问题。

6. 基于多模态数据的学习者情感识别

基于多模态数据的学习者情感识别是指利用学习者的面部表情、语音语调、手势动作、生理信号等多种模态的数据，来判断学习者在学习过程中的情绪状态，如高兴、悲伤、愤怒、厌恶等。这种方法可以有效地利用不同模态之间的互补信息，提高情绪识别的准确性和鲁棒性。例如，罗珍珍等利用智慧教室环境下学习者的头部姿势、面部表情和交互行为数据，构建了多模态的情绪识别数据集，利用条件随机森林和分层随机森林算法，对学习者的情绪状态进行识别；马尔姆贝格（Malmberg）等利用皮肤电数据和面部表情数据，探究在协作学习的不同阶段学习者的情绪状态和交互模式对学习的调节作用；孙波等构建了面向真实课堂教学环境的多模态情感数据集，利用学习者的面部表情、眼睛动作、头部姿势、身体动作和手势等信息，对学习者实时的情绪状态进行识别，并采用 PAD 情感描述模型对学习者的情绪状态进行标记；阿斯温（Ashwin）等构建了基于在线学习和真实课堂环境下学生面部表情、手势和身体姿态的多模态情感数据库，利用 Inception V3 模型实现对学习者的情绪状态的识别，取得了较高的准确率。现有的相关研究表明，多模态符号系统的表达能力要强于单模态系统的表达能力，多模态数据的引入能够有效提升学习者情绪识别的准确率，为学习者情绪感知研究的开展带来新机制。

基于多模态数据进行学习者情感状态识别，主要步骤包括。

（1）数据采集。运用相机、麦克风、传感器等设备，收集学习者在特定场景下的多模态数据，如视频、音频、眼动、心率等。

（2）特征提取。对每种模态的数据进行预处理，并提取特征，得到相应的特征向量，如面部特征点、语音频谱、眼动瞳孔大小等。

（3）模态融合。将不同模态的特征向量进行融合，形成一个综合的多模态特征向量。融合的方法有多种，如数据级融合、特征级融合、决策级融合和模型级融合等。

（4）情绪分类。根据多模态特征向量，使用机器学习或深度学习的方法，对学习者的情绪状态进行分类或回归，得到相应的情绪标签或分数。

基于多模态数据的学习者情感状态识别有许多应用场景，如智能教育、智能辅导、智能评测等。通过识别学习者的情绪状态，可以及时地调节学习者的心理状态，提高学习效率和效果，实现个性化和适应性的教学。

5.5 学习者画像的应用

学习者画像是指利用数据挖掘和机器学习等技术,从学习数据中提取和表示学习者的知识、认知、情感、行为等方面的特征,并根据这些特征进行分类或聚类,以形成不同类型或层次的学习者模型。学习者画像是智能教育系统中的一个重要功能,可以帮助实现个性化和适应性的教学和学习。常见的学习者画像的应用有以下几种。

1. 学习者分组或分层

学习者分组或分层该应用是指根据学习者画像中的特征,将学习者分为不同的组或层,并根据不同的组或层提供不同的教学内容、策略、方法、资源等,以满足不同的学习需求和实现不同的学习目标。例如,根据学习者的知识水平,将学习者分为初级、中级和高级三个层次,并根据不同的层次提供不同难度和深度的教学内容;根据学习者的认知风格,将学习者分为左半球优势、右半球优势和双半球平衡三个类型,并根据不同的类型提供不同形式和方式的教学资源。

2. 学习者推荐或引导

学习者推荐或引导应用是指根据学习者画像中的特征,向学习者推荐或引导一些适合他们的教学内容、策略、方法、资源等,以激发他们的兴趣和动机,提高他们的效率和效果。例如,根据学习者的兴趣爱好,向学习者推荐或引导一些与他们相关或感兴趣的教学内容或资源;根据学习者的情感状态,向学习者推荐或引导一些能够调节或改善他们情感的教学策略或方法。

3. 学习者反馈或评估

学习者反馈或评估应用是指根据学习者画像中的特征,向学习者提供一些针对性和及时性的反馈或评估,以帮助他们了解自己的学习状况和进步情况,提高他们的自我监控和自我调节能力。例如,根据学习者的知识掌握情况,向学习者提供一些形成性或总结性的测试或考试,并给出相应的分数或等级;根据学习者的行为表现情况,向学习者提供一些描述性或预测性的报告或建议,并给出相应的评价或干预。

4. 学习者个性化或适应性

学习者个性化或适应性应用是指根据学习者画像中的特征,对智能教育系统进行个性化或适应性调整,以适应不同类型或层次的学习者,并提高他们的满意度和忠诚度。例如,根据学习者的偏好设置,对智能教育系统在界面、语言、主题等方面进行个性化调整;根据学习者的能力水平,对智能教育系统在难度、速度、反馈等方面进行适应性调整。

5.5.1 学习者画像实现流程

目前,数据的多样性、异质性以及庞大的数据规模给学习用户画像的构建带来了极大挑战。学习者画像流程架构是学习用户画像研究的重要基础内容,能对整个建构过程进行全局性规划,对画像分析、实践和应用全过程起指导作用。基于对相关理论和文献的分析,提出学习用户画像逻辑实现框架,包括画像目标确定、数据采集与清洗、学习者画像模型建构、学习者标签提取、画像输出与评价五个环节,具体如图 5-3 所示。

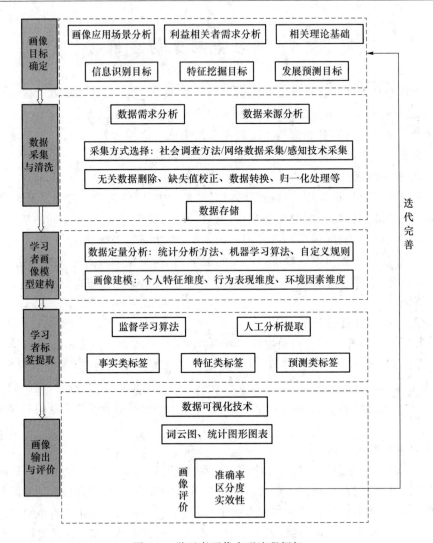

图 5-3 学习者画像实现流程框架

1. 画像目标确定

目标确定在以往的学习用户画像研究中很少被明确地提及。然而,学习用户画像日渐丰富的应用场景、体量惊人的数据类型和令人眼花缭乱的分析技术,使得明确画像构建目标、保证画像建构意义变得十分必要。这将有助于划分画像构成要素和模型构建,从而确定画像的数据选择和结果呈现。目标确定环节以画像应用场景分析和利益相关者需求分析为基础,可从信息识别目标、特征挖掘目标、发展预测目标三大类别逐步细化,分别为学习者、教师、管理人员提供精准化支持服务。

2. 数据采集与清洗

数据是学习分析和画像构建的基础。为了保证学习者画像构建的质量,开发人员可依据目标确定阶段的需求分析,开展数据需求分析(包括数据采集方式的可行性选择)、数据来源分析(包括数据来源的可及性分析),以指导数据采集的方向和范围。融合社会调查方法(访谈、观察、问卷调查)、网络数据采集(网络爬虫、平台数据库)、感知技术采集(可穿戴设备、智能终端采集)等多种方法,既注重线上数据与线下数据的结合,也兼顾外显行为和心理生理特征数据的结合。采集来的数据需要经过清洗才能用于分析与建模。数据清洗过程涉及无关数据删除、缺失值校正、数据格式处理和归一化处理等。

3. 学习者画像模型建构

学习者画像模型的建构是全流程中至关重要的一步。根据数据、信息、知识和智慧（DIKW）金字塔层次体系，学习者画像模型中保存的即为信息或知识，它们已经对学习者实现了量化表征。因此，学习者画像模型建构过程实质上是采用定量分析的方法对数据进行分析提炼，从而填充模型各维度内容。模型建构的分析方法决定了最终学习者画像的准确度，模型生成结果的颗粒大小决定了最终学习者画像的精细度。模型建构过程应充分分析数据特征，以建构目标为导向，精心融合统计分析、机器学习、基于理论的自定义规则等多种分析方法。

4. 学习者标签提取

这一步骤的核心工作是将学习者模型转换为语义化的标签，即对学习者的某一特征进行评价分类，如根据学习时长判断某学习者是"持之以恒者"还是"临时抱佛脚者"。其过程是在定量分析的基础上结合定性分析，可以应用人工分析提取、监督学习的方法实现。作为学习者画像区别于其他用户分析的重要特点，提取出的学习者画像标签需要具备语义化和短文本两项特征。语义化便于画像的各相关利益者理解其含义，短文本以供后续应用时作进一步加工处理。

5. 画像输出与评价

将学习者画像直观明了地呈现给各相关利益者，即为学习用户画像的输出。该环节可以使用词云/云、统计图形图表等数据可视化技术实现。直至画像输出，单轮学习用户画像构建流程便结束了。而完整的学习用户画像是一个不断迭代完善的过程，还需要结合应用情境对画像进行评价和修正。评价指标需根据不同的建构目标，从准确率、区分度和时效性三个方面进行制定。评价方式可以采用问卷调查、回访画像对象、与使用画像前应用效果进行对比分析等。

5.5.2 基于大数据分析的在线学习者画像案例

学习者画像作为现实世界中学习者的属性描绘，在大数据时代来临与在线教育兴起的背景下，对学习风险预警和个性化教学的开展意义重大。本案例在在线学习者画像研究与应用方面的创新之处体现在三个方面。首先，提出使用一个单调可微的函数来统一量化不同类型的学习行为数据，解决了目前不同类型的学习行为数据无法量化比较和分析的问题。其次，使用大数据技术 Hadoop 和 Spark 设计了学习者画像建模框架，并基于国内某大学网络教育学院 11 万多学生，千万级别的学习者基本属性和学习过程数据，通过海量的数据清洗和计算，高度精练提取的抽象出五个标签，分别是讨论参与度、学习活跃度、作业参与度、作业得分效率和上网活跃度。最后，使用能力-参与度模型为学习者进行画像建模，并基于画像模型为每一个学生进行详细的学习问题诊断，再根据学生的问题，设计相对应的教学干预策略，以提高学生的参与度和能力值。下面详细介绍学习者画像的数据收集、标签设定和用户建模。

本案例使用 Hadoop 和 Spark 技术对学习行为进行画像，详细的学习者画像框架如图 5-4 所示，学生在教务与教学系统的学习行为数据被存储在关系型数据库中，通过使用

Spark RDD 从数据库中读取学生的海量学习行为数据,然后,写入 Hadoop 的分布式文件系统 HDFS,随后,使用 Spark DataFrame 清洗数据,并将干净的数据存储到 HDFS 中,接着,使用 Spark SQL 对数据进行计算处理,将计算结果存储到 MySQL 中,最后,使用可视化技术从 MySQL 中读取数据,进行可视化展示。

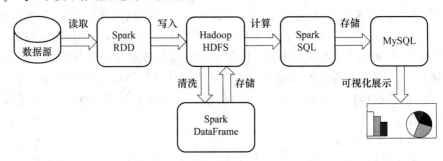

图 5-4　学习者画像框架

1. 数据收集

(1) 数据来源分析

在线学习环境中的学习行为通常包括:浏览网页的次数、登录次数、浏览教学计划的次数、查找资源的次数、下载资源的次数、回复帖子数、修改帖子数、做作业等。在线学习行为通常可以分为两类。一类是个人行为,主要是学习者个人与学习平台、资源之间发生的交互。例如,登录平台数、观看课件数等。第二类是交互行为,主要是学习者与教师、同伴之间的交互。例如,回复同伴的次数、教师回复的次数等。本研究基于某大学网络教育学院累计 10 年的数据,共计 11 万多学生千万级别的数据量,数据分类包括课程内容、学习记录和学籍信息三个类别,详细的数据信息如表 5-4 所示。

表 5-4　数据来源分析

标签名称	数据来源	数据分类	数量/条
讨论参与度	课程模块	课程内容	4 573
	课程知识点	课程内容	20 984
	课程讨论	课程内容	198
	讨论记录	学习记录	333 793
	课程学习记录	学习记录	1 401 170
学习活跃度	课程信息	课程内容	389
	每次课程学习详细记录	学习记录	11 589 595
	知识点学习记录	学习记录	257 862
	知识点学习详细记录	学习记录	22 496 195
	学生选课信息	学籍信息	1 937 356
	培养计划课程信息	学籍信息	3 994
作业参与度	课程学习记录	学习记录	1 401 170
	作业记录	学习记录	3 868 330
	每次做作业详细记录	学习记录	9 656 515

续表

标签名称	数据来源	数据分类	数量/条
作业得分效率	课程学习记录	学习记录	1 401 170
	作业记录	学习记录	3 868 330
	每次做作业详细记录	学习记录	9 656 515
上网活跃度	所有学生信息	学籍信息	111 011
	毕业学生信息	学籍信息	67 237
	用户登录记录	学籍信息	7 630 241

(2) 统一量化方法研究

因为五个维度的学生数据指标不统一、不连续，也不在同一个数量级上，例如，参与讨论的次数、作业得分、上网频率等，所以无法直接进行对比。我们希望有一个单调可微的函数来标准化这些指标数据，于是便找到了函数 $y=1-\mathrm{e}^{\frac{-x^2}{a}}$，如图 5-5 所示，此函数特点是开始变化快，逐渐减慢，最后饱和，利用此公式，可以将算出的指标标准化到 $[0,1]$ 区间。通过计算此函数的拐点，我们发现拐点的坐标值为 $\left(\sqrt{\frac{a}{2}}, 1-\mathrm{e}^{-\frac{1}{2}}\right)$，不管参数 a 取何值，拐点处的 y 值为常数，大小近似为 0.4，如果假设拐点的横坐标 x 取值为学生数据指标的平均值，则可以根据公式 $a=2\mathrm{avg}(x)^2$ 求出参数 a 的值，就可以通过这个函数标准化数据，把五个维度的数据放在统一的数量级上进行比较。

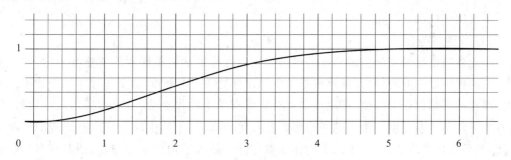

图 5-5 函数曲线变化图

2. 标签设定

(1) 讨论参与度

Macfadyen 和 Dawson 证明了学生发帖数量能够表征学生学习成绩的变化，所以，讨论参与度被设计为标签，该标签反映了学生讨论学习的积极性。先计算出学生单课程的讨论参与度，即每个学生在一门课程中的讨论参与度，再根据学生单课程的讨论参与度，计算出以下三种讨论活跃度。课程平均讨论参与度，获取每门课程对应所有学生的讨论参与度，然后求平均值，即每门课程的平均讨论参与度。学生平均讨论参与度，获取每个学生对应所有课程的讨论参与度，然后求平均值，即每个学生的平均讨论参与度。总体平均讨论参与度，获取所有学生所有课程的讨论活跃度，然后求平均值，即总体平均讨论参与度。下面详细介绍如何计算学生单课讨论参与度。

首先，计算每个学生的 x 值，x 为每个学生参与每门课程的讨论次数除以每门课程所要求的讨论次数。其次,求出 x 的平均值 $\mathrm{avg}(x)$。再次,将平均值代入公式 $a=2\mathrm{avg}(x)^2$,求出参数 a 的值,最后,将每个学生的 x 值和参数 a 值代入公式 $y=1-\mathrm{e}^{\frac{-x^2}{a}}$,求出学生单课程的讨论参与度 y。

(2) 学习活跃度

学习活跃度反映了学生学习的积极性。先计算出学生单课程的学习活跃度,即学生在一门课程中的学习活跃度,再根据学生单课程的学习活跃度,计算出以下三种活跃度。课程的平均学习活跃度,获取该课程对应所有学生的学习活跃度,然后求出平均值,即课程所有学生的平均学习活跃度。学生的平均学习活跃度,获取每个学生对应所有课程的学习活跃度,然后求出平均值,即每个学生的平均学习活跃度。总体平均学习活跃度,获取所有学生所有课程的学习活跃度,然后求出平均值,即总体平均学习活跃度。下面详细介绍如何计算学生单课程的学习活跃度。

首先,分别求出在一门课程中学生的学习次数活跃度和学习时间活跃度的 x 和 a 值。学习次数活跃度的 x 值,x_{number} 为学生参加某门课程学习的总次数除以该课程学习时长。学习时间活跃度的 x 值,x_{time} 为学生参加某门课程学习的总时间除以该课程学习时长。课程学习时长为课程学习结束的日期减去该课程学习开始的日期,按天计算。学习次数活跃度的 a 值,将学习次数活跃度 x_{number} 的值代入公式计算出 $a_{\mathrm{number}}=2\mathrm{avg}(x_{\mathrm{number}})^2$。学习时间活跃度 a 值,将学习时间活跃度 x_{time} 的值代入公式计算出 $a_{\mathrm{time}}=2\mathrm{avg}(x_{\mathrm{time}})^2$。其次,根据公式 $y=1-\mathrm{e}^{\frac{-x^2}{a}}$,分别求出学习次数活跃度 y_{number} 和学习时间活跃度 y_{time}。最后,学生单课程的学习活跃度 $=(y_{\mathrm{number}}+y_{\mathrm{time}})\div 2$。

(3) 作业参与度

作业参与度反映了学生做作业的积极性。先计算出学生单课程的作业参与度,即学生在一门课程中做作业的参与度,再根据学生单课程的作业参与度,计算出以下三种作业参与度。课程的平均作业参与度,获取该课程对应所有学生的作业参与度,然后求出平均值,即课程的平均作业参与度。学生的平均作业参与度,获取每个学生对应的所有课程的作业参与度,然后求出平均值,即学生的平均作业参与度。总体平均作业参与度,获取所有学生所有课程的作业参与度,然后求出平均值,即总体平均作业参与度。下面详细介绍如何计算学生单课程的作业参与度。

在教学平台中,一份作业可以被重复做多次,获得的最高分被认定为该份作业的最终得分,在一门课程中,假设有 m 份作业,首先,计算出学生做单份作业的参与度,统计出学生做单份作业的 x 值,x 为重复做单份作业的次数。然后,将 x 代入公式 $a=2\mathrm{avg}(x)^2$,求出 a 值,其次,根据公式 $y=1-\mathrm{e}^{\frac{-x^2}{a}}$,将 x 与 a 代入公式,求出在一门课程中学生做单份作业的参与度 y。最后,计算学生在单课程中的作业参与度,单课程的作业参与度为 $\sum_{n=1}^{m}(y_n)\div\sum_{n=1}^{m}(x_n)$,其中,$y_n$ 为学生做第 n 份作业的参与度,x_n 为学生重复做第 n 份作业的次数。

(4) 作业得分效率

作业得分效率反映了学生做作业的得分效率。先计算出学生单课程的作业得分效率,即一个学生在一门课程中的作业得分效率,再根据学生单课程的作业得分效率,计算出以下三个作业得分效率。课程的平均作业得分效率,获取每门课程对应的所有学生的作业得分效率,然后求出平均值,即每门课程的平均作业得分效率;学生的平均作业得分效率,获取每个学生所有课程的作业得分效率,然后求出平均值,即每个学生的平均作业得分效率;总体平均作业得分效率,获取所有学生所有课程的作业得分效率,然后求出平均值,即总体的平均作业得分效率。下面详细介绍如何计算学生单课程的作业得分效率。

在一门课程中,每份作业可以被重复做多次,假设一门课程中的所有作业,共被重复做了 m 次,首先,计算出学生每次做作业的得分效率,获取学生每次作业的分数 score 和作答时间 time,求出学生每次做作业的 x 值,$x=\text{score}\div\text{time}$。其次,将 x 代入公式 $a=2\text{avg}(x)^2$,求出 a 值。再次,根据公式 $y=1-e^{\frac{-x^2}{a}}$,将 x 与 a 代入公式,求出在一门课程中,学生每次做作业的得分效率 y。最后,计算学生在单课程中的作业得分效率,单课程的作业得分效率 $=\sum_{n=1}^{m}(y_n)\div m$,其中,$y_n$ 为学生做第 n 次作业的得分效率,m 为学生重复做作业的总次数。

(5) 上网活跃度

上网活跃度反映了学生上网学习的积极性。先计算出单个学生的上网活跃度,再计算出总体平均上网活跃度,获取所有学生的上网活跃度,求出平均值,即所有学生的总体平均上网活跃度。下面详细介绍如何计算单个学生的上网活跃度。

首先,统计出每个学生的在读时长 duration(按天计算)和在读期间登录系统的次数 frequency,求出单个学生上网活跃度的 x 值,$x=\text{frequency}\div\text{duration}$。其次,将 x 代入公式 $a=2\text{avg}(x)^2$,求出 a 值。最后,根据公式 $y=1-e^{\frac{-x^2}{a}}$,将 x 与 a 代入公式,求出单个学生的上网活跃度 y。

3. 用户建模

学习者画像的五个标签设定完成后,就可以进行用户建模。本研究从学习参与程度和学习能力两个维度对学习者进行画像建模,学生的能力值为该学生所有课程期末总评成绩的平均分,学生的参与度=(学生平均讨论活跃度+学生平均学习活跃度+学生平均作业参与度+学生平均作业得分效率+学生上网活跃度)×100÷5,能力平均值为所有学生所有课程的期末总评成绩的平均分,参与平均值=(总体平均讨论活跃度+总体平均学习活跃度+总体平均作业参与度+总体平均作业得分效率+总体平均上网活跃度)×100÷5,最终得出四种用户模型,分别是:

① 能力好勤奋型(能力值≥能力平均值,参与度≥参与平均值);
② 能力好懒惰型(能力值≥能力平均值,参与度<参与平均值);
③ 能力差勤奋型(能力值<能力平均值,参与度≥参与平均值);
④ 能力差懒惰型(能力值<能力平均值,参与度<参与平均值)。

基于用户建模,通过使用学习行为标签为每一个学生进行详细的学习问题诊断。如图 5-6 所示,在一门课程中,通过使用雷达图,可以将单个学生的学习行为与所有学生的总体平均值进行对比,以查找该学生具体薄弱的学习环节。然后,根据学生的问题,设计相对应的教学干预策略,以提高学生的学习参与度和能力值。

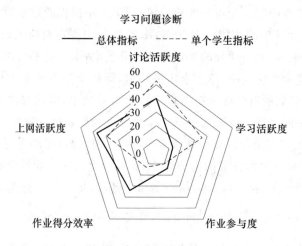

图 5-6 学习问题诊断

  干预策略的设计如表 5-5 所示,干预引擎会根据学习者的问题来进行自动和人工干预。具体的干预方式包括自动推送消息和个性化的人工指导。自动推送可以采用消息、邮件、页面弹出窗口等形式对学习者进行适时提醒。个性化的人工指导是指由教师与有学习困难的学生进行文字、语音或视频会话,以半人工或人工的方式进一步了解学生的学习状态和困难,以采取更为有效的干预措施。

表 5-5 干预策略的设计

学习行为问题	干预策略	干预方式
讨论参与度低	给学生发站内通知和短信,提醒学生参与讨论	自动推送消息
学习活跃度低	课程教师或助教给学生提供 1 对 1 个性化的学习指导,帮助学生解决学习困难,增加学生的学习次数和时间	个性化的人工指导
作业参与度低	站内消息和短信通知学生,按时提交作业	自动推送消息
作业得分效率低	课程教师或助教给学生提供 1 对 1 个性化学习指导,或给一批有同样问题的学生提供知识点直播讲解	个性化的人工指导
上网活跃度低	学生支持服务的老师给学生打电话,提供个性化的支持服务,增加学生上网次数和时间,有效降低学生的流失率	个性化的人工指导

本 章 小 结

  本章主要介绍了学习者画像的理论及建模技术,主要包括:学习者画像的概念及发展、认知风格建模、知识追踪建模、情感状态建模和学习者画像的应用。

  第一,本章详细介绍了学习者画像的概念及发展,分别介绍了学习者电子档案袋、学习者模型、用户画像和学习者画像之间的联系与区别。第二,详细介绍了认知风格建模的理论及技术,重点介绍了认知风格模型、认知风格识别方法和认知风格自动识别技术。第三,详细介绍了知识追踪建模的理论及技术,重点介绍了基于马尔可夫过程的知识追踪模型、基于逻辑回归的知识追踪模型以及基于深度学习的知识追踪模型。第四,详细介绍了情感状态建模的理论及技术,重点介绍了学习者情感模型以及情感状态识别方法。第五,介绍了学习者画像的应用,重点介绍了学习者画像的实现流程和基于大数据分析的在线学习者画像应用案例。

习　题

1. 什么是学习者电子档案袋？它有什么作用？
2. 什么是学习者模型？它和用户画像有什么区别？
3. 什么是学习者画像？它和用户画像有什么联系？
4. 请简要介绍认知风格的概念和模型,认知风格对学习者的学习效果有什么影响？
5. 请简要介绍认知风格识别方法,分别举例说明每一类别的具体方法。
6. 请简要介绍认知风格自动识别技术的基本原理和步骤？
7. 请设计一个基于问卷的认知风格识别方法。问卷应包含至少 10 个问题,每个问题应有 4 个选项,并给出相应的评分标准。
8. 请使用 Python 编写一个基于 K-means 聚类算法的认知风格自动识别程序。程序应能够读取一个包含学习者行为数据的 CSV 文件,并输出每个学习者的认知风格类别。
9. 什么是知识追踪？它有什么作用？
10. 请简要介绍基于马尔可夫过程的知识追踪模型的基本原理和特点。该模型有哪些优势和局限性？
11. 请简要介绍基于逻辑回归的知识追踪模型的基本原理和特点。该模型有哪些优势和局限性？
12. 请简要介绍基于深度学习的知识追踪模型的基本原理和特点。该模型有哪些优势和局限性？
13. 请设计一个基于马尔可夫过程的知识追踪模型。给出模型中涉及的状态、转移概率、观测概率等参数的定义和计算方法。
14. 请设计一个基于深度学习的知识追踪模型。给出模型中涉及的神经网络结构、输入输出、损失函数、优化算法等方面的具体方案。
15. 请使用 Python 编写一个基于逻辑回归的知识追踪程序。程序应能够读取一个包含学习者答题数据的 CSV 文件,并输出每个学习者的知识状态和预测正确率。

参 考 文 献

[1] 乔惠. 基于 xAPI 的开放学习者画像的构建与应用研究[D]. 上海：华东师范大学,2018.
[2] 卢宇,王德亮,章志,等. 智能导学系统中的知识追踪建模综述[J]. 现代教育技术,2021,31(11):87-95.

[3] 王一岩,刘士玉,郑永和.智能时代的学习者情绪感知:内涵、现状与趋势[J].远程教育杂志,2021,39(2):34-43.

[4] 莫尉.学习者画像建构及应用研究[J].湖南理工学院学报(自然科学版),2021,34(3):64-69.

[5] 刘三女牙.计算教育学[M].北京:科学出版社,2021.

第6章 自适应学习

人工智能经过60多年的演进,已经迈入新的发展阶段,呈现出深度学习、跨界融合、人机协同、群智开放和自主控制等新特点,成为推动社会进步的重要动能。将人工智能技术应用于教育的自适应技术业已成为研究的热点,在2015—2023年间发布的《地平线报告》中,自适应技术是出现频率最高的关键性技术。自适应技术支持的自适应学习是针对学生学习过程中产生的知识状态、互动参与、练习交互等数据,调整对学习内容的推荐,改变学习路径的方式,提供千人千面的个性化教学和辅导。维基百科给出的自适应学习定义:自适应学习是一种运用计算机作为互动教学设备,根据每个学生的独特需求对人力和媒体化资源的分配进行安排的教育方法。这项技术涉及计算机科学、教育、心理学、脑科学等多个研究领域。培生(Pearson)教育有限公司在《解码自适应学习》报告中将自适应学习定义为一种教育科技手段,它自主为每位学生提供适应性的独立帮助,并在现实中与学生进行实时互动。

6.1 自适应学习系统的发展历程

自适应学习系统是人工智能技术在教育领域应用的主要成果之一,能根据每个学生的学习成绩、需求和偏好等智能调整课程、材料和评估等,为学生提供定制化的学习体验和路径。自适应学习系统最早可追溯到20世纪70年代类似自动化辅导教师的"智能辅导系统"的出现,不同研究者对自适应学习系统的称谓不尽相同,如智能导学系统(ITS)、自适应学习支持系统(ALSS)、适应性 E-Learning 系统(AES)等,但其核心作用是相同的,即为学习者提供更加高效地、适应个体特征的适应性学习支持。

麦卡锡、明斯基等科学家在1956年夏天于美国达特茅斯学院召开的"如何用机器模拟人的智能"研讨会上,首次提出"人工智能(Artificial Intelligence,AI)"这一概念,人工智能学科自此诞生。人工智能的发展历程充满曲折起伏,经历了三次发展高潮。Jaime Carbonell 在1970年创造了第一款自适应学习系统——SCHOLAR 系统,时值人工智能的第一次发展高潮阶段,此后,基于人工智能的自适应学习系统的发展历程与人工智能也是高度一致的。本节按照时间维度,从代表性技术、标志性事件、代表性自适应学习系统、主导的学习理论、主导的人机交互技术以及自适应学习关键技术六个方面对人工智能在不同发展阶段下的自适应学习系统进行了总结梳理,见表6-1。

表 6-1 基于人工智能的自适应学习系统发展历程

序号	发展阶段	时间段	代表性技术	标志性事件	代表性自适应学习系统	主导的学习理论	主导的人机交互技术	自适应学习关键技术
1	第一次发展高潮	1956—1973	LISP 语言、第一代神经网络、语义网络、进化策略、逻辑回归模型、强化学习等	1956 年，塞缪尔设计了"跳棋程序"，并在 1962 年，打败了伊利诺伊州跳棋冠军	SCHOLAR	行为主义学习理论	基于键盘和字符显示器的第一代人机交互技术	语义网络、知识推理与解释、规则推理
2	第一次发展低谷	1974—1979	框架知识表示、知识工程、遗传算法等	塞缪尔设计的跳棋程序停留在了战胜州冠军。机器翻译领域一直无法突破自然语言理解	SOPHIE、MYCIN、BUGGY、WHY、WEST			产生式规则、框架知识表示、知识工程
3	第二次发展高潮	1980—1986	专家系统、Hopfield 神经网络、反向传播算法、经典机器学习算法（决策树、贝叶斯网络等）	卡耐基梅隆大学为日本 DEC 公司设计 XCON 专家规则系统。1980 年，汉斯·贝利纳设计的计算机系统战胜双陆棋世界冠军	LISP Tutor、Geometry Tutor、PROUST	认知主义学习理论	基于鼠标、键盘和图形显示器的第二代人机交互技术	专家系统、认知诊断
4	第二次发展低谷	1987—1992	卷积神经网络、经典机器学习算法（Boosting、C4.5 等）、强化学习（Q-Learning、REINFORCE 等）	1990 年，人工智能计算机 DARPA 失败，政府投入缩减。1989 年，Yann LeCun 通过卷积神经网络实现了手写文字编码数字图像识别。	PIXIE、CIRCSIM-Tutor、Smithtown、Bridge			专家系统、认知诊断、自然语言对话
5	第三次发展高潮	1993—2010	递归神经网络、语义网、深度神经网络、经典机器学习算法（支持向量机、随机森林等）、强化学习（Actor-critic 等）	1997 年 IBM 的国际象棋机器人深蓝战胜国际象棋冠军加里·卡斯帕罗夫，同年两位德国科学家提出了 LSTM 网络，可用于语音识别和手写文字识别	Auto-Tutor、AHP-Tutor、Knewton、ALEKS、Realizelt、CogBooks、DreamBox	建构主义学习理论	基于多媒体技术的第三代人机交互技术	知识本体、贝叶斯知识跟踪、知识空间理论、概率图模型、协同过滤推荐系统

续表

序号	发展阶段	时间段	代表性技术	标志性事件	代表性自适应学习系统	主导的学习理论	主导的人机交互技术	自适应学习关键技术
6	新一代人工智能	2011—至今	知识图谱、生成对抗网络GAN、Transformer神经网络模型、深度强化学习、生成式人工智能技术	2016年AlphaGo战胜围棋世界冠军李世石。2022年11月，OpenAI推出智能聊天机器人ChatGPT	Smart Sparrow、松鼠AI、智学网、AITutor、Declara、Knowre	建构主义学习理论、具身认知学习理论	基于多模态智能交互的第四代人机交互技术	领域知识图谱、个性化学习推荐技术、学习分析及预测技术、生成式人工智能技术

自适应学习系统作为实现个性化学习的有效途径之一，在其诞生至今的50多年里，一直是教育领域的研究热点。布鲁姆两个标准差实验结论表明，普通学生接受一对一家教后可以变成尖子生，成绩可以提高两个标准差。但这一可喜的结论仅仅是人类教师对学生教育的结果，截至目前，计算机教学系统对学生的一对一教学效果是无法达到两个标准差的，因此，如何使计算机教学系统实现布鲁姆两个标准差的学习变化将成为教育技术研究者的努力目标。

6.2 自适应学习系统的模型

自适应学习系统的基本模型源自Hartley和Sleeman在1973年提出的智能教学系统基本框架，即领域模型、学习者模型和教学模型组成的三模型结构，在三模型结构的基础上，Woolf等学者提出增加接口模型，即四模型结构；Joseph beck等学者将领域模型拆分为专家模型与专家知识库，即五模型结构。目前，大多数国内外学者对自适应学习系统的结构比较公认的是四模型结构提法，即领域模型、学习者模型、教学模型和接口模型，例如，美国匹兹堡大学的布鲁希洛夫斯基（Brusilovsky）提出的自适应教育超媒体系统模型，美国陆军实验室的辛纳特拉（Sinatra）等提出的通用智能辅导框架等比较有影响的自适应学习系统模型。

自适应学习系统的模型结构属于概念模型，也称信息模型。概念模型的描述通常包括内涵和外延，内涵是指概念所反映的事物对象所特有的属性或特征，外延是指具有这些属性、特征的一个个具体的对象存在。随着人工智能技术的发展，自适应学习系统模型的内涵基本保持不变，外延随着技术的发展持续进化。本节结合自适应学习系统模型的内涵和外延两个方面特征，提出基于新一代人工智能的自适应学习系统模型结构，如图6-1所示。

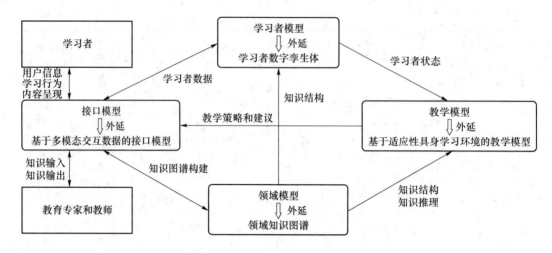

图 6-1 基于新一代人工智能的自适应学习系统模型结构

6.2.1 领域模型

1. 内涵

领域模型描述领域知识的结构,包括概念和概念间的联系。每个概念可以有不同的属性,相同属性的概念可以是不同的数据类型。概念间的联系是联系两个或更多概念的对象,具有唯一标识值和属性。该模型包含教学过程中需要的各种多元化的知识数据资源,主要用于解决系统教什么的问题。

2. 外延

在人工智能发展的不同阶段,知识表示的方法不同,领域模型的具体表现也不同。在人工智能发展的第一阶段和第二阶段,语义网络、产生式规则和框架知识表示等知识表示方法相继被提出,领域模型分别表现为基于语义网络、基于产生式规则和基于框架知识表示的领域模型,但这些知识表示方法各有缺陷,有的不能表示结构性和层次性的知识;有的不能表示过程性知识,缺乏明确的推理机制;还有的缺少标准,很难应用于实践。语义网的概念在 1998 年,即人工智能第三个发展阶段被提出,它包含的是实体、概念以及实体和概念之间各种各样的语义关系。这个阶段的领域模型具体表现为基于知识本体和基于关联数据的领域模型。进入新一代人工智能发展阶段,谷歌在 2012 年提出了知识图谱的概念,知识图谱是一种大规模语义网,它以本体作为 Schema 层,是与 RDF 数据模型兼容的结构化数据集,基于新一代人工智能的自适应学习系统领域模型具体表现为领域知识图谱。

6.2.2 学习者模型

1. 内涵

学习者模型代表学习者特征,通过实时收集和分析学习者的历史行为、生理、认知、非认知(如情绪、动机、元认知等)、偏好、社交等数据,描述每一个学习者的知识、倾向及兴趣爱好等信息。该模型需要明确学生已知什么、不知道什么以及学生的认知特点等,主要用于解决系统教谁的问题。

2. 外延

学习者模型是学习者特征的抽象表示,在人工智能发展的不同阶段,学习者建模的方法不同,学习者模型的具体表现也不同。在人工智能发展的第一阶段和第二阶段,学习者模型主要关注学习者对知识内容的理解状态,即学习者知识状态维度的建模,常用的模型有覆盖模型、微分模型、摄动模型、铅板模型和约束模型等。在人工智能发展的第三阶段,学习者建模逐渐从知识状态的单一维度建模扩展到对学习者的知识、行为、认知、情感、交互等多维度建模,例如,基于知识图谱的学习者个体领域知识建模、基于知识追踪与认知诊断的学习者认知能力建模、基于情境感知的学习者交互行为建模、基于情感计算的学习者情感态度建模等。进入新一代人工智能发展阶段,数字孪生的概念在2012年被美国国家航空航天局提出,自此,学习者建模朝着构建方式智能化、应用场景多样化、学习者与学习者孪生体共成长的方向演进,基于新一代人工智能的自适应学习系统的学习者模型具体表现为学习者数字孪生体。

6.2.3 教学模型

1. 内涵

教学模型定义了根据学习者模型中的信息来访问领域模型的各个部分的规则。该模型主要解决怎么教的问题,主要提供个性化的教学策略。教学模型接收来自学习者模型的数据,并从领域模型接收教学内容的信息,根据学习者的状态、学业表现和一定的教学原理决定教学的内容、顺序和流程。

2. 外延

在人工智能发展的不同阶段,由于主导的学习理论不同,教学模型的具体表现也不同,人工智能发展第一阶段的主导学习理论是行为主义学习理论,采用基于程序教学的教学模型,即把学习内容分解成一个个小部分并按逻辑编成程序,以逐步"提问-回答"的方法获得学生的反馈结果,根据结果判断进入下一程序的学习,直至掌握全部内容。人工智能发展第二阶段的主导学习理论是认知主义学习理论,采用基于模式跟踪的教学模型,即通过认知诊断技术对学生的认知水平进行诊断,识别学生的认知结构、状态以及是否掌握该内容,并通过比较学生的行为与系统内部的产生式规则,解释学生的行为,提供反馈和建议。人工智能发展的第三阶段,建构主义学习理论成为主导的学习理论,教学模型为基于适应性学习支持的教学模型,该模型通过学前诊断测试和学习过程中学习者实时数据的采集和分析,实时把握学习者的认知结构、认知风格、兴趣爱好等信息,提供与学习者当前状态最适应的学习内容、学习策略和学习支持等。

随着人工智能进入新一代人工智能发展阶段,主导的学习理论是建构主义学习理论和具身认知学习理论,教学模型具体表现为基于适应性具身学习环境的教学模型,该模型根据不同学习者的认知特征、学习风格、感知器官(视觉、听觉、触觉等)、运动器官(骨、骨连结、骨骼肌等)等信息,实时且灵活地调适具身学习环境,这种调适主要体现在根据实际教学情况,实时改变教学活动流程、调整教学策略、重构学习情景等,并通过优化推荐学习资源的推送与交互方式,实现学习资料的适应性呈现和具身交互的适应性选择。

6.2.4 接口模型

1. 内涵

接口模型代表并定义了用户与自适应学习系统间的交互。该模型作为系统与用户的交互界面,为其他各个模型提供知识输入、用户信息和行为获取以及知识输出的途径。学习者模型可以使用存储于接口模型的数据预测学习者的特征,更新学习对象并验证学习者模型。教学模型通过接口模型将个性化的学习内容、导航和学习活动序列等适应性呈现给学习者。

2. 外延

在人工智能发展的不同阶段,主导的人机交互技术不同,接口模型的具体表现也不同。在人工智能发展的第一个阶段,主导的是第一代人机交互技术,主要交互工具为键盘和字符显示器,交互的内容主要有字符、文本和命令,接口模型的具体表现为基于文本数据的接口模型,学习者与系统的交互过程冗长烦琐,学习成本很高。在人工智能发展的第二个阶段,主导的是第二代人机交互技术,主要交互工具为鼠标、键盘和图形显示器,交互的内容主要有字符、文本、图像和图形,接口模型的具体表现为基于文本和图像数据的接口模型。在人工智能发展的第三个阶段,主导的是第三代人机交互技术,主要交互工具为鼠标、键盘和图形显示器、声卡和显卡,交互的内容主要有文本、图像、音频和视频,接口模型的具体表现为基于多媒体数据的接口模型,这极大地丰富了学习内容、导航和学习活动的呈现方式,使得学习者能够直观地学习具有事实和抽象等特性的学习内容。

随着人工智能进入新一代人工智能发展阶段,主导的是第四代人机交互技术,主要交互工具为鼠标、键盘、眼镜、头盔、手柄以及各种行为和生理传感器,交互的内容主要有文本、图像、语音、视频、行为(如运动、手势、表情等)和生理数据(如肌电、肤电、脑电等)等多模态交互数据,接口模型的具体表现为基于多模态交互数据的接口模型,接口模型可通过体感交互设备和技术接收学习者特定的行为和生理数据,过滤并提取特征值后发送至学习者模型。

6.3 自适应学习系统的框架

随着大数据、云计算、互联网、物联网等信息技术的发展,以深度神经网络为代表的新一代人工智能技术飞速发展,在自然语言处理、图像分类、语音识别、知识问答等特定领域,人工智能技术实现了超越人类能力的技术突破,所以,结合以上技术,提出基于新一代人工智能的自适应学习系统框架,主要包括四层,分别是:基础设施层、人工智能技术层、自适应学习关键技术层和系统应用层,如图6-2所示。

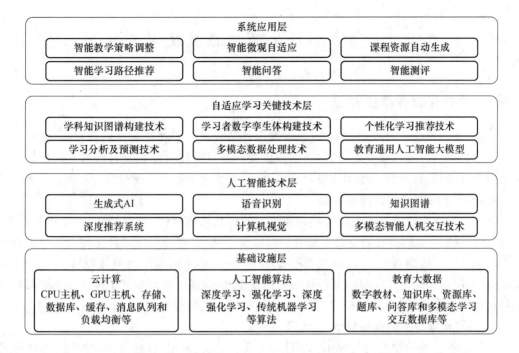

图 6-2　基于新一代人工智能的自适应学习系统框架

其中,框架的基础设施层包括云计算、人工智能算法和教育大数据,负责为其他三层提供算力、算法和算料的支持。云计算包括了 CPU 主机、GPU 主机、存储、数据库、缓存、消息队列和负载均衡等计算资源。人工智能算法包括了最新的深度学习、强化学习、深度强化学习以及传统机器学习等算法。教育大数据包括了数字教材知识库、资源库、题库、问答库、多模态学习交互数据库等大数据。最近十年,算力、算法和算料"三算"的快速发展与大规模应用,为人工智能技术层的突破提供了重要保障,使人工智能实现了从"不能用"到"可以用"的重大转变。人工智能技术层主要包括了生成式 AI、计算机视觉、语音识别、知识图谱、多模态智能人机交互技术和深度推荐系统等核心技术,这些技术在很多领域和行业得到了创新应用。例如,自动驾驶、机器翻译、生物计算、数字城市运营、知识管理和个人智能助手等。人工智能技术层为自适应学习关键技术层提供了重要支撑。自适应学习关键技术层主要包括了学科知识图谱构建技术、学习者数字孪生体构建技术、个性化学习推荐技术、学习分析及预测技术、多模态数据处理技术和教育通用人工智能大模型等关键技术,每项关键技术需要一项到多项人工智能技术的支持。例如,多模态数据处理技术基于自然语言处理、计算机视觉、语音识别和多模态智能人机交互等技术来实现。框架的最后一层是系统应用层,主要包括了智能教学策略调整、智能微观自适应、课程资源自动生成、智能学习路径推荐、智能问答和智能测评等,它是自适应学习系统功能的具体表现,目的是通过为学习者提供个性化学习方案和智能化的学习支持,提高学习者的学习兴趣、效率和效果。

总之,自适应学习关键技术层在整个框架中具有承上启下的作用,是实现自适应学习系统的关键所在,本书在其他章节已经对知识图谱、学习者画像、多模态学习分析、自动评阅等关键技术有详细的介绍,下面重点介绍个性化学习推荐技术。

6.4 个性化学习推荐技术

6.4.1 个性化推荐模型概述

目前,在个性化学习推荐领域,有大量国内外学者进行了理论与实践研究,从不同视角构建了个性化学习推荐模型,并已取得初步成效。通过对相关文献及目前的自适应学习平台进行全面分析,按照模型使用的推荐算法,可将个性化学习推荐模型归为八类。

1. 基于启发式算法的推荐模型

基于启发式算法的推荐模型应用的算法主要包括遗传算法、蚁群算法、粒子群算法等。例如,Dwivedi 等利用改进的变长遗传算法构建推荐模型,有针对性地推送符合学习者特征的学习资源;孔维梁等将改进的蚁群算法应用于学习者即将开展的活动序列设计;DeMarcos 等构建了改进二进制粒子群算法的推荐模型,并通过实验验证了这种模型的有效性和精确度。整体来说,本模型推荐效果一般,主要的应用平台有松鼠 AI、猿题库等。

2. 基于数据挖掘的推荐模型

基于数据挖掘的推荐模型应用的算法主要包括 AprioriAll 算法、决策树算法、概率图模型等。例如,姜强等采用 AprioriAll 算法构建推荐模型,挖掘学习偏好、知识水平相近的学习者群体,推荐个性化学习活动序列。Fu 等采用决策树算法构建推荐模型,通过预判学习者认知差异,为学习者推荐不同活动序列。崔炜等通过概率图模型获取学习者对邻近知识点的掌握度,进而推荐知识点序列。整体来说,本模型推荐效果一般,主要的应用平台有 Knewton、ALEKS、松鼠 AI 等。

3. 基于知识的推荐模型

基于知识的推荐模型应用的算法主要包括基于本体的推理算法和基于情境感知的推理算法。例如,Tarus 等通过建立学科领域本体和学习情境本体,基于本体的推理算法搭建了适应性学习路径推荐系统;黄志芳等建立了学习情境本体模型和学科领域本体库,并基于情境感知的推理算法构建了适应性学习路径推荐模型。整体来说,本模型推荐效果一般,主要的应用平台有智学网、Realizelt、Declara 等。

4. 基于内容的推荐模型

基于内容的推荐模型应用的算法主要包括基于向量空间模型的余弦相似度算法。例如,Ghauth 等通过基于向量空间模型的余弦相似度算法和优秀学习者的学习资源评分指标为学习资源建模,进而为学习者推荐与过往学习喜好类似的学习资源。整体来说,本模型推荐效果一般,目前没有自适应平台应用本模型。

5. 协同过滤推荐模型

协同过滤推荐模型应用的算法主要包括基于用户、基于项目、基于模型的协同过滤。例如,赵学孔等从认知水平、学习路径两个维度构建学习者模型,使用皮尔逊相关系数算法筛选相似的邻近区用户群,为学习者推荐个性化学习资源;丁永刚等提出了基于社交网络的资源推荐模型,将学习群体或学习伙伴对学习资源的评分作为资源推荐的依据;陈壮利用聚类算法对具有较高学习特征相似度的学习者进行划分,并将相似学习者的学习路径作为推荐路径。整体来说,本模型推荐效果良好,主要的应用平台有 Knewton、松鼠 AI 等。

6. 混合推荐模型

混合推荐模型应用的算法主要包括"人工神经网络算法＋基于模型协同过滤算法＋蚁群算法""基于用户协同过滤＋序列模式挖掘算法"等算法组合。例如,申云凤等利用人工神经网络算法构建相似用户模型,通过网格聚类算法实现协同过滤,采用蚁群算法优化推荐学习路径；Salehi 等提出一种基于序列模式挖掘和基于用户协同过滤的模型,为学习者推荐个性化学习资源。整体来说,本模型推荐效果良好,主要的应用平台有松鼠 AI。

7. 基于深度学习的推荐模型

基于深度学习的推荐模型应用的算法主要包括受限玻尔兹曼机和门控循环单元。例如,Ruslan 等首次提出使用受限玻尔兹曼机来构建推荐模型,用于求解 Netflix 竞赛中的推荐问题；Hidasi 等提出一种基于递归神经网络的推荐模型,此模型采用门控循环单元,输入学习会话的顺序,然后输出下一步要学习的学习项目的概率分布。整体来说,本模型推荐效果良好,目前没有自适应平台应用本模型。

8. 基于强化学习的推荐模型

基于强化学习的推荐模型应用的算法主要包括 Deep Q-learning 和 Actor-Critic。例如,Tan 等通过 Deep Q-learning 算法构建推荐模型,为学习者推荐知识点序列,并以最大化学习效率为推荐目标；Liu 等利用深度知识跟踪、认知导航和 Actor-Critic 算法构建推荐模型,为学习者推荐个性化知识点序列。整体来说,本模型推荐效果优秀,主要的应用平台有智学网。

综上所述,伴随着推荐系统在电商、娱乐、信息流等领域的大规模应用,个性化学习推荐在最近十年一直是教育领域的研究热点,使用的技术也越来越智能。但是,目前教育领域已有的推荐模型普遍存在三个主要问题。①在推荐目标方面,多数研究照搬电商、娱乐等领域的推荐模型,而忽视了学习场景与这些业务场景在推荐目标上具有本质上的不同——前者以学习效果或效率为目标,后者以用户偏好为目标。②在推荐性能的评价方面,传统推荐模型一般采用经典的评测指标如查准率(Precision)、召回率(Recall)、F1-Score、AUC(Area Under Curve)等,而个性化学习路径推荐采用学习效果和学习效率作为评价指标——目前,学习效果和学习效率的量化问题仍是具有挑战性的难题。③在推荐内容方面,多数研究推荐学习资源、学习活动、知识点序列三种内容中的一种或两种,而无法全面覆盖这三种推荐内容。针对以上三个问题,本节介绍一种融合知识图谱、深度知识跟踪、强化学习三种智能技术的个性化学习路径推荐模型,为上述三个问题的解决提供了一种全新的方案。下面就详细介绍这种推荐模型。

6.4.2 基于知识图谱深度知识跟踪与强化学习的推荐模型

在自适应学习中,一门课程包括多个学习任务,学习任务是基本的学习单元。课程的学习路径由多个学习任务组成,课程内学习路径推荐是基于课程知识图谱和学习者学习记录进行的,为课程内的学习任务规划一个学习序列,学习者沿着该序列以最快速度掌握所有的学习任务。学习任务的学习路径由多个学习项目(如练习、资源、讨论等)组成,学习任务内学习路径推荐是基于学习任务的学习目标和学习者学习记录进行的,为学习任务中的学习项目规划一个学习序列,学习者沿着该序列以最快速度达到学习任务要实现的学习目标。

因此，本节提出的个性化学习路径推荐模型由课程内学习路径推荐模型和学习任务内学习路径推荐模型组成。

1. 课程内学习路径推荐模型

课程内学习路径推荐模型通过课程知识图谱确定学习任务的先修后继关系，使用DKT模型确定学习任务的难易程度，按照先易后难的教学原则推荐学习任务。课程内学习路径推荐模型的设计如图 6-3 所示，具体包含以下环节。

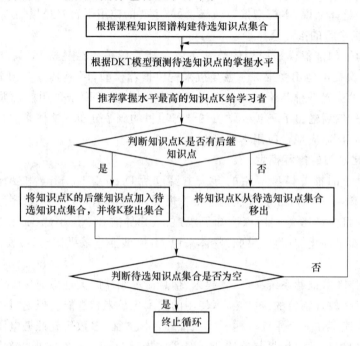

图 6-3　课程内学习路径推荐模型

① 学习者开始学习一门课程前，将课程中所有学习任务的目标知识点映射到课程知识图谱中，如图 6-4 所示。其中，K6 是离散知识点，K1 是根知识点。K1 是学习 K5、K2、K3 前需要掌握的知识，因此 K1 是 K5、K2、K3 的先修知识点。同理，K2、K3 是 K4 的先修知识点。待选知识点集合由未学的离散知识点和根知识点构成。

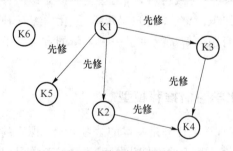

图 6-4　课程知识图谱

② 将学习者的学习记录进行 one-hot 编码后输入 DKT 模型，预测待选知识点的掌握水平。

③ 向学习者推荐掌握水平最高的知识点 K。需要注意的是，如果学习者属于"冷启动"状态，即还未产生任何学习记录，DKT 将无法进行预测，此时可以采用随机抽取的方式推荐知识点 K。

④ 使用学习任务内学习路径推荐模型，为学习者推荐知识点 K 相关的学习项目。

⑤ 当知识点 K 通过后，判断知识点 K 是否存在后继知识点，即判断 K 是否为某一知识点的先修内容，若是，则进入环节⑥；若否，则将 K 从待选知识点集合中移出，然后进入环

节⑦。

⑥ 将知识点 K 的后继知识点加入待选知识点集合中,并将 K 从待选知识点集合中移出。

⑦ 判断待选知识点集合是否为空,若是,则终止循环;若否,则返回至环节②,继续进行推荐。

2. 学习任务内学习路径推荐模型

学习任务内学习路径推荐(Learning Path Recommendation within Learning Task,LPRLT)模型基于强化学习的 Q-Learning 算法构建,其设计如图 6-5 所示,具体包含以下环节。

① 对 LPRLT 模型中的状态、动作、奖励和 Q-table 进行定义。其中,状态是指某一时刻学习者对学习任务中目标知识点的掌握状态,即智能体选择一个动作后,由 DKT 模型预测目标知识点的掌握水平,其取值为[0,1]区间的数,用 s 表示。动作是学习者学习一个学习项目有两种结果,即掌握或未掌握,将这两种结果视为两个动作,动作用 $a(a \in A)$ 表示,a_{i0} 表示学生未掌握第 i 个学习项目,a_{i1} 表示学生掌握第 i 个学习项目,假设

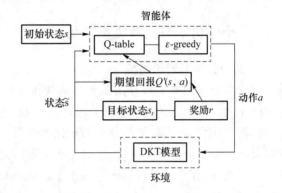

图 6-5 学习任务内学习路径推荐模型

一个学习任务中有 N 个学习项目,则对应有 $2N$ 个动作。奖励是指环境从当前状态 s_j 执行某个动作 a_{i0} 或 a_{i1} 后的状态达到了目标知识点的学习目标,即达到了目标状态值 s_t,奖励值 r 为 1;否则,r 为 0。奖励 $R(s,a)$ 如式(6-1)所示,其中 (s,a) 为当前的状态和动作,$\tilde{s}$ 为当前状态 s_j 执行动作之后的状态。

$$R(s,a) = \begin{cases} 1, & \tilde{s} \geqslant s_t \\ 0, & \tilde{s} < s_t \end{cases} \quad (6\text{-}1)$$

$$Q = \begin{bmatrix} Q(s_1,a_{10}) & Q(s_1,a_{11}) & Q(s_1,a_{20}) & Q(s_1,a_{21}) & \cdots & Q(s_1,a_{i0}) & Q(s_1,a_{i1}) & \cdots & Q(s_1,a_{i0}) & Q(s_1,a_{i1}) & \cdots & Q(s_1,a_{n0}) \\ Q(s_2,a_{10}) & Q(s_2,a_{11}) & Q(s_2,a_{20}) & Q(s_2,a_{21}) & \cdots & Q(s_2,a_{i0}) & Q(s_2,a_{i1}) & \cdots & Q(s_2,a_{i0}) & Q(s_2,a_{i1}) & \cdots & Q(s_2,a_{n0}) \\ \cdots & \cdots & \cdots & \cdots & \cdots & \cdots & \cdots & \cdots & \cdots & \cdots & \cdots & \cdots \\ Q(s_j,a_{10}) & Q(s_j,a_{11}) & Q(s_j,a_{20}) & Q(s_j,a_{21}) & \cdots & Q(s_j,a_{i0}) & Q(s_j,a_{i1}) & \cdots & Q(s_j,a_{i0}) & Q(s_j,a_{i1}) & \cdots & Q(s_j,a_{n0}) \\ \cdots & \cdots & \cdots & \cdots & \cdots & \cdots & \cdots & \cdots & \cdots & \cdots & \cdots & \cdots \\ Q(s_m,a_{10}) & Q(s_m,a_{11}) & Q(s_m,a_{20}) & Q(s_m,a_{21}) & \cdots & Q(s_m,a_{i0}) & Q(s_m,a_{i1}) & \cdots & Q(s_m,a_{i0}) & Q(s_m,a_{i1}) & \cdots & Q(s_m,a_{n0}) \end{bmatrix}$$

(6-2)

LPRLT 模型通过建立 Q-table,来计算智能体做出不同行为的奖励。$Q(s,a)$ 表示在 s 状态下智能体做出 a 行为得到的奖励,智能体将 $Q(s,a)$ 的值作为下一行为的选择依据。矩阵 Q 如式(6-2)所示,其中行表示状态、列表示动作,元素 $Q(s_j,a_{i0})$ 表示学习者在状态 s_j 下选择动作 a_{i0} 能够获得收益的期望。

在模型训练中,执行完每个动作后,模型都会利用奖励反馈对期望值 $Q(s,a)$ 进行更新。更新的期望值 $Q'(s,a)$ 的计算如式(6-3)所示,其中 $(\tilde{s}',\tilde{a}')$ 表示下一个状态及其对应的行为,

$\max\limits_{\tilde{a}'}\{Q(\tilde{s}',\tilde{a}')\}$ 表示 $\tilde{s}'$ 状态下所有动作中对应的最大 Q 值,学习率 $a=0.1$,折扣因子 $\gamma=0.9$。

$$Q'(s,a)=Q(s,a)+\alpha[R(s,a)+\gamma \cdot \max_{\tilde{a}'}\{Q(\tilde{s}',\tilde{a}')\}-Q(s,a)] \tag{6-3}$$

② LPRLT 模型的训练是通过获取不同环境下对智能体行为的奖励来更新参数。在这一过程中,状态和智能体的行为不断变化,智能体从某一初始状态到目标状态中所表现的行为可以看作是一个回合,一个回合完成后进入下一回合。在状态 s 下,选择行为 a 的规则如下:判断状态 s 下未表现的行为的 Q 值集合是否全为 0,若全为 0,则随机选择一种行为;否则,则 90% 的概率是选择 Q 值最大的行为,10% 的概率是随机选择一种行为。

③ 当 LPRLT 模型训练结束,输出训练结果 Q-table,用于学习任务内个性化学习推荐。

6.4.3 个性化学习推荐模型评估

1. 实验方法与评价指标

推荐系统常用的实验方法主要有离线仿真实验法和在线 AB 测试法。其中,离线仿真实验法在大量不同算法的实验中效率优势显著,并且适合在学术研究中应用。

目前,对学习效果和学习效率的量化仍然是一个挑战。Knewton 通过学习任务的测试成绩对学习效果进行量化评价,通过完成学习目标需要的学习项目数量对学习效率进行量化评价。此外,有研究通过知识掌握水平的提升(即 E_φ)对学习效果进行量化评价。E_φ 的计算如式(6-4)所示,其中 E_s 表示学习者对知识的初始掌握水平值,E_e 表示学习者对知识的最终掌握水平值,$E_{\sup}$ 表示学习者对知识的最高掌握水平值。

$$E_\varphi = \frac{E_e - E_s}{E_{\sup} - E_s} \tag{6-4}$$

假如使用离线仿真试验法,可以采用知识掌握水平的提升 E_φ 作为学习效果的量化评价指标,采用完成学习目标需要的学习项目数量作为学习效率量化评价指标;同时,采用推荐算法常用的查准率(Precision)、召回率(Recall)、F1-Score、AUC 作为推荐性能的评价指标。

2. 实验数据

为验证学习任务内学习路径推荐模型的有效性,通常选择真实在线学习数据训练 DKT 模型。例如,数据来源于某英语自适应学习平台上的"公共英语"课程。数据包含 17 179 个学习者在完成 23 个语法学习任务过程中所产生的学习记录,其按照 8∶1∶1 的比例切分,分别用于 DKT 模型的训练、验证和测试。实验的学习任务选取知识点"副词用法","副词用法"知识点的先修知识点是"形容词用法""动词用法";学习任务共计 40 个学习项目,包括副词 25 个、形容词 7 个、动词 8 个。

3. 实验环境设计

本节实验使用的学习效果和学习效率这两个评价指标容易受多种因素的影响,故需要对实验环境进行设计,排除或控制无关因素对实验过程和结果的干扰。

(1) 学习效果评价实验环境设计

由于已有的学习者真实学习数据只代表其在一条学习路径上的学习过程,且无法判断这条学习路径是否最优,所以真实数据不能作为观察值用于模型评价,无法像一般推荐系统

(如商品、电影等推荐系统)通过真实存在的观察值和模型预测值进行性能评价。此外,一个学习者在现实中只能产生一条学习路径的有效学习数据,而无法产生多条学习路径的有效学习数据。所以,本实验通过构造模拟器去生成数据,用于模型的学习效果评价。模拟器的主要作用是模拟学习者对模型所推荐的学习项目做出掌握或未掌握的决策,从而产生学习记录数据。

例如,采用三参数的项目反应理论(Item Response Theory,IRT)模型作为模拟器。基于 IRT 模型随机产生 2 000 个虚拟学习者,每个学习者随机生成三个初始能力值。其中,目标知识点的能力值从区间[-3,3]中随机产生,其他两个先修知识点的能力值从区间[3,4]中随机产生,表示学习者在已掌握两个先修知识点的前提下开始学习目标知识点。

(2) 学习效率评价实验环境设计

由于 IRT 模型是在假设受测者能力值不变的情况下建立的,所以基于 IRT 模型的模拟器与现实中的学习者有一定差距,不能真正代表学习者。如果使用模拟器对学习任务中的学习项目做出掌握或未掌握的决策,必然会影响完成学习目标所需的学习项目数量,这将无法保证实验结果的正确性。为排除模拟器对实验结果的干扰,本节设计了一种理想的学习场景,即在任何学习路径中学习者对推荐的全部学习项目都能做出"掌握"的决策。虽然实验环境与真实的学习场景有一定差距,但此环境有助于有效评价学习者在不同学习路径上的学习效率。

6.5 自适应学习系统的应用

6.5.1 Knewton 自适应学习系统

1993 年,第一届人工智能教育国际会议(Artificial Intelligence in Education,AIED)在英国爱丁堡举行,但早期人工智能的教育应用水平较低——当时所谓的"智能",其实就是按学习水平的高低对学生做一个简单的分层,把学生分为好、中、差三类,让每一类学生都按其相应层次的学习内容和学习路径开展学习——这是一种十分粗糙的个性化教育,其理念类似于分班,故在随后的 10 多年内人工智能教育一直不瘟不火。

随着人工智能、大数据、云计算等技术的快速发展,美国的 Knewton 公司于 2008 年宣布成立,人工智能在教育中应用的糟糕状况开始发生改变。Knewton 公司是最早将最新的人工智能技术应用于自适应学习的公司之一,其研发的自适应学习引擎能根据知识图谱中的评估内容实时评估学生的知识掌握水平,并据此动态调整下一步的学习内容和学习路径,从而实现可规模化的个性化教育。2017 年,Knewton 公司发布《2017 年学生数据洞察》报告,分析了 10 000 多名学生的学习数据,分析结果表明自适应学习使学生的学习成绩和学习效率都有了很大的提高。

1. Knewton 平台的自适应原理

Knewton 平台的自适应原理强调学习环境的适应性,要求创设个性化学习环境,以最大限度地适应学习者的不同特征,从而开展个别化学习,并针对不同能力的学习者进行"因材施教"。在 Knewton 平台看来,自适应学习系统应保持持续适应性,对学生的学习表现和活动完成质量给予及时反馈,基于正确的内容在正确的时间提供合适的学习指导,以最大化学生获取学习内容的可能性。同时,基于给定活动的完成情况,自适应学习系统应能持续引导学生逐步进入下一个活动。

为了保持持续自适应,即在任何时刻都能为学生做出个性化的学习进度安排,Knewton平台进行了概念层面的专业化数据(如知识概念掌握程度、学习投入程度、学习效率、优势劣势、活跃时间、预测分数等)采集处理,并建立了专业化数据与学习过程数据之间的关联映射。专业化的数据模型不仅能评估学生做了什么,还能在概念层面分析学生掌握了什么以及学生的学习就绪状态、认知投入、学习偏好、学习风格、学习策略等,并向学生呈现为下一步学习或评估所应该做的准备以及能力随时间变化的可视化图示。具体来说,Knewton平台的这种持续自适应主要体现在空间强化、记忆力和学习曲线、学生学习档案等方面。基于教育路径规划技术和学生能力模型,Knewton平台构建了自适应学习的基础框架,以最大程度地实现个性化。

(1) 基础结构

Knewton平台构建了一个基于规则、算法廉价的大规模规范化内容的基础设施,包括数据基础设施、推理基础设施、个性化基础设施三部分。

数据基础设施部分主要负责收集、处理海量的专业化数据,涉及用于规划和管理各个概念之间关系的自适应本体,以及用于实时流和并行分布式流数据预处理的模型计算引擎。自适应本体是一组具有直观和可拓展性的概念对象及其关系的集合,这些概念和关系容易习得,且能很方便地用于表达学习内容之间的关系,为数据分析和自适应辅导提供基础支撑。模型计算引擎采用分布式的方式进行工作,能够将任务分解为细小的计算单元,可以通过多台电脑实现高效的并行计算;而当某台电脑出现异常时,另外的电脑也能够及时取代并在任何状态下进行恢复。

推理基础设施部分的目标在于扩大数据集和从收集的数据中形成视图,包括心理测验引擎、学习策略引擎和反馈引擎。其中,心理测验引擎负责评估学生的概念掌握程度、学习效率等,并通过推理的方式来扩充学生的数据集(包括挖掘学习偏好、认知风格、知识结构、能力水平、学习进度等),最终形成能综合表征学习者学习状态的信息档案面板。学习策略引擎主要用于评估学生对教学、评估、进度安排等方面变化的敏感程度,识别学生在学习过程中对学习资源、学习环境等改变做出的反应,并据此为学生选择合适的学习策略,如提供符合学习者认知风格的学习资源和导航,提供符合学习者学习水平的测评方案等。反馈引擎负责对数据和反馈结果进行归一化处理,并将它们返回到自适应本体库中,以丰富自适应本体的元数据信息,使知识概念与学生的学习过程信息之间建立更符合实际且可用的关联,进而提高推理和分析的精准性。

个性化基础设施部分主要利用所有合并数据所构成的整体网络为学生寻找最优的学习策略,包括推荐引擎、预测分析引擎和归一化学习轨迹。其中,推荐引擎负责从目标均衡性、学生的优劣势、投入程度三个方面,为学生提供下一步操作的排序建议。预测分析引擎负责对学生的情况作预测,如达到教学目标的速率及完成程度、考试分数、概念的熟悉程度等。归一化学习轨迹的目的在于统一学生的个人账户,建立学生在不同学习应用、学科领域和学习时段与先前学习经验之间的关联,避免个性化推荐应用中常遇到的"冷启动"问题。

(2) 数据模型

数据模型是对现实数据特征的抽象,用于描述一组数据的概念和定义。对 Knewton 平台而言,数据模型是数据在系统中的存储方式,包括以下四个部分的内容。

① 知识图谱

知识图谱是概念与概念之间关系的集合,是 Knewton 平台用于精准定位学生学习状态的重要方式,其结构如图 6-6 所示。其中,圆圈代表概念;连线代表各概念之间的关系;箭头指向表示前一个概念是后一个概念的先修概念,二者之间是先修关系。Knewton 平台的知识图谱是通过自适应本体来建立的,具有可扩展、可伸缩、可测量的特性。自适应本体由模块(内容片段)、概念、内容与概念之间的关系三种元素构成,其关系类型主要有:包含,表示该内容或概念从属于更大的群组;评估,表示该内容提供了学生掌握状态的信息;教学,表示该内容在教授某个具体的概念;先修,表示学习该概念之前需要先掌握另外一个层级更低的概念。基于自适应本体,研究者和教师就能对典型的课本内容进行概念映射和标注。利用这种标注好的课本内容数据,结合学习交互数据、心理测验数据,Knewton 平台就能自动为学生生成个性化的知识图谱。

② 学生事件

学生事件是学生与学习内容交互时产生的系列数据流,主要用于对学生的能力进行实时推断。Knewton 平台收集来自不同合作伙伴产品中所生成的交互数据流信息,用于为学生的个性化分析与推荐作支撑。学生响应事件数据的存储与交换格式,包括试题编号、作答持续时间、试题所属模块、交互结束时间、得分、正误状态以及完成状态,其数据结构示意图如图 6-7 所示。

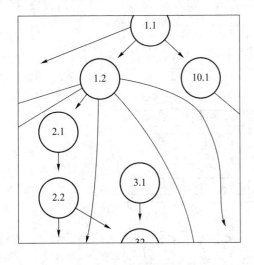

图 6-6　知识图谱结构

图 6-7　学生响应事件数据结构示意图

③ 目标管理

目标管理是对学生学习结果数据的分析和处理。Knewton 平台能够为学生提供可持续更新的学习目标档案,档案内容包括学生未学习的内容、已学习的内容、知识概念掌握的状态水平、成绩排名以及如何学得更好的推荐信息。随着学生使用平台的时间变长,档案将会变得越来越智能。目标档案数据的存储与交换格式,包括知识概念名称、所属模块、目标分数、开始时间、目标时间、推荐模块候选集、模块推荐数量等。

④ 推荐与分析 API

推荐与分析 API 作为学习者个性内容推荐与分析服务的接口,能为学习者持续提供内容推荐,并在学习进度、概念熟练程度、学习投入等方面进行精准推断。个性推荐与分析诊断数据的存储与交互格式,包括推荐模块、学习案例、目标模块、预期分数、置信区间、评估时间等。

2. Knewton 平台的核心技术

(1) 项目反应理论

项目反应理论将学习者对测试项目的反应(应答)通过表示测试项目特性的参数和被测试学习者能力的能力参数及其组合的统计概率模型来表示,其中表示项目特性的参数主要有难度系数和区分度。传统的项目反应理论一般针对问题、项目来设计相关参数,且在运用过程中通常存在两大误区:一是认为学生的能力是个常量;二是倾向于用一个参数来表示学生的能力。考虑到能力的发展变化以及多种能力之间的相互连接,Knewton 平台对传统的项目反应理论进行了扩展,并从问题层级的表现来对学生的能力建模——认为学生的能力参数会随时间而变化。同时,对学生能力的表征不再局限于某个唯一的参数,而是通过利用聚焦于概念层面的知识图谱来对学生能力进行评估和表征。

(2) Knewton API

Knewton API 是连接应用场景与合作平台的桥梁,以云服务的方式被第三方企业调用,如图 6-8 所示。

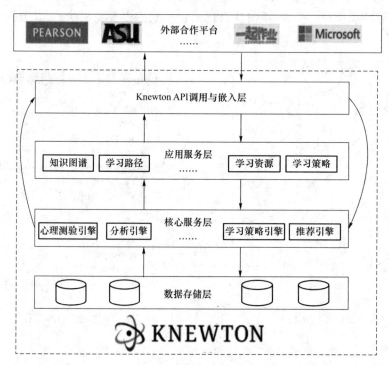

图 6-8　Knewton 平台与第三方应用集成框架

核心服务层负责与 Knewton 平台的数据库打交道,并以表单的方式向应用服务层提供预处理后的数据信息,其中典型的服务就是知识的图谱化工作。基于本体库,图服务能实时进行图式化内容的信息更新,并结合实际需求对图谱进行基于历史版本的改造。应用服务层负责与推理引擎(包括心理测验引擎、推荐引擎等)进行对接,而这些引擎的正常工作都有赖于核心服务层所提供的可直接利用的数据。API 调用与嵌入层则负责收集来自合作企业平台中产生的系列信息,并根据需要以消息的方式通知系统中的其他服务层。例如,当有内容需要加入知识图谱或学生注册了一门课程时,API 调用与嵌入层接收这些信息后,会立即通知相应的核心服务层进行响应,并在数据存储层进行存储。具体说来,Knewton API 能为合作企业提供以下三个层面的服务。

① 学习历史记录层面。Knewton API 采集了学习者在历史学习过程中所表现出的一系列学习偏好和差距信息,可帮助学生保持在新课程中保持积极性。学习历史记录档案包括学生所知道的内容、掌握的水平、学得最好的课程、如何学得最好的推荐信息,并能持续性地进行更新。

② 学习交互数据分析层面。Knewton API 能将海量数据转变为认知交互模型、估计向量、数据框架和可人为操控的视图,并向教师、家长、管理者和学生提供深层次的教学分析和内容分析报告。教学分析报告的指标包括熟练程度、就绪状态预测、分数预测、活跃时间。基于这些指标,教师可以在更加准确地知晓学生缺点的前提下指导学生,还可以年复一年地比较课程数据,按学期、按年度对课程进行改进和完善。内容分析报告可以帮助教师、出版者和管理者确定教学材料中最丰富和最薄弱的部分以及需要精细讲授和评估的部分,保证内容的持续更新,确保学生不会使用过时的教材。

③ 个性化推荐层面。Knewton API 通过综合考虑内容要素、学习者要素和目标要素来决定对下一步所应学习内容的推荐。其中,内容要素包括模块关系、教育意义、评估价值、问题难度、持续时间和学习投入程度。学习者要素包括概念熟悉程度、评估需求、复习需求、学习步调和材料重复接受度。目标要素则包括目标模块、目标分数、达标日期和可推荐模块。

3. Knewton 平台的自适应服务

Knewton 平台提供差异化的学习辅导服务,即利用项目反应理论对学生的学习状态进行测试评估,基于学生问题层面的表现而不是整体测试成绩来对学生的能力进行建模。对于理解不同问题所带来的贡献,项目反应理论并没有同等看待,而是针对每一个问题提供了包含问题信息和答题者个人能力信息的贡献计算解释。下文将以一个差异化引导任务为例,来阐述 Knewton 平台的实时自适应学习过程。

如图 6-9 所示,Amy、Bill 和 Chad 三位学生有同样的学习目标,即理解乘法公式、一位数乘法、两位数乘法和解决乘法应用题。这四个概念的先修知识分别是乘法符号、理解乘法、100 以内的整数乘法和用乘法解决问题。例如,要理解"两位数乘法"必须先理解"一位数乘法"。下方排列的小图形代表每位同学答的题目及正误信息,每道题对应的图形与它们所属的知识点框中的图形类型一致,图形的填充与否代表正误信息,实心表示正确,空心表示错误。

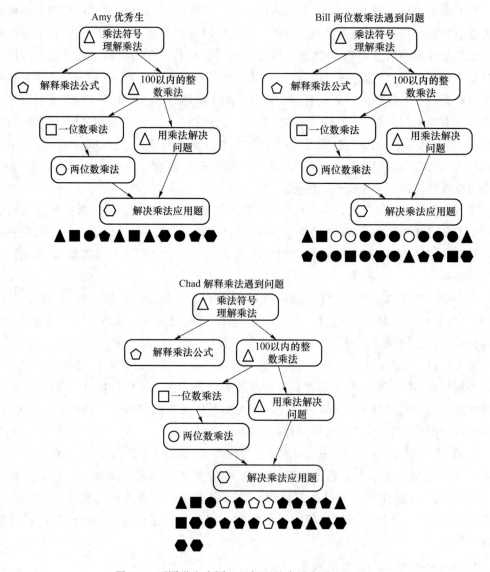

图 6-9　不同学生在同一目标下的自适应学习过程

从图 6-9 可以看出,这三位学生所答的前三道题目是一样的,由于第三道题 Bill 答错了,与其他两位同学出现了不同的学习状态,故三位同学开始呈现出不同的学习路径——Bill 在理解"乘以两位数"时遇到了困难,故继续回答与这个主题相关的题目,而 Amy 和 Chad 进入到下一个主题;从第四题的回答结果来看,Amy 回答正确继续完成接下来的题目,而 Chad 回答错误继续回答与"理解乘法公式"这个主题相关的题目。图 6-9 展现了三位同学为达到同样的学习目标而进行的自适应学习过程,从中可以看出 Knewton 平台的差异化指导有助于学生更多地关注自己的薄弱环节,而不至于在已经掌握的环节上做无用功——平台引导那些学习困难的学生(如 Bill 和 Chad)继续回答与问题主题相关的题目,直到他们理解、做对题目进而掌握概念;对于那些掌握程度较好的学生(如 Amy),Knewton 平台则向其提供按照自己步调学习的机会。

Knewton 平台开创了教育大数据个性化服务设计和应用的先河,通过采集学生的在线学习数据,可精准分析和预测学生的优势、不足、学习兴趣、认知投入水平。Knewton 平台正与合作企业在学习内容提供、学习过程管理、学习产品分发以及市场推广应用等方面开展深入合作,颇具规模的在线教育生态系统圈已现雏形。Knewton 平台目前所提供的自适应功能在很大程度上满足了学生、教师、家长以及学校管理者的需求,为学习、评估和管理带来了极大便利。然而,Knewton 平台的自适应数据主要源于试题解答记录,与全学习过程数据还存在一定差距,故后续的研究还需对数据进一步优化和改进。

6.5.2 大学英语自适应学习系统

本书编写团队长期研究自适应学习系统,并尝试在大学英语的教学中引入自适应学习技术,以提高学生的学习成效,改进老师的教育理念和教学方法,推动人工智能技术与教育教学的深度融合,具体的研究成果如下。

1. 自适应学习系统的设计

自适应学习是对优秀教师教学过程与策略的量化模拟,其工作原理如图 6-10 所示。具体来说,首先,学生进行自适应学习;其次,自适应测评通过少量题目实时评估学生对知识点的掌握水平(模拟优秀教师测评学生的过程),并智能分析学生在学习过程中遇到的困难、问题和未掌握的薄弱知识点(模拟优秀教师通过数据分析、判断学生在学习过程中遇到的问题和薄弱知识点);再次,智能算法根据知识图谱向学生推荐个性化的讲授内容和练习题目(模拟优秀教师的个性化教学过程);最后,解决学生的学习问题,使学生能真正掌握和应用所学知识。

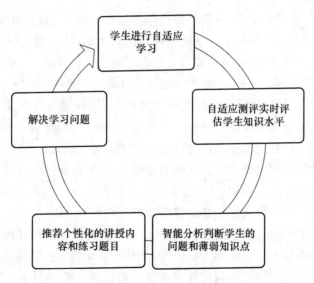

图 6-10 自适应学习的工作原理

根据自适应学习的工作原理,并基于知识图谱、机器学习和项目反应理论,本研究设计了自适应学习系统。自适应学习系统是 AI 算法、课程内容、学习数据和教育学方法的综合应用,其最终目标是实现可规模化的个性化教育,其业务流程如图 6-11 所示。为确保此业务流程的顺利运转,构建知识图谱、开展基于项目反应理论的学生认知能力测评和设计基于概率图模型的推荐引擎成为重中之重。

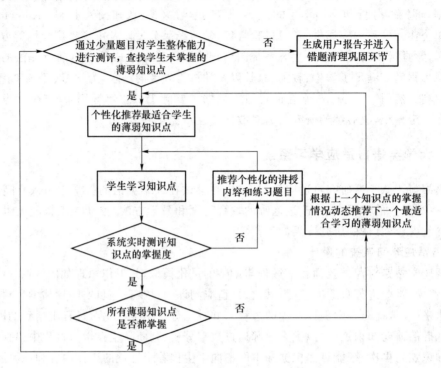

图 6-11　自适应学习系统的业务流程

(1) 构建知识图谱

知识图谱又称科学知识图谱,在图书情报界称其为知识域可视化或知识领域映射地图,是显示知识发展进程与结构关系的一系列各种不同的图形,用可视化技术描述知识资源及其载体,挖掘、分析、构建、绘制和显示知识及它们之间的相互联系。

自适应学习系统采用 FreeBase 的基础知识表达形式:(实体)-[关系]-(实体)和(实体)-[关系]-(值)。在知识图谱设计中,实体之间有四种关系,分别是包含、评价、讲授和必要条件。其中,包含关系是指某个知识是另一个知识的一个组成部分,包含在另一个知识概念范畴之内;评价是指某个内容是某个知识的评价方式或评价标准;讲授是指某个内容对某个知识的具体解释;必要条件代表知识节点之间的先修后继关系,即一个知识是学习另一个知识的必要条件,只有掌握了这个知识,才能开始另一个知识的学习。本应用以英语语法知识为例来呈现这四种关系,设计的英语语法知识图谱如图 6-12 所示。

在英语语法知识图谱中,英语语法包含时态,而时态是情态动词和虚拟语气的先修知识点。其中,情态动词有讲授的视频和文字资源,还有用于评估学生的题目,题目有难度、区分度、作答时间等多个属性;同样,虚拟语气也有讲授的视频资源和用于评估学生的题目。知识图谱可以根据学科和学习目标的要求,进行多层次的设计。

(2) 基于项目反应理论的掌握度计算模型

项目反应理论(Item Response Theory,IRT)模型是描述学生答对题目概率的一系列模型。目前,在众多的 IRT 模型中,Logistic 模型被公认为是最有效、应用最广的二级评分 IRT 模型,且与实际的测验结果匹配良好。在特征函数是三参数的 Logistic 模型中,学生答

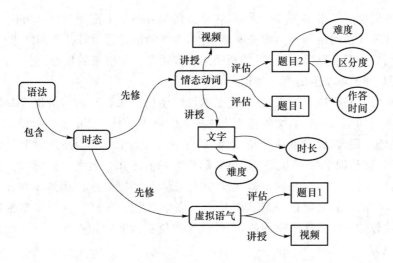

图 6-12 设计的英语语法知识图谱

对题目概率的计算如式(6-5)所示。其中,$D=1.702$,为量表因子常数;θ 为受测者能力值;$P(\theta)$ 表示能力为 θ 的受测者答对本道题目的概率;a 为题目的区分度,即特征曲线的斜率,值越大,说明本道题目对受测者的区分度越高;b 表示题目的难度,即特征曲线在横坐标上的投影;c 表示题目的猜测系数,即特征曲线的截距,值越大,说明不论受测者能力高低,猜对本道题目的可能性越大。

$$P(\theta)=c+(1-c)\frac{1}{1+e^{-Da(\theta-b)}} \tag{6-5}$$

需要指出的是,三参数的 Logistic 模型要求每道题目都具备难度、区分度和猜测系数这三个参数,这三个参数最初由有经验的教师主观标定,不够精确,后续当题目积累了一定数量的学生作答数据,就可以根据算法调整这三个参数值,使题目参数越来越精确。

由于传统的项目反应理论假设在做题过程中学生的能力值保持不变,这就从根本上否定了学习的可能性,我们对传统的 IRT 模型进行了改进和优化,采用"滑动窗口"思想,使其支持学生的认知能力可随时间而变化。一个描述动态学习的系统首先要定义什么叫"学习",而一个直观的办法是将学习与掌握度联系起来,把学习定义为低掌握度向高掌握度的转换过程。掌握度的计算如式(6-6)所示。其中,M 为学生学习某个知识点的掌握度,取值为[0,1]之间的数,N 为滑动窗口的大小,A 为受测者在某个知识点能获得的最大能力值,n 为受测者的答题数量,当受测者的答题数量 $\leqslant N$ 时,n 取值为实际的答题数量;当受测者的答题数量 $> N$ 时,n 的取值为 N。e 表示学生的努力值,为常数(例如:设 $e=0.2$)。θ 为运用式(6-5)实时计算得到的受测者能力值,分两种情况:当 $n \leqslant N$ 时,采用已作答的 n 道题目计算受测者的能力值;当 $n > N$ 时,采用最近已作答的 N 道题目计算受测者的能力值。当学生开始答题,掌握度的变化比较线性,如果连续答对题目,掌握度就会增大;如果连续答错题目,掌握度就会减小,学生能够较好地感知自己的学习状态(进步、后退或停滞不前)。

$$M=\frac{n}{N}\left(e+\frac{\theta}{A}\right) \tag{6-6}$$

(3) 设计基于概率图模型的推荐引擎

概率图模型(Probabilistic Graphical Models)将概率论与图论相结合,通过知识表示、学习推理和自适应决策来解决实际问题,它是机器学习的一个重要的研究方向[10]。概率图模型可以分成贝叶斯网络和马尔可夫网络两类,本章的研究采用贝叶斯网络进行结构学习、参数学习和精确推断。原因在于,贝叶斯网络的应用是推荐引擎的核心,它可以提供个性化学习路径推荐,并预测学生的薄弱知识点。

以个性化学习路径推荐为例,其原理是通过学生已学知识点的掌握度来预测他可能已经有能力学习的知识点。在前文的英语语法知识图谱中,知识点"时态"是"情态动词"和"虚拟语气"的先修知识点,假设事件 Y 定义为"所有学习时态掌握度为高的学生",事件 X 定义为"所有学习情态动词掌握度为高的学生",那么当我们已知一名学生学习"时态"的掌握度为高时,就可以通过式(6-7)来预测这名学生未来学习"情态动词"获得高掌握度的条件概率 $P(X|Y)$;同理,我们也可以预测这名学生未来学习"虚拟语气"获得高掌握度的条件概率——通过比较这两个条件概率的值,条件概率取值更大的知识点即为下一个最适合学生学习的知识点。

$$P(X|Y)=\frac{P(X)P(Y|X)}{P(Y)} \tag{6-7}$$

2. 应用效果分析

根据设计出的自适应学习系统,研究团队经过半年的集中技术攻关,突破了英语知识图谱、学习能力评估、学习结果预测、个性化学习路径和内容推荐等关键技术。2019 年 3 月,成人本科学士学位英语自适应学习 APP 系统(下文 APP 系统)研发成功(部分功能界面如图 6-13 所示),并开始为某大学网络教育学院的学生提供成人本科学士学位英语考前训练。

通过对两次考试的数据进行对比分析,本章的研究得出以下结论:

(1) APP 系统的使用与大部分学生的考试成绩和学习动机正相关;

(2) 使用 APP 系统的学生,其做题数量与考试成绩正相关。

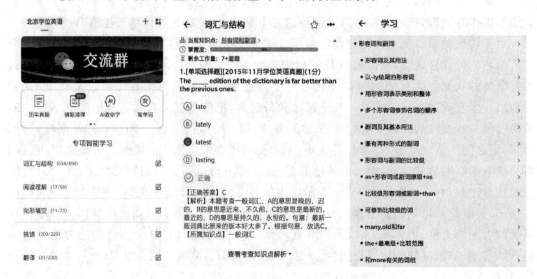

图 6-13 成人本科学士学位英语自适应学习 APP 系统的部分功能界面

3. 结论

随着人工智能、大数据、云计算等技术的飞速发展,人工智能与教育教学的融合已经从理论研究层面逐渐进入实践应用层面。在人工智能与教学的深度融合方面,本章的研究设计的自适应学习系统在成人本科学士学位英语教学中的应用发挥了重要的推动作用:利用人工智能技术加快了英语教学方法改革的步伐,探索了泛在、灵活、智能的教育教学新环境的建设与应用,探索了利用人工智能技术实现可规模化的个性化教育;此外,自适应学习系统可以有效地减轻教师课后答疑和辅导的工作量,并针对学生的薄弱知识点进行精准评估和及时干预,提高了学生自主学习的兴趣、效率和成绩。

未来,随着新一代人工智能的持续高速发展,尤其是"AI大规模预训练+微调"研究范式的快速发展,人工智能的通用性将得到提升,自适应学习系统将从"可用"向"好用"进化,主要体现如下。

一方面,随着专用人工智能向通用人工智能的跨越式发展,自适应学习系统中的领域模型和教学模型将合并为智能教师模型。该模型不同于目前的单任务智能模型,能够承担多种角色,如自动出题和批阅作业的助教、学习障碍自动诊断与反馈的分析师、问题解决能力测评与提升的教练员、学生心理素质测评与改进的辅导员、学生个性化问题解决的智能导师以及精准教研中的互助同伴,帮助学生学习数学、科学、人文科学、外语、地理、政治和历史等任何学科。未来教育将是人类教师与人工智能教师协同共存的时代。

另一方面,自适应学习系统中的学习者模型将升级成为像人脑一样学习、思考甚至创造的智能学习者模型。它不仅可以帮助学习者记录和分析学习过程中的行为表现,还能在虚拟空间中提前进行不同的学习演练和模拟,从而分析出最佳的学习策略,并提供更加准确的学习预警。此外,智能学习者模型还能够有效推进教研一体化建设,为教师的专业成长提供新路径。

本 章 小 结

本章主要介绍了自适应学习的理论及技术,主要包括:自适应学习系统的发展史、自适应学习系统模型、自适应学习系统框架、个性化学习路径推荐技术和自适应学习系统的典型应用等。

第一,本章详细介绍了自适应学习系统的发展,重点按照时间维度介绍了自适应学习系统的六个发展阶段。第二,详细介绍了自适应学习系统模型,重点介绍了领域模型、学习者模型、教学模型和接口模型。第三,详细介绍了自适应学习系统框架,重点介绍了基础设施层、人工智能技术层、自适应学习关键技术层和系统应用层。第四,详细介绍了面向自适应学习的个性化学习路径推荐技术,重点介绍了推荐模型的分类、基于深度知识跟踪与强化学习的推荐模型构建和个性化学习路径推荐模型评估。第五,介绍了自适应学习系统的应用,重点介绍了 Knewton 自适应学习系统、松鼠 AI 自适应学习系统和大学英语自适应学习系统的应用案例。

习 题

1. 什么是自适应学习系统?它与传统的教学系统有什么区别?
2. 自适应学习系统的发展史可以分为六个阶段,分别是什么?每个阶段的主要特点和代表性系统是什么?

3. 请设计一个领域模型,用来表示自适应学习系统中的知识点、概念、关系和难度等信息。你可以使用图形、表格或者文本等方式来表示你的设计。

4. 教学模型中的教学策略有哪些类型?请举例说明每种类型的特点和适用场景。

5. 请设计一个接口模型,用来表示自适应学习系统中的用户界面、交互方式和反馈机制等信息。你可以使用图形、表格或者文本等方式来表示你的设计。

6. 应用实现题:请使用 HTML 和 CSS 编写一个网页,实现一个自适应学习系统中的课程导航界面。界面上应该显示当前课程的名称、目标、进度和评估等信息,以及可以跳转到不同章节和知识点的链接或按钮等元素。

7. 自适应学习系统框架主要包括哪些层次,每个层次的作用和组成?

8. 自适应学习系统框架中的人工智能技术层主要涉及哪些技术?请简要介绍每种技术在自适应学习系统中的作用和应用场景。

9. 什么是个性化学习路径推荐技术?它与传统的教学安排有什么区别?

10. 个性化学习路径推荐技术中的推荐模型有哪些分类?请简要介绍每种分类的特点和优缺点。

11. 请使用 TensorFlow 编写一个神经网络,实现对学习者的深度知识跟踪。假设输入是一个矩阵,每一行表示一个学习者,每一列表示一个知识点,元素是学习者在该知识点上的答题结果(0 或 1)。输出是一个矩阵,每一行表示一个学习者,每一列表示一个知识点,元素是学习者对该知识点的掌握概率(0~1 之间的小数)。

12. 个性化学习路径推荐模型评估主要包括哪些指标?请简要介绍每种指标的计算公式和含义。

参考文献

[1] DWIVEDI P, KANT V, BHARADWAJ K K. Learning path recommendation based on modified variable length genetic algorithm[J]. Education and Information Technologies, 2018, 23(2): 819-836.

[2] 孔维梁,韩淑云,张昭理. 人工智能支持下自适应学习路径构建[J]. 现代远程教育研究, 2020, 32(3): 94-103.

[3] DE-MARCOS L, MARTÍNEZ J J, GUTIÉRREZ J A. Particle swarms for competency-based curriculum sequencing[M]//Lecture Notes in Computer Science. Berlin, Heidelberg: Springer Berlin Heidelberg, 2008: 243-252.

[4] 姜强,赵蔚,李松,等. 大数据背景下的精准个性化学习路径挖掘研究——基于 AprioriAll 的群体行为分析[J]. 电化教育研究, 2018, 39(2): 45-52.

[5] LIN C F, YEH Y C, HUNG Y H, et al. Data mining for providing a personalized learning path in creativity: an application of decision trees[J]. Computers & Education, 2013, 68: 199-210.

[6] 崔炜,薛镇. 松鼠 AI 智适应学习系统[J]. 机器人产业, 2019(4): 84-94.

[7] TARUS J K, NIU Z D, MUSTAFA G. Knowledge-based recommendation: a

review of ontology-based recommender systems for e-learning[J]. Artificial Intelligence Review,2018,50(1):21-48.

[8] 黄志芳,赵呈领,黄祥玉,等. 基于情境感知的适应性学习路径推荐研究[J]. 电化教育研究,2015,36(5):77-84.

[9] GHAUTH K I, ABDULLAH N A. Learning materials recommendation using good learners' ratings and content-based filtering[J]. Educational Technology Research and Development,2010,58(6):711-727.

[10] 赵学孔,徐晓东,龙世荣. 协同推荐:一种个性化学习路径生成的新视角[J]. 中国远程教育,2017(5):24-34.

[11] 丁永刚,张馨,桑秋侠,等. 融合学习者社交网络的协同过滤学习资源推荐[J]. 现代教育技术,2016,26(2):108-114.

[12] 陈壮. 在线学习路径推荐算法研究[D]. 武汉:华中师范大学,2020:27-29.

[13] 申云凤. 基于多重智能算法的个性化学习路径推荐模型[J]. 中国电化教育,2019(11):66-72.

[14] SALEHI M, NAKHAI KAMALABADI I, GHAZNAVI GHOUSHCHI M B. Personalized recommendation of learning material using sequential pattern mining and attribute based collaborative filtering[J]. Education and Information Technologies,2014,19(4):713-735.

[15] SALAKHUTDINOV R, MNIH A, HINTON G. Restricted Boltzmann machines for collaborative filtering[C]//Proceedings of the 24th international conference on Machine learning. Corvalis Oregon USA. ACM,2007:791-798.

[16] HIDASI B, KARATZOGLOU A, BALTRUNAS L, et al. Session-based recommendations with recurrent neural networks[C]//4th International Conference on Learning Representations, ICLR 2016-Conference Track Proceedings. Puerto Rico:ICLR,2016:291-300.

[17] TAN C X, HAN R J, YE R G, et al. Adaptive learning recommendation strategy based on deep Q-learning[J]. Applied Psychological Measurement,2020,44(4):251-266.

[18] LIU Q, TONG S W, LIU C R, et al. Exploiting cognitive structure for adaptive learning[C]//Proceedings of the 25th ACM SIGKDD International Conference on Knowledge Discovery & Data Mining. Anchorage:ACM,2019:627-635.

[19] 李建伟,李领康,于玉杰. 一种基于深度知识跟踪与强化学习的学习路径优化方法:CN113268611B[P]. 2022-11-01.

[20] CHEN Y X, LI X O, LIU J C, et al. Recommendation system for adaptive learning[J]. Applied Psychological Measurement,2018,42(1):24-41.

[21] COVER T, HART P. Nearest neighbor pattern classification[J]. IEEE Transactions on Information Theory,1967,13(1):21-27.

[22] 刘凯,胡静,胡祥恩. 人工智能教育应用理论框架:学习者与教育资源对称性假设——访智能导学系统专家胡祥恩教授[J]. 开放教育研究,2018,24(6):4-11.

[23] 刘三女牙,刘盛英杰,孙建文,等.智能教育发展中的若干关键问题[J].中国远程教育(综合版),2021(4):1-7.

[24] 梅鑫华,吴伟.智能教学系统:起源、发展与未来[J].中国教育技术装备,2013(15):48-50.

[25] 孙婧.人工智能时代教学价值的变革[J].华中师范大学学报(人文社会科学版),2021,60(3):174-181.

[26] 万海鹏,汪丹.基于大数据的牛顿平台自适应学习机制分析——"教育大数据研究与实践专栏"之关键技术篇[J].现代教育技术,2016,26(5):5-11.

[27] 王小根,吕佳琳.从学习者模型到学习者孪生体——学习者建模研究综述[J].远程教育杂志,2021,39(2):53-62.

[28] 余胜泉.人工智能教师的未来角色[J].开放教育研究,2018,24(1):16-28.

[29] 袁保宗,阮秋琦,王延江,等.新一代(第四代)人机交互的概念框架特征及关键技术[J].电子学报,2003:1945-1954.

[30] 万海鹏,汪丹.基于大数据的牛顿平台自适应学习机制分析——"教育大数据研究与实践专栏"之关键技术篇[J].现代教育技术,2016,26(5):5-11.

[31] 崔炜,薛镇.松鼠AI智适应学习系统[J].机器人产业,2019(4):84-94.

[32] 李建伟,葛子刚,张爱阳.自适应学习系统在成人本科学士学位英语学习中的应用研究[J].现代教育技术,2020,30(3):59-65.

计算机自适应测验

计算机自适应测验(Computerized Adaptive Test,CAT)是一种新型的测验方式,它可以根据被试的能力水平,自动从题库中选择合适的题目,从而对被试的能力进行更精确和高效的评估。

计算机自适应测验是建立在项目反应理论和认知诊断理论基础上,利用计算机技术实现的一种新型测验方法。计算机自适应测验大致可以分为两类,一类是以项目反应理论为基础的传统 CAT,另一类是以认知诊断理论为基础的认知诊断计算机自适应测验(Cognitive Diagnostic CAT,CD-CAT)。传统 CAT 主要关注对被试整体能力水平的估计,而 CD-CAT 则更关注对被试具体知识状态和技能掌握程度的诊断。

计算机自适应测验已经在很多领域得到了广泛的应用,比如教育、医疗等。一些著名的考试,如托福(TOEFL)、GRE、GMAT 等,都采用了计算机自适应测验的形式。

7.1 传统计算机自适应测验概述

传统计算机自适应测验是以项目反应理论(Item Response Theory,IRT)为基础,以计算机技术为手段,在题库构建、选题策略等方面形成的一套理论和方法。在 2013 年出版的《教育学名词》对计算机自适应测验的定义是:根据受测者的答题情况,从以 IRT 为基础构建的题库中选取难度适当的题目,使测试适应受测者能力的计算机辅助测试程序。

计算机自适应测验的基本原理:如果要测量一个人的能力,最理想的项目就是难度适中的项目,即被试答对或答错项目的概率都在 0.5 左右。在测验开始时,计算机一般先给出一个中等难度的题目,如果被试答对,那么计算机就会将被试的能力估计为高于中等水平,然后再给他一个难度稍高一点的题目;如果被试答错,那么计算机就会将被试的能力估计为低于中等水平,再给他一个难度稍低一点的题目。计算机根据被试第二题的回答情况,对其能力再进行估计,并在此次估计的基础上,在题库中选择最接近被试能力估计值的题目,接着根据被试作答反应,对其能力再次进行估计。随着被试完成题目数量的增加,计算机对被试能力的估计将越来越精确,最后,估计值将收敛于一点,该点就是对该被试的能力较为精确的估计。

自适应测验最早的例子可以追溯到 20 世纪初期由心理学家阿尔弗雷德·比奈(Alfred Binet)开发的一个智力测验,该测验对被试的反应与项目(Item)选择之间的关系进行了精确的描述。他认为,对于一个标准化的测验,只要采用相同的项目选择规则,就可以对所有被试进行合理评价,即没必要为所有被试提供相同的项目。因此,比奈智力测验最主要的创新就是直观的反应模型。计算机自适应测验的起源可以追溯到 20 世纪 50 年代,当时一些心理学家开始探索如何利用计算机进行个性化测验。随着 IRT 和计算机技术的发展,计算机自适应测验逐渐成为可能。20 世纪 70 年代,美国教育考试服务中心(ETS)开始开发计算机自适应测验系统,并在 20 世纪 80 年代初成功实施了第一个大规模的计算机自适应测验——GRE。此后,计算机自适应测验在教育、心理、医学等领域得到了广泛的应用和研究,例如 SAT(学术能力测验)、美国外国护理院校毕业生国际委员会(CGFNS)、TOEFL 等已经实行了计算机自适应测验。计算机自适应测验在国内也有近 30 年的研究历史,主要集中在教育领域和人才测评领域。例如,我国的征兵心理检测系统当中就采用了计算机自适应测验技术,还有某些公务员系统内部的胜任力情景判断测验也有用到该技术。

计算机自适应测验相比传统纸笔测验具有以下优势:高效性,可以减少考生作答的题量和时间,提高测验效率;精确性,可以选择与考生能力匹配的题目,提高测量的精度和效度;安全性,可以防止试题泄露和抄袭行为,提高测验的安全性;灵活性,可以灵活地安排测验时间和次数,适应不同考生的需求。

自适应测验的发展依赖于两个方面的不断发展,一方面是测试基础理论的发展产生了 IRT,另一方面是计算机技术的发展产生了计算机自适应测验系统。计算机自适应测验的发展趋势包括向多维 IRT 和认知诊断模型(Cognitive Diagnosis Models,CDMs)方向发展,提高对考生能力结构的分析和诊断能力;向多媒体和互动性方向发展,丰富测验内容和形式,提高考生的参与度和兴趣;向自适应学习系统方向发展,实现测验与学习的有机结合,提升考生的学习效果。

7.1.1 项目反应理论

测量就是按照一定规则,在一定性质的数字系统(尺度)上给研究对象指定值,目的就在于正确认识和对待客体对象。所谓心理与教育测量,是指依照一定的心理学和教育学理论,使用测验的方式对人的心理特质和教育成就进行定量描述的过程。心理与教育测量理论的发展经历了两个时期:20 世纪 50 年代之前只有经典测量理论(Classical Test Theory,CTT)起作用,称为经典测量理论阶段;20 世纪 50 年代至今,除 CTT 外,还有 IRT、概化理论等,可称为多理论并存阶段。

CTT 以真分数假设为基础在测验水平上进行分析,即根据被试在整个测验过程中的作答反应确定其在潜在特质空间的位置。CTT 的内涵主要是以真实分数模式(观察分数等于真实分数与误差分数之和,数学公式可表达为 $X=T+E$)为理论架构,依据弱势假设(Weak Assumption)而来,每题的难度 p 一般是用通过率来计算的,即 $p=1-R/N$,其中 R 为答对该题的人数,N 为考生总数。区分度一般采用难度差值来表示,即分别考察高分组(掌握组)与低分组(未掌握组)的平均通过率的差值,计算公式为 $D=(H-L)/N$,其中 D 为区分度指数,H 为高分组答对该题的人数,L 为低分组答对该题的人数,N 为考生总数。

与 CTT 之不同,在心理与教育测量理论中,还有一部分理论研究被试在单个项目上的作答反应与其在潜在特质空间位置的关系,这类理论称为项目反应理论(IRT)。IRT 的基础是潜在特质理论,具体来说,IRT 依据被试在各个项目上的实际作答反应结果,引入数学模型来描述题目与被试作答反应之间的关系,估计出被试的能力水平或认知状态,又或是项目参数,该数学模型称为项目特征函数(Item Characteristic Function,ICF),并以图形表示为项目特征曲线(Item Characteristic Curve,ICC)。

建立数学模型往往需要一些假设(在使用 IRT 模型时,首先必须检验测验的数据与模型之间是否拟合),这些假设主要包括:①作答反应反映了个体真实的行为表现——这是 IRT 所有推断的基本前提;②局部独立性假设——这是在 IRT 建立联合似然函数时的一个前提假设;③模型潜在特质空间维度有限性假设;④项目特征曲线的形式假设——这是 IRT 及其模型是否成立的前提假设;⑤非速度测量假设,即 IRT 所分析的数据反映的是被试经过充分时间作答后的真实能力水平。

与 CTT 用被试总分表达其能力值不同,在 IRT 中,测量被试能力水平的基本单位是项目,并且项目的属性通过项目参数来描述。一般来说,项目参数有如下三种:①区分度参数 a,随着 a 的增大,项目对不同被试的鉴别力递增,在实际应用中 a 的取值范围一般为 $(0,3)$;②难度参数 b,随着 b 的增大,项目的难度越来越高,在实际应用中 b 的取值范围一般为 $(-3,3)$;③猜测度参数 c,c 代表被试猜对项目的可能性,c 越大表示被试越容易猜对此项目,其理论范围为 $(0,1)$,但在实际应用中一般不希望 c 过高。

与 CCT 相比,IRT 具有以下优势:①将被试能力水平与其在项目上的作答反应关联起来,并且将其参数化、模型化,这是 IRT 建立项目反应模型的最大优点;②IRT 模型项目参数的估计与被试样本独立;③项目的难度参数和被试的能力参数在同一量尺上;④通过 IRT 模型测得的被试能力水平对测量误差有精确估计,若引入信息量函数,则能对所有测验项目的测量精度实现更精确的估计。IRT 的实际应用主要有以下三个方面:①指导测验编制;②奠定计算机自适应测验的理论基础;③将测量导向与认知心理学结合的 IRT 认知模型。

IRT 模型按评分方式可以分为 0-1 评分和多级评分,按照被试参数可以分为单维 IRT 和多维 IRT。常见的 0-1 评分单维 IRT 模型有 Lord 提出的双参数正态肩形曲线模型(Normal Ogive Model,NOM)、Rasch 提出的拉希(Rasch)模型,以及 Birnbaum 提出的逻辑斯蒂克(Logistic)模型等;常见的多级评分单维 IRT 模型有等级反应模型(The Graded Response Model,GRM)、评定量表模型(The Rating Scale Model,RSM)、名义反应模型(The Nominal Response Model,NRM)、分部评分模型(Partial Credit Model,PCM)和拓广分部评分模型(Generalized Partial Credit Model,GPCM)。此外,还有多维 IRT 模型和非参数 IRT 模型等。这些模型极大地丰富和完善了 IRT。

Logistic 模型因其在数据处理上非常简便,所以得到广泛应用。依据其所含项目参数的数量分为单参数 Logistic 模型(只含有 b 参数)、双参数 Logistic 模型(含有 a 参数和 b 参数)、三参数 Logistic 模型(含有 a 参数、b 参数以及 c 参数),分别记为 1PLM、2PLM、3PLM,对应形式如下:

(1) 单参数 Logistic 模型

$$p_j(\theta) = \frac{1}{1+e^{-D(\theta-b_j)}} \tag{7-1}$$

(2) 双参数 Logistic 模型

$$p_j(\theta) = \frac{1}{1+e^{-Da_j(\theta-b_j)}} \tag{7-2}$$

(3) 三参数 Logistic 模型

$$p_j(\theta) = c_j + \frac{1-c_j}{1+e^{-Da_j(\theta-b_j)}} \tag{7-3}$$

其中,$p_j(\theta)$ 表示能力值为 θ 的被试在项目 j 上正确作答的概率,D 为量表因子,一般取常数

1 或者 1.7(本章中 D 取 1),3PLM 的项目特征曲线如图 7-1 所示。

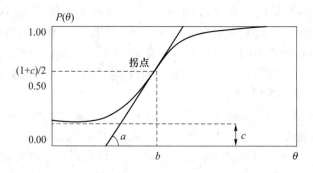

图 7-1 3PLM 的项目特征曲线

统计学中的信息量指的是信息的确定性程度,与心理测量学中的信度相似。信度,即测量结果受随机性因素影响程度的指标,亦即测量结果清晰稳定性和一致性的指标。影响测量信度的因素主要有三个方面:①测量的情境因素;②被试本身的因素;③测量工具本身的质量。

在 IRT 中,项目或测验在评价被试特质水平状态时所提供信息的确定性程度用信息量来表示。把信度和信息量的概念定义到单个项目和单个被试上,信度与信息量之间有如下关系:信息量大意味着测量结果的确定性大,也就意味着测量误差小,信度高。

下面给出 0-1 评分下 3PLM 的项目信息函数 $I_j(\theta)$,即能力值为 θ 的被试在项目 j 上的信息函数:

$$I_j(\theta) = \frac{D^2 a_j^2 (1-c_j)}{[c_j + e^{Da_j(\theta-b_j)}][1+e^{-Da_j(\theta-b_j)}]^2} \tag{7-4}$$

由局部独立性假设,累积后的信息量函数 $I(\theta)$ 公式如下:

$$I(\theta) = \sum_{j=1}^{n} I_j(\theta) \tag{7-5}$$

其中 n 为测量的项目总数。

从式(7-4)和式(7-5)可以分析出在 0-1 评分下项目信息量与被试能力值和项目参数之间的关系:①区分度参数 a 和猜测度参数 c 是影响项目信息量的重要指标,它们表达的都是在评价被试能力水平过程中所获信息的确定性程度,并且项目所能提供的信息量与项目区分度的平方成正比;②每个项目所提供的信息量大小是其所测被试能力水平的函数;③测验中每个项目均独立地为被试能力水平估计提供信息量;④信息量越大,能力测量方差越小,测量越准确。

从以上关系不难看出,如果选题策略仅仅考虑准确性,那么将会频繁调用区分度高的项目,而区分度低的项目调用较少(甚至不调用),从而导致部分试题过度曝光,被试之间可能共享试题信息,最终影响被试能力值的准确性和考试的公平性。

7.1.2 计算机自适应测验系统

基于 IRT 的计算机自适应测验(CAT)系统通常由五个部分组成:事先标定的题库、初始项目的选取、能力估计方法、选题策略和终止规则。

1. 事先标定的题库

题库的构建对 CAT 是非常重要的,因为这是测验安全性的第一保障。一般来说,题库需要满足以下两个条件:①题库必须足够大,至少要是测验长度的 12 倍;②题库中的项目要充分覆盖各种难度和各种内容,项目需要用心理测量学模型标定,只有施测项目之间的参数标刻在同一量尺上,CAT 对各被试的评估才能够相互比较,IRT 就是实现这一重要前提的理论。此外,题库的构建同样取决于目标被试,若目标被试能力均属于高水平范围,那么题库中大部分项目都应是难度较高的。

2. 初始项目的选取

初始项目的选取一般使用随机法,即从整个题库中随机抽取几个项目作为初始项目集,例如,从题库中选取五个项目给被试作答。被试能力初值的计算公式为

$$\theta_0 = \ln \frac{得分之和}{失分之和} \tag{7-6}$$

另外,若被试全部答对,则被试能力初值为 2.5;若全部答错,则被试能力初值为 -2.5。Lord 的研究表明,当 CAT 的长度大于 25 题时,初值对整个测验中的被试能力估计影响并不大。

3. 能力估计方法

被试能力水平常用的估计方法有极大似然估计(Maximum Likelihood Estimation, MLE)和贝叶斯估计(Bayesian Estimation),后者包括贝叶斯期望后验(Expected A Posteriori, EAP)和贝叶斯极大后验(Maximum A Posteriori, MAP)估计方法。例如,贝叶斯 EAP 不需要进行迭代运算,计算简单、速度快,并且在被试的作答反应是全对或全错的情况下也可进行计算。贝叶斯 EAP 的计算公式为

$$\overline{\theta_j} = \frac{\sum_{k=1}^{q} X_k L_j(X_k) A(X_k)}{\sum_{k=1}^{q} L_j(X_k) A(X_k)} \tag{7-7}$$

其中,q 表示积点个数(积点通过数值积分算法选择),$L_j(X_k)$ 为当前能力水平取值为 X_k 时,第 j 种被试作答反应模式的联合概率似然函数,$A(X_k)$ 为积点对应的系数或权重,并且 $\sum_{k=1}^{q} A(X_k) = 1$。

4. 选题策略

相比传统纸笔测验,CAT 测量效率更高,即在使用相同数量项目的条件下,CAT 可达到更高的精度,或在更短的测验长度中达到相同的精度,而 CAT 效率的提高就是通过选题策略实现的,所以说选题策略是 CAT 的关键。许多研究都围绕这一组成部分展开,而导致选题策略不同的原因可能有:使用的 IRT 模型不同,处理测验非统计性约束的方法不同,项目参数的假设不同等。常用的选题策略有能力与难度匹配法、随机法、最大 Fisher 信息量(Maximum Fisher Information, MFI)法、引入曝光因子(ECF)的选题策略等。

5. 终止规则

终止规则通常分为定长和不定长(即变长)两种,前者是指测验达到预先规定的长度则终止,后者是指达到一定的测验精度则终止。此外,也有二者结合的终止规则,即先达到测验长度或者先达到测验精度都可以终止测验。理论上,变长终止规则更能体现 CAT 的优势,但由于各种因素,大部分的 CAT 程序还是使用定长终止规则。

下面用一个简单的例子描述完整的 CAT 系统业务流程:首先构建符合 3PLM 的题库,在初始阶段,被试潜在能力未知,因此系统随机选取五题让被试作答,从而估计被试的能力初值 θ_0,然后系统再根据选题策略与被试当前的能力估计值选择合适的项目作为下一题,被试作答完后,系统再使用贝叶斯 EAP 方法估计被试的能力值,如此反复,直到满足终止规则时结束测验。CAT 系统的业务流程如图 7-2 所示。

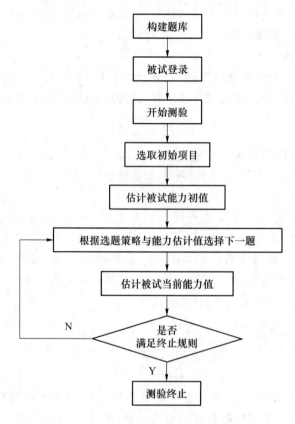

图 7-2 CAT 系统的业务流程

7.2 认知诊断计算机自适应测验

心理与教育测量学经历了由传统的 CTT、概化理论,到 20 世纪 60 年代的 IRT,再到 20 世纪 90 年代的认知诊断理论的发展过程。CTT 一般只报告测验总分,IRT 则基于被试在项目水平上的反应,利用 IRT 模型分析被试整体或多个领域上的潜在能力水平。然而,无论是 CTT 还是 IRT,均不能反映被试作答项目时的心理特征和认知过程,更不能获得被试在细粒度知识点上的掌握情况。为了解决 CTT 和 IRT 存在的这一问题,认知诊断理论应运而生。

认知诊断评估(Cognitive Diagnostic Assessment,CDA)是现代测量理论发展的重要领域,它的目的是测量学生对知识结构和加工技能的掌握情况,然后提供学生的认知强项和弱项的相关信息,教师可以根据这些信息为学生提供具有针对性的指导来满足学生的学习需要。Yang 和 Embretson 认为在心理或者教育中的认知诊断至少应测量三个方面的认知特性：一是重要认知领域技能和知识，这些是建构更高能力的基础；二是知识结构；三是认识过程。在心理测量学的研究中，技能可以是基础数学测验中的加法、减法或者乘法，也可以是英语中的时态、虚拟语气或者倒装句，这些都可以用"属性"表达或表示为认知过程和心理障碍。为了实现 CDA 的目的，需要采用不同于传统评估的模型。用于 CDA 的心理测量模型被称为认知诊断模型。认知诊断模型主要是指问题解决的认知加工模型，是基于认知心理学研究所构建的，涉及问题解决的心理加工机制。

7.2.1 认知诊断模型

在心理测量学中，测量目标是潜在特质，潜在特质可以是连续的，也可以是离散的。不论是 CTT 还是 IRT，关注点都是最后的分数，其中 CTT 的依据是总分，而 IRT 的依据是单维潜在特质水平。在 IRT 和 IRT 所使用的 IRT 测验中，测量目标是一个连续变量，即宏观能力，用 θ 表示。这些理论都只强调了对被试宏观层次的能力水平测量及评估，忽视了对被试微观的内心加工过程的测量与评估。

在认知诊断理论中，测量目标是一个离散向量，即认知状态（Knowledge State, KS），用 α 表示，通常是一个二分属性向量，其中属性表示测量的潜在特质或技能或知识点，1 表示被试已经掌握该技能，0 则表示被试没有掌握该技能，并且通过认知诊断模型来探究被试是如何受到微观状态影响的。与 IRT 相同的是，认知诊断理论需要输入一个 $I \times J$ 的作答矩阵（Response Matrix），其中 I 是被试数量，J 是项目数量。当项目为 0、1 计分时，作答矩阵的元素都为 0 或 1。与 CTT 和 IRT 不同的是，认知诊断理论是需要一个用来反映项目与属性之间关系的二分矩阵，即 Q 矩阵（Q Matrix）。在 0、1 计分（二级计分）的项目中，该矩阵为 J 行 K 列，其中，J 表示项目数量，K 表示属性个数。如果项目 j 测量了 k，那么在 Q 矩阵对应的值为 1，否则为 0。因此，认知诊断模型是一个将项目认知属性变量、被试认知属性变量和被试作答矩阵合为一体的统计模型。

认知诊断理论把认知和测量结合起来，对个体的评价不再限制于宏观层面，而是对个体内部的微观认知结构进行诊断，更进一步地剖析了个体的内心加工过程。认知诊断理论随着科学技术的发展得到了一定的发展，两者存在着密不可分的联系，主要的理论可以分为认知心理学、计量心理学、统计数学和计算机科学。认知心理学为认知诊断模型框架奠定基础，计量心理学将该框架真正地运用于认知诊断理论，统计数学和计算机科学则将复杂的理论知识转化为现实应用，使其能够被运用到学习以及生活各个方面。

认知诊断模型是被试作答与认知模型的桥梁，它在新一代测验理论中处于核心的地位。目前，认知诊断模型的作用主要是教育考试、测评等，值得一提的是，现在兴起的线上教育特别注重认知诊断理论的发展，通过学生答题的情况来估计学生掌握这门课的知识点的情况，或者通过学生课后答题的情况来预测学生的能力，做到教育上的因材施教。根据统计数据可以知道，认知诊断模型发展至今已达 100 多种。目前应用较广泛的有 DINA 模型（Deterministic Inputs, Noisy and Gate Model）、RRUM（Reduced Reparametrized Unified Model）、广义 DINA（G-DINA）模型、高阶 DINA（Higher-order DINA, HO-DINA）模型、规则空间模型（Rule Space Model, RSM）等。另外，根据不同的情境开发了多重策略 DINA（MS-DINA）模型、MC-DINA（Multiple-Choice DINA）模型、多级评分的顺序 G-DINA

（Sequential Generalized DINA）模型。发展如此多数量的认知诊断模型就是为了在实际情况中，可以根据认知诊断测验情景选择适当的认知诊断模型对被试知识状态进行评估。由于每个模型都有其理论假设和使用条件，因此并不能说某个认知诊断模型是万能的。若选用的认知诊断模型的理论假设不符合实际情况，那么经过该模型分析后的数据结果就不能够很好地进行客观解释。比如，一个项目的解答如果有多种策略，那么选择单策略模型显然是不可靠的，因为被试的信息并没有通过题目内容的信息表现出来。

认知诊断模型以 Q 矩阵理论为基础，模型之间的差异反映了不同的认知假设。认知诊断模型依据属性个数可以分为单维模型和多维模型，目前以多维模型为主；依据潜变量之间的相互作用关系可以分为补偿模型和非补偿模型；依据模型对学生属性掌握表征方式的假定可以分为连续型和离散型，采用连续型属性表征方式的模型被称为潜在特质模型，采用顺序或二分的离散性表征方式的模型被称为潜在分类模型；依据模型是否假定测验考查的所有属性均被包含在 Q 矩阵中，可以对 Q 矩阵的完备性进行划分，绝大部分模型假定 Q 矩阵是完备的，假定其不完备的模型常用一个连续变量来刻画 Q 矩阵以外的残余技能；依据模型是否考虑不同学生在同一题目上可能采用了不同的策略，可以把模型划分为单策略模型和多重策略模型。常见的认知诊断模型认知假设如表 7-1 所示。

表 7-1 常见的认知诊断模型认知假设分类一览表

模型	属性个数	属性间补偿性	属性掌握表征	Q矩阵完备性	多重策略
LLTM	单维	补偿	连续	是	否
MIRT-C	多维	补偿	连续	是	否
MIRT-NC	多维	非补偿	连续	是	否
GLTM	多维	非补偿	连续	否	否
MLTM	多维	非补偿	连续	否	是
DINA	多维	非补偿	离散	是	否
DIDA	多维	非补偿	离散	是	否
DINO	多维	补偿	离散	是	否
NIDO	多维	补偿	离散	是	否
HYBIRD	多维	非补偿	均可	否	是
RRUM	多维	非补偿	离散	否	否
CRUM	多维	补偿	离散	否	否
RSM	多维	非补偿	离散	是	否

虽然认知诊断模型种类众多，但国内外大多数研究都以 DINA 模型为基础，其主要原因是 DINA 模型简单、易解释且具有较高判准率。下面简单介绍 DINA 模型。

DINA 模型参数较少，且简单易解释，它在原始项目-属性参数上加上了项目自身的失误参数 s(Slip)和猜测参数 g(Guessing)。其项目反应函数如下：

$$P(Y_{ij}=1|\alpha_i)=(1-s_j)^{\eta_{ij}} g_j^{1-\eta_{ij}} \tag{7-8}$$

其中,$s_j = P(Y_{ij}=0|\eta_{ij}=1)$ 表示被试在项目 j 上的失误参数,即被试掌握了项目 j 考察的所有属性但答错的概率。$g_j = P(Y_{ij}=1|\eta_{ij}=0)$ 表示被试在项目 j 上的猜测参数,即被试未掌握项目 j 考察的所有属性但答对的概率。η_{ij} 是被试 i 在项目 j 上的理想反应,即不猜测也不失误的作答反应,其计算公式如下:

$$\eta_{ij} = \prod_{k=1}^{K} \alpha_{ik}^{q_{jk}} \tag{7-9}$$

其中,q_{jk} 表示第 j 个项目的第 k 个属性,若 $\eta_{ij}=1$ 说明被试 i 掌握了项目 j 所考察的所有属性;若 $\eta_{ij}=0$ 说明被试 i 至少有一个项目 j 所考察的属性未掌握。

7.2.2 认知诊断计算机自适应测验系统

认知诊断计算机自适应测验(CD-CAT)系统具有认知诊断与计算机自适应测验双重的优点而深受研究者和开发者的青睐,它是国内外在心理测量学研究领域的热点之一。与传统 CAT 相比,CD-CAT 的目的侧重于诊断,而不是对被试能力进行评估,老师可以根据学生的诊断报告,进行"量体裁衣"的教学,这也是 CD-CAT 越来越受到国内外研究者和开发者以及教育机构关注的原因之一。

不论是单策略情境下的 CD-CAT 还是多策略情境下的 CD-CAT,CD-CAT 系统的业务流程大体是一致的,如图 7-3 所示。

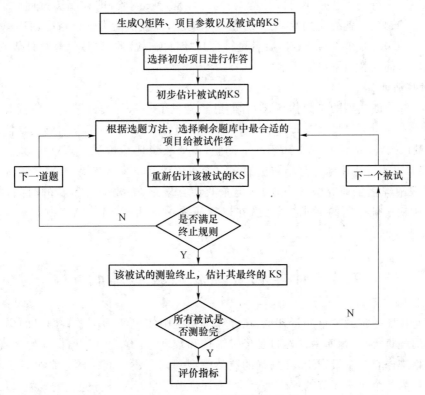

图 7-3 CD-CAT 系统的业务流程

CD-CAT 系统的关键技术如下。

1. 选题方法

选题方法即如何从题库里挑选最合适的项目给被试作答。选题方法是否被正确使用关系到被选择的项目是否能够真正地和被试当前的 KS 能力"匹配",从而达到准确诊断评估的目的。只有每次选择出最适合被试 KS 的题目,才能在使用较少的题目及较少的时间下达到预定的诊断评估精度,发挥出 CD-CAT 系统的优势。

目前,常见的选题方法有 KL 信息量(Kullback-Leibler Information)和香农熵(Shannon Entropy,SHE)选题方法,以及在 KL 信息量基础上提出的后验加权 KL(Posterior Weighted Kullback-Leibler,PWKL)选题方法和混合加权的 KL(Hybrid Kullback-Leibler,HKL)选题方法。此外,还有互信息(Mutual Information,MI)选题方法,改进的 PWKL(Modified Posterior Weighted Kullback-Leibler,MPWKL)选题方法和 GDI(G-DINA Model Discrimination Index)选题方法等。有研究在相同的实验模拟条件下对 SHE 选题方法与 MI 选题方法进行了比较,发现得到的结果几乎是相等的。同时,根据公式推导可以得到,SHE 选题方法和 MI 选题方法在本质上是一样的。总之,PWKL 选题方法、HKL 选题方法、MPWKL 选题方法都是由 KL 信息量修正得到;SHE 选题方法或 MI 选题方法属于熵;GDI 选题方法来自辨别指数。

2. 终止规则

CD-CAT 系统的终止规则可以分为两种:一种是定长测验,即在测验过程中,当被试达到某个设定的题数时就终止测验;另一种是变长测验,即被试能力估计精度到达预设精度时就终止。从 CD-CAT 的特点来看,后者更符合其"因材施教"的思想;但是从外界观点看,做同等数量题目的前者似乎更公平。

3. 参数估计

对于认知诊断模型的参数估计,学者们已经开发了马尔可夫链蒙特卡洛模拟(Markov Chain Monte Carlo,MCMC)、EM、EAP、MAP 和 MLE 等。CD-CAT 需要反复估计被试的 KS,计算量很大,同时 CD-CAT 属于线上测验,需要较快地给被试呈现下一题。因此,CD-CAT 系统要求能够快速地计算出被试的 KS,参数估计也需要具有快速、高效的特点。虽然 MCMC 算法在学者的研究中呼声很高,但是其计算繁杂,需要消耗很长的时间,并不符合 CD-CAT 中快速挑选题的要求。因此,在以往研究中常用于 CD-CAT 中的算法有 EAP、MAP 和 MLE。

7.3 计算机自适应测验题库构建

题库是按照一定的教育测量理论,在计算机系统中实现的某个学科题目的集合。题库不是简单的题目集合,题库中的题目是经过筛选和校准,具有表明各种特征的客观指标的。题库是严格遵循教育测量理论,在精确的数学模型基础上建立起来的教育测量工具。题库系统可以作为各个教学环节的评价平台,用来评价教学目标和任务完成的效果,以及检验考生的能力水平,因此,构建题库是测验系统建构的首要任务。题库是 CAT 的基础,其质量的高低将影响测验的安全性和准确性,因此,对试题参数和属性的标定是题库构建中最重要的工作。此外,当题库中的题目被长期使用时,一部分题目必定会因过度曝光、内容陈旧或本身有缺陷等问题，不再适合继续使用。因此，有必要定期开发新题，替换存在问题的题目，并且新题必须经过传统纸笔测验或 CAT 的方式标定参数后才能纳入正式题库。特别地，在 CAT 过程中收集信息并估计项目参数这一过程被称为在线标定。标定主要有两层含义：一是指估计项目参数；二是指把估计结果表达到一定量尺上的过程。有研究者指出，在线标定中考生同时作答旧题和新题，依据旧题参数估计考生能力，进而估计新题参数，相当于锚人设计，这样就可以很自然地将新题参数置于旧题同一量尺上。因此，在线标定不再需要复杂的等值方法。与传统方法相比，在线标定因不需要组织单独的测验，因此显著降低了题库维护所需的成本和时间，减轻了测验开发者的负担，在大规模题库维护中具有重要的实践意义。

具体而言，在线标定是指在 CAT 中将新题嵌入测验的不同位置，当考生到达嵌入位置时，将新题以一定方式分配给考生作答，并收集考生作答反应数据用于估计新题参数的过程。在线标定包括新题的嵌入位置、选题方法(称为在线标定设计)、参数估计(称为在线标定方法)和终止规则四个方面。

在线标定方法在传统 CAT、多维 CAT(Multidimensional CAT，MCAT)和 CD-CAT 都有被研究。传统 CAT 的在线标定方法主要分为条件极大似然估计(Conditional Maximum Likelihood Estimation，CMLE)方法、边际极大似然估计/期望极大(Marginal Maximum Likelihood Estimation via EM，MMLE/EM)方法、贝叶斯方法；MCAT 主要以推广传统 CAT 的在线标定方法为主；CD-CAT 的在线标定方法包括项目参数估计、Q 矩阵估计、联合估计项目参数和 Q 矩阵。

7.3.1 传统 CAT 的在线标定方法

1. CMLE 方法

Stocking 最初提出的方法 A(Method A)运用了 CMLE 的思想，该方法将能力估计值当作真值来标定新题参数。这种方法容易将能力的估计误差传递到新题的标定过程，导致新题参数产生偏差，出现参数量尺漂移问题，从而降低参数估计精度。于是，Stocking 又在 Method A 的基础上提出了方法 B(Method B)，并在测验中加入一部分参数已经标定好且与旧题在同一量尺上的锚题，再运用等值方法将新题参数置于旧题相同的量尺上。Method B 解决了 Method A 中参数量尺漂移的问题，但增加了测验长度和等值计算，需要花费更多的时间和精力。

另外，陈平和 He 等分别基于不同方法校正 Method A 中能力估计误差。具体而言，前者分别运用"全功能极大似然估计"(FFMLE)和"利用充分性结果估计"(ECSE)方法与 Method A 结合，用于估计项目参数，得到 FFMLE-A 和 ECSE-A 方法。后者提出了一种改进的 Lord 偏差校正法，并与 Method A 结合，得到 MLE-LBCI-A 方法。研究表明，FFMLE-A、ECSE-A 和 MLE-LBCI-A 方法都能有效提高 Method A 的标定精度。尤其是在短测验中，FFMLE-A、ECSE-A 与最优的 MEM 算法接近。此外，Chen 和 Wang 还将 FFMLE 方法的思路应用到 MCAT 中，并与 M-Method A 结合，得到 FFMLE-M-Method A，并指出在所有条件下，FFMLE-M-Method A 的参数估计精度明显高于 M-Method A。

除上述方法外，游晓锋等提出的单参数、双参数以及多重迭代 MLE 方法也是 CMLE 思想的直接应用。

2. MMLE/EM 方法

Wainer 和 Mislevy 基于 MMLE/EM 方法衍生出单循环 EM 方法（One-cycle EM Method，OEM）用于项目参数在线标定。OEM 方法包含了一个 E 步和 M 步。其中，E 步基于考生在旧题上的作答反应计算能力后验分布，M 步基于考生在新题上的作答反应和能力后验分布估计新题参数。OEM 方法通过两步实现了对新题参数的估计，方法简单，但在参数估计过程中并未利用新题参数信息。

Ban 等提出了多循环 EM 方法（Multiple-cycle EM Method，MEM）解决迭代不收敛的问题。MEM 方法包含多个 OEM 循环，从第二个循环开始，同时利用考生在新旧题的作答反应和新题参数的临时估计值来更新能力的后验分布，当前后两次项目参数估计值之间的平均绝对偏差小于预定精度就认为达到收敛，并结束估计。Ban 等指出，MEM 方法参数估计的精度最高，其次是 OEM 方法、Method B 和 Method A，但 MEM 方法的迭代周期可能较长，比较耗时。

基于边际极大似然方法，Chen 将 OEM 方法、MEM 方法和 Method A 推广至 MCAT；Kang 等针对联合反应和反应时模型提出了 MMLE 和边际极大后验估计（Marginal Maximum A Posteriori Estimation，MMAP）方法。

3. 贝叶斯方法

在线标定初期考生样本较少，EM 方法中参数估计不易收敛，为了缓解这一问题，Zheng 在 Method A、OEM 和 MEM 方法中加入新题参数的贝叶斯先验信息，提出了 Bayesian-A、Bayesian-OEM 和 Bayesian-MEM 三种方法，并在三种单维 IRT 模型下比较了参数估计精度。结果表明，加入贝叶斯先验信息的三种方法均表现较好。其中，Bayesian-MEM 方法表现最好，它不仅能彻底地解决参数不收敛的问题，还能提高参数估计精度，但迭代过程比较耗时。特别地，选取正确、合理的项目参数先验信息尤为重要。由此，Zheng 建议采用旧题参数的先验分布作为新题参数的先验分布。Chen 又将 Bayesian-OEM 和 Bayesian-MEM 方法用在 MCAT 中，得到 M-OEM-BME 和 M-MEM-BME 两种贝叶斯方法，比较了多种在线标定方法，并获得与 Zheng 一致的结论，即加入新题参数先验信息能够明显提高参数标定的准确性和在解决参数不收敛问题上的效率。

研究者还探究了多级评分项目的在线标定方法。例如，熊建华等改进了传统 CAT 中的夹逼平均法和 MEM 方法，并将它们推广至 GRM。Zheng 和 Xiong 等分别将 OEM 和 MEM 方法拓展到 GPCM 和 GRM，实验结果表明，在这两个模型下的 OEM 和 MEM 方法均表现出了较好的参数估计精度。

7.3.2 CD-CAT 的在线标定方法

与传统 CAT 不同，CD-CAT 除了估计项目参数外还需要估计 Q 矩阵。针对项目参数的估计，陈平和辛涛将 Method A、OEM、MEM 方法推广到 CD-CAT，并指出 CD-MethodA 最简单且标定精度最高。针对 Q 矩阵的估计，汪文义等在新题参数已知条件下提出了 MLE、MMLE、交差法标定项目属性向量。其中，交差法利用集合的交运算和差运算夹逼出新题的 Q 矩阵，对 KS 估计精度要求极高。

针对项目参数和 Q 矩阵的联合估计,陈平和辛涛首次基于 IRT 中联合极大似然估计的思路,提出一种联合估计算法(Joint Estimation Algorithm,JEA)。JEA 的步骤如下:第一步,给定新题的 q 向量和参数的初始值,采用 MLE 估计新题的属性向量 q;第二步,视第一步估计的 q 向量为真值,采用 CD-MethodA 估计新题的项目参数;第三步,循环第一步、第二步,直到满足预先设定的收敛标准或最大循环数。该方法允许逐个标定新题,在大样本且项目质量较高时,可表现出较高的估计精度。Chen 等在 JEA 的基础上提出了单个项目估计(Single-Item Estimation,SIE)方法。具体来说,采用 EM 方法为新题 j 计算在每一种可能的 q 向量下的项目参数,再将项目参数看作已知,并采用 MLE 找到最大似然值对应的 q 向量和项目参数,即为该新题的 q 向量和项目参数的估计值。随后,该团队在 SIE 的基础上提出同时估计多个项目的 SimIE 方法。结果表明,在项目参数和 Q 矩阵估计精度方面,SIE 和 SimIE 方法优于 JEA。谭青蓉提出了适用于多种认知诊断模型的广义在线标定方法,分别在 SIE 方法和 JEA 方法基础上,基于项目先验信息提出 SIE-R 和 JEA-R 方法,并引入模型复杂性指标,提出 SIE-R-BIC 和 JEA-R-BIC 方法,还基于作答分布间一致性的思想提出了 RMSEA-N 方法,在项目参数和 Q 矩阵估计的精度方面,新提出的方法都优于已有的方法。

7.3.3 在线标定方法总结

CAT 中项目参数在线标定方法如表 7-2 所示,现阶段在线标定方法的研究集中于传统 CAT,并以 0-1 评分单维 IRT 模型为主,在多级评分单维 IRT 模型下的研究较少,未来研究有必要在多级评分 IRT 模型下比较各种方法的表现。对 MCAT 和 CD-CAT 而言,目前主要是建立传统 CAT 在线标定方法的基础上,尚未出现基于 MCAT 和 CD-CAT 自身结构特点的在线标定方法。注意到,在 CD-CAT 中,要么假设 Q 矩阵已知时估计项目参数,要么假设 Q 矩阵未知时联合估计项目参数和 Q 矩阵。于是,未来研究既可以基于校正能力估计误差的思路校正 Q 矩阵估计误差,以提高参数估计精度,还可以深入研究项目参数和 Q 矩阵的联合估计方法。特别地,已有研究大都聚焦于 DINA 模型和独立型属性结构。随着认知诊断模型的不断丰富,今后有必要探究其他认知诊断模型、不同属性层级结构、结合被试和项目特征等条件下的在线标定方法。

表 7-2 CAT 中项目参数在线标定方法

分类标准	方法	特点	适用情景
条件极大似然估计	Method A、Method B、FFMLE-A 和 ECSE-A MLE-LBCI-A CD-MethodA、MLE	简单、易操作,需要大样本	传统 CAT/MCAT 传统 CAT CD-CAT
MMLE/EM 算法	OEM、MEM CD-OEM、CD-MEM、MMLE	计算复杂、耗时、不易收敛	传统 CAT 中 0-1 评分和多级评分项目/MCAT CD-CAT
贝叶斯算法	Bayesian-A、OEM、MEM	精度高、计算复杂、耗时	传统 CAT/MCAT
联合极大似然估计	JEA、SIE、SimIE、SIE-R、JEA-R、SIE-R-BIC、JEA-R-BIC、RMSEA-N	联合估计项目参数和 Q 矩阵	CD-CAT

7.4 计算机自适应测验选题策略

选题策略是指在 CAT 的能力精确估计阶段，CAT 系统基于某种项目选择的算法，连续地从题库中选取题目提供给被试进行测验。除随机选题策略外，CAT 因其能够智能化地利用选题策略，根据被试的能力不同选择适应其难度的项目进行测验，并且能在缩短测验长度和时间的同时对被试的能力做出准确估计而受到学者们的青睐。在整个 CAT 过程中，选题策略的好坏将影响整个 CAT 的质量。若把 CAT 比作一台机器，那么题库便是物质基础，选题策略决定 CAT 的运转方式，能力估计方法是推动力，终止规则就是停止键。其中，选题策略决定着单个项目的适切性，整个测验的效率和公平性，还影响着测验成本和测验安全。因此，选题策略成为 CAT 研究的核心内容之一，影响着 CAT 未来发展的方向。

根据 CAT 采用的 IRT 模型可以将其划分为基于单维 IRT 的传统 CAT、基于多维 IRT 的 MCAT 以及以认知诊断理论为基础的 CD-CAT。CAT 的选题策略主要分为随机选题策略、最大 Fisher 信息量（MFI）、最小期望后验标准差（Minimum Expected Posterior Standard Deviation，MEPSD）、分层法以及控制项目曝光率等选题策略。CD-CAT 的选题策略主要分为提高测量精度的选题策略、属性平衡的选题策略和曝光控制的选题策略。

7.4.1 传统 CAT 的选题策略

1. 随机选题策略

随机选题策略是在等概率的条件下，从题库中随机抽取一个项目给被试施测，这种方法带来的好处是项目的曝光率近乎服从均匀分布，题库中的项目会被充分利用，但带来的坏处也是显而易见的，即不能根据被试能力水平进行选题，使得被试能力估计的准确性很差，且测验的时间较长，失去了 CAT 最主要的优势。

2. 最大 Fisher 信息量选题策略

1977 年，Lord 在受到 Birnbaum 的测验组卷方法的启发后，提出了在剩余题库中选择当前能力估计值处 Fisher 信息量最大的项目。MFI 通过施测较少的项目就能较准确估计出被试的能力值，该方法在 CAT 的早期得到了较广泛地应用。

选题时根据被试的能力估计值，计算题库中剩余项目的 Fisher 信息量，然后从中选取 Fisher 信息量最大的项目作为被试的下一道题。其数学表达式为

$$i = \arg\max_{i \in R} I_j(\theta) = \arg\max_{i \in R} \frac{[P'_j(\theta)]^2}{p_j(\theta)(1-p_j(\theta))} \tag{7-10}$$

其中：R 为题库中尚未被选中的项目集合；$I_j(\theta)$ 为 Fisher 信息函数；$p_j(\theta)$ 表示项目 j 的被试反应函数；$P'_j(\theta)$ 表示被试反应函数对能力 θ 的一阶导数。

MFI 选题策略测验的效率比较高，能在较短的时间内达到测验要求和精度。由于 Fisher 信息量受到项目区分度的影响较大，所以选用 MFI 选题策略时，高区分度的题目容易被频繁选中，导致其过度曝光，最终使得题目的曝光率不均匀，题库的安全性降低。另外，在测验的初始阶段，被试的能力估计值与其真实值之间存在较大的偏差，此时就使用高区分度的题目，容易导致题目浪费，而过多高区分度的题目容易使得被试在做题中出现连续的失

误,从而导致被试的能力被低估。

3. 最小期望后验标准差选题策略

1975 年,Owen 基于 3PLM 提出了贝叶斯选题策略,即在剩余题库中选取项目难度与被试能力的后验期望估计值最为接近的项目,直到被试能力后验分布的方差小于预定值。然后计算项目的似然函数,求出新的先验分布,选出下一道题。被试能力 θ 的后验分布的计算公式为

$$g(\theta \mid U) = \frac{L(\theta \mid U)g(\theta)}{\int L(\theta \mid U)g(\theta)\mathrm{d}\theta} \tag{7-11}$$

其中,$g(\theta)$ 表示 θ 的先验分布函数,U 为能力为 θ 的被试在作答 k 个项目后的作答模式,$L(\theta|U)$ 为已知被试作答模式 U 后被试能力 θ 的分布。后验分布的方差的计算公式为

$$\mathrm{var}(\theta \mid U) = \int [\theta - E(\theta \mid U)]^2 g(\theta \mid U)\mathrm{d}\theta \tag{7-12}$$

MEPSD 选题策略虽然简单,但是计算复杂,对计算机的要求过高,而且选题时损失了很多项目的信息。

4. 分层选题策略

针对 MFI 选题策略项目曝光率不均匀,区分度高的项目曝光率过高这一缺陷,Chang 和 Ying 于 1999 年提出了按 a 分层(a-STR)法。首先将题库中的试题的区分度参数 a 的值按非递减排序,然后将题库分为若干层,施测时从区分度较小的层开始抽取试题进行测试,当抽取的试题达到终止规则的规定时,转到下一个区分度较大的层中继续抽取试题,每层中抽取满足以下条件的试题 i:

$$i = \arg\min_{j \in R} |\hat{\theta} - b_j| \tag{7-13}$$

依次类推,直至转到最后一层时,测试结束。由于在测试初始阶段,被试的能力估计值与实际值之间的偏差较大,所以测试开始时选择使用区分度低的试题进行测试,随着测试的进行,被试的能力估计值越来越精准,可逐渐调用区分度高的试题进行施测,分层次选择合适的试题。这样可以充分利用题库中的试题,提高低区分度试题的曝光率及整个题库的安全性。

a-STR 法只考虑了试题区分度参数,没有考虑试题的难度参数与区分度的相关性,导致在测试后期常常没有足够多适合中低能力水平被试作答的试题。针对这一问题,Chang、Qian、Ying 等在 a-STR 法的基础上增加难度参数,提出了难度模块化的按 a 分层选题(AS-B)法。即先将题库按照难度参数 b 数值大小非递减排序,并将题库分为若干个分块,每个分块内按区分度非递减排序。然后抽取每个分块中第 k 道试题组成第 k 层,依次类推。被试作答时,每层中选题的条件与 a-STR 法一样。AS-B 法使得选出的试题既能满足能力水平高者,又能够兼顾中低能力水平者,在一定程度上克服了 a-STR 法的不足。

此外 Chang 和 Qian 等还提出了按 c 分层(c-STR)法,此方法在分层的过程中进一步综合了测验内容(Content)。Barrada、Mazuela 和 Olea 提出了最大信息量组块分层选题(MIS-B)法,其分层和分块步骤与 a-STR 法和 AS-B 法基本相同,只是将信息量和使信息量达到最大时的能力值分别看成区分度和难度参数。

5. 控制项目曝光率的选题策略

除了以上几种具有代表性的选题策略,还有由 Sympson 和 Hetter 提出的条件概率法,

该方法假设 S_i 和 A_i 分别表示选择和施测第 i 个项目的事件,由条件概率公式得出 $P(A_i) = P(S_i) \cdot P(A_i|S_i)$,称 $P(A_i|S_i)$ 为曝光率参数。条件概率法根据最大曝光率 R^{max}、能力分布等条件事先模拟各个项目曝光率参数值。然后按 MIS-B 法选出项目 i,若 $P(A_i|S_i)$ 大于大小在 $(0,1)$ 区间的随机数 R_i,那么就施测该项目,否则就从剩余题库中删除该项目并重新选题。该方法通过控制曝光率参数,使所有项目的曝光率都介于 0 和 1 之间,但要注意的是,首先,那些曝光率过低的项目使用率依然不能提高;其次,不仅 $P(A_i|S_i)$ 的模拟过程耗时较长,而且一旦测验结构等条件发生变化,便需要重新模拟;最后,该方法没有考虑项目与项目之间、项目与能力水平之间的交互影响。

针对上述方法的不足,学者们提出了多种方法。如:Stocking 和 Lewis 的条件曝光控管法;Var der Linden 和 Veldkamp 的 LV 方法;Chen 进一步改进的 MLV 方法;程小扬提出的引入曝光因子的方法。此外,程小扬和李萍所提出的选题策略都是在最大信息量标准(Maximum Information Criterion,MIC)的基础上,引入项目 j 的控制曝光因子和区分度的幂函数作为信息函数的分母,有效地兼顾了项目调用均匀性和测验效率,而李萍提出的选题策略相对于程小扬提出的选题策略优点在于其方法看似没有对区分度分层,但实质上是对于每个用到的项目区分度都分了层。

7.4.2 CD-CAT 的选题策略

1. 提高测量精度的选题策略

项目特征与被试的 KS 是 CAT 选择项目的依据。总体上,传统 CD-CAT 选题策略根据项目反应分布、KS 后验分布和结合项目与被试特征建构提高测量精度的选题指标。

1) 基于项目反应分布的信息量选题指标

Kullback-Leibler(KL)是最基础的选题指标。项目 j 的 KL 信息量等于反应分布 $P(x_j|\hat{\alpha})$ 和 $P(x_j|\alpha_c)(c=1,2,\cdots,2^K)$ 的 KL 信息量之和,即 $KL_j = \sum_{c=1}^{2^K} KL_j(\hat{\alpha} \| \alpha_c)$。利用 KS 的后验分布 $P(\alpha_c|X_t)$ 对 KL 信息加权就得到后验加权 KL 信息(Posterior-Weighted KL,PWKL),$PWKL_j = \sum_{c=1}^{2^K} KL_j(\hat{\alpha} \| \alpha_c) P(\alpha_c | X_t)$。如果进一步利用海明距离 $h(\hat{\alpha}, \alpha_c)$ 反映 $\hat{\alpha}$ 与 α_c 的相似性,便得到 $HKL_j = \sum_{c=1}^{2^K} KL_j(\hat{\alpha} \| \alpha_c) P(\alpha_c | X_t)(h(\hat{\alpha}, \alpha_c))^{-1}$,称为混合 KL 信息(The Hybrid KL,HKL)。若 PWKL 中 $\hat{\alpha}$ 取遍所有可能情况,即为修订的 PWKL(MPWKL)方法,则记为 $MPWKL_j = \sum_{d=1}^{2^K} P(\hat{\alpha}_d | X_t) PWKL_j(\hat{\alpha}_d)$。

KL、PWKL、HKL 和 MPWKL 均选择信息量最大的项目,这四种方法也是基础和常用的选题策略。研究结果表明,PWKL 和 HKL 表现类似,均优于 KL 方法。与 PWKL 相比,MPWKL 计算更复杂,短测验测量精度更高,当测验长度达 20 及以上时,二者无明显差异。

2) 基于 KS 后验分布的信息量选题指标

SHE 和 MI 是基于 KS 后验分布的选题方法。前者选择使预测 $\hat{\alpha}$ 后验分布的期望香农熵最小的项目,后者选择使 $P(\alpha|X_T)$ 与 $P(\alpha|X_T, X_{T+1})$ 的预测 KL 信息最大的项目。换言之,

$$\text{SHE} = \arg\min_{j \in R_T} \Big\{ \sum_{x=0}^{1} H(P(\alpha_c | X_T, x_j = x)) P(x_j = x | X_T) \Big\} \tag{7-14}$$

$$\text{MI} = \arg\max_{j \in R_T} \Big\{ \sum_{x=0}^{1} P(x_j = x | X_T) \sum_{c=1}^{2^K} \text{KL}(P(\alpha_c | X_T, x_j = x) \| P(\alpha_c | X_T)) \Big\} \tag{7-15}$$

在大多数情况下，MI 方法比 PWKL、SHE 和 KL 的测量精度更高。由于 SHE 和 MI 方法涉及预测反应分布，计算比较复杂，有研究者将 MI 展开并进行简化得到简化 MI 方法，该方法计算更简单，所需时间更短且不明显降低测量精度。

3) 结合项目与被试特征的信息量选题指标

认知诊断模型中项目特征包括 q 向量、认知诊断区分度（Cognitive Discrimination Index，CDI）、属性区分度（Attribute Discrimination Index，ADI）和广义 DINA（G-DINA）模型区分度指标 ξ^2，被试特征主要指 KS 的后验概率 $P(\alpha_c | X_T)$（$c=1,2,\cdots,2^K$）和属性掌握概率 $P(\alpha_{ik}=1|X_T)$（$k=1,2,\cdots,K$）。

一方面，基于 $P(\alpha_c|X_T)$ 与项目 q 向量建构了二分法（Halving Algorithm，HA），结合 $P(\alpha_c|X_T)$ 与 ξ^2、CDI 和 ADI 提出 G-DINA 模型区分度指标（G-DINA Model Discrimination Index，GDI）选题方法、后验加权 CDI（Posterior-Weighted CDI，PWCDI）和后验加权 ADI（Posterior-Weighted ADI，PWADI）方法。值得注意的是，MPWKL 是所有 KS 对 (α_u, α_v) 的 KL 信息量与 α_u, α_v 后验概率乘积之和，实质上与汪文义等提出的 KLED 方法等价。PWCDI 本质上是对 MPWKL 各项取加权平均，PWADI 则是 MPWKL 中特定项的平均值。PWCDI 最复杂，PWADI 最简单，研究发现二者的模式判准率无明显差异。

另一方面，项目与被试特征指标还常作为权重对信息量加权构建选题指标。例如，郭磊等运用 CDI、ADI 对 PWKL 信息量加权得到的 CDIPWKL 和 ADIPWKL 方法能提高 PWKL 的测量精度。又如，罗照盛等利用边际属性掌握概率之差 $\sum_{k=1}^{K} | P(\alpha_{ik}=1|X_T, x_j) - P(\alpha_{ik}=1|X_T) |$ 对 PWKL 和 HKL 加权得到 PPWKL 和 PHKL 方法，提高了 PWKL 和 HKL 在测量精度和项目曝光率的综合表现。此外，研究者还分析特定模型的项目特征指标，如 DINA 模型的项目鉴别力指数：高分组的通过率（1 与失误参数 s_j 之差）减去低分组通过率（猜测参数 g_j），记为 $w_j = 1-(s_j + g_j)$，并作为 DINA 模型下项目信息量的加权指标。由此可见，除了一般项目特征指标外，研究特定模型下项目特征也具有重要意义。

2. 属性平衡的选题策略

认知属性是诊断测验的显著特点，也是最小的内容单元。平衡属性考察次数是保证测验效度的关键。

1) 最大优先指标（Maximum Priority Index，MPI）方法

最大优先指标 $\text{MPI} = \prod_{k=1}^{K} [(u_k - b_k)/u_k]^{q_{jk}}$ 结合了属性 k 的目标最大测量次数 u_k、当前已考察次数 b_k 和 Q 矩阵元素 q_{jk}。运用 MPI 对项目信息量加权选题可以提高测量精度。事实上，$(u_k - b_k)/u_k$ 的值总小于或等于 1。于是，MPI 的值随项目考察的属性增多而减小，并倾向于选择考察属性较少的项目，导致项目曝光率不均匀。鉴于此，余丹、刘舒畅、孙小坚等对 MPI 进行修订，分别提出

$$\mathrm{MPI}_1 = \prod_{k=1}^{K} \left[\frac{(u_k - b_k)}{u_k} + 1 \right]^{q_{jk}}$$

$$\mathrm{MPI}_2 = \sum_{k=1}^{K} \left[\frac{(u_k - b_k)}{u_k} \right]^{q_{jk}}$$

$$\mathrm{MPI}_3 = \left[\prod_{k=1}^{K} (u_k - b_k)^{q_{jk}} \right] / C, \quad C > 0$$

此外,刘舒畅等利用当前(目标)标准误 SE_{tk}(SE_{Bk})建立了 $\mathrm{MPI}_4 = \sum_{k=1}^{K}[(\mathrm{SE}_{tk} - \mathrm{SE}_{Bk})/\mathrm{SE}_{Bk}]^{q_{jk}}$。孙小坚等还将 Kuo 等针对测验建构提出的平衡属性模式的权重指标 RTA 用于满足属性的最少测量次数。

刘舒畅和孙小坚等系统考察了各个优先指标与 CDI、KL、PWKL、MPWKL 和 MI 乘积的选题表现。结果一致表明,改进的优先指标比 MPI 的测量精度更高。大部分测验条件下,MPI_4 优于 MPI_2,MPI_2 优于 MPI_1;MPI_3 与 MPI_2 与不同选题策略结合后各有优势。一般而言,MPI_3 比 MPI_2 更能平衡项目曝光率,但测量精度稍低。

2) 基于加权离差思想构建方法

Lin 和 Chang 借鉴加权离差模型建立了属性偏差指标 $\mathrm{WD}_j = \sum_{k=1}^{K} w_k(I_k - b_k - q_{jk}) + \sum_{k=1}^{K} w_k(u_k - b_k - q_{jk})$ 和标准化加权属性偏差指标 $\mathrm{SWD}_j = \frac{\max(\mathrm{WD}_j) - \mathrm{WD}_j}{\max(\mathrm{WD}_j) - \min(\mathrm{WD}_j)}$。$w_k$ 为属性 k 的权重,WD_j 只计算每个属性与其上下界的正离差的加权和。类似地,KL 可标准化为 $\mathrm{SKL}_j = \frac{\mathrm{KL}_j(\hat{\alpha}_i) - \min(\mathrm{KL}_j(\hat{\alpha}_i))}{\max(\mathrm{KL}_j(\hat{\alpha}_i)) - \min(\mathrm{KL}_j(\hat{\alpha}_i))}$。此外,他们比较了($-\mathrm{WD}_j$)$\mathrm{KL}_j$(记为 WDKL)和 $\mathrm{SWD}_j\mathrm{SKL}_j$(记为 SWDKL)的结果,指出 SWDKL 虽然在平衡属性测量次数和模式判准率方面比 WDKL 表现更好,但项目曝光率不均匀。

3. 曝光控制的选题策略

针对项目曝光不均匀性问题,研究者考察了传统 CAT 中限制阈值(Restrictive Threshold,RT)方法、限制进度(Restrictive Progressive,RPG)方法、分层法和 MPI 的表现。Lin 和 Chang 还对 RPG 适当变形,并结合 SWDK 和优先指标,提出约束渐进的 SWDKL(Constrained Progressive SWDKL,CP_SWDKL)方法:

$$\mathrm{CP\_SWDKL}_j(\hat{\alpha}_i) = \frac{\mathrm{er}_{\max}}{\mathrm{er}_j} \left[\left(1 - \frac{T}{L}\right) R_j + \frac{T}{L} \times R_{jI} \right] \quad (7\text{-}16)$$

$\mathrm{er}_{\max}$ 与 er_j 表示要求的最大曝光率和项目 j 的曝光率,s 是调整 R_{jI} 区间长短的量,该值越小,则区间越大,选题越随机。令 $a = \min\{\mathrm{SWDKL}_j, j \in R_T\}$,$b = \max\{\mathrm{SWDKL}_j, j \in R_T\}$,随机数 $R_j \in U(a, b)$,$R_{jI} \in U(\mathrm{SWDKL}_j - (\mathrm{SWDKL}_j - a)/s, \mathrm{SWDKL}_j + (b - \mathrm{SWDKL}_j)/s)$。研究表明,CP_SWDKL 能显著提高 SWDKL 和 KL 的项目曝光均匀性,但也在一定程度上降低了测量精度。总体上讲,RT 和 RPG 方法能较好地控制项目曝光率并提高题库利用率。

4. CD-CAT 选题策略总结

除了依据测量目的外,还可以从选题方法的建构思路对 CD-CAT 的选题策略进行分类(见表 7-3)。对选题策略的研究,有以下五点思考。第一,除依据 KS 后验分布定义香农熵和互信息外,还可以运用其他特征变量,如预测反应分布建立 SHE 和 MI 选题方法。鉴于

SHE 和 MI 等方法计算复杂,未来研究简化基于 KS 后验分布的选题方法、挖掘它们的关系具有重要意义。第二,属性偏差指标是各个属性测量次数离差的加权和,优先指标是各个属性测量次数离差与目标占比的等权重加权和,二者实质上具有相同的建构思路。因此,基于属性其他特征,如测量信息量离差建立加权指标也是建构选题方法的一种重要思路。第三,加权选题方法集中在对反映分布信息量指标的加权,研究适合其他基础选题指标的加权方法是未来有价值的研究问题。第四,结合多种思路的方法主要解决了项目曝光不均匀问题,但大部分研究局限于传统 CAT 的思想,缺乏系统对比,因此,基于认知诊断测验的特点,发展结合多种思路的选题方法是今后研究的重点之一。第五,传统 CAT(CD-CAT)在测验结束时只报告 $\hat{\theta}(\hat{\alpha})$,兼顾 KS 和能力的双目标 CD-CAT 能同时评估 $\hat{\alpha}$ 和 $\hat{\theta}$,引领 CD-CAT 的发展方向,具有重要的实践价值。

表 7-3 CD-CAT 选题策略汇总表

分类标准	特点	具体方法	适用情景
基础选题指标	反映分布信息量指标	KL、PWKL、HKL、MPWKL	提高测量精度
	KS 后验分布信息量指标	SHE、MI	
	基于项目、被试特征选题	HA、GDI、PWCDI、PWADI	
加权选题方法	基于区分度、KS 后验概率加权	CDIPWKL、ADIPWKL、PPWKL、PHKL	提高测量精度
	优先指标加权;MPI 及变式 $MPI_i(i=1,2,3,4)$	对信息量(KL、PWKL、MPWKL、MI)加权; $MPI_1 \cdot CDI$、$MPI_2 \cdot CDI$	平衡属性测量次数
	属性偏差指标加权	WDKL、SWDKL	
结合多种思路	运用多个步骤或方法	RT、RPG、分层方法、优先指标法、P-SWDKL	平衡项目曝光率

7.5 计算机自适应测验终止规则

传统 CAT 和 CD-CAT 的组成部分是相似的,主要包括五部分:①参数已知的题库;②初始项目选择方法;③KS 或能力值的估计;④选题策略;⑤终止规则。选题策略是 CAT 的重要组成部分,终止规则也是 CAT 的研究重点。CAT 的终止规则有定长和变长之分。定长的终止规则指所有被试作答相同项目的题目(如 30 道题);变长终止规则有两种:①重复施测,直至被试的测量标准误差落在可接受的范围内,故又叫作固定测量误差或固定信息量方法;②重复施测,直至题库中所有剩余题目的信息量总和低于某个预设水平,故又称作最小信息量终止规则。在 CAT 的模拟实验中,绝大部分的研究者选择采用定长终止规则。从测验角度而言,固定被试的测验长度在实验操作中简单易行,只用设置测验长度为一个固定值,被试作答的项目数达到这个固定值则立即终止测验;从被试角度而言,每个被试作答的项目数相同,测验将更显公平公正。然而,相比定长终止规则而言,变长终止规则可以用较少的项目数达到较高的测量精度,每个被试作答的项目数因人而异,由此来看,变长终止规则更符合 CAT"自适应"的思想,更能够体现 CAT 的优势。目前,研究者们分别在 CAT 和 CD-CAT 的情境下探讨了变长终止规则的优劣。

7.5.1 CAT 变长终止规则

CAT 变长终止规则的设置一般基于两个标准:①可以基于能力估计的标准误设置终止规则,也叫绝对终止规则;②可以基于题库中剩余项目所能减少的测量误差来设置终止规则,也叫相对终止规则。基于这两种标准设置的终止规则各有优劣。

就绝对终止规则而言,Wang 等基于 Fisher 信息量设置了绝对终止规则,该终止规则也是 IRT 中最常用的信息量终止规则,即最大信息量终止规则,或最小化能力估计方差规则。公式表达如下:

$$T = \inf\{n \geqslant 1 : I(\hat{\theta}_n) \geqslant c\} \tag{7-17}$$

其中,预设精度的设置是根据具体的测验需求进行经验赋值的,例如,如果要使能力估计标准误小于 0.2,可设置 $c=25$。

就相对终止规则而言,在 CAT 中,测验的长度与建设的题库和所使用的选题策略息息相关。在测验中常常出现这种情况:被试作答项目过多时,测量精度提升的幅度较小。为了解决这一问题,Choi 等提出了预测标准误减少量(Predicted Standard Error Reduction,PSER)终止规则,该终止规则可用于单维 IRT。PSER 的优势在于:所选的项目不能较大地提高测量精度时就直接终止测验,以避免项目的浪费;当增加一个或者更多的项目可以较大地提高估计精度时,则测验继续进行,而不管预设精度是否已经达到。PSER 具有双重约束性,既可以减少不必要项目的施测,节约题库成本,又可以保证达到最大测量精度,提高测量精度。

7.5.2 CD-CAT 变长终止规则

CD-CAT 变长终止规则和 CAT 变长终止规则的设计思路相似。CAT 变长终止规则是当能力估计精度达到预设精度时就终止测验,而 CD-CAT 变长终止规则是当 KS 估计精度达到预设精度时就终止测验。在 CD-CAT 变长终止规则中,不同被试的测验长度有所不同。CD-CAT 变长终止规则可以分为两类:一类是基于被试水平设置的终止规则;另一类是基于项目水平设置的终止规则。

1. 基于被试水平的终止规则

基于被试水平的终止规则常常以被试 KS 的后验概率作为测验结束的标准。例如,Tatsuoka、Hsu 等提出基于被试 KS 后验概率的变化来终止测验。前者要求被试 KS 的最大后验概率达到 0.8 时结束测验,后者要求被试 KS 的最大后验概率不低于预设水平(如 0.7)且第二大后验概率不高于某个预设水平(如 0.1)时结束测验。这两种方法都是基于被试 KS 的后验概率而设置的变长终止规则。从被试的角度设置终止规则可以使测试因人而异,充分体现 CD-CAT 自适应的思想,且该方法在模拟实验中可操作性较强。除此之外,郭磊等提出的属性标准误方法、邻近后验概率之差法(Difference of the Adjacent Posterior Probability Method,DAPP)和混合法(Hybrid Method,HM)也是基于被试水平的终止规则。

首先,属性标准误方法的公式表述如下:

$$\text{SE}(\boldsymbol{\alpha}_k) = \sqrt{p_k(1-p_k)} \tag{7-18}$$

其中,k 指测验考察的所有属性,p_k 表示后验概率,即被试掌握属性 k 的后验概率。当所有属性的 SE 值都小于某个预设水平(如 0.2)时,就终止测验。

其次,邻近后验概率之差法的公式表达如下:

$$|p_{1st}^{t+1}(\hat{\boldsymbol{\alpha}}_i) - p_{1st}^{t}(\hat{\boldsymbol{\alpha}}_i)| < \varepsilon \tag{7-19}$$

其中,t 表示被试作答完第 t 个项目,$p_{1st}^{t}(\hat{\boldsymbol{\alpha}}_i)$ 表示 KS 为 $\hat{\boldsymbol{\alpha}}_i$ 时被试作答完 t 题后的最大后验概率。

Cheng 指出,在 CD-CAT 中,被试作答的项目数越多,对被试 KS 的估计越准确,即被试属于某个"真实"KS 的后验概率就会越来越大,该后验概率被记为最大后验概率。郭磊等就是借鉴其思想提出 DAPP 法,当被试作答完前后两道题后,属于同一种 KS 的最大后验概率之差的绝对值小于预设水平时,就终止测验。

最后,混合法是将 Hsu 等提出的方法和 DAPP 法相结合。Hsu 等通过研究指出,测验如果只对 P_{1st} 的精度进行控制,而不对 P_{2nd} 设置预设精度的话,被试的 KS 会出现难以判准的现象。HM 法的思想是:当被试属于某个 KS 的最大后验概率大于预设水平,且同时满足 DAPP 法的终止条件时,就终止测验。

2. 基于项目水平的终止规则

郭磊等借鉴 Tatsuoka 和 Ferguson 提出的二等分选题策略的思想,提出了基于 HA 指标的变长终止规则。即所选出的题目是能将被试的后验概率尽量二等分的项目。具体思想是:在已知某个项目所考查的所有属性时,能够根据该项目把被试分为两组,一组是掌握了该项目考查的所有属性的被试,另一组是至少有一个项目考查属性没有掌握的被试。HA 指标为

$$HA_j = P_{i,t}(1 - P_{i,t}) \tag{7-20}$$

其中,$P_{i,t}$ 表示第一组被试的 KS 后验概率之和。剩余题库中所有项目的 HA 值均小于预设水平时,就终止测验。该终止规则是基于项目水平而提出的,结果表现虽然与 Hsu 等提出的方法基本一致,但其涉及计算剩余题库所有项目的 HA 值,计算量较大。

3. 变长终止规则总结

综上,不管是传统的 CAT 还是 CD-CAT,变长终止规则主要通过固定测验精度来终止测验。事实上,固定测验精度的终止规则对被试来说更符合自适应测验的特点。从已有的变长终止规则研究来看,可以基于被试水平或者项目水平来建构。双目标 CD-CAT 是将传统 CAT 和 CD-CAT 合二为一,体现其共同优势,有关双目标 CD-CAT 中变长终止规则的研究还比较少。因此,未来不管是从被试水平,还是项目水平,构建适用于双目标 CD-CAT 的变长终止规则都具有重要的研究价值。

7.6 计算机自适应测验的应用

随着计算机软硬件技术的高速发展以及 IRT 的发展和成熟,计算机自适应的考试形式应运而生。经过几十年的不断发展,CAT 的相关理论也逐渐走向成熟。由于 CAT 在理论上具有先天的优势,在许多国家和地区已经习惯将 CAT 应用于大规模的考试中。在美国

的教育、医学和军事测评中,CAT已经有成功的应用,此外,CAT还以不同形式应用于美国州立K-12教育测评之中。具体的应用实例有美国研究生入学所举行的测验(GRE),美国商学院所举行的工商管理研究生招生测验(GMAT),美国职业护士为获得执照所参加的测验,为了对美国军人的职业倾向进行检查的美国军事职业倾向性测试(Armed Services Vocational Aptitude Battery,ASVAB)等。俄勒冈州开发了适合3~8年级的知识和技能自适应测验系统,学科范围包括数学、阅读、科学和社会科学,测验结果主要用于总结性评价。该系统的成功在于遵循了"不让任何一个孩子掉队"的教育理念,符合各个年级的课程标准,系统中试题的内容和难度既不超出课程标准,也不低于课程标准。美国教育部曾要求俄勒冈州提供自适应测验与传统纸笔测验的对比结果,俄勒冈州提供的对比报告中显示二者测验结果基本是一致的。

在我国,从20世纪90年代初开始,全国大学生英语四六级考试委员会就一直致力于对CAT的研究与开发;国家汉语水平考试中心针对外国留学生所举办的汉语水平考试(HSK);中国人民解放军空军军医大学(第四军医大学)对应征入伍者进行的文化水平和心理健康测验都是使用的CAT形式;江西师范大学二十多年以来已经成功开发了多个实际应用的CAT。一些学校也已经开始尝试利用CAT进行测试和辅助教学,如:2009年,郑州市金水区纬一路小学借助基于CAT技术的"易学通"系统开展教学;2011年,大连市3万名五年级学生参加了基于CAT技术的英语水平评估,这是世界上最早使用基于CAT技术进行大规模诊断的测试;北京市海淀区西颐小学利用CAT技术辅助"圆的面积"等课程的教学。实践表明:与传统纸笔测验相比,学生更喜欢这种新的考试模式;教师在测试结果中可以获得每位学生对知识的掌握情况,进而精准把握学生的学业进展,有针对性地设计教学,在提高教学质量的同时,自身的专业素养也可以得到提升。CAT技术进入我国学校课堂较早,但CD-CAT的发展相对缓慢,目前基于CD-CAT技术的智能化学习系统还没有进入实际教学中。

随着教育测验的研究重点从服务大众化选拔向个性化教育转变,研究者开始关注如何才能更好地给每个学生提供适宜的学习内容,其中包含两个方面的问题:第一,一个知识结构有哪些学习进阶路线;第二,如何为每个学生提供最有效的知识。这两个问题都与学生息息相关,想要解决都要依托于大数据。受益于网络课程的发展,在慕课、微课的推动下,获取教育数据开始变得简单,Knewton系统、混合学习、可汗学院等在线教育平台收集了大量的学习数据,并以此为基础进行了数据挖掘。

例如,基于CD-CAT技术的"因材网",该学习平台包括中文、数学、科学3个科目,中文和数学涵盖9个年级,科学涵盖6个年级。此外,该学习平台包含3 000多个知识点,2万多个诊断项目,150多个互动式辅导,1 000多个动态评估。基于网站收集的大数据,"因材网"建立了适合学生的初等教育知识点星空图。实践表明,基于CD-CAT技术的智能化学习系统不仅能够帮助教师准确地了解学生知识掌握情况,还能够帮助教师节省教学时间,更加高效地完成教学任务。本书编写团队基于IRT提出了项目掌握度计算模型,并设计开发了大学英语自适应学习系统,为25万余大学生提供了英语考前训练,具体内容详见6.5.3节。

本 章 小 结

本章主要介绍了 CAT 的理论及技术,主要包括:计算机自适应测验概述,认知诊断计算机自适应测验,计算机自适应测验题库构建、选题策略和终止规则,以及计算机自适应测验的应用。

本章详细介绍了计算机自适应测验概述,重点介绍了 IRT 和 CAT 系统。第一,本章详细介绍了 CD-CAT,重点介绍了认知诊断模型和 CD-CAT 系统。第二,详细介绍了计算机自适应测验题库构建,重点介绍了传统 CAT 的在线标定方法和 CD-CAT 的在线标定方法。第三,详细介绍了计算机自适应测验选题策略,重点介绍了传统 CAT 的选题策略和 CD-CAT 的选题策略。第四,详细介绍了计算机自适应测验终止规则,重点介绍了 CAT 的变长终止规则和 CD-CAT 的变长终止规则。第五,介绍了计算机自适应测验的典型应用,重点介绍了"因材网"和成人英语计算机自适应测验系统的应用案例。

习 题

1. 什么是 IRT,它和经典测验理论有什么区别?
2. 什么是 CAT,它有什么优点和缺点?
3. 什么是认知诊断模型,它和传统的项目反应模型有什么区别?
4. 什么是 CD-CAT,它有什么特点和优势?
5. 请简要介绍一下 CAT 系统的基本组成部分和功能。
6. 请简要介绍一下 CD-CAT 系统的基本组成部分和功能。
7. 请简要介绍一下传统 CAT 的在线标定方法的原理和类型。
8. 请简要介绍一下 CD-CAT 的在线标定方法的原理和类型。
9. 请简要介绍一下传统 CAT 的选题策略的原理和类型。
10. 请简要介绍一下 CD-CAT 的选题策略的原理和类型。
11. 请简要介绍一下传统 CAT 的变长终止规则的原理和类型。
12. 请简要介绍一下 CD-CAT 的变长终止规则的原理和类型。
13. 请设计一个适合英语四级水平测试的 CD-CAT 系统,并给出系统的目标、结构、流程、参数设置等方面的设计方案。
14. 请使用 Python 编写一个简单的 CAT 系统,实现基本的选题、评分、反馈等功能。可以使用任意的 IRT 模型和选题策略,但必须给出代码注释和运行结果。
15. 请使用 Python 编写一个简单的 CD-CAT 系统,实现基本的选题、评分、反馈等功能。可以使用任意的认知诊断模型和选题策略,但必须给出代码注释和运行结果。

参考文献

[1] 刘发明. 计算机化自适应测试的研究与实现[D]. 南昌:江西师范大学,2005.

[2] 路鹏,丛晓,宋克,等. 计算机自适应测试研究进展与展望[J]. 东北电力大学学报,2015,35(3):82-90.

[3] 王利. IRT 题库参数估计及 CAT 系统研究与实现[D]. 北京:北京师范大学,2009.

[4] 欧阳雪媛. 多策略认知诊断计算机化自适应测验:MSCD-CAT[D]. 南昌:江西师范大学,2021.

[5] 邱敏. CAT 和 CD-CAT 基于动态区间选题策略研究[D]. 南昌:江西师范大学,2018.

[6] 张雪琴,毛秀珍,李佳. 基于 CAT 的在线标定:设计与方法[J]. 心理科学进展,2020,28(11):1970-1978.

[7] 唐倩,毛秀珍,何明霜,等. 认知诊断计算机化自适应测验的选题策略[J]. 心理科学进展,2020,28(12):2160-2168.

[8] 何洁. 双目标 CD-CAT 选题策略及终止规则的研究[D]. 成都:四川师范大学,2022.

[9] 郭磊,郑蝉金,边玉芳. 变长 CD-CAT 中的曝光控制与终止规则[J]. 心理学报,2015,47(1):129-140.

[10] 朱哲民,张华华. 认知诊断自适应测试的应用与展望[J]. 中国考试,2021(1):41-46.

[11] 陆宏,高佳佳,胡一平. 计算机自适应测验在美国州立 K-12 教育测评中的实践与探索[J]. 全球教育展望,2015,44(2):72-79.

[12] 李建伟,葛子刚,张爱阳. 自适应学习系统在成人本科学士学位英语学习中的应用研究[J]. 现代教育技术,2020,30(3):59-65.

第8章 智能评阅

智能评阅是指利用人工智能技术对学生的作业、论文或其他学习成果进行自动评分和批改反馈的过程。智能评阅可以为学生提供及时、个性化和多维度的学习指导,同时也可以提高教师的工作效率,节省教师的时间和精力。智能评阅的应用场景包括在线教育、远程教育、自适应学习等。本章将详细介绍智能评阅的基本概念、理论、关键技术,以及智能评阅系统的应用、未来发展趋势和挑战。

8.1 智能评阅概述

8.1.1 智能评阅简介

在全球化的今天,教育的规模和需求日益增长。无论是传统的学校教育,还是新兴的在线教育,都面临着巨大的评估压力。特别是在标准化考试如 TOEFL、GRE、雅思等的普及下,公正、快速且一致的评分标准变得尤为重要。然而,在处理大量学生作品时,传统的人工评阅方式可能会因疲劳和情绪波动等因素影响,加之不同评阅者之间的评分标准也存在差异,这些都对评分的客观性和一致性构成挑战。更重要的是,随着教育的转型,现代教育理念更加注重以学生为中心、以素质为导向的教学模式,这种转型对评分标准提出了更高的要求,要求评分标准能够更精准地捕捉学生的个性化需求和多元化的能力。

为了应对上述挑战,智能评阅技术逐渐引起了教育者的关注。智能评阅结合了 NLP、机器学习以及其他相关人工智能技术,旨在对学生的作业、论文或其他学习成果进行自动评分和批改反馈。其核心目的是模拟人工评阅者的判断能力,确保评分和反馈的准确性、一致性、可解释性和公正性。

智能评阅的优势在于可以提高评阅的效率、准确性和客观性,减轻人工评阅的负担,为学习者提供及时的反馈和指导,促进学习者的自主学习和能力提升。目前,智能评阅存在的挑战在于如何处理文本中的语义复杂性、多样性和歧义性,如何评价文本中的创新性、逻辑性和一致性,如何适应不同学科、不同领域、不同层次的评价需求,如何保证评价结果的可解释性和可信度等。为了应对这些挑战,未来的发展方向包括利用更先进的人工智能技术和更丰富的数据资源,提高智能评阅的精度和鲁棒性,开发更多样化和个性化的智能评阅服务,实现跨学科、跨领域、跨语言的智能评阅应用,探索智能评阅与人工评阅的有效结合和协同优化。

8.1.2 智能评阅的理论依据

在智能评阅领域主要采用了建构主义理论和最近发展区理论作为理论基础,以下分别介绍这两种理论是如何支持智能评阅的。

1. 建构主义理论

建构主义理论主张知识不是被动接受的,而是通过学习者主动构建的。这种理论强调学习是一个主动发现问题、解决问题的过程,学习者应在真实环境中,通过与他人的交互、合作和沟通,构建自己的知识体系。详细内容见第2章。

在智能评阅领域,建构主义的应用主要体现在智能评阅系统设计中,促使学习者从被动接受评价转变为主动参与评价过程。智能评阅系统可以提供个性化反馈,引导学生根据自己的错误和不足,主动构建语言知识和写作技能。

2. 最近发展区理论

最近发展区(Zone of Proximal Development,ZPD)是由前苏联心理学家维果茨基(Lev Vygotsky)提出的一种关于学习与发展的理论,该理论认为学习者的发展有两种水平:一种是实际发展水平,指学习者独立活动时所能达到的解决问题的水平;另一种是潜在发展水平,指学习者在更有能力的他人帮助或合作下所能达到的解决问题的水平。两者之间的差距就是最近发展区,反映的是学习者的发展潜能和趋势。

维果茨基认为,教学应该着眼于学习者的最近发展区,为学习者提供适度的挑战和支持,调动学习者的积极性,发挥其潜能,超越其实际发展水平而达到更高的发展水平。在最近发展区内,更有能力的他人可以通过多种方式帮助学习者,如示范、引导、反馈、协作等。这些帮助可以促进学习者对知识和技能的内化,从而实现从外部社会性活动到内部心理性活动的转化。

在智能评阅中,这一理论可用于辅助确定个性化的评阅和学习策略。智能评阅系统可以根据学习者当前的能力水平,提供难度适宜的反馈和指导,帮助学习者从当前水平过渡到更高水平。例如:对于初阶学习者,智能评阅系统可以着重指出基础语法错误和句子结构问题;对于高阶学习者,智能评阅系统可以提供更深层次的写作风格和论述逻辑的指导。

8.1.3 智能评阅的相关技术

1. 特征提取

特征提取是智能评阅系统的基础,它涉及从文本中提取出能够代表文本质量和特性的信息。这些特征可能包括但不限于:基本文本特征,如文本的长度、句子数量、平均句子长度、词频统计等;词汇丰富度,如使用不同的词根或词形的数量与总词数的比例来衡量,或使用NLP工具(如NLTK或spaCy)进行词性标注,进一步分析不同类型的词汇使用;语法特征,如使用语法分析工具(如Stanford Parser)识别不同类型的语法结构,或用特定工具(如Language Tool)统计文本的语法错误数量;高级语义特征,如使用主题模型(如LDA)提取文章的主题分布,或使用情感分析工具评估文章的情感倾向等。

2. 多元回归

多元回归是一种统计分析方法,用于研究两个或多个变量之间的线性或非线性关系,可以用于探索变量之间的因果关系,预测未知的结果,评估不同的影响因素等。多元回归模型有很多种,例如多元线性回归、岭回归、逻辑回归、支持向量机等。在智能评阅中,多元回归可以用来预测文本的评分或质量。例如,通过分析文本特征(如词汇丰富度、语法准确性)与评分之间的关系,预测文章的总体。

3. 预训练词向量

预训练词向量是一种 NLP 技术,用于将词汇表中的每个单词表示为一个固定长度的实数向量。预训练词向量可以利用大规模的无标注文本数据,学习单词的语义和语法信息,提高后续任务的性能。预训练词向量的方法有很多,例如 Word2Vec。

词的分布表示,又称词嵌入,即预训练词向量将句法和语义信息编码成一个密集的向量,不再使用传统独热编码的方式对词进行构建,很好地解决了独热编码带来的维度灾难和语义鸿沟等问题,节省了编码计算的内存开销。预训练词向量将所有词的向量投射到同一个语义空间内,使得词之间有了距离关系度量。本节将详细介绍一种常见的词向量构建方法——Word2vec 方法的执行流程和思路。

Word2vec 模型由 Mikolov 等提出,该模型有两种训练方法,分别为滑动窗口内已知两边词预测中间词的连续词袋(Continuous Bag-of-Words,CBOW)模型和以滑动窗口内已知中间词预测两边词的 Skip-Gram 模型。

CBOW 模型由输入层、投影层和输出层组成,假设当前窗口内含有单词 $[w_{i-2}, w_{i-1}, w_i, w_{i+1}, w_{i+2}]$。CBOW 模型首先对窗口词进行独热编码作为输入层,编码维度为当前语料库的不重复词表集,在投影层对 $[w_{i-2}, w_{i-1}, w_i, w_{i+1}, w_{i+2}]$ 的独热编码进行累加求和。然后使用求和编码作为输入层,使用 Softmax 函数对预测词进行分类预测。通过反向传播算法优化网络参数。CBOW 模型对输出层的分类使用哈夫曼树进行优化计算。

Skip-Gram 模型训练词向量的思路与 CBOW 模型的思路相反,其使用窗口内目标词预测窗口两侧词,所以 Skip-Gram 模型输入的是目标词的独热编码,而输出的是窗口内的两侧词。

CBOW 模型结构如图 8-1 所示,Skip-Gram 模型结构如图 8-2 所示。

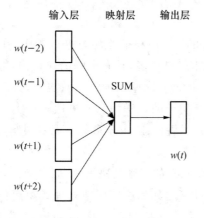

图 8-1　CBOW 模型结构

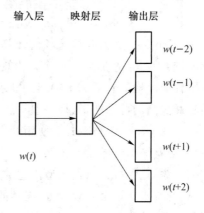

图 8-2　Skip-Gram 模型结构

4. N-gram 统计语言模型

N-gram 是一种统计语言模型，在 NLP 中常用该模型，其具有简单、高效的特性。N-gram 统计语言模型根据文本中 n 个连续项的出现频率来计算概率，从而预测下一个项的可能性。Berkeley 统计语言模型是一种基于 N-gram 的典型语言模型，其利用词汇、语法、语义等信息来提高预测的准确性，在中文分词、机器翻译、拼写纠错/Query 改写、音字转换、自动文摘、问答系统、OCR、信息提取等众多方面中有着重要的作用，是 NLP 的基础工具之一。

Berkeley 统计语言模型是基于语料库的评估模型，需要大量的数据训练才能得出接近准确的评估分。自然语言是一个随机过程，其中每一个语言单位（字词、语句、段落、全篇等）都被看作有一定概率分布的随机变量。语言模型的各种应用场景可以形式化统一表达，假定一个自然语言句子 S 由 $w_1, w_2, \cdots, w_n$ 组成，通常采用离散概率的乘法定律来计算 S 的概率值 $p(S)$，如下所示：

$$p(S) = p(w_1, w_2, \cdots, w_n) = \prod_{i=1}^{n} p(w_i \mid w_1, w_2, \cdots, w_{i-1}) \qquad (8-1)$$

计算 $p(w_i \mid w_1, w_2, \cdots, w_{i-1})$ 采用 MLE，即计数后做除法，如式 (8-2) 所示：

$$p(w_i \mid w_1, w_2, \cdots, w_{i-1}) = \text{count}(w_1, w_2, \cdots, w_{i-1}, w_i) / \text{count}(w_1, w_2, \cdots, w_{i-1}) \qquad (8-2)$$

其中，$\text{count}(w_1, w_2, \cdots, w_{i-1}, w_i)$ 表示词序列 $\text{count}(w_1, w_2, \cdots, w_{i-1}, w_i)$ 在语料中出现的次数，$\text{count}(w_1, w_2, \cdots, w_{i-1})$ 表示词序列 $(w_1, w_2, \cdots, w_{i-1})$ 在语料中出现的次数。实际应用中，数据稀疏严重和参数空间过大是统计语言模型的特有问题。当前词 w_i 只和前面的某个词相关，所以一般只考虑一定范围内的上下文。

一般较常用的是 N 元语法模型，其采用了马尔可夫假设，其中时间有限性和水平有限性可减少参数估计的维数，即认为语言中每个单词只与其前面长度 $N-1$ 的上下文有关。假设下一个词的出现依赖于它前面的一个词，即 Bi-gram，则有：

$$\begin{aligned}p(S) &= p(w_1) p(w_2 \mid w_1) p(w_3 \mid w_1, w_2) \cdots p(w_n \mid w_1, w_2, \cdots, w_{n-1}) \\ &= p(w_1) p(w_2 \mid w_1) p(w_3 \mid w_2) \cdots p(w_n \mid w_{n-1})\end{aligned} \qquad (8-3)$$

假设下一个词的出现依赖于它前面的两个词，即 Tri-gram，则有：

$$\begin{aligned}p(S) &= p(w_1) p(w_2 \mid w_1) p(w_3 \mid w_1, w_2) \cdots p(w_n \mid w_1, w_2, \cdots, w_{n-1}) \\ &= p(w_1) p(w_2 \mid w_1) p(w_3 \mid w_1, w_2) \cdots p(w_n \mid w_{n-2}, w_{n-1})\end{aligned} \qquad (8-4)$$

模型中 N 的大小要根据文本需要对估计算法中的有效性和描述能力进行折中，在选择 N 时有两个原则：①更大的 n，对下一个词出现的约束信息更多，具有更强的辨别力，但是存储空间的有限性极大地限制了 N 的大小；②更小 n，在语料库中出现的次数更多，具有更可靠的统计信息和更高的可靠性，但是模型不能包含长句子的词法信息。虽然理论上 n 越大越好，但实际中，Bi-gram 和 Tri-gram 使用频率较高，尽管如此，由于存储空间的限制，能用 Bi-gram 解决问题就绝不使用 Tri-gram。

从本质上说，这种统计语言模型描述的是有限状态的正则文法语言，而自然语言是不确定性语言，因此与真实语言差异较大，表达能力有限，尤其无法较好地处理长距离依赖语言现象。尽管如此，该模型抓住了自然语言中的局部性约束（Local Constrain）性质，因此在实际应用中仍取得了较大的成功。为了达到对训练数据的最佳估计，通过计算 MLE 构造

语言模型,如 Tri-gram 计算公式如下:

$$p(w_i|w_{i-2},w_{i-1})=\text{count}(w_{i-2},w_{i-1},w_i)/\text{count}(w_{i-2},w_{i-1}) \quad (8\text{-}5)$$

其中,count(w_{i-2},w_{i-1},w_i)表示三元组(w_{i-2},w_{i-1},w_i)在语料中出现的次数,count(w_{i-2},w_{i-1})表示二元组(w_{i-2},w_{i-1})在语料中出现的次数。

表示w_{i-2}和w_{i-1}出现的情况下w_i出现的概率,计算公式如下。如果存在三元组(w_{i-2},w_{i-1},w_i),则返回$p(w_i|w_{i-2},w_{i-1})$;否则,如果存在二元组(w_{i-1},w_i),则返回$\alpha \times p(w_i|w_{i-1})$,其中$\alpha$是一个平滑因子,用于调整概率;否则,返回一元组的概率$p(w_i)$。如果不存在三元组(w_{i-2},w_{i-1},w_i),那么最后不管何种路径,都要计算概率$p(w_i|w_{i-1})$。

为了避免在计算概率乘积时出现数据溢出,提高计算性能,通常会在取对数后使用加法运算代替乘法运算:

$$\log(p_1 p_2 p_3 p_4 \cdots p_n)=\log(p_1)+\log(p_2)+\log(p_3)+\log(p_4)+\cdots+\log(p_n) \quad (8\text{-}6)$$

8.2 智能评阅的关键技术

8.2.1 作文自动评分

智能评阅的关键技术之一是作文自动评分(Automated Essay Scoring,AES),即利用人工智能技术对学生的作文进行自动评分反馈。AES 技术难点在于,如何构建和利用有效的特征来描述作文、指示作文的质量,以及如何根据不同的学科和领域采用不同的评价目标和标准,对作文进行综合性、多维度、多层次的评价。

已有的 AES 模型可分为基于浅层次语义特征、基于深层次语义特征和基于多层次语义特征融合的 AES 模型。

1. 基于浅层次语义特征的 AES 模型

早期的 AES 模型将提取出的文章浅层次语义特征与分数进行线性回归运算,得到文章的预测分数,如 PEG(Project Essay Grade)系统,或基于文章浅层次语义特征对文章进行聚类,如 BETSY(Bayesian Essay Test Scoring System)系统。

PEG 系统将词汇长度、不同词性词汇数量等浅层次语义特征作为评分依据,采用多元线性回归训练模型。20 世纪 90 年代末,IEA(Intelligent Essay Assessor)系统开始关注段落间的语义特征,采用潜语义分析(Latent Semantic Analysis,LSA)技术计算待测文章与范文之间的相关程度,但 LSA 会忽略词语在文章中的先后顺序。E-rater 系统借鉴 PEG 系统采用多元线性回归训练模型的优势,从语言使用、逻辑连贯性和内容丰富性三个维度提取文章的特征。后续研究进一步扩展了特征提取的维度,包括词组搭配、语句连贯性等。特征提取的维度划分得越细,通常就越能够得到更优的评分效果。然而,文章的浅层次语义特征数量庞大,以 IntelliMetric 为例,该系统所含特征变量超过 300 种,依赖人工提取大量的浅层次语义特征是不可取的。

除了利用线性回归建立评分模型,基于文本浅层次语义特征对文章进行聚类也是 AES 模型的常见构建方式。如:美国的贝叶斯作文评分系统 BETSY 利用朴素贝叶斯模型,将文章分为优、良、合格以及不合格四大类；周明、贾艳明等采用支持向量机、随机森林、XGBoost 三种算法对文章的篇章成分进行分类。这一类 AES 模型不需要通过训练即可对文章的内容做出评价，主要用于判断作文是否跑题，但作为判定标准的相似度阈值的设定存在一定的主观性，同时忽视了人工难以挖掘文章深层次语义特征的问题。

2. 基于深层次语义特征的 AES 模型

随着以深度神经网络为代表的新一代人工智能技术飞速发展，NLP 等人工智能技术实现了重大突破，越来越多的研究者开始探索利用 DNN 和 NLP 技术提取文本深层次语义特征的方法，并将其应用于 AES 模型的设计中。

Alikaniotis 等提出利用神经网络方法识别文本中更具区分性区域的模型，该模型使用分数特定词嵌入来表示单词，采用 Bi-LSTM 网络来学习文章表示。经实验证明，此模型的性能优于基于浅层次语义特征的 AES 模型，且此模型具有可解释性。Taghipour 等提出一种 RNN 模型，该模型中引入了卷积层和 LSTM 网络，利用非线性神经层识别数据中的复杂模式并进行学习。经对比实验证明，此模型优于单一 CNN 和 LSTM 模型。Dong 和 Zhang 采用双层 CNN 模型学习文章的句子和篇章特征，在加入 Attention 机制后，CNN 和 LSTM 模型分别被用于提取语句及文章语义特征，实验证实了注意力机制的有效性。Tay 等提出一种基于 SkipFlow 机制的模型，该模型采用 LSTM 网络应对长文本的连贯性。Jin 等提出一种基于 BiLSTM 的两阶段深度神经网络模型（Two-stage Deep Neural Network，TDNN），该模型从语义、词性和句法特征三个维度学习文章特征，对有无主题的作文评分任务均适用。Rodriguez 等将 BERT 和 XLNet 分别用于 AES 模型的构建，得到了与单一 LSTM 模型相近的评分结果。

3. 基于多层次语义特征融合的 AES 模型

融合人工提取的浅层次特征与深度学习模型提取的深层次特征的 AES 模型能够弥补单一模型的不足，增强模型的解释性和迁移性，评分的准确性和泛化性亦有所提升。

Dasgupta 等提出一种定性增强的深卷积递归神经网络模型 Qe-CLSTM，该模型利用层次化的 CNN 和 BiLSTM 模型，能够表征文本中的语言、心理和认知特征嵌入。Liu 等搭建了两阶段的 AES 模型 TSLF-ALL，第一阶段采用 BiLSTM 计算语义一致性和相关性得分，第二阶段将上一阶段的分数与人工提取的浅层次特征进行融合并输入 XGBoost 进行评分预测。SEDNN 模型是 Li 基于 TDNN 模型提出的，该模型包含共享模型和增强模型两个部分，前者提取的目标主题数据能够迁移，运用于无目标主题的自动评分任务，后者用于学习更多与主题相关的特征。Uto 等将人工提取的浅层次特征分别与单一 LSTM 模型、BERT 模型以及 Qe-CLSTM 模型进行融合，实验结果表明，融入人工提取的浅层次特征能够提高模型评分的准确性。郭柯宇提出一种组合方法，该方法基于 Bert 构建了切题度分值模型，基于 BiLSTM 构建了语义分值模型，以及基于人工提取的浅层次特征提取文章的单词和句子特征。周险兵提出一种融合三种语义特征的 MLSN 模型，该模型采用 CNN 提取作文的局部语义特征，CNN 和 LSTM 提取文章的全局语义特征，以及由人工提取部分浅层次特征。

基于浅层次特征与基于深层次特征的 AES 模型各有优缺点，前者可以弥补后者无法提取的文章单词数量、语法使用、不同词性词汇数目等浅层次特征，而后者弥补了前者无法提取的文章深层次语义特征。因此，多层次语义特征融合的 AES 模型是当前的研究方向，选用恰当的语义特征能够兼顾模型的准确性与泛化性,使模型能够被广泛应用。

8.2.2 语法错误纠正

语法错误纠正(Grammar Error Correction,GEC)是智能评阅中的重要组成部分,旨在对作文中存在的语法错误进行识别并纠正。早期的 GEC 方法主要基于规则,这种方法首先由语言学专家编写语言学特征规则,其次通过解析器匹配作文中的语法规则,如 LanguageTool。这一方法的缺点是规则库的建设耗时耗力,并且规则之间可能存在冲突或覆盖不全问题。

随着机器学习方法的出现,基于机器学习的分类成为主流方法。这种方法是通过利用标注好的语料训练分类器,从而对错误类型进行分类的。其中,每一种单词类型对应一个标签,因此,针对不同的错误类型需要构建单独的分类器,如使用最大熵分类器进行冠词纠错。其他机器学习方法还包括朴素贝叶斯、决策树、支持向量机、平均感知机等。随着神经网络技术的发展,研究者开始尝试使用基于神经分类器的方法进行文本分类。为了构建神经分类器,一些研究使用预训练词嵌入模型(如 Word2Vec、GloVe)来提高性能。例如,使用 RNN 训练分类器、采用 BiLSTM 表示目标词的上下文、使用指针网络构建分类器等。这些方法都取得了比基线模型更好的性能,展现出神经网络技术在文本分类领域的潜力,但这些方法适用于错误类型较少的文本,对于错误类型较多的文本,分类效果则不理想。

目前,GEC 任务主要采用基于机器翻译的方法来构建,纠错的过程可以看作将含有语法错误的原句翻译成语法正确的目标句的过程。这种方法可以分为基于统计机器翻译(Statistics Machine Translation,SMT)和基于神经机器翻译(Neural Machine Translation,NMT)两类。Mizumoto 等将基于 SMT 的纠错方法应用于日语;Yuan 等提出一种基于短语的 SMT 系统(PB-SMT);在 CoNLL-2014 共享任务中,基于 SMT 的两个系统表现突出,证明了 SMT 在纠错领域的良好性能,但这种方法处理上下文信息的能力较弱,效果依赖于训练数据集的质量,且训练时间较长、效率较低。随着神经网络方法的出现,NMT 开始应用于 GEC 任务。基于 NMT 的纠错方法将 GEC 任务视为一个序列到序列的任务,利用神经网络进行端到端的学习和生成,如 RNNs、CNNs 和 Transformers 模型,这些模型具有更强的建模能力和更简单的架构,能够更好地捕捉句子中的长距离依赖关系和复杂结构。另外,也有研究尝试集成不同方法的 NMT 模型,以解决 GEC 任务的特定问题。如 Junczys-Dowmunt 等将低资源机器翻译(Low Resource MT)的多种方法(如外部语言模型、迁移学习、领域自适应等)集成于基于 NMT 的 GEC;基于多源 NMT 的模型能够同时利用源序列和自动标注的错误类型信息生成目标序列,从而提高纠错的精度;在模型的构建中加入由语音和文本编码器组成的多模态编码器特征,以实现利用语音信息进行语法纠错。

近年来,基于 NMT 的方法在 GEC 方面取得了显著的进展和优异的性能,但其也面临着数据稀缺和泛化能力不足、需要大量的平行语料、对未知错误的处理能力较弱等问题。为了解决这些问题,对文本进行微小编辑的基于序列编辑的研究出现。该方法通过迭代过程纠正最显著的语法错误,加快了推理速度,但受其词元依赖的影响,最后会导致曝光偏差(Exposure Bias)。TemplateGEC 采用序列编辑模型构造输入,采用序列到序列框架以预测不同模板的一致性,实验结果验证了该模型的有效性和鲁棒性,但训练过程和数据准备时间过长。

随着预训练语言模型(Language Model,LM)(如 BERT 等)在 NLP 领域的广泛应用,基于语言模型的GEC方法引起了国内外研究者的关注。基于语言模型的GEC方法直接在错误句子上进行检测和纠正,其利用预训练语言模型来判断句子中哪些部分是错误的,以及如何修正它们。Yasunaga等采用预训练语言模型GPT2定义了一个语言模型批评器,这个批评器可以给出一个输入代码的概率分数,以反映其语法正确性和自然性。另外,他们采用了Break-It-Fix-It(BIFI)进行错误纠正(这是一种无监督学习的方法)。首先,利用批评器检查修复器在真实错误输入上的输出,并将修复后的输出加入训练数据中;其次,训练一个破坏器,从正确的代码生成真实的错误代码。

8.3 智能评阅模型构建

8.3.1 融合多层次语义特征的自动评分模型

本节将介绍一种融合多层次语义特征的深度神经网络(Deep Neural Network with Multi-level Semantic Features,DNN-MLSF)自动评分模型,该模型是由本书编写团队提出的一种新型自动评分模型,模型利用双向编码表示转换(Bi-directional Encoder Representations from Transformers,BERT)模型、CNN、LSTM提取文章深层次语义特征,并与人工提取并筛选的浅层次特征进行融合。DNN-MLSF的自动评分模型框架具体如图8-3所示。

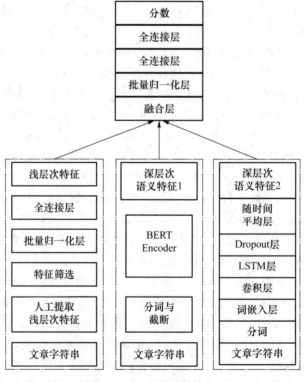

图8-3 DNN-MLSF模型

1. 基于人工的浅层次特征提取

本模型从单词与句子两个维度人工提取文章字符串的单词数目、作文字符长度、字符长度大于 6 的复杂单词数量等共计 20 个浅层次特征,具体如表 8-1 所示。使用 Python 第三方工具 NLTK(NLTK 是一个基于 Python 语言的开源 NLP 工具包,它包含了 Python 模块、数据集和使用教程)获取和处理语料库、进行词性标注、处理分类任务等。通过调用 NLTK 包和 Python 中常用的 Numpy 库可以实现对作文集进行分词、过滤停用词等。

表 8-1 人工提取的浅层次特征

人工提取的浅层次特征	释义
n_3 = essayWordsNum	文章单词数量
n_4 = words_mean	单平均词汇长度
n_5 = essay_character_len	作文字符长度
n_6 = words_var	词汇长度方差
n_7 = complex_words_num	复杂单词数量(字符长度大于 6)
n_8 = essay_sen_num	句子数量
n_9 = essay_sen_mean	句子数量的方差
n_{10} = essay_sen_var	句子数量的均值
c_1 = noun_num	名词数量
c_2 = verb_num	动词数量
c_3 = adj_num	形容词数量
c_4 = adv_num	副词数量
c_5 = adp_num	介词数量
c_6 = conj_num	连词数量
c_7 = pron_num	代词数量
c_8 = det_num	限定词
c_9 = prt_num	虚词:语气词、助词等
c_{10} = num_num	数字数量
c_{11} = x_num	外来词、拼写错误、缩写
c_{12} = dot_num	标点符号

接着采用皮尔逊相关系数计算 20 个浅层次特征与分数的相关程度,具体计算公式如下:

$$\text{Pearson} = \frac{\sum_{i=1}^{n}(x_i - \overline{x})(y_i - \overline{y})}{\sqrt{\sum_{i=1}^{n}(x_i - \overline{x})^2}\sqrt{\sum_{i=1}^{n}(y_i - \overline{y})^2}} \quad (8\text{-}7)$$

其中,x 与 y 为想要测得相关强度的两个变量,分别为作文集 i 的某一浅层次特征变量的值与该作文的分数,n 为样本个数,即由 x 与 y 的协方差与标准差做商。

根据浅层次特征变量与分数的相关性排序,筛选出与分数相关性高的前十个浅层次特征作为特征融合的对象,分别为文章单词数量、作文字符长度、复杂单词数量、句子数量、名词数量、动词数量、形容词数量、介词数量、限定词以及标点符号。

由于不同特征值的量纲不同,如某篇文章对应的单词数量特征值为 331,而该文章的名词数量特征值为 20。因此,需要将不同量纲的数据输入批量归一化(Batch Normalization,BN)层进行批归一化处理,具体计算公式如下:

$$\mu_j = \frac{1}{m}\sum_{i=1}^{m} z_j^i \tag{8-8}$$

$$\sigma_j^2 = \frac{1}{m}\sum_{i=1}^{m}(z_j^i - \mu_j)^2 \tag{8-9}$$

$$\widetilde{Z}_j = \gamma_j \frac{Z_j - \mu_j}{\sqrt{\sigma^2 + \epsilon}} + \beta_j \tag{8-10}$$

其中,m 为样本个数,第 i 个样本在该层第 j 个神经元中,经过线性变换后的输出为 z_j^i,μ_j 为每组数据的平均数,σ_j^2 为每组数据的方差,ϵ 是为了避免方差为 0 时产生计算错误而设置的参数,γ_j、β_j 表示模型学习参数,目的是尽量还原数据的表达能力。

最后将批量归一化处理后的数据添加一个全连接(Dense)层,将浅层次特征经过非线性变换后,提取这些特征之间的关联,并映射到输出空间上。在实验中,设置 Dense 层的参数为,神经元个数为 10,激活函数使用 ReLU。从矩阵角度来看,具体计算方式如下:

$$W_{10\times N} X_{N\times 1} + B_{10\times 1} \tag{8-11}$$

其中,N 为样本个数,W 表示一个 $10\times N$ 的权重矩阵,$X_{N\times 2}$ 表示一维的样本,$B_{10\times 1}$ 表示偏置项。

2. 基于 BERT 的深层次语义特征提取

使用 BERT 模型与 CNN-LSTM 模型来学习文章的语义特征,本节介绍基于 BERT 的深层次语义特征提取。

BERT 是 Google 在 2018 年底提出的一种基于 Transformer 的预训练模型,该模型采用 Transformer 的 Encoder 结构,融合了其他经典预训练模型的优点,显著提升了 NLP 领域 11 项下游任务的性能。另外,将此模型用于英语作文自动评分任务能够有效提升 AES 模型的精度。本研究采用 Google 提供的预训练好的 BERT 模型 uncased_L-12_H-768_A-12,其中:L 代表 Layer,L-12 表示 12 层 Transformer Blocks;H 代表 Hidden,H-768 表示模型输出的维度为 768;A-12 代表自注意力的"头数"值为 12。

在使用 BERT 模型进行特征提取时,首先将输入的文章字符串处理为 BERT 输入层所需要的数据格式,该数据格式由文本的字符编码(input_word_ids)、位置编码(input_mask)以及分割编码(input_type_ids)组成。本章采用 BERT 预训练模型中的分词器 FullTokenizer 将输入的文章字符串进行分词处理,并将分词后的结果进行截断处理,截取最大长度为 199,文章单词数量超过 199 时则截取文章的前 199 个单词,在截取结果的头部插入[CLS],得到最后的分词数组,结果是长度为 200 的单词向量,举例如下。

输入文章字符串内容如下:

There are moments in life when you miss someone so much that you just want to pick them from your dreams and hug them for real! Dream what you want to dream;go where you want to go;be what you want to be,because you have only one life and one chance to do all the things you want to do.

经过处理后得到数组如下:

SP1＝[[CLS],There, are, moments, in, life, when, you, miss, someone, so, much, that, you, just, want, to ,pick ,them, from, your, dreams, and, hug,them, for, real,Dream,what,you,want,to, dream,go,where,you,want,to,go,be,what, you, want, to, be,because, you, have, only, one, life, and, one, chance, to, do, all, the, things, you, want,to,do]

input_word_ids：根据词汇表并使用分词器 FullTokenizer 将分词数组中的每个单词转换为数值 id，将所有样本长度统一填充为 200，得到 input_word_ids。

input_mask：该掩码标记句中单词位置，由于一批样本中存在不同长度的文章（即分词数组长度不同），故用该掩码标记 input_word_ids 中单词位置。

input_type_ids：该项取值为 0 或 1，由于 BERT 模型可处理句子对，故采用 input_type_ids 标记 input_word_ids 中单词位置，0 表示句子 A，1 表示句子 B。

其次，将数组 SP1 输入 BERT 的网络结构，依次经过多头注意力机制、残差连接以及归一化处理，最后通过两层全连接层，输出得到 sequence_output,cls_output 两个特征矩阵，前者表示每一个单词的特征，后者表示整个文章的特征。为了考察文章的整体性，本研究选用 cls_output 作为特征融合的输入之一，即深层次语义特征 1，其形状如下：

$$cls\_output(batched,tokens,features)$$

其中，batched 表示样本的数目，tokens 表示分词的长度，features 表示 768 维的特征值。

3. 基于 CNN-LSTM 的深层次语义特征提取

CNN 是一种常用的人工神经网络，其基本结构包括输入层、卷积层、池化层、全连接层以及输出层，能够抽取文本的局部语义特征。使用 CNN 进行模型训练能够降低模型的复杂度，加快训练速度。LSTM 是 RNN 的一种变体，它可以避免 RNN 常出现的短期记忆和梯度消失的问题，更有效地提取文本的全局语义信息。

首先采用卷积层提取文章的局部语义特征，其次通过 LSTM 层提取文章的全局语义特征，具体步骤如下。

第一步，调用 NLTK 库的 word_tokenize，将文章字符串处理为词嵌入层需要的数值数据格式。

第二步，将上一步得到的结果输入词嵌入层，经词嵌入层的处理得到单词编码为长度 50 的特征数组。

第三步，将词嵌入层处理后的数组输入一维卷积层。同时，对卷积层的参数进行设置，经过多轮次的实验，选择实验结果最优的参数：cnn_dim 为 1，cnn_window_size 为 3，cnn_border_mode 为 same，stride 为 1。经过卷积层的处理后输出一个四维数组，包含样本数量、词语数量、词特征向量维度和卷积核的个数。

第四步，将输出的四维数组输入 LSTM 层，对 LSTM 层的参数设置是：rnn_dim 为 300，return_sequence 为 True，dropout 为 0.5，recurrent_dropout 为 0.1。经过遗忘门、输入门及输出门的处理后，输出一个 300 维的数组。

第五步，经过 Dropout 层，使得模型在每次训练时都"丢弃"一些节点，从而防止模型过拟合。

第六步，加入随时间平均（Mean Over Time）层，LSTM 的输出向量 H，经过随时间平均层处理，得到深层次语义特征 2。

$$\mathrm{MoT}(H) = \frac{1}{M}\sum_{t=1}^{M} h_t \tag{8-12}$$

其中，M 为随时间平均层输入向量的数目，h_t 为输入向量中的元素。

4. 特征融合

首先将人工提取的浅层次特征 input_feature、基于 BERT 提取的深层次语义特征 1：cls_output，以及基于 CNN-LSTM 提取的深层次语义特征 2：rnn_output 依次输入融合层进行特征融合（Concatenate），每个样本的特征进行张量（Tensor）拼接。例如：

$$\text{input\_feature} = \begin{bmatrix} f_{11} & \cdots & f_{1p} \\ \vdots & & \vdots \\ f_{m1} & \cdots & f_{mp} \end{bmatrix} \tag{8-13}$$

其中，m 为样本数量，p 为 10，表示的是经过批量归一化层处理后人工提取的浅层次特征数量。

$$\text{cls\_output} = \begin{bmatrix} c_{11} & \cdots & c_{1n} \\ \vdots & & \vdots \\ c_{m1} & \cdots & c_{mn} \end{bmatrix} \tag{8-14}$$

其中，m 为样本数量，n 为 768，表示的是基于 BERT 提取的深层次语义特征数量。

$$\text{rnn\_output} = \begin{bmatrix} r_{11} & \cdots & r_{1q} \\ \vdots & & \vdots \\ r_{m1} & \cdots & r_{mq} \end{bmatrix} \tag{8-15}$$

其中，m 为样本数量，q 为 300，表示的是基于 CNN-LSTM 提取的深层语义特征数量。拼接后得到的矩阵维度为 1 078：

$$\text{concat\_output} = \begin{bmatrix} o_{11} & \cdots & o_{1t} \\ \vdots & & \vdots \\ o_{m1} & \cdots & o_{mt} \end{bmatrix} \tag{8-16}$$

其中，m 为样本数量，t 为 1 078，表示的是融合后特征数量。

其次将拼接后的特征张量输入批量归一化层，进行批归一化处理。由于输入融合层的特征来自 3 个模型，容易出现 DNN 中常见的中间协变量迁移（Internal Covariate Shift，ICS）问题，导致训练的速度和精度下降，因此作者将经过融合层处理后的特征张量输入批量归一化层进行批归一化处理。

最后添加两个全连接层，第一个全连接层神经元的个数设置为 100，即输出维数为 100 的矩阵。激活函数使用 Sigmoid 函数，其计算公式如下：

$$\sigma(x) = \frac{1}{1 + e^{-x}} \tag{8-17}$$

其中，x 表示全连接层的神经元的输出特征。

第二个全连接层神经元的个数设置为 1，激活函数仍使用 Sigmoid 函数。

8.3.2 GECToR 语法错误纠正模型

本节将介绍 GECToR，该模型是由 Grammarly 提出的一种用于语法错误纠正的模型，其采用了一种基于标注而非重写的方法。具体地，该模型使用一个基于 Transformer 的编码器和两个输出线性层来分别负责错误检测和错误纠正。该模型通过预测文本序列中每个单词的变化来实现错误纠正,例如实现保留、删除、添加或替换操作,这些操作使用特定的语法变换标签,如调整字母大小写或改变动词时态。在对文本序列进行这些标注后,模型便可用于纠正。由于一个句子中的一些纠正可能依赖于其他纠正,因此该模型通过一种迭代的方法将序列反复输入模型。模型的训练分为三个阶段:在合成数据上的 Pretraining;在错误-正确的句对上的 fine-tuning;在同时包含错误-正确和正确-正确句对数据上的 fine-tuning。

1. 词元级转换

自定义一种词元级的转换 $T(x_i)$,将目标文本应用于源字符 $(x_1, x_2, \cdots, x_N)$ 来恢复目标文本。对于常见的语法错误,例如拼写错误、名词数量不一致、主语与动词不一致和动词形式错误,Transformations 通过限制输出词汇数,提高了对这些语法错误纠正的能力。

默认标签词汇数大小为 5 000 的编辑空间包括 4 971 个基本变换(字符无关的 KEEP 和 DELETE,字符相关的 1 167 个 APPEND,3 802 个 REPLACE 操作)和 29 个字符无关的 g 变换。

1) 基本变换

基本变换执行最常见的词元级编辑操作,例如:保持当前字符不变(标签 $ KEEP);删除当前字符(标签 $ DELETE);在当前字符 x_i 旁边附加新字符 t_1(标签 $ APPEND t_1);将当前字符 x_i 替换为另一个字符 t_2(标记 $ REPLACE t_2)。

2) g 变换

g 变换执行特定于任务的操作,例如:更改当前字符的大小写(CASE 标签);将当前字符和下一个字符合并为一个字符(MERGE 标签);将当前字符拆分为两个新字符(SPLIT 标签)。此外,g 变换可使用 NOUN NUMBER 和 VERB FORM 转换中的标记对字符的语法属性进行编码。这些转换可以将单数名词转换为复数,或将复数名词转换为单数,甚至可以更改规则/不规则动词的形式以表示不同的数目或时态。

要获得 VERB FORM 标签的转换后缀,需要使用动词共轭字典。为了方便起见,已将其转换为以下格式:$token_0\_token_1 : tag_0\_tag_1$(例如 $go\_goes : VB\_VBZ$)。这意味着存在从 $word_0$ 和 $word_1$ 到相应标签的过渡。过渡是单向的,因此如果存在反向过渡,则会单独显示。

表 8-2 展示的是 CoNLL-2014 中仅针对基本转换(KEEP、DELETE、APPEND、REPLACE)和所有转换的涵盖语法错误的比例。我们将默认标记词汇数大小设置为 5 000,作为覆盖率和模型大小之间的启发式折中。

表 8-2 词元级转换的覆盖能力比较

标签词汇大小(Tag Vocab. Size)	转换(Transformations)	
	基本转换(Basic Transf.)	全转换(All Transf.)
100	60.4%	79.7%
1 000	76.4%	92.9%
5 000	89.5%	98.1%
10 000	93.5%	100.0%

表 8-3 展示的是各种转换类型及其示例。我们用一个标签来表示一个词元级转换,词标签由两部分组成:核心转换和转换后缀。

表 8-3 词元级转换列表

唯一标识符(id)	核心转换(Core Transformation)	转换后缀(Transformation Suffix)	标签(Tag)	示例(Example)
basic-1	KEEP	∅	$ KEEP	… many people want to travel during the summer …
basic-2	DELETE	∅	$ DELETE	… not sure if you are {you ⇒ ∅} gifting …
basic-3	REPLACE	a	$ REPLACE_a	… the bride wears {the ⇒ a} white dress …
…	…	…	…	…
basic-3804	REPLACE	cause	$ REPLACE_cause	… hope it does not {make ⇒ cause} any trouble …
basic-3805	APPEND	for	$ APPEND_for	… he is {waiting ⇒ waiting for} your reply …
…	…	…	…	…
basic-4971	APPEND	know	$ APPEND_know	… I {don't ⇒ don't know} which to choose …
g-1	CASE	CAPITAL	$ CASE_CAPITAL	… surveillance is on the {internet ⇒ Internet} …
g-2	CASE	CAPITAL_1	$ CASE_CAPITAL_1	… I want to buy an {iphone ⇒ iPhone} …
g-3	CASE	LOWER	$ CASE_LOWER	… advancement in {Medical ⇒ medical} technology …
g-4	CASE	UPPER	$ CASE_UPPER	… the {it ⇒ IT} department is concerned that …
g-5	MERGE	SPACE	$ MERGE_SPACE	… insert a special kind of gene {in to ⇒ into} the cell …
g-6	MERGE	HYPHEN	$ MERGE_HYPHEN	… and needs {in depth ⇒ in-depth} search …
g-7	SPLIT	HYPHEN	$ SPLIT_HYPHEN	… support us for a {long-run ⇒ long run} …
g-8	NOUN_NUMBER	SINGULAR	$ NOUN_NUMBER_SINGULAR	… a place to live for their {citizen ⇒ citizens} …
g-9	NOUN_NUMBER	PLURAL	$ NOUN_NUMBER_PLURAL	… carrier of this {diseases ⇒ disease} …

续表

唯一标识符(id)	核心转换(Core Transformation)	转换后缀(Transformation Suffix)	标签(Tag)	示例(Example)
g-10	VERB FORM	VB_VBZ	$ VERB_FORM_VB_VBZ	… going through this {make ⇒ makes} me feel …
g-11	VERB FORM	VB_VBN	$ VERB_FORM_VB_VBN	… to discuss what {happen ⇒ happened} in fall …
g-12	VERB FORM	VB_VBD	$ VERB_FORM_VB_VBD	… she sighed and {draw ⇒ drew} her …
g-13	VERB FORM	VB_VBG	$ VERB_FORM_VB_VBG	… shown success in {prevent ⇒ preventing} such …
g-14	VERB FORM	VB_VBZ	$ VERB_FORM_VB_VBZ	… a small percentage of people {goes ⇒ go} by bike …
g-15	VERB FORM	VBZ_VBN	$ VERB_FORM_VBZ_VBN	… development has {pushes ⇒ pushed} countries to …
g-16	VERB FORM	VBZ_VBD	$ VERB_FORM_VBZ_VBD	… he {drinks ⇒ drank} a lot of beer last night …
g-17	VERB FORM	VBZ_VBG	$ VERB_FORM_VBZ_VBG	… couldn't stop {thinks ⇒ thinking} about it …
g-18	VERB FORM	VBN_VB	$ VERB_FORM_VBN_VB	… going to {depended ⇒ depend} on who is hiring …
g-19	VERB FORM	VBN_VBZ	$ VERB_FORM_VBN_VBZ	… yet he goes and {eaten ⇒ eats} more melons …
g-20	VERB FORM	VBN_VBD	$ VERB_FORM_VBN_VBD	… he {driven ⇒ drove} to the bus stop and …
g-21	VERB FORM	VBN_VBG	$ VERB_FORM_VBN_VBG	… don't want you fainting and {broken ⇒ breaking} …
g-22	VERB FORM	VBD_VB	$ VERB_FORM_VBD_VB	… each of these items will {fell ⇒ fall} in price …
g-23	VERB FORM	VBD_VBZ	$ VERB_FORM_VBD_VBZ	… the lake {froze ⇒ freezes} every year …
g-24	VERB FORM	VBD_VBN	$ VERB_FORM_VBD_VBN	… he has been went {went ⇒ gone} since last week …
g-25	VERB FORM	VBD_VBG	$ VERB_FORM_VBD_VBG	… talked her into {gave ⇒ giving} me the whole day …
g-26	VERB FORM	VBG_VB	$ VERB_FORM_VBG_VB	… free time, I just {enjoying ⇒ enjoy} being outdoors …
g-27	VERB FORM	VBG_VBZ	$ VERB_FORM_VBG_VBZ	… there still {existing ⇒ exists} many inevitable factors …
g-28	VERB FORM	VBG_VBN	$ VERB_FORM_VBG_VBN	… people are afraid of being {tracking ⇒ tracked} …
g-29	VERB FORM	VBG_VBD	$ VERB_FORM_VBG_VBD	… there was no {mistook ⇒ mistaking} his sincerity …

3) 数据预处理

要将任务作为序列标注问题进行处理,需要将每个目标句子从训练/评估集中转换为标记序列,其中每个标记都映射到单个源字符。如表 8-4 中的例子所示,语法错误的句子是"A ten years old boy go school"。我们先经过一次序列打标签,发现需要对 ten 和 go 进行操作,也就是把 ten 和 years 合并成 ten-years,把 go 变成 goes(注意:这里的用连字符"-"把两个词合并的操作定义在前面的 Token 上)。接着再进行一次序列打标签,发现需要对 ten-years 和 goes 进行操作,把 ten-years 变成 ten-year 然后与 old 合并,在 goes 后面增加 to。最后一次序列打标签后发现需要在 school 后面增加英文句号"."。

表 8-4 展示的是对编码句子对的三步预处理算法的简要说明。

表 8-4 迭代纠正过程示例

迭代次数(Iteration #)	句子的演变(Sentence's Evolution)	累计校正次数(# corr.)
Orig. sent	A ten years old boy go school	
Iteration 1	A **ten-years** old boy **goes** school	2
Iteration 2	A ten-**year**-old boy goes **to** school	5
Iteration 3	A ten-year-old boy goes to school**.**	6

在每次迭代过程中逐步应用 GEC 标记系统,并给出每次迭代的累计校正次数,其中校正部分用粗体表示。

第一步,将源句子的每个字符映射到目标句子的字符子序列中。

[A ↦ A],[ten ↦ ten, -],[years ↦ year, -],[old ↦ old],[go ↦ goes, to],[school ↦ school, .]

为此,我们首先检测定义源词元 $(x_1, \cdots, x_n)$ 和目标词元 $(y_1, \cdots, y_M)$ 之间差异的最小词元间隔。因此,这样的间隔是一对选定的源词元和相应的目标词元。我们不能使用这些基于间隔的对齐方式,因为需要在词元级别上获得标签。因此,对于每个源词元 $x_i, 1 \leqslant i \leqslant N$,通过最小化修改后的 Levenshtein 距离(考虑成功的 g 转换等于零距离)来搜索目标词元的最佳子序列 $Y_i = (y_{j_1}, \cdots, y_{j_2}), 1 \leqslant j_1 \leqslant j_2 \leqslant M$。

第二步,对于列表中的每个映射,我们需要找到将源字符转换为目标子序列的词元级别转换:

[A ↦ A]: $ KEEP,

[ten ↦ ten,]: $ KEEP, $ MERGE_HYPHEN,

[years ↦ year,]: $ NOUN_NUMBER_SINGULAR, $ MERGE_HYPHEN,

[old ↦ old]: $ KEEP,

[go ↦ goes,to]: $ VERB_FORM_VB_VBZ, $ APPEND_to,

[school ↦ school,.]: $ KEEP, $ APPEND_{.}.

第三步,由于一个词元只能有一个标签,因此每个源词元仅保留一个转换。如果有多个转换,则采用第一个不是 $ KEEP 标记的转换,所以最终得到的标签为

```
[A ↦ A]: $KEEP
[ten ↦ ten, -]: $MERGE_HYPHEN
[years ↦ year, -]: $NOUN_NUMBER_SINGULAR
[old ↦ old]: $KEEP
[boy ↦ boy]: $KEEP
[go ↦ goes, to]: $VERB_FORM_VB_VBZ
[school ↦ school, .]: $APPEND_{.}
```

2. 模型结构

GEC 序列标注模型是一种编码器结构，由预训练的 BERT 模型的 Transformer 组成，并堆叠了两个全连接层，且顶部 Softmax 层。我们始终采用预训练 Transformer 的基础配置。分词方式取决于特定 Transformer 的设计，例如：BPE 被用于 RoBERTa；BERT 模型使用 WordPiece；XLNet 使用 SentencePiece。为了在词元级处理信息，我们从编码器表示中获取每个词元的第一个子词，然后将其传递到后续的两个全连接层，这两个全连接层分别负责错误检测和错误标记。

3. 迭代序列标记方法

为了纠正错误文本，对于源序列 $(x_1, x_2, \cdots, x_N)$ 中的每个输入词元 x_i，$1 \leqslant i \leqslant N$，我们将预测 8.3.2 节中描述的标记编码的词元级变换 $T(x_i)$，然后将该变换应用于句子以获取纠正后的句子。由于句子中的某些纠正可能依赖于其他纠正，因此仅应用一次 GEC 序列标记器可能无法完全纠正句子。因此，我们使用了由 Awasthi 提出的迭代纠正方法：先使用 GEC 序列标记器标记已修改的序列，再在这些新标记的基础上应用相应的转换，从而进一步纠正句子。通常来说，需要纠正的次数会随着连续迭代的进行而减少，并且大多数纠正是在最初的两次迭代中完成的，如表 8-5 所示。因此，通过限制迭代次数可加快总体流程，同时权衡定性性能。最佳单一模型在 CoNLL-2014（test）上的累计修正数量和相应得分与迭代次数的关系如表 8-5 所示。

表 8-5 CoNLL-2014（test）上的累计修正数量和相应得分与迭代次数的关系

迭代次数(Iteration #)	查准率(P)	查全率(R)	F 分数($F_{0.5}$)	累计修正数量(# corr.)
Iteration 1	72.3	38.6	61.5	787
Iteration 2	73.7	41.1	63.6	934
Iteration 3	74.0	41.5	64.0	956
Iteration 4	73.9	41.5	64.0	958

8.4 智能评阅系统的应用

8.4.1 句酷批改网

句酷批改网是一款基于人工智能技术的英语作文智能批改平台，其使用界面如图 8-4 所示，该平台可以为学生和老师提供以下功能：

① 智能评分：句酷批改网可以根据作文的内容、结构、语言、创新等方面，给出综合评分和各项评分，并提供评分标准和参考范围。

② 智能纠错：句酷批改网可以检测和纠正作文中的语法、拼写、标点、用词等错误，并提供错误类型和修改建议。

③ 智能点评：句酷批改网可以根据作文的优缺点，给出总体评语和具体评语，并提供改进方法和范文示例。

④ 智能辅导：句酷批改网可以根据学生的写作水平和需求，提供个性化的写作辅导和练习，包括写作指导、写作素材、写作题目等。

句酷批改网为教育领域带来了革命性的改变，不同的用户群体均可从中受益。对于教师而言，它提供了一个快速、准确且公正的工具来对学生的作文进行评分和反馈。这不仅大大节省了教师的时间和精力，提高了教学效率，还便于教师分析和统计学生的写作水平，从而更好地了解学生的长处、短处和进步情况，进一步制订出更为合理的教学计划和策略。对于学生而言，学生可以利用该平台对自己或同伴的作文进行自主或互动的评分和反馈，这不仅可以促进学生写作能力，还可以激发学生对写作的兴趣。此外，该平台还为学生提供了丰富的写作资源和辅导，帮助学生不断提高写作技能。

句酷批改网是基于大数据和深度学习等人工智能技术，结合教育专家和语言学家的知识和经验，构建的一套高效、准确、可靠的智能评阅模型。该平台覆盖范围广泛，不仅适合从小学到大学各个阶段的英文写作教学，还涵盖了各种体裁的中文写作评阅，确保了其在写作方面的全面性。综上所述，句酷批改网不仅为学生、教师提供了高效的评分和反馈工具，还为他们提供了丰富的写作资源和辅导，从而实现提高教育质量的目标。

图 8-4　句酷批改网的使用界面

8.4.2 智能口语评测系统

智能口语评测是指利用语音识别、语音合成、NLP等技术,对学生的口语表达能力进行自动评估。智能口语评测系统适用于英语、普通话、外语等各种语言的口语考试或教学中,以提高口语评测的效率和准确性,节省人力成本,实现个性化和过程性的评价。本节将介绍科大讯飞的智能口语评测系统,该系统的功能实现机制如图8-5所示。

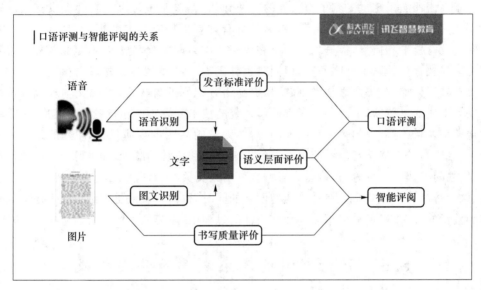

图8-5 智能口语评测系统的功能实现机制

智能口语评测系统基于大数据分析和深度学习技术,能够准确识别和评估用户的发音、语法、词汇、流畅度等多方面口语能力。该系统的评测结果不仅准确,而且具有高度的客观性和一致性,为用户提供了一个可靠的口语自我评估工具。该系统具有高度的普适性和便利性。无论是学生、教师还是语言学习者,都可以轻松使用该系统,获取即时的口语评测反馈。用户只需通过智能设备完成口语测试,系统即可在短时间内生成评测报告,帮助用户清晰地了解自己的口语能力和提升方向。

这一评测系统的构建主要有两步,首先,需要对用户的录音进行语音识别,将声音转换为文字,这一步需要用到深度神经网络、声学模型、语言模型等技术,以提高识别的准确率和鲁棒性。其次,系统需要对转换后的文字内容进行评测,这一步需要用到NLP、机器学习、知识图谱等技术,以分析学生的口语水平和能力。具体来说,系统会从以下三个方面进行评测:

① 发音质量:系统会对学生的发音准确度、流利度、连贯度、重音、语调等方面进行打分,这一步依赖于声学特征提取、发音模型、打分模型等技术。

② 文本内容:系统会对学生的文本内容进行分析,包括词汇量、句法结构、逻辑关系、篇章结构、主题一致性、信息完整性等方面,这一步依赖于文本分析、文本理解、文本生成等技术。

③ 交际能力:系统会对学生的交际能力进行评估,包括话题适应性、情感表达、礼貌策

略、沟通策略等方面,这一步依赖于对话分析、情感分析、社会信号分析等技术。

最后,系统会综合以上三个方面的评分,给出一个总分,并给出相应的反馈和建议,帮助学生提高口语水平。这一步依赖于评分模型、反馈生成等技术。

智能口语评测系统已经在多个场景中得到了应用和验证,例如普通话水平测试、大学英语四六级口语考试等。在这些应用中,智能口语评测系统都显示出了较高的评测准确性和可靠性,与人工评分具有较高的相关性和一致性。

智能口语评测系统也受到了教育界的欢迎和认可,该系统可以为教师提供有效的辅助工具,为学生提供便捷的自主学习平台,为教育管理者提供有力的数据支持。此外,该系统可以促进教育公平和质量,提升教育效果和效率。作为现代教育技术的产物,智能口语评测系统无疑为教育界带来了许多便利,但同时也伴随着一些挑战。首先,从技术上讲,它涉及多个技术领域,需要解决众多技术难题,如提高语音识别的鲁棒性、增强文本理解的深度和提高反馈生成的自然度等,这些因素都使得系统的技术开发难度相对较大。其次,为了训练和优化模型,系统对数据的需求是巨大的,需要大量的高质量数据,如标注好的录音和专家打分等。最后,过于依赖智能系统可能导致人工干预和监督的减少,如教师与学生之间的互动、学生之间的交流减少等,这可能会影响教育的人文关怀和情感交流。

总之,智能口语评测系统在带给我们便利的同时,也需要我们更加细致地考虑如何平衡技术和教育的关系,确保在追求效率和准确性的过程中,不忘教育的初心。

8.5 智能评阅的未来发展趋势与挑战

8.5.1 智能评阅的未来发展趋势

未来,随着新一代人工智能技术的飞速发展,智能评阅将在以下几个方面进一步地发展:

① 技术创新:随着人工智能技术的不断发展,智能评阅将会采用更先进的技术,例如深度学习、自然语言处理、语音识别、图像识别等,以提高评阅的准确性、稳定性、鲁棒性等。

② 应用拓展:随着教育需求的不断变化,智能评阅将会拓展更多的应用场景,例如不同学科、不同层次、不同类型的主观题,以满足教育评价的多样性和全面性。

③ 服务优化:随着用户体验的不断提升,智能评阅将会优化更多的服务功能,例如交互式可视化、智能分析和预测、个性化反馈和建议等,以增强教育评价的有效性和针对性。

另外,文心一言、星火认知大模型、GPT-4 等生成式大语言模型的出现为智能评阅带来了新的可能性。以语法错误纠正任务为例,生成式大语言模型可以对海量未标注的数据进行预训练,具有强大的泛化能力,能够根据输入生成符合语法规则和语义规则的文本。因此,基于生成式大语言模型的 GEC 方法不再需要数量庞大且高质量的标注数据,对指令进行调优便能够在多项 NLP 任务中获得优越的表现。

在 GEC 任务中,基于生成式大语言模型的方法可以依据所输入的含语法错误的语句,生成一个或多个纠正建议,并解释纠正的原因和提供纠正的依据。ChatGPT 的出现更是让用户打破技术壁垒,以对话的形式满足用户多样化的需求。ChatGPT 可以根据用户的反馈,调整自己的纠正策略和风格,以提供用户的满意度。在 GEC 任务中,ChatGPT 可以根据用户的语言水平、目标、偏好等,提供不同程度的纠正,如轻微、中等、严重等;或者提供不同类型的纠正,如拼写、词法、语法、语义等。

目前已有研究评估生成式大语言模型在 GEC 任务中的表现。例如:Wu 等采用任务描述型指令选择 CoNLL-2014 数据集中的 100 个语句以评估 ChatGPT 在 GEC 任务上的性能,并选择商业产品 Grammarly 和最先进的模型 GECToR 为基线模型为对照发现,ChatGPT 能够通过改变句子结构达到语法错误纠正的效果,但是存在校正不足、错误校正较少和过度校正等问题。Fang 等采用零样本思维链提示和少样本思维链提示测试 ChatGPT 在 3 种语言、5 个数据集上的性能,结果验证 ChatGPT 具有出色的错误检测能力,但同样存在过度校正的问题。Loem 等通过对任务指令和对零样本提示、少样本提示的变量进行控制,验证了 GPT-3 在基于提示方法下的性能和可控性。Li 等采用任务描述型指令和样本提示法探究两种 GPT-3.5 LLM 模型在中文语法纠错任务上的性能,研究发现 LLM 的中文语法纠错能力与先前的先进模型相比仍存在差距。Coyne 等采用零样本提示和少样本提示分析比较了 GPT-3.5 和 GPT-4 模型在 GEC 任务上的性能,实验结果表明,模型在流畅性指标上分数较优,在最小编辑指标中分数较差。以上研究表明:ChatGPT 在处理不同语言的 GEC 任务具有很大的潜力;对于文本纠错,ChatGPT 总是伴随过度校正问题;使用不同的提示词对于文本的纠正效果有着显著差异。

本书编写团队基于零提示技术评估了 5 种大语言模型(GPT-4、GLM-130B、Claude、ERNIE 3.0 和 SparkDesk v1.5)在中英文语法纠正任务中的表现,并与 4 种商用英语作文自动批改工具(Grammarly、句酷批改网、微软爱写作和有道写作)和 2 种商用中文作文自动批改工具(阅神 AI 和 IN 课堂)进行了性能比较,验证了生成式大语言模型在中英文语法纠正任务中的杰出表现。因此,如何结合智能评阅场景的特点发挥生成式大语言模型的优势也是未来的研究趋势。

8.5.2 智能评阅面临的挑战和问题

智能评阅以其高效、客观和一致的评估方式,正逐渐成为教育领域的重要辅助工具。然而,随着其应用的深入,也暴露出一系列的挑战和问题。智能评阅面临的挑战和问题主要有以下五个方面:

1. 技术限制

尽管智能评阅系统在一些方面已经能够达到,甚至超过人工评阅者的准确性,但在一些复杂、主观或需要深度理解的任务中,其准确性仍然有限。例如,在理解和评估开放式问答、创造性写作或复杂的解释性任务时,智能评阅系统往往难以做出准确和公正的评估。另外,当前的智能评阅系统大多基于机器学习和深度学习技术,而这些技术的"黑箱"特性使得其评估过程缺乏透明度和可解释性。这不仅仅是技术问题,也是教育公正和信任的问题。

2. 数据依赖性

智能评阅系统的训练和性能很大程度上依赖于大量高质量的训练数据,而获取高质量、有代表性的数据是一项巨大的挑战,特别是在多元、多层次的教育环境中,数据的获取非常困难且成本高昂。如果训练数据存在偏见,智能评阅系统也会继承这些偏见,导致评估结果不公正、不准确。

3. 教育效果

智能评阅系统可能难以为不同的学生提供个性化的反馈和评估,这在促进学生的个性化学习和发展方面是一个重要的问题。因为教师和学生可能对智能评阅系统的准确性和公正性持怀疑态度,进而可能影响其在教育实践中的应用程度和接受度。

4. 伦理问题

在收集和处理学生数据以训练和应用智能评阅系统时,需要严格遵守与隐私保护和数据安全相关的法律法规。如果智能评阅系统出现错误评估而导致学生利益受损,确定责任归属和解决纠纷可能会非常复杂和困难。

5. 资源和基础设施

高效的智能评阅系统可能需要强大的计算资源和高质量的软件支持,这对于资源有限的教育机构可能是一个不小的负担。此外,智能评阅系统的成功应用需要持续的技术支持和维护,以保证其准确性和效率。

智能评阅在教育领域有着巨大的潜力和应用价值,但同时也面临许多技术、数据、教育效果、伦理以及资源和基础设施方面的挑战。只有通过不断的技术创新、数据优化、法律和伦理规范的制定以及教育实践的深入探索,才能充分发挥智能评阅的优势,促进其在教育领域的健康和可持续发展。

本 章 小 结

本章主要介绍了智能评阅的理论及技术,主要包括:智能评阅简介、智能评阅的关键技术、智能评阅模型构建、智能评阅系统的应用、智能评阅的未来发展趋势与挑战。

第一,本章详细介绍了智能评阅概述,重点介绍了智能评阅简介、智能评阅的理论依据和相关技术。第二,详细介绍了智能评阅的关键技术,重点介绍了作文自动评分和语法错误纠正两个智能评阅关键技术。第三,详细介绍了智能评阅模型构建,重点介绍了融合多层次语义特征的自动评分模型和GECToR语法错误纠正模型。第四,详细介绍了智能评阅系统的应用,重点介绍了两种智能评阅系统,分别是句酷批改网、智能口语评测系统。第五,详细介绍了智能评阅的未来发展趋势与挑战。智能评阅在未来将更加智能化、个性化、多元化和开放化,更加适应教育的多样性和复杂性。此外,智能评阅面临着一些挑战,如数据隐私和安全、评估结果的透明度和可解释性、道德和公正性、技术瓶颈等,这些需要通过技术创新和规范管理来解决。

习 题

1. 什么是智能评阅,它有哪些优势和局限性?
2. 智能评阅的理论基础是什么,它与传统的教育评价有何异同?
3. 智能评阅的关键技术有哪些,它们各自的作用和原理是什么?
4. 请描述一种自动评分模型或语法错误纠正模型的构建步骤有哪些?
5. 智能评阅系统的应用有哪些,它们各自的特点和要求是什么?

6. 请查询一种新的语法错误纠正模型,并指出其是基于何种方法构建的,与本节介绍的语法错误模型的区别在哪里?

7. 请举例说明作文智能评阅系统是如何对学生的写作能力进行反馈和指导的。

8. 请举例说明智能口语评测系统是如何对学生的口语表达能力进行反馈和指导的。

9. 请试着设计一个智能评阅系统,并描述该系统的目标、内容、关键技术、评阅效果等。

10. 请设计一个智能评阅系统的用户需求调研方案,说明其目的、对象、使用工具和步骤。

11. 请设计一个智能评阅系统的教师培训方案,说明其目标、内容、形式和评阅效果。

12. 请使用 HTML 和 CSS 编写一个作文评阅系统的前端界面,包括标题、导航栏、输入框、提交按钮、结果显示等元素,并体现该系统的功能。

13. 请使用 Python 编写一个基于融合多层次语义特征的自动评分模型,并使用不同的深度学习算法,比较不同算法预测结果的准确性。该模型的输入为一篇英语作文,输出为一个 0~100 的分数。

14. 请使用 Python 编写一种语法错误纠正模型,该模型的输入为一句英语句子,输出为一个纠正后的英语句子。

参考文献

[1] 梁茂成,文秋芳. 国外作文自动评分系统评述及启示[J]. 外语电化教学,2007(5):18-24.

[2] PAGE E B. Grading essays by computer:progress report[C]// Proceedings of the 1967 Invitational Conference on Testing Problems. Princeton,NJ:Educational Testing Service,1967:87-100.

[3] ATTALI Y, BURSTEIN J. Automated essay scoring with e-rater® V. 2[J]. The Journal of Technology, Learning, and Assessment, 2006, 4(3):1-29.

[4] VALENTI S, NERI F, CUCCHIARELLI A. An overview of current research on automated essay grading[J]. Journal of Information Technology Education Research,2003,2:319-330.

[5] RUDNER L M, LIANG T. Automated essay scoring using Bayes' theorem[J]. Journal of Technology, Learning, and Assessment,2002,1(2):1-22.

[6] ALIKANIOTIS D, YANNAKOUDAKIS H, REI M. Automatic text scoring using neural networks[C]// Proceedings of the 54th Annual Meeting of the Association for Computational Linguistics. Berlin,Germany:Association for Computational Linguistics,2016:715-725.

[7] TAGHIPOUR K, NG H T. A neural approach to automated essay scoring[C]// Proceedings of the 2016 Conference on Empirical Methods in Natural Language Processing. Austin, Texas. Stroudsburg,PA,USA:Association for Computation Linguistics,2016:1882-1891.

[8] LI J, WU J. Automated essay scoring incorporating multi-level semantic features [C]// Artificial Intelligence in Education. Cham:Springer,2023.

[9] FELICE M, YUAN Z, ANDERSEn Ø E, et al. Grammatical error correction using hybrid systems and type filtering[C]//Proceedings of the Eighteenth Conference on Computational Natural Language Learning: Shared Task. Baltimore, Maryland. Stroudsburg, PA, USA: Association for Computational Linguistics, 2014: 15-24.

[10] MIZUMOTO T, KOMACHI M, NAGATA M, et al. Mining revision log of language learning SNS for automated Japanese error correction of second language learners[C]// Proceedings of the 5th International Joint Conference on Natural Language Processing. Chiang Mai, Thailand: Asian Federation of Natural Language Processing, 2011: 147-155.

[11] GAMON M, GAO J, BROCKE T T C, et al. Using contextual speller techniques and language modeling for ESL error correction[C]//International Joint Conference on Natural Language Processing, Proceedings of the Conference, 2008: 449-456.

[12] PUTRA D D, SZABO L. UdS at the CoNLL 2013 shared task[C]// Proceedings of the Seventeenth Conference on Computational Natural Language Learning: Shared Task. Sofia, Bulgaria: Association for Computational Linguistics, 2013: 48-52.

[13] ROZOVSKAYA A, ROTH D. Generating confusion sets for context-sensitive error correction[C]// Proceedings of the 2010 Conference on Empirical Methods in Natural Language Processing. Cambridge, MA: Association for Computational Linguistics, 2010: 961-970.

[14] YUAN Z, FELICE M. Constrained grammatical error correction using statistical machine translation [C]//Proceedings of the Seventeenth Conference on Computational Natural Language Learning: Shared Task. Sofia, Bulgaria: Association for Computational Linguistics, 2013: 104-112.

[15] OMAR R, MANGUKIYA O, KALNIS P, et al. ChatGPT versus traditional question answering for knowledge graphs: current status and future directions towards knowledge graph chatbots[EB/OL]. (2023-02-08) [2023-08-29]. http://arxiv.org/abs/2302.06466.

[16] OpenAI, ACHIAM J, ADLER S, et al. GPT-4 technical report[EB/OL]. (2023-03-27) [2023-08-29]. http://arxiv.org/abs/2303.08774.

[17] WEI J, WU J. Finetuned Language Models Are Zero-Shot Learners[EB/OL]. (2022-02-08) [2023-08-29]. http://arxiv.org/abs/2109.01652.

[18] OMELIANCHUK, K, ATRASEVYCH, V, CHERNODUB, A, et al. GECToR-grammatical error correction: tag, not rewrite[C]// Proceedings of the 15th Workshop on Innovative Use of NLP for Building Educational Applications. Online: Association for Computational Linguistics, 2020: 163-170.

[19] 何伟康. 英语作文自动评阅系统关键技术研究[D]. 湖北大学, 2016.

[20] 赵芬. 智能问答系统语义理解与答案生成方法研究[D]. 重庆邮电大学, 2022.

第 9 章 智能问答

智能问答(Intelligent Question Answering，IQA)是一种利用人工智能技术,可以理解用户提出的自然语言问题,并从大规模的文本数据或知识图谱(Knowledge Graph,KG)中检索或推理出最佳答案。智能问答是 NLP 的重要应用领域之一,也是人机交互的重要方式之一。智能问答的研究和发展不仅可以提高信息检索的效率和质量,还可以促进人工智能理论和技术的进步。本章将详细介绍智能问答的基本概念、发展历程、关键技术、数据集和评测标准、智能问答系统构建和应用以及未来发展趋势与挑战。

9.1 智能问答概述

9.1.1 智能问答的定义及分类

智能问答是一种通过模拟人类的理解和推理能力,对用户提出的自然语言问题进行分析并提供最佳答案的技术。另外,智能问答是 NLP 领域的一个重要研究方向,旨在通过机器学习、深度学习和 KG 等技术,实现对大规模、复杂和多样化数据的有效处理和理解。智能问答系统的示意图如图 9-1 所示。

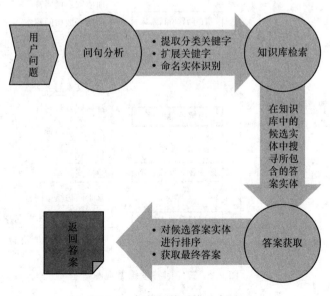

图 9-1 智能问答系统示意图

在智能问答系统超过半个世纪的发展历程中,信息检索、互联网、人工智能、NLP 技术不断地发展与创新,关于智能问答的研究在问答语料规模、系统检索性能、适用范围等方面均取得了巨大进步。最初的简易问答机器人已不断衍生出不同类型,应用于不同生活场景,满足用户不同信息需求的问答(QA)系统。一般来说,智能问答系统的运作主要分为三个阶段:问句理解、信息检索和答案反馈。根据在不同处理阶段的数据和方法差异,智能问答系统大致可被划分为以下五种类型,具体分类如图 9-2 所示。

① 根据用户问题所属领域划分,可分为面向限定域问答和面向开放域问答。面向限定域问答仅支持某些限定领域问题的解答。面向开放域问答则对于提问的学科及领域范畴不加约束。

② 根据系统答案返回形式划分,可分为事实型问答和任务型问答。事实型问答返回给用户某一简短的概念、人物、实体等,具有语法结构简单、语义结构明确等特点。任务型问答则常用于为用户解决某些特定的任务,如自动回复、语音助手等。

③ 根据答案来源划分,可分为自由文本问答、社区问答对问答(FAQ 问答)和 KG 问答。自由文本问答的主要答案来源于互联网中大量的非结构化数据,从海量文本数据中获取含有问题答案的文本片段,并从片段中抽取出正确答案。社区问答对问答的主要答案来源于网络社区中常见的重复性问题,该类系统通过提前对答案进行汇编和整理,并以问答对的形式存储答案。KG 问答通过构建结构化知识库为自身 QA 系统提供数据支撑。

④ 根据答案反馈机制划分,可以分为检索式和生成式问答。检索式问答旨在对问句进行语义分析,得到问句关键信息,然后与答案库进行文本匹配,从而获取正确答案。生成式问答通过将问句输入训练好的答案生成模型中,由答案生成模型对问句进行分析理解并生成自然语言形式的答案。

⑤ 根据信息检索阶段使用方法划分,可分为基于问句模板问答、基于机器学习方法问答和基于深度学习方法问答。

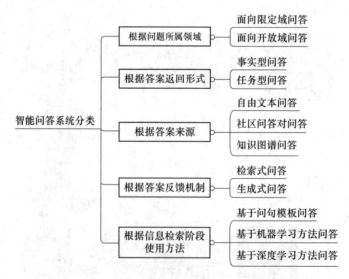

图 9-2 智能问答系统类别图

9.1.2 智能问答的发展历程

QA系统诞生于1999年,当时文本信息检索会议(TREC)在其第八届年会决定首次设立关于QA系统的竞赛。该竞赛由美国国防部的DARPA项目资助,极大地推动了QA系统的发展。智能QA作为NLP领域研究的热点课题,其能够准确捕捉用户意图,分析并理解用户问题,提供给用户简洁、准确的答案。智能QA系统的主要模块包括问题理解、实体答案推理和自然答案生成。智能QA系统的输入是自然语言形式的问题,输出是一段简洁、准确的自然语言答案,而不是成千上万相关网页的链接。AQAW是早期的一个经典智能QA系统,其利用网络作为知识库来回答简单的事实性问题。第一,该系统接收用户的自然语言问题。第二,这个问题传递给词性标记器,该标记器解析问题并识别问题中每个短语的词性。第三,查询生成器使用这个带标签的问题生成不同类型的查询,这些查询传递给搜索引擎,由搜索引擎并行执行,以获得大量的文档列表。第四,片段提取器从文档列表中提取包含查询短语的片段。第五,这些片段传递给排序器,采用排序算法对其进行排序,并输出答案。

早在20世纪90年代,QA系统就进入了开放领域和基于大规模真实语料库的新时期。在此期间,国外的人工智能研究机构在智能QA研究领域开发出了一些相对成熟的QA系统。例如,麻省理工学院研发的START系统、密歇根大学研发的AnswerBus、IBM研发的深蓝与Watson等。START是世界上第一个智能QA系统,其结合了数据库和信息查询两种检索模式,可以回答一些有关地理、历史、科技、文化、历史等方面的简单问题。例如,对于用户提出的问题:"What's the population of China?",START将会回答:"China has a population of 1.411 178 billion."。START不仅可以根据用户提出的自然语言问题在知识库中进行检索,也可以在知识库匹配不到答案实体的情况下在Web上进行查找。AnswerBus是支持多语种的在线查找自动QA系统,它可以回答以英语、法语和葡萄牙语等语种提出的自然语言问题,其所有答案都是在Web上实时搜索得到的。Watson目前已应用于医疗等领域,其可以理解用户问题中的双关、暗喻等修辞手法,而且能够在智能游戏中战胜人类对手,其系统中装有大约2亿页的新闻资料和图书资料,能够通过上百种的深度学习算法在短短几秒内找出简洁、准确的答案。另外,随着信息技术的快速发展,QA系统的研究者们对常见问题与回答数据进行了总结,为QA研究进一步发展打下了坚实的基础。其中典型的数据为社区问答对问答数据,如Yahoo!、Answer、Mathematics、Super User、Stack Overflow等。

在国内的研究中,越来越多的高校、科研机构和公司都参与了有关QA系统的研究中,进一步推进了QA系统的发展。在1999年的TREC的第八届年会上,复旦大学和中国科学院参加了QA系统竞赛,并取得了很好的成绩。在近几年的TREC举办的竞赛中,QA系统竞赛受到越来越多的重视。北京邮电大学利用基于机器学习和DNN的方法研究QA系统中所涉及的问句解析、答案选择等关键技术。哈尔滨工业大学开展了QA系统的答案优化方法研究。南京大学开展了问答方面的研究,提出了一种基于知识库的问答表示适配器的关系检测映射方法。

随着DNN的不断发展,关于智能QA技术的研究集中在如何深层理解用户所提出问题的语义信息。为了达到这一目的,结构化的KG成为自动QA研究中的热点。基于KG

的 QA(KGQA)系统是访问这种结构化知识较为有前途的应用之一。KGQA 系统在过去几年里快速发展,如今对 KGQA 的研究目标是可以自动返回从 KG 中匹配到的答案实体。有研究者提出了一种基于规则的智能 QA 方法,该方法利用手工构造的规则来分析并处理自然语言问题,然后将其转换为三元组查询,获取相应的答案实体。该方法以减少遍历空间为目标,需要较强的领域知识来手工设计规则集。针对规则设计困难的这一问题,有研究者提出了基于语义解析的智能 QA 方法。KG 能够给智能 QA 系统提供高质量的数据来源,推动了 KGQA 系统的发展。为了从 KG 中提取答案实体,最近一项关于 KGQA 的工作使用了图网络,但基于图网络的 KGQA 方法依赖于启发式。由于用户所提出的问题中出现的主要实体与 KG 中的答案实体之间需要最短的路径,而 KG 存在不完整性,因此将出现三元组匹配失败的情况。将实体的顺序和关系的顺序编码到其表示中,可以更好地区分给定问题的候选查询方法。首先从链接实体和实体类型构造候选查询;其次采用编码器-解码器框架对候选查询进行编码,并利用解码概率从候选答案中选择最佳的查询。另外,有研究是先将问题中提到的实体与 KG 中相应的实体节点连接起来,再使用另一个模型将问题映射到逻辑形式,以便从 KG 中提取出实体答案。

2022 年 11 月 30 日,美国 OpenAI 研发的聊天机器人程序 ChatGPT (Chat Generative Pre-trained Transformer)正式发布,在互联网世界中"火爆出圈"、迅速走红,在短短 2 个月的时间内就完成了全球用户数突破 1 个亿的"小目标"。ChatGPT 在 GPT-3 模型的基础上进行优化和改进而来,新加入了被称为人类反馈强化学习(Reinforcement Learning from Human Feedback,RLHF)的训练策略。这一训练范式增强了人类对模型输出结果的调节,并且对结果进行了更具理解性地排序。与 2018 年发布的 BERT 模型类似,ChatGPT 都是根据语言/语料概率来自动生成回答的每一个字(词语)。从数学或从机器学习的角度来看,语言模型是通过建模词语序列之间的概率相关性分布来进行预测的,即将已经说过的语句(语句可以视为数学中的向量)作为输入条件,以预测下一个时刻不同语句,甚至语言集合出现的概率分布。由于 ChatGPT 具有更强的性能以及海量的参数,包含了更多的主题数据,因此能够处理更多小众主题。ChatGPT 在与人类聊天的过程中,根据人类的反馈来快速学习,并进行自我完善,是目前为止最接近通过图灵测试的人工智能。

随着 ChatGPT 的成功"出圈",美国 Google 公司也公布了自己的聊天机器人 Bard,该机器人基于轻量级的 La MDA(Language Model for Dialogue Applications,对话应用语言模型)。LaMDA 早就在 2021 年于 Google I/O 大会上被公布,并在 2022 年推出第二代版本。与 ChatGPT 类似,LaMDA 也是基于 Transformer 神经网络架构构建的,并使用超过 1 370 亿个参数进行训练。不同的是,La MDA 采用的训练数据是对话内容,而 ChatGPT 采用的训练数据是新闻文章、博客、电子书等文本内容。国内学者也在构建 KG 领域及设计 QA 系统领域有着不错的研究成果,主要思路是将这种基于知识库的问答看作实体识别和意图解析两个独立的任务。按照这种思路,罗达等提出了一种单一事实知识库问答方法,该方法基于多种角度的注意力机制,关系识别性能取得了不错的效果。任春燕根据卫计委公布的新冠知识构建了新冠 KG,并使用最大匹配算法实现了该领域的 QA 系统。孟寒娇构建了铁路电务事故的 KG 以及 QA 系统的研究。刘济源设计了关于旅游领域的 KGQA 系统。史梦飞基于深度学习端到端的问答模式,设计了一种分布式的 QA 系统,该 QA 系统将问句分为固定类别,同时针对复杂问句,使用了一种改进的剪枝算法以及自动模板生成方法,从而提高下游任务的准确性。张原召对 QA 系统进行优化,从实体识别、关系发现、系统整合 3 个步骤实现智能 QA。国内众多评测会议的开展进一步促进了 QA 系统的发展。在 2017 年的 NLPCC 比赛中,Lai 等在 LSTM 网络的基础上提出融合实体谓词再配对方法,取得了该次比赛冠军。在 2019 年的 CCKS 评测中,Zhou 等凭借人工制订规则与深度学习模型相结合的方式实现智能 QA,取得了该次比赛的冠军。2023 年 2 月 7 日,百度公司宣布推出其强大的语言模型项目"文心一言"(ERNIE Bot)。文心一言是在百度公司自研深度学习框架 ERNIE 的基础上开发的上层应用,是具备多种模态、支持多国语言和多种模式的深层语义生成理解智能。

国内外研究者们在智能 QA 系统的研究上都取得了较大的成就,从智能 QA 系统的构成部分来说,智能 QA 系统主要由问句理解、实体答案推理、自然答案生成 3 个部分的研究内容组成。因此,9.2 节的智能 QA 关键技术的介绍将主要聚焦在"问"部分的问题理解,"答"部分的实体答案推理和自然答案生成上。

9.2 智能问答关键技术

9.2.1 问题理解

在 QA 研究中,问题理解对正确答案的获取至关重要:一方面,需要准确识别问题中涉及的关键实体,并将其链接至知识库;另一方面,需要根据问题信息,推理出中心实体与候选答案在知识库中存在的关系。计算机难以理解自然语言问题所表达的语义信息,且同一个语义单元在不同的问题中可能表达完全不同的语义信息。因此,问题理解的关键在于问题语义特征的提取和表示,并以此来明确用户所提出的自然语言问题的真实意图。早期的语义特征表示方法一般通过人工定义的语法规则或句法分析方法来实现问句中关键词的提取和语义特征表示,增加了研发的人力成本与时间成本。

基于 DNN 的方法在 NLP 领域取得了显著效果,国内外研究者们使用 DNN 来处理 QA 系统中的问题语义理解任务。其中,应用较为广泛的是基于 CNN 的语义特征表示方法。Chen 等提出的一种基于 CNN 的文本分类模型,如图 9-3 所示,该模型使用二维卷积核,通过 TF-IDF(Term Frequency-Inverse Document Frequency,词频逆文档频率)矩阵提取文档级特征,实现文本分类。TF-IDF 是一种广泛用于信息检索与数据挖掘的加权技术,主要用于挖掘文章中的关键词。由于 TF-IDF 算法简单高效,常被应用于工业界的文本数据预处理阶段。

近年来,CNN 广泛应用于文本表示与文本分类任务中。由于文本与图像有本质的特性差异,需要对这些特性设计更好的网络内部结构,以提高输入信息的特征学习能力与特征提取能力。目前,多数研究工作聚焦在如何表示、提取及优化输入文本信息。CNN 中有两个主要操作,分别是:卷积操作和池化操作。当前,大多数研究致力于优化 CNN 的卷积操作和池化操作,同时,如何提取效果更好的模型输入信息也是众多学者研究的方向。即,优化 CNN 模型可以从卷积操作、池化操作、词向量表示方式等层面实现,从而能够充分提取文本的语义特征。

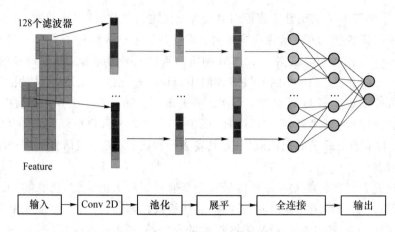

图 9-3　基于 CNN 的文本分类模型

9.2.2　基于知识图谱的实体答案推理

　　近年来，一系列研究将无结构化和半结构化数据进行整理得到实体和关系等结构化数据，而形成的结构化数据库包含大量的事实三元组，是 KG 的基本单位。KG 通常也可被称为科学知识图谱，而在图书情报领域又被称作知识域可视化。KG 可以看作一种展示知识的发展进程和结构关系的图谱网络，可以由可视化技术展现知识资源，抽取、解析、构建、描绘和显示知识之间的内部联系。资源描述框架（Resource Description Framework，RDF）的数据格式被用来存储 KG 的结构化数据。KG 包含了数百万甚至数十亿的形如（实体，关系，实体）的事实三元组。当前，大规模 KG 的普及大大提高了 KGQA 的应用价值。KGQA 是访问这种结构化数据库较为有前途的应用程序之一。

　　KGQA 系统在过去几年的发展迅速，KGQA 方法可以对用户提出的问题进行解析，获得用户意图，并查询相关的知识实体作为答案提供给用户。Zhou 等提出了一种深度融合模型，该模型结合主题检测和语义匹配技术。模型首先采用主题检测模块识别问题中的主题实体，然后再采用多级语义匹配模块学习问题和关系的语义表示，最后基于实体和关系查询相关实体作为答案。Hu 等提出了一种基于 KG 的实体答案推理方法，该方法能够回答用户提出的自然语言问题。此外，该方法考虑了自然语言文本的歧义性问题。Hao 等提出了一种深度学习框架，该框架能够将问题和候选答案映射到连续空间中，通过计算它们之间的匹配度来回答复杂问题。Yang 等提出了一种综合的 KGQA 方法回答用户复杂的提问，该方法通过采用 KG 的合理特征，可以有效地回答事实问题。Wang 等首先将用户自然语言提问转换为图结构查询，其次采用知识图嵌入的方法求解问题与答案之间的映射。Bast 等提出了一种基于规则的 QA 方法，该方法首先利用手工构造的规则来解析自然语言问题，然后将其转换为结构化查询。在基于规则的 KGQA 方法中，为了减少遍历空间，手工设计规则集通常需要依赖于很强的领域知识。为了突破这一限制，Qiu 等提出基于语义解析的深度神经 KGQA 方法。然而，在基于语义解析的方法中，基本真理查询是必需的，但在现实世界中是很难实现的。为了进一步改善 KGQA 的精度，最近的一项研究使用了图网络，但这种方法依赖于启发式。例如，主要实体和答案实体之间需要确定最短的路径，但是这些路径中的一部分往往是缺失关系的。

关系预测的主要任务是基于现有的相关三元组预测 KG 中两个实体之间缺失的关系，其中的关键问题是如何更好地表示 KG 中的实体特征和关系特征。知识图嵌入方法大多学习实体和关系的向量表示，获得最先进的关系预测结果。基于知识向量表示的方法、基于路径排序的方法和基于深度学习的方法是关系预测技术的三大主要方法。其中，基于知识向量表示的方法是将 KG 中的实体和关系映射到向量表示空间。例如，基于知识向量表示方法学习实体和关系的表示，并利用知识向量表示的链接预测特性来缓解 KG 中关系缺失的问题。基于路径排序的方法将路径作为缺失关系预测的特征，明确地建模 KG 的推理过程。此外，深度学习技术也可以缓解 KG 关系缺失问题。基于深度学习的方法利用更少的参数学习更具表达性的嵌入，使实体和关系之间的非线性交互成为可能。

9.2.3 自然答案生成

KGQA 系统生成的答案是一个语义单位，如单一的实体答案。然而，在现实环境中，用户希望 QA 系统能够以更自然的方式提供正确的答案。例如，对于用户提出的问题："How big is China's land area?"，大多数用户更喜欢合乎语法、语境的自然答案序列："China's land area is 9.6 million square kilometers."，而不仅仅返回相关语义单元："9.6 million square kilometers."。自然答案生成模块的目标是根据用户的需求返回符合语法、语境的自然答案语句。

随着计算能力和模型能力的不断提高，不同结构的数据转换为自然文本成为可能。Yang 等提出了一种新的文本自动生成方法，通过生成多项选择题来吸引语言学习者，并从技术和评估的角度改进了以往的研究。Liu 等提出了一种具有多级复制机制的神经编码-解码模型来生成自然文本。许多研究者已经将不同的结构化数据转换成了自然语言文本。Wu 和 Zhao 提出了一种基于 KG 的社区答案生成方法来自动生成自然答案语句。首先，该方法提取帖子中的核心短语来表示其语义关系；其次，基于用户的信息记录对用户的知识背景进行建模；再次，根据用户背景和问题语义查询知识实体；最后，将检索到的知识实体转换为自然答案。He 等提出了一个端到端的智能 QA 系统，该系统包含复制机制和检索机制并以此来生成自然语言答案。首先，该系统从 KG 中联合检索与用户问题相关的事实三元组；然后，从词汇表中动态预测单词和短语；最后，从给定的问题中复制相关的语义单元。该系统基于检索出的事实三元组、预测的短语和复制的相关语义单元，最终生成自然答案语句。为了将 KG 整合到端到端面向任务的 QA 系统中，Madotto 等提出了一种新颖而简单的端到端可微分模型，该模型结合了内存上的多跳注意和指针网络的思想。

虽然现有的自然语言生成算法已经取得了一定的成果，但仍然存在以下两个问题。①普遍答案：现有的自然答案生成方法侧重于产生安全的、普遍相关的、意义不大的自然答案序列，如"something"和"I don't know"；②不完整的答案序列：当输入问题非常短的时候，从输入问题中检索相关事实并产生有意义的自然答案序列是不切实际的，一些现有方法返回的自然答案序列并不利于用户理解，且没有按照用户需求生成符合语法、语境的自然语言答案。

9.3 智能问答的数据集和评测标准

9.3.1 智能问答的常用数据集

2015年前后,几个大规模QA数据集的发布极大地推动了QA系统的发展。其中比较有名的数据集有斯坦福大学发布的SQuAD数据集,此数据集是从维基百科中衍生出来的问答集,其问题的正确答案是给定文本中的任何序列的标记。SQuAD 1.1版本包含536篇文章,共有107 785个问答对。SQuAD 2.0版本将SQuAD 1.1版本中的100 000个问题与超过50 000个不可回答的问题结合在一起,加入了对抗性的问题。

QuAC是2018年时发布的基于上下文语境的问答数据集,包含了100 000个问题。QuAC有两个比较显著的特点,首先,提问者在提出问题时只知道相关的主题而没有阅读过文章,这样就避免了提问者根据文章关键字或近义词来构建问题。其次,QuAC中的问题之间存在语义关联,可以通过训练模型来提取上下文语义信息。

CoQA是一个用来衡量机器对话式问答能力的数据集。数据集包含127个问题和答案,这些数据包含8 000个文本段落,这些文本段落又分属于7个不同的领域。与传统机器阅读数据集不同,CoQA中的问题和答案更加简洁自然,且和人们日常对话更加相似。

SQuAD 2.0版本、QuAC和CoQA中都包含了无法回答的问题,从这3个数据集中各取50个上下文无法回答的问题进行比较后发现:SQuAD 2.0版本包含不可回答问题的种类最多。

COCO-QA和VQA-real是两个常见的视觉QA系统数据集。COCO-QA:问答对是由NLP算法生成的,图像来自COCO数据集,一共有78 736个训练问答对和38 948个测试问答对。VQA-real:数据集共分为v1和v2两个版本,图像来自MSCOCO数据集,问答包括开放式问题和封闭式问题,v1包含614 163个问题,v2包含110万条问题。

还有一些其他数据集,如TREC-QA数据集,该数据集有两个版本,分别为TRES-5和TREC-6,这两个版本包含相同数量的训练和测试问题数,但TREC-5比TREC-6拥有更多主题的问题。微软2016年发布了MS MARCO数据集,与所有问题都是由编辑产生的SQuAD不同,MS MARCO所有的问题都来自用户的搜寻样例和使用Bing搜索引擎得到的真实的网页文件,且其中有的为生成式答案,便于研究生成式QA系统。WikiQA数据集由一系列问答对组成,为开放领域的QA系统的研究提供了便利,并且该数据集还包含了一些无法回答的问题,方便研究者对答案触发模型进行研究。NewsQA是用于机器阅读理解的数据集,它为研究者提供了超过10万个经过人工标注的问答对,其问题答案主要来自美国有线电视新闻网的文章。QAConv数据集由香港科技大学于2021年提出,该数据集专注于提供信息对话,与开放领域和面向任务的对话不同,这些对话通常是长时间的、复杂的、异步的,并且涉及不同的领域知识。

除此之外,还有一些中文QA数据集。哈尔滨工业大学与科大讯飞联合实验室在2016年发布了第一个中文完形填空阅读理解数据集PD&CFT,其中包括了《人民日报》新闻数据集和"儿童读物"数据集。同年,百度发布了WebQA数据集,2017年又发布Dureader数据集。WebQA 和 Dureader 是大规模开放领域的中文机器理解数据集,数据源于百度搜索和百度知道(包含了约 20 万道题,40 万个答案和 1 百万的文档),其答案是由手工生成的,且 Dureader 中包含大量的是非和观点类的问题。接着,哈尔滨工业大学与科大讯飞联合实验室先后颁布了数据集 CMRC2017、CMRC2018、CMRC2019 三个版本,并以此举办了"讯飞杯"中文机器阅读理解的比赛。

表 9-1 列出了部分数据集的数据来源、类型、文档数、问题数、评测指标语种以及 QA 系统。我们主要搜集了英语和中文两个语种的数据集。从表 9-1 可知,数据集的数据来源包含维基百科、对话文章、新闻、文学作品、电子邮件、日志、报纸、故事等,且各个数据集多采用不同的数据源。从文档数和问题数来看,大部分数据集的数量在几千到几十万,这种量级的数据集既能够覆盖较多的问题,又便于 QA 系统处理。表 9-1 中的"类型"列,给出了数据集的类别,这些类型主要按照数据集的信息特征进行划分,主要包括自由文本、无法回答、区域预测、完形填空、命名实体识别(Named Entity Recognition,NER)。部分数据集可以准确地归属到某一类型,而有些数据集较复杂,包含两个或两个以上类型的信息特征。"QA 系统"列给出了数据集适合的 QA 系统类型。对于基于 KG 的 QA 系统来说,处理实体、属性、关系的三元组信息是系统的首要任务,而提供了这些信息的数据集有 MSRA 数据集、Weibo 数据集、人民日报数据集、NLPCC2016KBQA 数据集等。

对于基于机器阅读理解的问答系统而言,系统需根据给定的上下文来回答问题,常见的任务可以分为 4 种类型:完形填空、多项选择、片段抽取、自由回答,适合的数据集有:SQuAD、CMRC(2019)、MSMARCO、Dureader 等。对于基于问答对的问答系统,系统不仅要实现对话历史的回答,而且要保证答案的自然性,在某些方面还需对对话者的意图进行识别,常见的数据集有:CoQA 数据集、ATIS 数据集和 SNIPS 数据集等。

表 9-1 部分数据集及其相关信息

数据集	数据来源	类型	文档数	问题数	评测指标	语种	QA 系统
SQuAD 1.1	维基百科	区域预测	536	100 000	F1、EM	英语	机器阅读理解
QuAC	对话、文章	自由文本、无法回答	14 000	100 000	F1	英语	问答对
CoQA	新闻、文学作品	自由文本、无法回答	8 000	127 000	F1	英语	问答对
SQuAD 2.0	维基百科	区域预测、无法回答	—	—	F1、EM	英语	机器阅读理解
NewsQA	CNN 新闻	区域预测	12 000	120 000	F1	英语	机器阅读理解
WikiQA	维基百科	区域预测	20 000	3 000	F1	英语	问答对
MS MARCO	用户日志	自由文本、无法回答	1 000 000 段落,200 000+文档	100 000	BLEU、ROUGE-L	英语	机器阅读理解
QAConv	电子邮件、工作等	自由文本、无法回答	—	34 204	F1、EM	英语	问答对
CMRC(2019)	故事	完形填空	10 000	100 000	QAC、PAC	中文	机器阅读理解
PD&CFT	《人民日报》、儿童故事	完形填空	28 000	28 000	准确率	中文	机器阅读理解
WebQA	百度知道	区域预测	—	42 000	F1、EM	中文	问答对
Dureader	社区、百度百科	自由文本	1 000 000	200 000	BLEU、ROUGE-L	中文	机器阅读理解

续表

数据集	数据来源	类型	文档数	问题数	评测指标	语种	QA系统
Resume NER	新浪金融	NER	3 800+句子	—	F1	中文	知识图谱
Weibo NER	新浪微博	NER	1 400+句子	—	F1	中文	知识图谱
VQA-real v1	MSCOCO	—	—	614 163	MRR	—	视觉问答

9.3.2 智能问答的评测指标

关于评测指标，常见的有 Extract Match(EM)、F1、Mean Reciprocal Rank (MRR)、BLEU 和 ROUGE 等指标。EM 用来评价预测中匹配到正确答案的百分比，如公式(9-1)所示，该评测指标常用于 SQuAD 数据集任务之中。

$$EM = \frac{Num_{right}}{Num_{total}} \tag{9-1}$$

F1、Pre、Rec 常用于命名实体识别等任务相关评测中。F1 值表示答案之间的重合度，如公式(9-2)所示：

$$F1 = \frac{2 \times Pre \times Rec}{Pre + Rec} \tag{9-2}$$

其中，Pre 为精确率，如公式(9-3)所示，Rec 为召回率，如公式(9-4)所示：

$$Pre = \frac{TP}{TP + FP} \tag{9-3}$$

$$Rec = \frac{TP}{TP + FN} \tag{9-4}$$

其中，TP 为被模型预测为正类的正样本，FP 为被模型预测为正类的负样本，FN 为被模型预测为负类的正样本。

MRR 用于评估 NLP 任务，例如查询文档排名和 QA 中排名算法的性能。MRR 定义如公式(9-5)所示，其中，Q 为查询个数，$rank_i$ 为查询的序列。

$$MRR = \frac{1}{|Q|} \sum_{i=1}^{Q} \frac{1}{rank_i} \tag{9-5}$$

BLEU 和 ROUGE 这两种指标能够评价语言生成的质量，常用于机器翻译和文章摘要评价。不同的是，BLEU 通过计算与参考语句的相似度和语句流畅性来衡量生成的质量，ROUGE 则主要是基于召回率的计算来衡量生成的质量，包含 ROUGE-L 和 ROUGE-N 等。其中，BLEU 的计算方式如公式(9-6)所示，ROUGE-N 的计算方式如公式(9-7)所示。

$$BLEU = BP \times \sum_{n=1}^{N} w_n \log p_n \tag{9-6}$$

$$ROUGE\text{-}N = \frac{S \in \{\Sigma_{ReferenceSummaries}\} \sum_{gram_n \in S} Count_{match}(gram_n)}{S \in \{\Sigma_{ReferenceSummaries}\} \sum_{gram_n \in S} Count(gram_n)} \tag{9-7}$$

其中，BP 为长度惩罚因子，w_n 是针对不同 n-gram 的权重，p_n 为修正的 n-gram 精度，n-gram 则指一个语句里面连续的 n 个单词组成的片段，N 为 n-gram 的长度。$Count_{match}(gram_n)$ 表示同时出现在一篇候选摘要和参考摘要的 n-gram 个数，Count($gram_n$)为参考摘要里 n-gram 个数。

还有一些其他评测指标，如问题准确率（QAC），篇章准确率（PAC）和曲线下面积（AUC）等。

9.4 智能问答系统构建与应用

本章将以 Python 课程为例，详细介绍如何基于课程知识图谱构建一款可用于实际教学的智能问答系统。

9.4.1 课程知识图谱构建

目前，在面向特定领域的知识图谱构建过程中，通常采用以下三种构建模式：手工构建、自动构建和半自动构建。手工构建需要专家对领域内的知识体系及知识点进行人工归纳和总结。自动构建需要根据机器学习算法和深度学习算法从大量领域数据中自动获取构建知识图谱所需的三元组信息。半自动化构建能够有效地将手工方法和自动方法结合，基于专家归纳和机器学习模型制订相应的抽取规则，可兼顾准确性和效率。

课程知识图谱的构建框架如图 9-4 所示，首先从不同的数据来源获取不同类型的课程相关语料和数据；其次进行整个 Python 课程知识图谱的本体建模，分别定义该课程的概念类型、关系类型以及属性类型；再次，基于本体建模结果，使用手工抽取和半自动抽取的方式，从课程语料和数据中抽取出全部实体、关系、属性和属性值，并将其转化为形如＜实体，关系，实体＞或＜实体，属性，属性值＞的三元组形式，构建知识图谱的数据层；最后通过 Neo4j 图数据库实现对三元组数据的存储与查询操作。

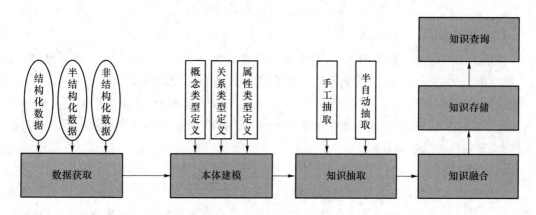

图 9-4 课程知识图谱构建框架

1. 数据获取

基于数据来源不同，可分别获取构建课程知识图谱的非结构化数据、半结构化数据和结构化数据，具体如表 9-2 所示。

表 9-2 Python 课程知识图谱构建数据来源

来源	截取内容	数据类型
中国大学 MOOC	Python 相关课程网页爬虫文本	非结构化数据
权威课程教材	《Python 程序设计（第 3 版）》	非结构化数据
	《Python 语言程序设计教程》	非结构化数据
教学大纲	Python 专业术语	非结构化数据
Python 菜鸟教程网页	表格形式的知识点和术语	非结构化数据

2. 本体建模

在目前的知识图谱构建方法中，常采用本体建模的方法构建知识图谱的模式层。"本体"一词源于哲学，主要是对现实世界中的客观事物进行抽象化概括，同时揭示和反映其本质。本体在计算机科学领域的衍生含义是一种共享概念模型，用于描述领域知识。本体中不仅包含了某个学科领域内的基本概念，而且对概念所处的类别和层级进行了划分。此外，本体还对不同概念间的关系和概念的基本属性进行了界定，可被视为特定领域内的公认术语集合。

斯坦福大学提出"七步法"对 Python 课程进行本体建模，具体流程如图 9-5 所示。首先，确定研究的领域覆盖范围，然后基于领域内已有的知识体系或术语词表，分别定义领域内的概念（实体）类型、实体关系类型、实体属性类型，最后为构建的本体模型填充实例化的实体信息。

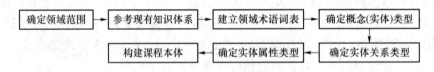

图 9-5 Python 课程本体建模流程

3. 知识抽取

在基于图数据库的知识图谱中，数据的存储格式为＜实体，关系，属性＞或＜实体，属性，属性值＞的三元组形式，本章从多种来源获取了 Python 课程领域初始语料后，基于已构建的知识图谱本体模型，进行知识三元组的抽取工作。由于 Python 课程领域内实体多为术语型词语和罕见词，因此本章采用半自动的知识抽取方法，分别从课程初始语料中获取实体、关系属性和属性值数据。

1）实体抽取

由于不同来源的语料在格式和组织形式上有着较大的差异，同时，原始语料中不可避免地存在一些错误信息和缺失信息，这均可能影响课程知识图谱的质量和准确性。为了减小数据层面的负面影响，需要首先对非结构化和半结构化的 Python 课程初始语料进行预处理操作，并通过数据清洗，剔除其中的异常符号和缺失值。然后使用 Jieba 中文分词工具对预处理后的文本语料进行分词并去除停用词，从而初步提取出 Python 课程的关键词，具体如表 9-3 所示。

表 9-3　Python 课程语料 Jieba 分词结果

分词前语料	分词后语料
模式字符用于打开文件类型	模式 字符 用于 打开 文件 类型
匿名函数的定义方法	匿名 函数 的 定义 方法
中央处理器是一种计算机硬件设备	中央 处理器 是 一种 计算机 硬件 设备

对分词结果展开分析后发现,存在大量的复合名词被拆分的现象。复合名词通过将两个单独的知识点词进行组合,形成具有独立含义的新知识点,如"程序设计语言""模式字符"等。由于这类复合名词在 Python 课程中十分常见,且多为比较生僻的术语型词语,因此,在分词过程中不可避免地会将其错误拆分,影响关键词的提取效果。本章基于《计算机常用术语词汇表》构建了 Python 课程术语词典,共得到 256 个"A+B"式的复合知识点词,部分示例如表 9-4 所示。

表 9-4　Python 课程术语词典示例

概念类别	"A+B"式复合知识点词(列举部分)
计算机基础	计算机硬件、计算机软件、脚本语言、计算机网络、数据库管理系统、程序设计语言、网络接口层
Python 基础	Python 语言、Python 语句、字符串格式符、Python 开发环境
Python 编程	字节序列、字节数组、字典键值对、while 循环、Exception 异常、匿名函数、类成员变量、默认值参数、构造函数、count()方法
Python 框架	Flask 框架、Scrapy 框架、Dpark 框架、Django 框架
Python 库	文本分析库、网络爬虫库、python 第三方库、Jieba 自定义词典

基于 Python 课程术语词典,对预处理语料进行重新分词,分词后的结果由专家按照课程本体建模中的概念类别进行人工标注,对"本体树"进行实例化填充,共得到 837 个知识点实体。

2) 关系抽取

采用专家手工抽取的方法标注实体与实体间的关系。对于实体间关系的抽取,主要基于本体关系建模中所定义的六种关系类型:"父子""成分""工具""等价""性质""实例"。由于本体建模中一级概念类别的约束和限制,不同概念类别下的实体间存在相对独立性,因此,本章首先对同一概念类别下的实体进行关系的标注,即首先抽取"类内关系",并针对不同的关系类型展开针对性的抽取策略。

"父子"关系对应着同一概念类别下的"父类"与"子类"关系,可以基于顶层概念类别,沿着本体概念模型自顶向下地在其子类别中进行查找是否包含其子类别概念或实体。对于"成分"关系,可以采取自底向上进行抽取的方法,即判断某一底层实体是否是组成其上一级概念的组成成分。"工具"关系通常存在"Python 库"中概念及其子概念类别中。对于"等价"关系,主要的判断方法是核实某一概念或实体是否具有常见的同义说法。"性质"关系通常存在于"A+B"式的复合型实体中,指的是描述一个实体的属性或特点的关系,这种关系通常用于定义某个实体的具体特征或属性。对于"实例"关系,其主要发生于"函数""方法""参数""变量""Python 库"等概念及其子概念类别中,这些概念类别中通常含有大量的实例化实体。

然而，Python课程知识点间关系错综复杂，不同类别下的概念或实体间难免会出现"类间关联"。在关系抽取工作的最后阶段，需要对这类特殊情况进行归纳和梳理，并对"类内关系"和"类间关系"进行汇总与合并，采用<实体1,关系类型,实体2>的三元组形式进行标注，完成Python课程实体间关系的抽取。部分三元组结果如表9-5所示。

表9-5 Python课程三元组结果(部分)

实体A	关系名称	实体B
解释型语言	实例	Python语言
解释型语言	实例	Python
脚本语言	实例	Python语言
脚本语言	实例	Python
高级语言	实例	Python语言
高级语言	实例	Python
面向对象程序设计	实例	Python语言
面向对象程序设计	实例	Python
数值运算符	实例	数值运算符+
数值运算符	实例	数值运算符-
数值运算符	实例	数值运算符*
数值运算符	实例	数值运算符/
数值运算符	实例	数值运算符%
数值运算符	实例	数值运算符**
数值运算符	实例	数值运算符//
关系运算符	实例	关系运算符==
关系运算符	实例	关系运算符!=
关系运算符	实例	关系运算符>
关系运算符	实例	关系运算符<

3) 属性抽取

在分别实现了Python课程领域实体和关系的初步抽取工作之后，需进一步实现实体属性抽取工作。实体属性抽取主要包含两个步骤：首先确定某一实体所拥有的属性类型；其次使用恰当的属性值进行填充。本章采用半自动抽取方法填充实体属性内容，首先基于人工筛选的方式为每一个实体设置候选属性类型，然后对其中的一部分实体通过结构化Python课程语料查询对应的属性值。结构化Python课程语料中无法查询的属性值就采用基于TF-IDF的文本相似度计算方法，从非结构化和半结构化的Python课程语料中自动抽取出可能的属性值。表9-6中展示了部分实体的候选属性类型。

表 9-6　实体候选属性类型示例(部分)

实体	候选属性类型
函数	函数的功能、函数的类型、函数的特点、函数的结构、函数的书写规则
实例方法	实例方法定义、实例方法调用
列表	列表的功能、列表访问、列表定义、列表删除、列表修改、列表创建等

TF-IDF 模型是一种基于关键词的统计分析方法,用于评估某一字词对于一个文件集或一个语料库中的一份文件的重要程度。字词的重要性与它在文件中出现的次数呈正比,但同时与它在语料库中出现的频率成反比。TF-IDF 加权的各种形式常被应用于计算文本与文本间的相似度,如计算句子与句子间的文本相似度、计算句子与篇章间的文本相似度。

计算两个问句间相似度的步骤是:①通过中文分词(Jieba),把完整的问句分成独立的词集合;②求出两个词集合的并集;③计算各词集的词频,并把词频向量化;④使用向量相似度计算方法(如向量余弦相似度计算)得出两个问句的相似度。

通过将人工筛选与基于 TF-IDF 文本相似度计算方法,本章从结构化语料、非结构化和半结构化语料中共抽取出 947 条属性值,构建了本研究中智能问答系统的答案库。

4. 知识融合

多源异构数据中存在的问题:数据不对等、知识点命名错乱、知识点歧义等。此时需要对已经获取的知识点实体进行知识融合,解决不同数据源的知识中存在的歧义和矛盾。在已抽取的知识点实体中,主要存在的歧义问题为知识点命名歧义,即不同来源的同一知识点有不同的命名方式或称呼习惯。本章基于已经建立的 Python 课程本体模型,自顶向下地将课程领域内的概念和知识点实体进行实体对齐,以保证知识图谱中概念和实体命名的规范性。本章主要参考权威教材和课程大纲,将不同命名的同一实体进行规范化命名,部分知识融合示例如表 9-7 所示。

表 9-7　Python 课程知识融合示例(部分)

标准概念/实体	别名
匿名函数	Lambda 函数、lambda 表达式
形式参数	形参、虚拟变量
转义字符	字符实体
DataFrame 对象	数据框对象

经过实体消歧工作,对不同来源的知识进行融合,本章从收集的 Python 课程语料中共抽取出 818 个实体、1 103 对关系和 947 条属性值,并以<实体,关系,实体>和<实体,属性,属性值>的三元组形式进行表示。

5. 知识存储及可视化

采用图数据库工具 Neo4j 来实现 Python 课程知识点三元组的存储和课程知识图谱的可视化展示。目前,Neo4j 图数据库中有多种常用的三元组数据导入方式,如 LOAD CSV 命令、使用批量导入工具、通过 Cypher 语言的 CREATE 语句直接导入等。

9.4.2 命名实体识别

课程智能问答系统的算法实现框架如图 9-6 所示。对于用户输入的自然语言问句文本，首先对其进行预处理工作，然后由问句实体识别模型和问句文本分类模型分别获取用户提问中包含的关键实体名称标签及实体标签，从而借助这两个部分关键信息匹配查询模板，填充查询模板构造 Cypher 查询语句，在已构建的知识图谱数据库中进行答案的检索。

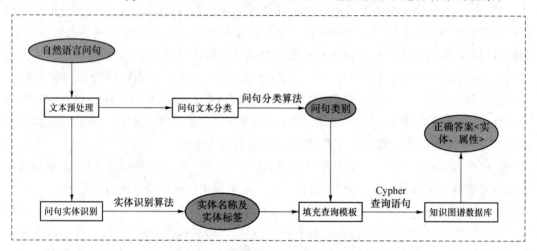

图 9-6　课程智能问答系统的算法实现框架

表 9-8 中展示了 Python 课程问答功能实现步骤：对于用户输入的问句文本，首先通过实体识别模型获取问句中的实体名称和实体类别标签；其次通过问句分类模型对用户的提问意图进行识别，得到问句类别标签，再次基于以上的问句理解结果，生成查询语句；最后通过 Neo4j 图数据库实现答案的检索，并返回给用户正确答案。

表 9-8　Python 课程问答功能实现步骤

步骤序号	操作	结果
1	问句输入	capitalize()方法可以实现什么？
2	实体识别	capitalize()方法；<Method>
3	问句分类	<功能>
4	生成查询语句	MATCH(w:Method) where w.name='capitalize()方法' RETURN w.name，w.功能
5	答案输出	capitalize()方法实现将字符串的第一个字符转换为大写

命名实体识别是智能问答任务中的关键算法，Python 课程实体识别示意如图 9-7 所示，其通过对用户提问中所包含的关键提问词（如人名、地名、术语等）进行识别，捕捉用户提问意图，从而有效缩小答案检索的范围，提高问答任务的效率。命名实体任务主要被视作一个序列标注任务，即给定一个输入文本序列 $X=[x_1,x_2,\cdots,x_n]$，通过序列标注模型提取其序列特征，预测出对应的标签序列 $Y=[y_1,y_2,\cdots,y_n]$，其中 y_i 属于 Y，Y 为人工制订的有限标签集合。

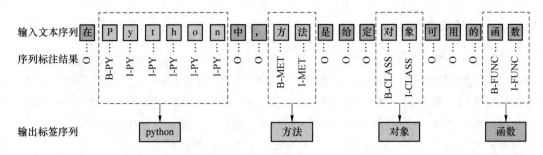

图 9-7 Python 课程实体识别示意

目前,主流的序列标注模型为 LSTM 模型,其具备学习长距离上下文语义特征的能力,对文本序列数据具有较好的处理效果。然而,LSTM 模型只能从前向后地提取序列特征,无法捕捉反向的信息输入,易造成反向的上下文信息缺失,影响实体识别的准确率。为了获得更好的命名实体识别效果,本节构建了基于 BiLSTM 结合注意力机制和条件随机场(BiLSTM-ATT-CRF)的实体识别模型,其中,BiLSTM 层分别从前向和后向捕捉输入序列特征,ATT 层为一层自注意力机制,通过计算每一个字符向量对于文本序列的重要性权值,提高模型对于关键信息的提取能力,最后通过 CRF 层对输出标签序列进行规范和约束,确保序列标注的合理性与正确性。

BiLSTM-ATT-CRF 模型主要包含 4 层结构:词嵌入层、BiLSTM 层、ATT 层和 CRF 层,其结构如图 9-8 所示。BiLSTM-ATT-CRF 模型是对经典的 BiLSTM-CRF 模型进行改进的,其中:词嵌入层将用户输入的问句文本转化为词向量矩阵;BiLSTM 层通过两个方向相反的 LSTM 提取词嵌入向量的序列特征,输出对每一个文本字符的标签预测概率值;ATT 层实现文本字符向量重要性权值的计算;CRF 层能够从训练数据中学习序列标签间的顺序关系,从而对模型最终输出的预测标签进行约束,保证其合理性与正确性。

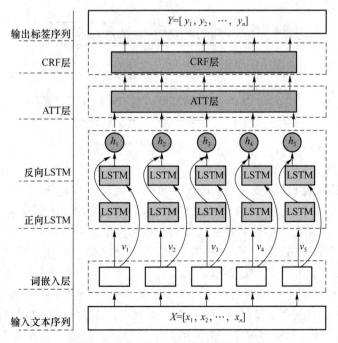

图 9-8 BiLSTM-ATT-CRF 模型结构

9.4.3 问句文本分类

问句文本分类是智能问答任务中的另一关键算法,其通过捕捉用户提问中的语义信息,对问句所属的类别进行预测,从而确定用户的提问意图,为答案检索施加限制条件,提高问答任务的准确率和速度。问句文本分类本质上是一个面向文本序列的多分类任务,即对于一个给定的用户提问 $S=[s_1,s_2,\cdots,s_n]$,通过问句文本分类模型的分析和处理,最终输出一个预测的类别标签 $L,L\in \text{Label}$,Label 为事先确定的分类标签集合。

本章的问句文本分类模型主要针对 Python 课程领域问句,该领域的提问文本通常为长度小于 20 字符的句子级短文本。相比于篇章级和段落级的长文本,句子级短文本词汇量最少,且多为简单句和省略句,对于语义的描述和表达能力相对较弱,特征十分不明显。因此,短文本分类逐渐成为文本分类研究中一个更具挑战性的任务。目前,主流的短文本分类模型为 Text-CNN 模型。Text-CNN 模型对于文本中浅层特征的提取能力较强,同时其模型结构简单,具有较快的运算速度,因此十分适合用于短文本分类任务中。然而,Text-CNN 模型在进行卷积和池化操作时会导致文本序列中部分词汇顺序和位置特征的丢失,同时难以捕捉词语的上下文信息。此外,在面对小样本数据时,Text-CNN 模型容易出现过拟合的问题。为了获得更好的问句文本分类效果,本节引入了 BERT 预训练模型,以构建基于 BERT-TextCNN 的 Python 课程问句文本分类模型,获取更丰富语义表达的词向量,同时提高传统 Text-CNN 模型对 Python 课程短文本问句的泛化能力。问句分类过程如图 9-9 所示:

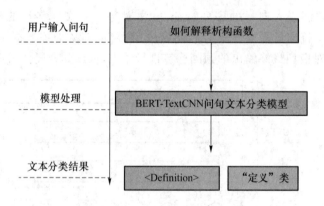

图 9-9 Python 课程问句分类过程

本节介绍的融合 BERT 预训练模型和 Text-CNN 模型的 BERT-TextCNN 问句文本分类模型包含输入层、卷积层、池化层、融合层和全连接层。在输入层,输入文本序列通过 BERT 预训练模型提取表达文本关键语义的信息,输出文本序列的词向量表示矩阵。然后,将其输入卷积层,采用大小不同的卷积核分别提取不同维度的文本局部特征,同时使用若干个相同尺寸的卷积核实现并行计算。接着,经过一层池化层对卷积层输出的特征矩阵进行降采样操作,得到维度相同的特征矩阵。融合层实现对池化层输出的特征矩阵进行拼接,最终经过全连接层将特征矩阵映射到一个包含不同分类标签预测概率值的向量,通过比较向量中各个值的大小,即可判断问句最可能属于的类别。BERT-TextCNN 问句文本分类模型结构如图 9-10 所示,其中卷积层分别使用大小为 2、3、4 的卷积核提取不同维度的局部文本特征,分类类别数设置为 8 类。

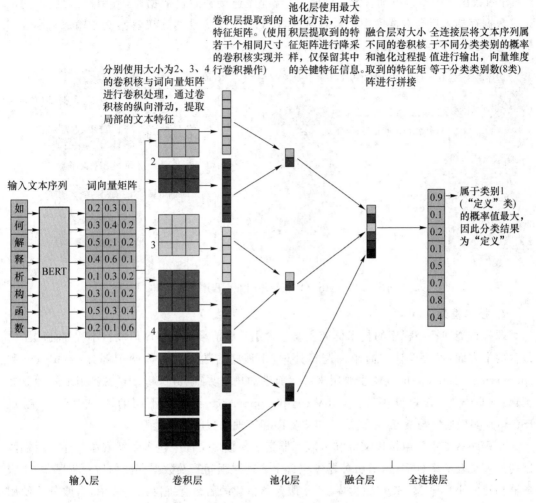

图 9-10 BERT-TextCNN 模型结构

9.4.4 实现和应用

1. 总体设计

小程序前端主要包含界面设计和简单的 API 函数调用;小程序后端主要包含接口文件和云服务器。接口文件中包含了实现小程序前后端数据传递和交互的多种端口。云服务器中存储了实现小程序主要功能的程序文件,同时基于云服务器运维平台构建了基于 Neo4j 的存储 Python 课程知识点的图形数据库,以及存储了小程序用户的基本信息、用户问答记录和 Python 课程问答标准问题-答案表的 MySQL 数据库。小程序后台管理网站主要实现用户数据管理、用户提问记录管理、补充题库等功能。

Python 课程智能问答小程序实现课程问答功能的总体架构如图 9-11 所示,小程序前端捕获用户提问请求数据,并以参数形式传递到后台接口文件。云服务器中的后台程序通过 Request.get()函数从接口文件中获取用户提问文本,由后台程序对用户输入问句文本进行课程实体识别和课程问句分类步骤,从而基于查询模板生成合适的 Cypher 查询语句,在 Neo4j 图数据库中检索正确答案。同时,后台程序连接到后台数据库,将用户信息、提问记录等数据存储入后台数据库中。最后通过 GET/POST 方法将正确答案文本输送到小程序前端,实现完整的问答过程。

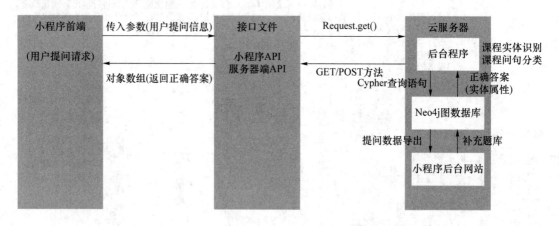

图 9-11　Python 课程智能问答小程序总体架构

2. 技术框架

课程智能问答小程序的技术框架主要包含小程序前端和小程序后端。小程序前端主要包含两个方面:界面设计和简单的逻辑处理,小程序前端主要分为两个部分:webView 和 appService。其中,webView 主要用来展示前端的用户界面,appService 主要用来处理业务逻辑、获取数据、接口调用等。webView 和 appService 在两个不同的进程中运行,通过 JSBridge 实现通信与交互,从而展示用户界面和实现课程问答功能。

小程序后端主要由接口文件和云服务器组成。接口文件中包含了实现小程序前后端数据传递和交互的多种端口,云服务器中包含了实现课程问答及数据存储的后台程序、基于服务器构建的小程序 MySQL 数据库、基于服务器搭建的后台管理网站。其中,云服务器使用的是宝塔面板云服务器,MySQL 数据库使用云服务器中安装的 phpMyAdmin 构建,后台管理网站通过在云服务器中上传源码构建。

本小程序的后端开发使用了基于 Python 的轻量级 Flask 框架,能够提供后端 API,实现课程问答业务处理和问答数据存储两大功能,其相较于同类型框架更为灵活、轻便,且具有较强的可拓展性。

3. 系统功能模块

Python 课程智能问答小程序主要包括两大功能模块:智能课程问答模块和后台管理模块。智能课程问答模块如图 9-12 所示,该模块主要对用户提出的课程相关问题进行解答。用户通过登录小程序获取基本信息,输入问题文本或图片;通过接口文件将问题文本或图片传递到云服务器中;通过云服务器中存储的后台文件对问题文本或图片进行处理;在已构建的 Neo4j 图数据库中返回正确答案文本;通过接口文件将正确答案文本返回到小程序前端,同时后台程序将问答记录存入关系数据库中,实现智能课程问答功能和后台数据库的更新。

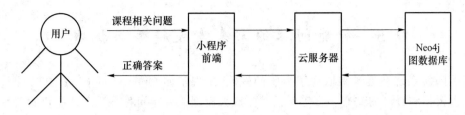

图 9-12　智能课程问答模块

后台管理模块如图 9-13 所示,主要实现管理员对用户数据和用户提问数据的管理以及对标准问题-答案库的补充。小程序管理员通过账号与密码登录后台管理系统,可以对小程序用户数据与用户提问数据进行查看、编辑和导出(下载)操作,同时实现对标准问题-答案库的补充和删除。

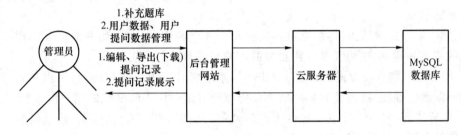

图 9-13　后台管理模块

4. 智能课程问答功能展示

Python 课程智能问答模块功能具体如图 9-14 所示。

① 用户通过扫描二维码后登录小程序,小程序前端授权获取用户基本信息(如用户 ID、手机号等信息)。

② 用户进入小程序首页,选择"我要提问"选项,进入课程问答对话框。

③ 用户输入问句文本,或上传含有问题文本的图片后,小程序返回正确答案。

图 9-14　智能课程问答模块功能

9.5 智能问答的未来发展趋势与挑战

智能问答系统在近年来取得了显著的发展,出现了如OpenAI的ChatGPT、科大讯飞的星火大模型和百度的文心一言等对话式生成大模型的智能问答系统。这些智能问答系统在多个领域都有广泛的应用,包括NLP、客户支持、医疗保健、教育等。未来,智能问答系统仍然有巨大的潜力,其将具有以下几个发展趋势:

① 更加智能化:未来的智能问答系统将更加智能化,能够理解更复杂的问题,提供更精确的答案,这将需要对自然语言理解和推理能力进行更深入的研究。

② 多模态融合:未来的智能问答系统将不仅仅限于文本输入和输出,还将包括图像、语音、视频等多种模态的输入和输出,这将使智能问答系统能够更全面地回答用户的问题,提供更丰富的信息。

③ 个性化服务:智能问答系统将提供更加个性化的服务,根据用户的偏好和需求提供定制化的答案和建议,这将需要应用更好的用户建模和推荐算法。

④ 增强学习和自我改进:未来的智能问答系统将具备增强学习能力,可以通过与用户的互动不断改进性能,这将使智能问答系统能够更好地适应不断变化的用户需求和语言。

⑤ 领域扩展:智能问答系统将在更多领域得到应用,包括法律、金融等,这将需要智能问答系统具备更多领域知识和专业化的能力。

然而,智能问答系统在教育中的应用也面临着一些挑战,主要有以下几个方面:

① 数据质量:智能问答系统的性能和效果很大程度上取决于其所使用的数据质量,如果数据存在错误、不完整、不一致、不相关等问题,那么智能问答系统的回答也可能存在同样的问题,进而影响其可靠性和准确性。

② 语言理解:智能问答系统的语言理解能力还有待提高,尤其是对于复杂、模糊、隐喻、幽默等语言现象的处理,智能问答系统可能无法准确地捕捉用户的意图和情感,或者无法生成自然和流畅的回答,进而影响其可用性和友好性。

③ 知识覆盖:智能问答系统的知识覆盖范围还有待扩大,尤其是对于一些新的、不同的或变化的情况和问题,智能问答系统可能无法给出令用户满意的答案,甚至给出错误的答案,进而影响其适应性和普适性。

④ 伦理道德:智能问答系统的伦理道德问题也需要引起重视,尤其是在涉及个人隐私、敏感信息、版权保护等方面,智能问答系统需要遵守相关的法律法规和道德准则,保护用户的权益和利益,防止滥用和误用。

总之,智能问答系统在未来有望取得更进一步的发展,为智能教育提供更好的信息获取和交互体验。然而,若要实现这一目标,则将面临诸多技术、伦理和法律方面的挑战。只有综合考虑这些挑战,我们才能更好地推动智能问答系统在教育中的应用,使其为用户提供全过程的学习帮助。

本章小结

本章主要介绍了智能问答的理论及技术,主要包括:智能问答概述、智能问答关键技术、智能问答的数据集和评测标准、智能问答系统的构建与应用,以及智能问答的未来发展趋势与面临的挑战。

第一,本章详细介绍了智能问答概述,包括智能问答的定义及分类,以及智能问答的发展历程。第二,详细介绍了智能问答关键技术,包括问题理解、基于知识图谱的实体答案推理和自然答案生成。第三,详细介绍了智能问答的几种常用数据集和评测标准。第四,以Python课程智能问答系统为案例,详细介绍了如何构建智能问答系统,包括课程知识图谱构建、命名实体识别、问句文本分类和智能问答系统的实现与应用。第五,详细介绍了智能问答教学系统未来的发展趋势和面临的挑战。

习 题

1. 什么是智能问答系统,它的主要功能和应用场景是什么?请举例说明。
2. 智能问答系统的分类有哪些,请简要介绍每一类系统的特点和优势。
3. 智能问答系统的发展经历了哪些阶段,请简要概述每个阶段的主要技术和挑战。
4. 智能问答系统的关键技术有哪些?请简要介绍每一项技术的作用和原理。
5. 问题理解是智能问答系统的重要组成部分,它包括哪些子任务,请举例说明每个子任务的输入和输出。
6. 基于知识图谱的实体答案推理是一种常见的智能问答方法,它的基本思路是什么,请用伪代码或流程图描述其主要步骤。
7. 自然答案生成是智能问答系统的最后一环,它的目标是什么,请列举几种常用的自然答案生成方法,并比较它们的优缺点。
8. 智能问答的数据集和评测标准有哪些,请简要介绍每一种数据集和评测标准的特点和用途。
9. 假设你要设计一个基于知识图谱的智能问答系统,你需要考虑哪些方面,请从需求分析、系统架构、数据源、算法选择、系统评估等角度进行说明。
10. 请使用Python编写一个简单的基于知识图谱的智能问答系统,要求该系统能够接收用户的自然语言问题,查询知识图谱,返回相关的实体答案。
11. 假设你要设计一个基于翻转课堂的智能问答教学系统,你需要考虑哪些方面,请从需求分析、系统架构、数据源、教学策略、系统评估等角度进行说明。

参 考 文 献

[1] 中国科学院. 人工智能的历史、现状和未来[EB/OL]. (2019-02-18)[2023-03-30]. https://www.cas.cn/zjs/201902/t20190218_4679625.shtml.
[2] 姚元杰,龚毅光,刘佳,等. 基于深度学习的智能问答系统综述[J]. 计算机系统应用,2023,32(4): 1-15.
[3] 侯慧,朱韶华,张清勇,等. 国内外高等学校虚拟仿真实验发展综述[J]. 电气电子教学学报,2022,44(5): 143-147.

[4] 吕锡志. 知识管理视域下基于知识图谱的智能问答研究[D]. 蚌埠:安徽财经大学, 2023.

[5] WU Y, ZHAO S L. Community answer generation based on knowledge graph[J]. Information Sciences, 2021, 545:132-152.

[6] HS S Z, LIU C, LIU K, et al. Generating natural answers by incorporating copying and retrieving mechanisms in sequence-to-sequence learning[C]//Proceedings of the 55th Annual Meeting of the Association for Computational Linguistics(Volume1:Long Papers). Vancouver, Canada Stroudsburg PA, USA:Association for Computational Linguistics, 2017:199-208.

[7] MADOTTO A, WU C S, FUNG P. Mem2Seq:effectively incorporating knowledge bases into end-to-end task-oriented dialog systems[C]//Proceedings of the 56th Annual Meeting of the Association for Computational Linguistics (Volume1:Long Papers). Melbourne, Australia. Stroudsburg, PA, USA:Association for Computational Linguistics, 2018:1468-1478.

[8] ZHOU G Y, XIE Z Z, YU Z F, et al. DFM:a parameter-shared deep fused model for knowledge base question answering[J]. Information Sciences, 2021, 547:103-118.

[9] HU S, ZOU L, YU J X, et al. Answering natural language questions by subgraph matching over knowledge graphs[J]. IEEE Transactions on Knowledge and Data Engineering, 2018, 30(5):824-837.

[10] HAO Z F, WU B, WEN W, et al. A subgraph-representation-based method for answering complex questions over knowledge bases[J]. Neural Networks, 2019, 119:57-65.

[11] YANG S, ZOU L, WANG Z Y, et al. Efficiently answering technical questions—a knowledge graph approach[C]//Proceedings of the AAAI Conference on Artificial Intelligence. San Francisco:AAAI Press, 2017,31(1):3111-3118.

[12] WANG R J, WANG M, LIU J, et al. Leveraging knowledge graph embeddings for natural language question answering[C]//International Conference on Database Systems for Advanced Applications. Cham:Springer, 2019:659-675.

[13] BAST H, HAUSSMANN E. More accurate question answering on freebase[C]//Proceedings of the 24th ACM International on Conference on Information and Knowledge Management. Melbourne Australia. ACM, 2015:1431-1440.

[14] QIU Y Q, ZHANG K, WANG Y Z, et al. Hierarchical query graph generation for complex question answering over knowledge graph[C]//Proceedings of the 29th ACM International Conference on Information & Knowledge Management. Virtual Event Ireland. ACM, 2020:1285-1294.

[15] SUN H T, BEDRAX-WEISS T, COHEN W W. Pullnet:open domain question answeringwith iterative retrieval on knowledge bases and text[EB/OL]. (2019-04-21)[2024-04-05]. http://arxiv.org/abs/1904.09537.

[16]　XIONG W, YU M, CHANG S Y, et al. Improving question answering over incomplete KBs with knowledge-aware reader[EB/OL]. (2019-05-31)[2024-04-05]. http://arxiv.org/abs/1905.07098.

[17]　YANG M, TU W T, QU Q, et al. Advanced community question answering by leveraging external knowledge and multi-task learning[J]. Knowledge-Based Systems, 2019, 171: 106-119.

[18]　LIU C, LIU K, HE S Z, et al. Generating questions for knowledge bases via incorporating diversified contexts and answer-aware loss[C]//Proceedings of the 2019 Conference on Empirical Methods in Natural Language Processing and the 9th International Joint Conference on Natural Language Processing(EMNLP-IJCNLP). Hong Kong, China. Stroudsburg. PA, USA: Association for Computational Linguistics, 2019: 2431-2441.

第10章 智能沉浸式学习环境

随着信息技术和学习科学的不断发展，人们对学习的理解和需求也在不断变化。传统的学习环境已经不能满足学习者的多样化、个性化和创新化的学习目标。如何利用新一代信息技术，为学习者创造更加丰富、互动和令人沉浸的学习环境，是当前教育领域面临的重要挑战和机遇。智能沉浸式学习环境就是一种基于人工智能、虚拟现实（Virtual Reality，VR）等技术，为学习者构建虚拟世界与现实世界融为一体的沉浸式学习环境，为学习者提供深度互动的、智能化支持服务的学习空间，为教学形式多样化、学习形式个性化提供更多可能。本章将详细介绍智能沉浸式学习环境的相关理论、技术和应用。

10.1 沉浸式学习的理论基础

10.1.1 沉浸式学习概述

沉浸式学习（Immersive Learning）是指通过沉浸式技术（如VR技术、增强现实（Augmented Reality，AR）技术、混合现实（Mixed Reality，MR）技术、可穿戴设备、三维游戏）创设一个接近现实世界的虚拟学习环境，并提供学习者"身临其境"的多感官体验。借助虚拟学习环境，学习者可通过高度参与互动、演练而提升技能。沉浸式学习环境允许学习者沉浸于虚拟场景中，与虚拟学习内容、虚拟场景、虚拟人物等进行实时交互，让学习者在体验过程中直观地感受所学的知识。

沉浸式学习可以帮助学习者提高学习效果和兴趣，具有许多优势。以下列举了3个沉浸式学习的优势。

1. 提高学习动机和参与度

沉浸式学习可以通过创造一个有趣、富有挑战性和情境化的虚拟环境，激发学习者的好奇心和探索欲，增强他们的学习动机和参与度。学习者可以在虚拟环境中自主选择学习路径和难度，根据自己的兴趣和需求进行学习，进而提高学习的主动性和自主性。

2. 增强学习体验和记忆

沉浸式学习可以通过提供学习者"身临其境"的多感官体验，增强他们的学习体验和记忆。学习者可以在虚拟环境中感受到视觉、听觉、触觉、嗅觉等多种感官刺激，从而增加学习的感知深度和情感联结。学习者可以在虚拟环境中重复练习和反馈，进一步巩固学习和实现学习迁移。

3. 提升学习效果和能力

沉浸式学习可以让学习者与虚拟的学习内容、场景、人物等进行实时交互，提升他们的学习效果和能力。学习者可以在虚拟环境中模拟真实的问题和情境,进行探究和解决,从而提高学习的实践性和应用性。学习者可以在虚拟环境中与其他学习者或虚拟教练进行沟通和协作,从而提高学习的社交性和团队性。

10.1.2 沉浸式学习理论支持

目前,关于沉浸式学习的理论基础主要有心流理论(Flow Theory)、认知负荷理论、建构学习理论、经验学习理论(Experience Learning Theory)、动机理论、临在感理论、情境认知理论、媒体丰富性理论、刺激-机体-反应模型以及技术接受模型等。通过相关文献统计和分析可以得出,心流理论被认为是解释技术如何对用户行为产生影响所使用的最流行的理论框架。此外,认知负荷理论、经验学习理论也是研究者们使用较为广泛的理论。

1. 心流理论

当个体专注投入某一项具体活动时,他们很可能会失去时间意识。例如,当个体感到非常愉悦时,他们往往会觉得时间飞逝;而当个体感到非常苦恼时,他们往往会觉得时间漫长。美国著名心理学家米哈里·契克森米哈赖(Mihaly Csikszentmihalyi)将这种完全沉浸的状态称之为心流(Flow)。心流的概念由米哈里·契克森米哈赖于1975年首次提出,指发生在具体活动过程中的最佳体验。通常情况下,当个体沉浸在心流状态中时,他们的注意力会被学习活动及目标所吸引,并且可能不会意识到创造该体验所需要的工具。这时候,个体将经历高度专注,时间飞逝,挑战与技能的平衡,以及积极的愉悦感。

心流理论指集中或完全沉浸于当前活动和环境的心理状态。该理论认为,当个体专注地投入并沉浸于具体活动,以及个体的技能与挑战很好地匹配时,就会产生心流;相反,如果技能与挑战(活动的挑战太难或太简单)不匹配,那么个体就不会产生心流。只有那些深度参与愉快活动并在情感上变得专注的个体才会经历心流。Ghani等认为,沉浸感(Immersion)可以使人们在没有外界干扰的情况下集中精力和享受愉悦。换句话说,当人们完全专心地从事某一项活动时,他们就会通过过滤无关的想法和认知来享受沉浸感。这就是所谓的心流体验。

通过对人们一系列固有动机活动(例如跳舞、下棋、工作、学习等)的广泛研究,米哈里·契克森米哈赖和同事们调查了人们在这些固有动机活动进行得特别顺利时是如何描述他们的活动的,并由此定义了心流体验的9个主要组成部分。具体为,①清晰的目标:对要做什么的确定感;②即时的反馈:个人行为即时、明确的反馈;③挑战与技能的平衡:一种正在从事与自己当前能力相匹配的挑战的感觉;④行动与意识的融合:即参与得太深入,以至于行动感觉是自发的而且几乎是自动的;⑤控制感:一种可以应对情况的感觉,即使可能没有真正的控制也感觉如此;⑥时间的变化:在沉浸于心流体验中,时间似乎过得更快或更慢;⑦失去自我意识的体验:从自我意识中分离出来,并关注自己与活动之间的关系;⑧经验是其本身的奖励:不需要其他奖励或外部奖励也愿意为这种经验付出;⑨对其他事情的关注度降低:太沉浸于当前活动中,以至于对其他事情的关心减少。这种情境认知理论为研究者们提供了一个极好的方法,以探索多样化环境下个体是如何与其环境互动、如何学习的问题。另外,心流体验也被认为是一种可以通过体验来学习的有效方式。因此,教育环境是产生和培养心流体验的一个理想环境。心流是一种暂时性的主观体验,当个体完全沉浸在某一活动中时,他们将更加集中精力,更加容易忽略外部的干扰,从而达到更好的学习效果。

2. 认知负荷理论

认知负荷理论是基于人类认知结构知识的教学理论,其核心聚焦于工作记忆的有限性。人类记忆具有长期记忆和工作记忆两个基本结构,它们可以处理知识并启动学习。长期记忆具有无限容量,而工作记忆的容量是有限的。该理论认为,当工作记忆容量超过学习任务中的认知负荷总量时,学习便会受到抑制。因此,有效使用工作记忆并避免其超载是非常重要的。

认知负荷有 3 种类型:内在负荷、外在负荷以及相关负荷。内在负荷是由学生在认知结构中学习到的内容创建的,这种类型的负荷是指内容的难度并不能通过教学设计和教学干预来改变。由于人类认知结构的本质,当个体面对具有挑战性及复杂性的主题时,内在负荷会更高。外在负荷是指那些对学习没有直接贡献的负荷(例如图式建构,与学习目标无关的学习活动),它由教学方法所引起,并且能够通过教学干预而改变。换言之,外在负荷会对学习过程产生负面影响,并且与非必要的信息以及不良的教学设计有关。相关负荷是指为了形成心理知识而付出的努力,Debue 等将其定义为"致力于获取和自动化长期记忆中的心理资源"。相关负荷是学习所必需的负荷,由信息呈现的方式和呈现的环境决定。相关负荷与其他两种类型负荷最重要的差异是:相关负荷能够积极地影响学习过程。这 3 种认知负荷是可以相加的,但总和不应超过可用的记忆资源。

认知负荷理论提供了创建有效学习环境的方式,在这些学习环境中,教学目标应该重新组织内在负荷以及相关负荷之间的平衡,减少或者完全消除外在负荷。因此,为了使学习效率更高,应该提供最大化相关负荷活动和信息呈现,最小化外在负荷,并确保认知负荷总量在可用的记忆资源范围内。如果内在负荷高,并且呈现信息的策略产生了较高的外在负荷,那么认知负荷总量可能会超过可用的记忆资源,学习将会受到阻碍并且可能无法进行。

3. 经验学习理论

美国社会心理学家 Kolb 于 1984 年首次提出了经验学习理论。Kolb 认为"学习是通过经验转变而创造知识的过程"。Kolb 的经验学习理论借鉴了 20 世纪许多著名学者的工作,特别是 John Dewey 的实用主义哲学、Kurt Lewin 的社会心理学、Jean Piaget 的认知发展理论等,并从学习和发展的独特视角,开发了经验学习过程的整体模型和成人发展的多线性模型。

Kolb 的经验学习理论建立在上述学者们共有的 6 个命题基础之上,包括:

(1) 学习最好是被设想为一个过程,而不是过程的结果;
(2) 学习是经验的连续过程;
(3) 学习需要解决辩证对立的适应世界模式之间的冲突;
(4) 学习是一个适应世界的整体过程;
(5) 学习结果来自学习者和环境之间的协同交易;
(6) 学习是创造知识的过程。

Kolb 的经验学习理论包含了学习过程的四个阶段:具体经验(Concrete Experience,CE)、反思观察(Reflective Observation,RO)、抽象概念(Abstract Conceptualization,AC)以及主动实践(Active Experimentation,AE)。

1) 具体经验

遇到新的经验或情境,或对已有的经验进行重新解释,在具体经验阶段,个体会通过体验世界中一些具体的、有形的、感觉到的特性,并依靠感官将自己沉浸于具体的现实中来感知新信息。

2) 反思观察

特别重要的是经验和理解之间的任何不一致或矛盾之处。

3) 抽象概念

通过反思产生了一个新概念，或对一个已有抽象概念地修改（个体可以从他们的经验中学习到）。

4) 主动实践

学习者将他们的想法应用到周围的世界，看看会发生什么。总的来说，具体经验为观察和反思提供了潜在可能性，反思导致新想法的产生或旧观念的改变。改变想法会产生一个新的意义，并且形成实践基础。通过实践检验想法的过程创造了新的体验，并不断循环持续。最终，持续不断的经验、反思、思考和行动过程创造了新的知识。

Kolb 经验学习圈如图 10-1 所示，尽管上述四个阶段是 Kolb 经验学习圈的一部分，但是随着时间的流逝，学习者会对特定模式产生偏好。Kolb 经验学习圈的四个阶段可以沿着两个连续性或两个维度来描述："感知"，个体强调抽象而不是具体的程度（AC-CE 连续性）；"处理"，个体强调行动而不是反思的程度（AE-RO 连续性）。于是，个体的学习风格呈现出两种独立维度的结合的特点，从而产生了四种学习风格：发散者（Diverger）、同化者（Assimilator）、聚敛者（Converger）以及适应者（Accommodator）。

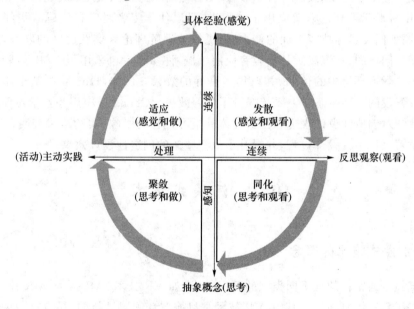

图 10-1　Kolb 经验学习圈

1) 发散者

强调通过感觉和观察进行学习（Learning by Feel and Watch）。学习者专注于经验学习中的具体经验和反思性观察，他们会体验情境，然后从多角度观看情境，从每个角度进行学习。此外，这种风格的学习者通常更喜欢小组学习，并且拥有较强的交流技能。

2) 同化者

强调通过思考和观察进行学习（Learning by Thinking and Watch）。学习者专注于经验学习中的反思观察和抽象概念。这种风格的学习者在学习时会获得各种各样的信息,并以最合乎逻辑的形式排列这些信息。他们更喜欢逻辑性、有效性、深思熟虑的信息。这种风格的学习者的优势在于具有系统地计划、组织、分析并专注于归纳推理的能力。

3) 聚敛者

强调通过思考和行动进行学习(Learning by Thinking and Do)。学习者专注于经验学习中的抽象概念和积极实践。这种风格的学习者发现了他们所学到的思想和理论的实际用途。他们精通用过去问题的解决方案解决新问题。这种风格的学习者的优势在于具有设定目标、解决问题和制定决策的能力,他们更喜欢通过"第一手"技术学习,例如通过实验、模拟来学习知识,以及将所学知识应用于实际。

4) 适应者

强调通过感觉和行动来进行学习(Learning by Feel and Do)。学习者专注于经验学习中的具体概念和积极实践。这种风格的学习者主要是从体验新事物和执行计划中学习,这些计划涉及他们学习的新经验和挑战,其优势在于具有执行计划和任务并参与新活动的能力。这种风格的学习者更依赖直觉制定决策,而不是依赖逻辑,也更喜欢设定目标和团队合作以完成任务。

Kolb 经验学习理论是被广泛接受的理论模型,并得到了大量的实证支持。目前,该理论已经被成功应用于运动心理学、音乐教育、工程学、体育教育、安全教育等多样化的学科领域。将 Kolb 经验学习理论框架应用于课程中,可以使学习者对学科主题有更深入地理解及认识,提高他们在目标技能方面的能力感,更好地理解理论和实践之间的联系,进一步实现个人发展。同样的,在沉浸式技术教育应用领域,许多学者也采用了 Kolb 经验学习理论以增强沉浸式学习环境中的体验,并取得了良好的效果。例如,Huang 等基于体验式学习理论设计并开发的 AR 生态学习系统提升了学习效果。Chang 等应用经验学习理论框架探索了 VR 教学对创造性设计表现和创造性体验学习过程的影响,实验结果表明,VR 教学显著影响了学习者创造性设计过程,并提升了他们整体的创造性设计效果。

10.2 沉浸式技术

10.2.1 沉浸式技术的概念

沉浸式技术通常指的是不同类型的新兴技术,如 VR 技术、AR 技术、MR 技术、三维游戏、计算机模拟、三维打印等。其中,VR 技术是目前教育领域最新的、最有潜力的可视化技术之一,它是指将三维图形系统与各种界面设备结合使用,以提供用户在交互式虚拟环境中的一种沉浸式体验的技术。AR 技术是指允许用户看到真实世界和虚拟对象组合的技术。MR 是指融合了虚拟世界(例如计算机三维图像和动画)与现实世界的混合空间。保罗·米尔格拉姆(Pual Milgram)和岸野文郎(Fumio Kishino)于 1994 年提出的"现实-虚拟连续体"提供了关于沉浸式技术的概念的清晰理解(如图 10-2 所示)。在现实-虚拟连续体中,增强虚拟(AV)和 VR 可以转换使用,因为它们都将真实的物体添加到 AV 和 VR 的虚拟环境中。

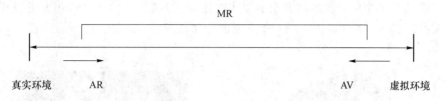

图 10-2 现实-虚拟连续体

从图10-2还可以看出,从左侧箭头所指的真实环境到右侧箭头所指的虚拟环境可以被理解为一个连续体,二者处于两个对立的极端。左侧的真实环境只由真实的物体组成。例如,用户通过视频设备观看真实的世界,或者用户不需要借助任何电子显示器直接观看真实世界中的物体。而右侧的虚拟环境则仅由虚拟物体组成,例如,传统的计算机图像模拟。在现实-虚拟连续体中,VR和AR是MR整体区域内的一个区域。AR将现实世界与虚拟世界融合在一起,而VR则允许用户在可能模拟现实世界的虚拟世界中控制和导航行为。因此,AR和VR都能产生一定程度的MR,使用户能够在物理和虚拟对象共存的融合环境中体验沉浸感。

10.2.2 沉浸式技术的分类

沉浸式技术可以被分为若干种类,接下来,本节将介绍沉浸式技术包含的3种主要技术:VR技术、AR技术以及MR技术。

1. 虚拟现实

VR是指用户在响应式虚拟世界中的虚拟现实体验。具体来说,VR是将三维图形系统与各种界面设备结合使用,以达到在交互式虚拟环境中的沉浸效果。VR提供了用户在计算机生成的虚拟世界中与各种各样的对象进行高度交互的模拟环境。Connolly等指出,VR依赖于三维模型的设计和操作,并可能需要(或不需要)外围设备以模拟感官输入。他们进一步指出VR所具有的4个关键特征:①所有事件必须是实时发生的;②虚拟环境必须是三维的;③用户可以进入虚拟环境并且可以自由移动;④虚拟环境不是静态的,用户可以操控它。当前,VR可以划分为两种类型:沉浸式VR和桌面式VR。沉浸式VR可通过立体的头戴式显示器实现或者通过多维屏幕实现。例如,头戴式显示器(Head-Mounted Display,HMD)或者大型投影房(如 CAVE Automatic Virtual Environment,CAVE),HMD、CAVE分别如图10-3(a)、图10-3(b)所示。

HMD通常由一对带有两个LCD的头戴式护目镜组成,LCD通过跟踪系统以获取用户头部位置和方向来描绘虚拟环境。CAVE是基于投影的VR系统,具有环绕用户的显示界面。当用户在CAVE的范围内移动时,虚拟环境的立体投影将显示在屏幕上。用户在CAVE内可以通过三维眼镜看到由CAVE创建的三维结构。沉浸式VR具有高度的实时交互性和沉浸感。

桌面式VR是另外一种形式的虚拟环境,它可以在没有HMD的情况下,在计算机多媒体环境中或者没有HMD的移动设备上显示虚拟对象。用户可以通过键盘、鼠标、操控杆、触摸屏、耳机、快门眼镜、数据手套等设备进行交互。桌面式VR可以用于计算机辅助设计、计算机辅助制造、模拟或虚拟世界、多用户虚拟环境(例如 Second Life)、zSpace 桌面式一体机等。尽管桌面式 VR 无法提供完全沉浸式的体验,但其逼真的计算机图像可以增强学习者的投入度。图 10-4(a)与图 10-4(b)分别展示了应用了桌面式 VR 的 zSpace 和 Second Life。

 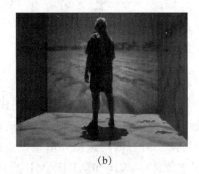

(a) (b)

图 10-3 HMD 和 CAVE

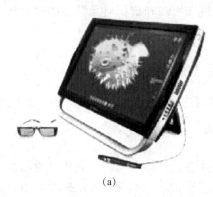 

(a) (b)

图 10-4 zSpace 和 Second Life

与桌面式 VR 相比,沉浸式 VR 能够将用户与外界环境的感知隔离。鉴于沉浸式 VR 系统的高成本和相关的问题(如模拟晕眩症),桌面式 VR 成为一种有效替代沉浸式 VR 的方法,同时这种方法保留了虚拟世界中实时可视化和交互的体验。

2. 增强现实

被广泛使用的 AR 的定义是由北卡大学罗纳德·阿祖玛(Ronald Azuma)提出来的,罗纳德·阿祖玛认为"AR 是一项允许用户看到真实世界和虚拟对象组合的技术,AR 能够改变用户的视角但不影响原始现实"。根据该定义可知,AR 包含了一些基本的要素。首先,AR 必须是真实环境和虚拟环境的组合;其次,AR 能够提供用户与虚拟物体之间的实时交互;最后,AR 应该包括三维虚拟物体(三维空间)。Wu 等进一步对 AR 的可用性进行了描述:①三维视角的学习内容;②无处不在的、协作的以及情境学习;③学习者的临在感、实时性以及沉浸感;④可视化不可见的;⑤缩小正式和非正式学习的距离。通过真实对象与虚拟对象之间的协作,AR 可以为学习者提供比虚拟技术更加真实和更加沉浸式的体验。

AR 可以分为两种类型:基于图像的 AR(Image-based AR,IAR)和基于位置的 AR(Location-based AR,LAR)。IAR 使用的是识别自然特征或特定标记的方法,LAR 则使用的是全球定位系统(GPS)、无线或电波等设备的特征。通常,IAR 需要特定的标签来记录真实世界图片中三维对象的位置,而 LAR 则使用位置数据启动移动设备,如无线网络、GPS、接着识别一个位置,并将其叠加到计算机生成的信息中。

3. 混合现实

MR 是指由虚拟世界(例如,计算机三维图像和动画)与现实世界融合的混合空间。MR 并不是完全发生在真实环境或虚拟环境中,而是真实和虚拟的结合。在 MR 环境中,用户可以使用先进的传感和成像技术与真实和虚拟的物体或环境进行交互。MR 打破了真实与虚拟之间的界限,允许用户沉浸在其周围的世界中,并提供了一种新型的工作和学习体验。MR 环境的示例如图 10-5 所示。

图 10-5 MR 环境示例

10.2.3 沉浸式技术的特性

为了获得有效的沉浸式体验,沉浸式技术本身的媒体特性是至关重要的。Burdea 等对沉浸式技术,尤其是 VR 的特性进行了具体的描述,他们认为,VR 具有沉浸感、交互性、构想性的"3I"特性(如图 10-6 所示)。

1. 沉浸感

沉浸感是指在一个环境中的一种感知,它可以是纯粹的心理状态,也可以通过物理手段来实现。根据沉浸的程度,沉浸感可以被划分为物理沉浸(感官沉浸)(Physical/Sensory Immersion)和心理沉浸(Mental Immersion)。

物理沉浸是指"身体进入媒介,使用技术对身体的感官进行综合性刺激;这并不意味着所有感官和整个身体都被浸入或吞没"。感官反馈对物理沉浸以及 VR 至关重要。根据用户的位置和方向,VR 系统可以向用户提供直接的感官反馈(呈现一个虚拟世界并响应用户的

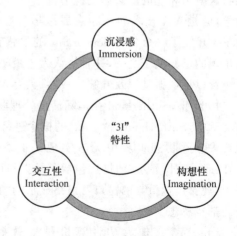

图 10-6 VR 技术的"3I"特性

位置和动作,提供一种或多种感官刺激),从而实现物理沉浸。当用户移动时,虚拟情境中的视觉(例如通过佩戴 HMD)、听觉(例如通过佩戴定位声音的耳机)、触觉(例如通过戴手套)设备会做出响应。

心理沉浸是指在人工构建的融合环境中深度投入的一种感觉状态。在心理沉浸状态下，个体会非常集中于当前体验的活动，以至于暂时性的忘记了身边的干扰信息。

2. 交互性

VR体验的另外一个关键特性是与虚拟环境的交互。VR系统可以检测到用户的输入（例如手势），然后响应用户的行为。用户可以根据自己的动作指令在屏幕上看到相应活动的变化，并在模拟中捕捉到这种变化。

3. 构想性

构想性(Imagination)是指VR可以帮助人们思考和想象现实世界中不存在的事物，拓展他们的认知范围。VR不仅能够提供一个沉浸式的用户界面，它还能够呈现和解决诸如工程、医学以及教育领域的真实问题。Jonassen指出，技术具有内在的特性，并且可以激活认知工具，以帮助学习者有意识地阐述自己的想法并参与意义学习。因此，VR会激发人类大脑感知、想象的能力，从而创造出现实世界中不存在的事物的能力。

10.3 虚拟现实技术

10.3.1 虚拟现实技术的发展历程

从技术媒体演化的角度来看，有必要了解作为目前应用广泛的沉浸式技术之一的VR技术的发展历程。因此，以下将详细介绍VR技术的发展时间线及相关的事件和具体内容。

关于VR的模糊性描述最早可以追溯到柏拉图提出的"洞穴比喻"，洞穴比喻描述了被束缚的囚徒们扭曲的"现实"。囚徒们被铁链固定在一个黑暗的洞穴内，他们除了能看到投影在前面洞壁上的阴影，其他什么都看不到。囚徒们无法感知自己的身体和周围的事物，他们将这些不相连的阴影运动视为自己对"现实"的理解。尽管对VR的描述可能植根于古代哲学，但是VR技术的实际发展最早可以追溯到20世纪60年代。1962年，电影摄影师Heilig开发了一个名叫Sensorama的多感官模拟器。该模拟器是沉浸式、多感官技术中最早出现的已知例子之一，并且被认为是最早的VR系统之一。Sensorama具有三维显示、立体声音、风吹、振动以及气味生成器，具有VR系统的所有特征，只不过它并不是交互式的。

1965年，Sutherland在国际信息处理联合会上发表了一篇名为《终极显示》的文章。在该文章中，Sutherland对"显示"的概念进行了描述：一个连接到数字计算机的显示使我们有机会去熟悉物理世界中无法实现的概念，它是进入数学仙境的窥镜。从描述中可知，Sutherland对"显示"的描述包括了触觉和视觉刺激。这是他首次提出把计算机显示器作为一个"观看虚拟世界的窗口"，最终显示的"真实世界"就是"虚拟现实"，这可以理解为VR系统的基本思想。

1968年，犹他大学计算机科学教授Evans和Sutherland共同成立了Evans & Sutherland计算机公司。同年，Sutherland在他的论文《头戴式三维显示器》A Head-mounted Three-Dimensional Display中，描述了在哈佛大学开发的跟踪式立体头戴式显示器，该显示器可以向用户的每只眼睛呈现单独的图像。这成为早期VR技术的实现原型。

进入20世纪80年代后，计算机技术和图形处理技术的进步推动了VR技术的发展，这时出现了一些比较典型的 VR 系统。例如，Videoplace 和虚拟界面环境工作站（Virtual Interface Environment Workstation，VIEW）系统。Videoplace 系统由 Krueger 所在的人工现实实验室设计，该系统使用投影仪、摄像机、专用硬件以及用户轮廓将用户置于一个交互的环境中，在人工现实实验室中，位于不同房间的用户可以通过这项技术进行交互。而在人工现实环境中，系统将摄像记录的用户动作分析并转换为用户的轮廓显示。通过使用粗糙且有效的彩色轮廓，用户能够在屏幕上直观地看到其操作的结果。即使没有直接的触觉反馈，用户在与屏幕上的物体和其他用户进行交互时也会有一种临在感。此外，美国 NASA（National Aeronautics and Space Administration）研究中心的研究者们为了开发一款飞行员训练模拟器，于是开发了 VIEW 系统。该系统采用了宽角度的立体显示单元、类似手套的设备、手势跟踪设备、三维听觉显示、语音合成技术以及计算机图像和录像图片生成设备，形成了第一个较为"完整"的 VR 系统。

在 20 世纪 80 年代后期，Foley 发表一篇名为《高级计算界面》*Interfaces for Advanced Computing* 的论文，该论文对 VR 的含义、接口硬件等做了全面的论述。1989 年，美国 VPL Research 公司的创始人 Lanier 首次使用了"虚拟现实"这一词汇。在这一时期，VR 的概念和理论开始初步形成。

从 20 世纪 90 年代开始，VR 的理论进一步完善，同时由于军事演练、航空航天等重要领域的巨大需求，关于 VR 的研究从研究型转向了应用型领域。VR 在生活中的应用也越来越广泛，如游戏娱乐、电影制作、室内设计等。Google 于 2012 年发布了一款名为"拓展现实"的眼镜，与之前的 VR 设备相比，"拓展现实"眼镜在体积和性能方面均取得了显著的进步。

2014 年，Facebook 首席执行官 Zuckerberg 收购了 Oculus VR，这一举措将 VR 推向了科技发展的前沿。在 2014—2015 年间，VR 领域的投资额更是达到了 35 亿美元。受其影响，互联网科技巨头纷纷将目光投向了 VR，VR 也因此进入了全面发展与应用的新时期。

10.3.2 虚拟现实技术在教育中的创新应用

VR 为教育界带来了巨大的机会。教育者开始看到 VR 在教育中的潜力，VR 不仅仅可以提供更有趣的教学方法，还可以为学生提供真实、互动的学习体验。

1. 科学与数学教学

在教学领域，VR 为学生打开了一扇探索和学习的新窗口。在科学与数学的教育中，VR 为学生呈现了一个独特的平台，在这个平台，学生可以深入探索复杂的科学概念和数学模型。例如，在分子生物学中，利用 Molecular VR 这样的软件，学生能够身临其境地走进分子结构的三维模型中，从而直观地了解蛋白质、DNA 和其他生物大分子的结构和功能。当谈到宇宙学，VR 为学生提供了一个近乎真实的平台，学生在这个平台上可以亲自探索太阳系、黑洞、恒星等天体的奥妙，通过 Universe Sandbox，学生甚至可以模拟和观察这些天体的动态运动和相互作用。此外，高级数学的概念对许多学生来说可能显得难以理解，但软件 Calcflow 允许他们在三维空间中直观地操作和探索复杂的数学方程，从而更深入地理解这些概念。

2. 历史与文化体验

VR 不仅可以在科学与数学领域发挥作用，还可以为学生提供一个体验历史与文化的时间机器。学生可以通过 VR 回到古埃及、中世纪欧洲或任何一个历史时期,亲身体验那些时代的文明。与此同时,学生还可以利用 Rome Reborn 亲自探索古罗马的街道、建筑和市场,或是使用 Google Earth VR 和 MasterWorks: Journey Through History 在虚拟环境中探索世界各地的文化遗产和景点,进一步增强他们的全球意识。

3. 艺术与创意

在艺术与创意的领域,VR 也发挥了不可或缺的作用。学生可以使用 Tilt Brush 或 Quill 在虚拟空间中创作出令人震撼的三维艺术作品。此外,学生还可以参观 VR Museum of Fine Art 这样的虚拟博物馆,亲身体验和欣赏世界上的著名艺术品。在音乐和表演艺术方面,学生可以使用 SoundStage 在虚拟空间中创作和体验音乐,或者参与虚拟的音乐会和舞蹈表演,感受音乐和舞蹈的魅力。

4. 模拟实践

VR 为学生提供了一个安全的环境,使他们能够进行模拟实践和实验。在医学模拟方面,学生可以在虚拟环境中进行手术模拟,练习各种医学程序,而无须担心因失误对真实病人造成伤害。例如,Osso VR 为手术医生提供了一个高度逼真的模拟环境,使他们能够练习和完善手术技巧。在工程和建筑方面,工程学生可以设计和测试各种结构和机械,在虚拟环境中进行模拟。Twinmotion 的应用使工程师和建筑师能够在虚拟空间中设计、修改和体验建筑模型。在化学实验方面,学生可以在虚拟实验室中进行化学实验,了解化学反应,而无须担心由实际的化学物质所带来的风险。Labster 提供了一系列虚拟化学实验,可帮助学生在安全的环境中学习化学知识和进行化学实验。

10.3.3 虚拟现实技术的挑战与发展

VR 技术虽然在近年来已经取得了显著的进步,但它在教育领域的应用仍然面临一些挑战。首先,高质量的 VR 体验往往需要依赖于高性能的硬件,这种需求可能导致成本上升,从而在一定程度上限制 VR 的广泛应用。其次,长时间沉浸在 VR 中可能会引发一系列健康问题,如眼睛疲劳、头晕或其他不适感,这些健康担忧已成为 VR 技术广泛推广的一个主要障碍。再次,虽然市场上充斥着大量 VR 应用和游戏,但真正具备高质量且有教育意义的 VR 内容仍然相对较少。最后,尽管 VR 技术在不断进步,但其在追踪精度、图像分辨率以及视野角度等方面仍然存在一定的问题。

然而,面对这些挑战,VR 在未来的发展仍然具有巨大的潜力。随着 5G、人工智能和云计算技术的不断进步和成熟,未来的 VR 体验有望变得更为真实、流畅,并具有高度的互动性。这些技术的进步不仅可以为 VR 内容的丰富性和图像分辨率带来显著提升,还可能解决当前的一些技术局限性。在教育领域,预计关于 VR 的相关应用将进一步加强。随着技术的普及和成本的降低,更多的学校和教育机构可能会将 VR 纳入其教学方法中。从模拟实验到历史与文化的沉浸式体验,VR 将为学生提供更广阔的学习机会。此外,VR、AR 和 MR 的融合可能会进一步为用户创造更加丰富和多元化的体验。在社交方面,VR 也具有巨大的潜力,有望发展成为一个应用广泛的社交平台,该平台将允许人们在虚拟空间中自由互动和合作。

10.4 沉浸式学习环境构建

10.4.1 沉浸式学习环境的设计原则和思路

VR 技术已经成为促进教育发展的一种新型教育手段，VR 沉浸式学习环境所提供的虚拟情境是高度仿真的，可以通过大量表现区域刺激提高学习者的主观能动性。利用 VR 技术可以为学习者打造生动、逼真的学习环境，并通过真实感受来增强学习记忆。相比于被动性灌输，利用 VR 技术构建的"自主学习"环境比传统的说教学习方式更具说服力，也更容易激发学习者的学习兴趣。

1. 设计原则

1) 科学性

使用 VR 技术设计沉浸式学习环境必须遵循科学性的原则。VR 技术属于高精度技术，每一处设计与设备安装都要求精细化。真实认知活动要求的 VR 沉浸式学习环境的设计必须真实与精确，学习者在利用各种虚拟装备进行操作时，动作要和实时交互显示的信息内容相匹配，信息内容要和信号流程与教学需求一致。

2) 系统性

在全面了解教学内容的基础上，应明确教学目的和要求。针对不同教学层次的学习者构建学科知识整体框架，将独立的知识点进行模块化，并根据实际教学需求对模块进行系统组合，使教学内容连贯衔接，从而实现跨专业、跨学科全面发展。搭建知识框架时，应抓住各学科课程知识的交叉点，并将其作为系列课程内容的联结点，以发展融合为要素，进而整体推进各学科课程知识的全面发展整合，体现出 VR 沉浸式学习环境建设的有效性、内容连贯性与衔接全面性。

3) 交互性

在 VR 沉浸式学习环境中，根据交互对象划分，可以分为 3 种交互形式，学习者与控制对象之间的交互、学习者与虚拟对象之间的交互和学习者与学习者之间的交互，与不同对象的交互可以为学习者带来不同的学习体验。学习者与控制对象之间的交互中，学习者可直接对控制对象进行操作，如改变运动方向、运动速度等，在操作过程中系统实时地为学习者反馈各种参数的变化信息。学习者与虚拟对象之间的交互，虚拟对象以拟人的形象出现，拥有海量的知识存储，能回答学习者提出的问题，帮助学习者完成控制对象的操作，配合学习者完成认知任务。学习者与学习者之间的交互中，学习者以化身的方式在虚拟情境中进行文字、语言、肢体等多种形式的沟通和交流，存在协作或竞争关系，学习者之间通过交互完成学习活动。借助 VR 沉浸式学习环境，能够让学习者感受到从独白到对话的有效转化，实现学习者态度和情感的变化与表达，完成个体式学习到合作式学习的转变。

2. 设计思路

1) 以学习者体验为主体

不同于传统课堂"教师讲，学生听"的"灌输式""填鸭式"的教学方式，沉浸式学习是一种"以学习者为中心"的学习模式，强调学习者在学习时的主动性和沉浸性，更关注学习者的物理体验和心理感悟,学习也不再是一个重复而枯燥的过程,通过媒介,学习者可以进入深度学习,在潜移默化中完成知识累积。VR技术将使场景中的知识和信息构建出更丰富、更逼真的具体情境。学习活动的设计需要充分尊重学习者的先前经验,任务设计也要视学习者的学习情况而进行智能匹配。在通用知识学习的基础上,保证学习者的个性化学习,同时允许学习者对内容进行修改与添加,并根据学习者的体验效果推荐下一步学习内容,从而保证学习内容的持续性,提高学习的有效性。

2) 虚实结合下的实时交互

VR技术通过计算机模拟出三维交互的虚拟环境,使学习者沉浸其中。通过与虚拟情境中的NPC或其他学习者交互协作,从动态实景体验中获取信息进行互动,同时完成学习任务。特别是在实践技能的学习中,更要利用VR技术构建友好的互动环境,让学习者可以在虚拟情境中调动视觉、听觉、触觉去感受和体验。长时间沉浸在虚拟情境会使学习者预知学习活动的发生与发展。通过虚实结合,模拟人体的知觉,借助媒介工具进行操控,学习者将沉浸于虚拟的实践教学环境。经过反复练习和交互协作,能有效促进学习者全面成长,更有利于激发学习者的想象力和创造性。在多人参与的学习任务中,可以通过在虚拟情境中的相互影响、交流沟通,形成学习共同体。

3) 打破课堂壁垒的无边界学习模式

在信息化技术高速发展的今天,传统学习模式中知识获取的方式已不能满足现代化教学的需求。在能获取海量学习资源的同时,还存在课堂捆绑知识、学科专业壁垒的现象,学习者较易对纵向知识进行深挖,但在跨专业知识的学习中容易有边界意识。可通过VR技术构建"沉浸生态系统",根据系统性原则,将多学科知识在虚拟情境中深度融合,为学习者提供跨学科、跨领域的学习环境。采用多重身份代入模式,学习者可以对学习内容进行选择和编辑,使学习者既是知识的获得者,也是知识的生产者。通过构建个性化的知识体系完成知识积累,学习再无边界,从而实现真正的泛在学习。

10.4.2 面向空间推理技能发展的沉浸式学习环境设计

1. 理论基础

面向空间推理技能发展的沉浸式学习环境设计模型植根于关于学习和认知心理学的相关理论。该学习环境设计的主要理论基础是建构主义学习理论、认知负荷理论以及Kolb经验学习理论。建构主义学习理论认为,学习者根据个人经验积极地构建有意义的知识。沉浸式技术允许学习者通过建构的方法进行学习。在这种建构学习的背景下,学习者积极学习新知识并将新知识与先前学到的知识联系起来。学习者通过参与沉浸式学习体验进行有意义的知识建构,有机会通过操作环境来学习三维对象的空间关系及空间特性。

认知负荷理论是一种基于人类认知结构知识的教学理论,其核心聚焦于工作记忆的有限性。与工作记忆同时实现的心理活动,被称为认知负荷。一般情况下,学习者在沉浸式学习环境中可能会遇到一定程度的认知负荷,而认知负荷理论提供了有效创建沉浸式学习环境的方式。因此,在教学设计过程中应该尽量减少工作记忆中任何不必要的负担,并且在最大程度上增加获取和发展自动化图式机会。

经验学习理论提出者Kolb指出,学习是通过经验的转化而创造知识的过程。在学习过程中,学习者经历四阶段的学习循环。即具体经验、反思观察、抽象概念和主动实践。当学习者经历了四阶段的学习循环时,就能实现有意义的学习。与 Kolb 经验学习理论一致,本研究的基本假设是:空间推理技能是可以通过"经验学习"而获得的。因此,通过"经验学习"是面向空间推理技能发展的沉浸式学习环境设计模型的重要一部分。由这种模型组成的学习活动是与实际的操作有关的,即与学习者面对的学习情境、学习任务等相关。而空间推理技能发展的关键要素又是融合于学习活动中的,但是又要通过沉浸式技术的功能优势来支持。因此,沉浸式技术可以通过为学习者提供有意义的学习体验来发展空间推理技能。

2. 模型构建

面向空间推理技能发展的沉浸式学习环境设计模型如图 10-7 所示,其是以发展空间推理技能为目标、以沉浸式技术为中介,融合学习者、学习情境(包括学习场景、学习工具、学习资源)、学习内容、学习活动为一体的新型学习环境。该学习环境的设计不仅需要遵循一定的设计原则,而且需要对其构成要素进行科学统筹规划,同时要依据空间推理技能四要素设计学习活动,发挥学习者在该环境中的主体作用。

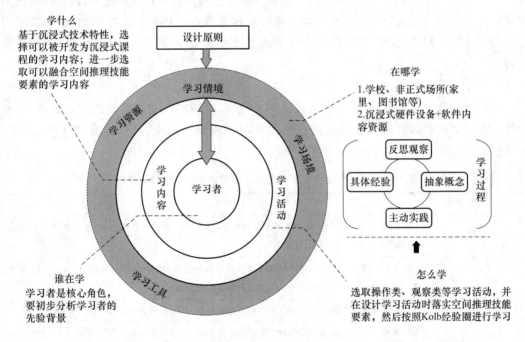

图 10-7 面向空间推理技能发展的沉浸式学习环境设计模型

1)学习者

在学习环境设计过程中,学习者是核心角色,一切的设计都是为了发展学习者的空间推理技能。在课程开展之前,首先要对学习者的先验背景有一个基本的了解。例如,学习者的性别、年龄、年级、学习风格、先验知识背景、对沉浸式技术的熟悉程度以及对沉浸式技术在课堂中使用的接受程度等。

2)学习情境

(1)学习场景

学校是学生日常学习的重要场所。因此,通过学校课堂(无论是课内还是课外)学习来发展空间推理技能很有必要。考虑传统课堂教学在发展空间推理技能方面的不足(例如二维呈现形式、技术工具限制),可以在资金允许的情况下,在学校构建以沉浸式技术设备支持的智慧教室。除此之外，一些具备相关要素的非正式场所也可以用来培养学习者的空间推理技能，例如家里、图书馆、科技馆等。

（2）学习工具

沉浸式学习环境的构建除了要有物理学习空间，还要有相关的硬件设备。目前，可以用来体验沉浸式学习环境的硬件设备有：大型投影设备（例如 CAVE）、低成本的头戴式显示器（例如 Samsung Gear VR、Google Cardboard）、高终端的头戴式显示器（例如 HTC Vive、Oculus Rift）。这些设备不仅可以提供沉浸式的学习环境，而且还可以提供较强的交互能力。随着技术的发展，这些硬件设备已经逐渐成熟，并且也可以将其应用于学校的教室中。

（3）学习资源

学习资源是指加载于沉浸式硬件设备中的软件内容资源，其在沉浸式学习环境中扮演着重要的角色。首先，软件内容资源的开发需要基于已有的教学指导理论进行设计，例如多媒体认知学习理论、认知负荷理论。其次，软件内容资源的开发可以是基于学校已有教材而开发的配套的沉浸式课程，也可以是针对空间推理技能发展要素而开发的一系列配套的课程。

3）设计原则

在借鉴已有理论的基础上，结合沉浸式技术特性、空间推理技能发展的关键要素，本章总结了六条面向空间推理技能发展的沉浸式学习环境设计原则，具体内容描述如表 10-1 所示。

表 10-1 面向空间推理技能发展的沉浸式学习环境设计原则

序号	设计原则	具体内容描述
1	真实性原则	能够提供产生沉浸感（物理沉浸和心理沉浸）的接近真实的学习环境，让学习者具有本体感知，并产生对三维对象的直观体验与感受
2	可视化原则	能够提供可视化的"真实的"三维对象。帮助学习者能够"看到"三维对象，帮助他们将心理模型与虚拟环境中"可视化"的维或三维对象建立呈现连接
3	空间临近原则	能够呈现很近距离而不是很远距离的多媒体信息，帮助学习者增强他们的学习能力
4	易于导航原则	能够提供易于导航的学习情境，帮助学习者明确自己或目标对象在学习环境中的位置和方向
5	交互性原则	能够提供与学习环境交互的机会，帮助学习者将心理呈现的信息与外在空间信息进行呈现连接。例如，学习者能够建立和操控三维对象，并以不同的方式与它们进行交互。这些交互方式包括识别对象的信息，获取并改变、移动、旋转对象，放大或缩小对象以查看更多细节，以及更改对象的形状等
6	推理反思原则	能够提供空间推理与反思的机会，帮助学习者对体验的学习活动进行推理和反思，最终产生新的概念，提升学习者对概念的理解和升华

4）学习内容

选取合适的学习内容是沉浸式学习环境中发展空间推理技能的关键因素。首先，要基于沉浸式技术特性，选择那些可以被用于开发成沉浸式课程的学习内容。例如，宏观世界

(宇宙星空、山川河海),微观领域(分子、原子结构),一些历史事件(圆明园的毁灭),现实世界中受限制的内容(人体构造、武器构造),以及变化速度快、难以一时察觉的内容(物理、化学变化)。这些学习内容可以作为学校配套的课程,也可以作为训练专业技能的操作式课程。在此基础上,进一步选取那些可以融合空间推理技能的发展要素的学习内容。例如,制作几何图形、模型制作、三维打印、三维物体设计、地图学习等。

5) 学习活动

(1) 学习活动类型

沉浸式学习环境能够支持观察类、操作类等多种类型的学习活动。研究者认为,观察类学习活动、操作类学习活动是培养空间推理技能具有代表性的学习活动。这些学习活动引导着学习者在沉浸式学习环境中的空间行为,并通过 Kolb 经验学习四阶段帮助学习者逐渐习得空间推理技能。例如,在观察类学习活动中,沉浸式学习环境能够构建虚拟的三维世界以及对象,并允许学习者通过视觉感官通道获取知识内容和理解相关概念。沉浸式学习环境可以提供 360°全景视角,学习者能够以自己需要的视角或以目标对象的视角来观察运动的三维对象之间不断变化的关系,这种类型的学习活动非常有助于培养空间推理相关能力(例如视角采择、空间定向)。支持观察类学习活动可以是基于 zSpace 的沉浸式学习环境,其特点是允许学习者从不同视角观察和操控三维对象。

(2) 学习过程

在 Kolb 经验学习圈的基础上,基于沉浸式技术构建了四阶段的沉浸式学习情境:具体经验情境、反思观察情境、抽象概念情境、主动实践情境。

"具体经验情境"可以为学习者提供具体经验。沉浸式技术可以提供学习者多感官的沉浸式体验。例如,以可视化的形式呈现一个三维物体(如人体器官)的分解和组装过程。"反思观察情境"可以促进学习者对具体经验的反思。例如,沉浸式技术可以为学习者提供多视角观察三维物体的机会,让他们在观察与操控三维物体的过程中进行反思。"抽象概念情境"可以促进学习者形成一个新的抽象概念。学习者通过思考、分析、合成等思维活动获取新概念。由于学习者在形成抽象概念的过程中,通常需要依靠一些具体事物的支持,因此,他们可以借助沉浸式技术提供的可视化呈现来深刻地理解这些新概念。"主动实践情境"可以为抽象概念提供实践应用的机会,并让学习者验证他们的行为和想法。沉浸式技术的三维交互功能可以帮助学习者实践和验证他们的想法,并不断地重复实践。例如,学习者在该情境中进行三维物体的构建活动、组装零部件等。

10.4.3 数学沉浸式学习环境的设计与实现

1. 沉浸式学习环境设计

本节结合中国科技馆的"数学之魅"主题展区中的"滚出直线""莫比乌斯环""立体四子棋"三个展项,运用 VR 技术对其进行建模和交互设计,构建相应的沉浸式学习环境,进而给出沉浸式学习环境的总体框架和应用成果。数字沉浸式学习环境框架如图 10-8 所示,最底层的数据层记录系统内的全部数据,通过逻辑层的传输,渲染层将完成模型展示和场景渲染,而交互层作为接口,将提供一系列功能,与用户进行实时交互。

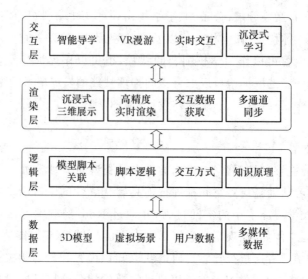

图 10-8　数学沉浸式学习环境框架

数学学习内容包括以下三个具体展项。

1）滚出直线

滚出直线展项中,在展台的上方是一个小圆齿轮,内切于一个大圆齿轮,且小圆齿轮的直径等于大圆齿轮的半径。该科普展项的原理是:如果把一个小圆放在另一个大圆内作纯滚动时,小圆圆周上任意点的运动轨迹是一条直线,即该点作直线往复运动,其中大圆的直径是小圆的直径的两倍。当参与者使用手柄按下按钮时,小圆齿轮在大圆齿轮中滚动两周,同时带动两辆小汽车沿着固定的直轨道进行运动。该展项以直观生动的形式展示了数学原理,体现数形结合的思想。

2）莫比乌斯环

莫比乌斯环展项的中央有一个巨型圆环,在圆环上有一辆小车。当参与者使用手柄触碰到小车时,小车便开始移动,在转动一圈之后,小车能够回到原点。中间的巨型圆环是莫比乌斯环,只有一个面一条边,因此小车从环上任意一点出发,最后都能回到原点。该展项以直观动态的形式,展现了莫比乌斯环的奇妙之处。

3）立体四子棋

立体四子棋是由棋子空间矩阵构成的立体棋盘。游戏双方通过操作台上的按钮调整棋子在三维坐标上的位置,先将 4 个相同颜色的小球连成一条直线者赢。该展项可以通过游戏的形式来锻炼参与者的空间想象能力和立体思维能力,帮助参与者更好地认识数学中的空间立体几何,加深对空间直角坐标系的理解和运用。

2. 关键技术

1）建模与动画设计

接下来以莫比乌斯环为例,展示 Blender 中的建模过程。首先完成基础模型对象立方体和贝塞尔圆环的创建,并对其做相应调整,删除多余表面。其次对立方体对象依次添加 4 个修改器:阵列修改器、简易形变修改器、曲线修改器和表面细分修改器。对应完成的功能分别是:基础对象副本创建、整体模型扭曲变形、成环拼接以及表面光滑和细化。为了逼近真实展项,建模过程中再添加简易形变修改器,从而不断调整扭曲和弯曲的角度和轴向。

下面介绍 Blender 中的动画设计过程。首先,在编辑模式下,得到基础模型对象上下表面的中心线段,通过删除多余顶点和拼接副本线段,得到目标路径曲线。其次,导入已建好的小车模型,调整小车对象局部坐标原点后,添加物体跟随路径约束,初步生成小车沿曲线路径运动的动画。最后,在动画编辑窗口下,根据莫比乌斯环的实际轨道角度变化调整小车对象的角度变换,在相应位置插入关键帧,使其动画效果与实际相符,防止小车对象运动过程中产生穿模现象。

在实物图片和模型草图的基础上进行仿真建模,保持原有模型的关键特征和比例,真实还原模型的结构、形状和各个组成部分,最后导出为 FBX 格式文件(包含相应的模型和动画)。

2)系统搭建

在初步模型的基础上给物体对象添加材质贴图,以逼近真实场景中的视觉效果,最终搭建得到的数学沉浸式可视化场景如图 10-9、图 10-10 和图 10-11 所示,分别为滚出直线、莫比乌斯环、立体四子棋。学习者可以利用 VR 头戴式设备进入虚拟环境,通过操控手柄与虚拟对象进行互动,定位器会计算头显和操控手柄在有限区域内的位置,从而实现场景自主漫游。

图 10-9 滚出直线

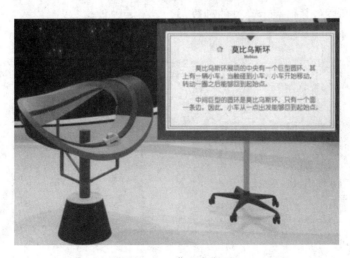

图 10-10 莫比乌斯环

图 10-11　立体四子棋

学习者在交互过程中,系统将提供关于操作方法的提示与相关知识点的指导,自动感应学习者的位置以控制讲解声音的播放。系统加入声音解说与展板,可以丰富系统的交互方式,增强沉浸感。

3. 交互设计

交互设计是项目的核心部分,下面着重介绍 3 个案例的关键交互逻辑。

1) 滚出直线的交互设计

滚动原理为,小圆以既定的速度 v 绕大圆的中心点顺时针公转的同时以 $2v$ 的速度逆时针自转。由此即可带动两辆小汽车在轨道上运动,但同时还需要限制小汽车的自转运动,才能实现小汽车在直线上做往返运动。因此,为了克服小汽车的自转,需要给小汽车加上一个顺时针的自转,以刚好抵消因小圆齿轮转动而带给小汽车的逆时针自转。具体的逻辑实现如下所示。

算法 1　滚出直线的逻辑实现。

变量说明:

① Flag:为 1,表示选中按钮,开始播放 18 s 的动画;为 0,表示取消选中按钮,停止播放动画。

② timer:计时器,数值表示经过的秒数。

伪代码如下:

```
(1) function Update()
(2)     if 玩家选中按钮:
(3)         flag = 1;
(4)         播放齿轮运动声音;
(5)     if flag = = 1:
(6)         if timer <= 18:
(7)             大圆盘绕中心点公转;
(8)             小圆盘绕中心点自转和公转;
(9)             小车绕中心点自转和公转;
```

```
(10)        小车反向自转;
(11)        timer + = Time.delTime;
(12)    else:
(13)        time = 0;
(14)        flag = 0;
(15) end function
```

2) 莫比乌斯环的交互设计

在导入模型的展开资源里面找到相应的动画,将其拖拽到对应的模型上并设置动画播放参数,通过脚本控制动画的播放。具体的实现如下所示。

算法 2 "莫比乌斯环"的逻辑实现。

变量说明:

count:玩家选中小车的次数,奇数播放动画,偶数停止播放动画。

伪代码如下:

```
(1) function Update()
(2) if 玩家选中小车
(3)    if count % 2 = = 0:
(4)        播放小车动画;
(5)    else:
(6)        停止播放小车动画;
(7)    count + + ;
(8) end function
```

3) 立体四子棋的逻辑实现

在立体四子棋中,玩家可以进行交互,选择"人机"模式或"双人"模式。为了使代码逻辑清晰,将主体分为四大部分,并定义变量 model。当 model＝1 时,进入选择模式;当 model＝2 时,进入人机模式;当 model＝3 时,进入双人模式,当 model＝4 时,进入重置模式。

在选择模式中,首先设置计时器,同时为了防止计时溢出,每秒都重置为 0。变量 model＝1 时,进入选择模式,根据手柄射线反馈选择"双人"模式或"人机"模式进入对应的对战模式。具体实现如下所示。

算法 3 选择模式的逻辑实现。

变量说明:

① renewTime:重置计时器。

② hitObj:玩家手柄射线击中的物体。

③ buttonNum:表示模型上对应的选项按钮,每名玩家对应 9 个。

伪代码如下:

```
(1) function SelectionMode()
(2)     renewTime = 0; //计时
(3)     获取射线击中的物体赋予 hitObj;
(4)     if hitObj 的父对象 = = "FourChess":
(5)     将 hitObj 的名字转为整型赋给 buttonNum;
(6)     if buttonNum % 9 = = 1:
(7)         model = 2; // 进入人机对战
(8)     else if buttonNum % 9 = = 2:
(9)         model = 3; // 进入双人对战
(10) end function
```

在人机模式中,由于棋盘的大小有限,使用的算法是基于固定的打分机制,对每个落子位置进行打分,从而得到最优解。

在正式进入下棋游戏后,调用 Examine() 函数来检查是否已有 4 个同色棋子连成直线,并更新路径的状态。同时机器下棋时,调用 AssessWayChange() 函数对每条路径的通道分别进行计算,再调用 AssessBall() 函数对每个棋子的通道分求和,并返回权重最大的棋子索引,以确定机器的落子。

如果已有 4 个同色棋子连成直线,则显示获胜球路径和获胜方,并置 model 为 4。但如果棋子下完之后依然没有"四子连珠",则表示和棋,不显示获胜球路径和获胜方,也置 model 为 4。

在双人模式中,下棋步骤与人机模式相同,不同的是该模式下两侧的操作台分别代表红蓝方,而人机模式中默认机器为红色方。双人模式下,两端的操作台交替下棋,只有轮到其中一方下棋时,该方的操作台按钮才可以移动棋子和确定落子。具体实现过程在此不再展示。

在重置模式中,等获胜球路径显示一段时间后,将重置所有棋子颜色以及相关的变量,清空权重的存储,实现模型所有组件的初始化,游戏将重新开始。

10.5 智能沉浸式学习环境应用

10.5.1 基于 MR 技术的沉浸式学习

国内外很多高等院校已建立 MR 技术相关实验室,包括哈佛大学、麻省理工学院、斯坦福大学、清华大学、香港科技大学等,被用作医学、历史、工程等特定学科探索的沉浸式学习空间。Bahcesehir 大学建立了土耳其的第一个 VR 实验室,VR 技术和 AR 技术被用于科学、技术、工程和数学(STEM)等学科的教学。佛罗里达大学与 360ed 公司合作,创建了"烧伤中心"沉浸式学习空间,用于医疗服务者在不同环境下进行烧伤救治训练。

沉浸式学习空间非常适合需要跨学科开展的教学任务,尤其适合科学类课程,如探索太空、海洋，探索人体奥秘，探索原子、分子，探索地球地质、大气环境等等。斯坦福大学聚焦STEM学习主题，建立了虚拟人类互动实验室（Virtual Human Interaction Lab），如图10-12所示，为学习者提供了沉浸式学习空间，学习者可以身临其境地观察海洋酸化的具体过程，可以与"虚拟环境"实时互动，可以进行自主的学习、探索和研究。

图 10-12　虚拟人类互动实验室

此外，还有很多国内外高校利用 MR 技术对沉浸式学习空间进行了实践研究。华侨大学土木工程学院提出了一种基于情景模拟的沉浸式建筑工人安全教育培训模式，通过沉浸式情景交互课件、3D视频投影、建筑信息模型（Building Information Modeling，BIM）可视化模型、VR/AR技术等构建了建筑工人安全教育培训的沉浸式学习空间。该培训依托学习空间，开展了基于情景模拟的理论知识教学和基于体验学习的沉浸式实操训练，取得了显著的效果。奥本大学麦克霍特建筑科学学院为学生提供接近实地考察的建筑工地虚拟现实场景。通过数据采集技术和VR展示平台，创建了360°的施工场景，让学生"重游"施工现场。莱顿大学通过XR项目为学生提供虚拟真实经验，采用360°视频的沉浸式交互式VR体验，为急诊护理学生提供了更加真实的模拟场景，通过 AugMedicine 的 AR 应用程序，学生能够更深入地了解肾或胰腺移植后患者复杂的三维解剖结构。中国科学技术大学开发了一个用于各种环境中，可有效地教导运动动作的系统，该系统在太极拳动作上的教导效果突出。上海理工大学设计了一个用于火灾逃生培训的沉浸式学习系统，该系统通过视听说来触动五感，拥有良好的交互性。

10.5.2　探索火星沉浸式教学全息甲板

戴维·索恩伯格在其《学习场景的革命》一书中所介绍的关于探索火星的教学全息甲板例子可被称为典型沉浸式学习空间，如图10-13所示。与传统讲课模式不一样，该空间创造了一种学生通过直接体验来自由探索、学习知识的教学环境。

图 10-13 探索火星的教学全息甲板

在探索火星的案例中,只有 5 min 的视频阐述任务目标,其余的都是设置任务,模拟真实场景中可能发生的状况,并给予相应的硬件支持,包括在任务过程中感受宇宙飞船外壳破损、在操作板上设计船体补丁、从飞船窗口观察火星表面细节、收集分析火星表面信息等,学习者可以在虚拟场景中体验不同的任务。在任务结束后对学生进行测试发现,其所掌握的知识点不仅准确率更高,知识量也更多,而且学习者的体会更深刻,对相关知识需求更有期待。而在沉浸式学习空间里,学习者可以真正沉浸在虚拟的真实场景里交互,具有高度的实操性和趣味性,可以激发学习者创新性地去完成任务。

同时,戴维·索恩伯格强调,学习者在这种全息沉浸式教学环境中能否进行有效学习还与以下三方面有很大关系:一是学习者的想象力和创新性,二是教师是否能在本质上改变角色,并以共同学习者的角色加入学生探索任务中,三是沉浸式学习环境所需要的设备和资源是否优质。

10.5.3 上海开放大学沉浸式学习空间

上海开放大学应用 5G+全息投影技术为富情景化体验学习提供了新的可能,打造的全息课堂、全息讲座等形式使得线上教师和现场教师相融合的教学模式成为可能。在合理利用资源开发下,教师可以展示抽象的教学概念,有效传递教师课堂教学重点,实现教学目标,完成教学任务。未来的教育体现教与乐相结合的教学形式,促进多元化教学展示的发展。

此外,通过全息投影技术还可以将各国老师"搬"至眼前,真正体验不同特色的教学,实现教学资源共享。针对学校专业课程特点,利用 MR 技术打造沉浸式学习空间,开发机械装配课程,依托 MR 三维数据可视化的呈现方式,具体如图 10-14 所示。该应用通过虚拟仿真模型、人机交互的方式来模拟机械虚拟装配,不仅能帮助体验者快速了解设备的内部结构与使用,还能帮助学员快速学习新设备、新产品的使用技巧和维护技巧,从而提升培训质量和效率。

图 10-14 基于 MR 技术机械装配沉浸式学习空间

学校还开发了行为康复训练课程,通过运用三维仿真以及 AR 技术,进行老年康复的 3D 动态模拟和交互式控制,实现三维交互式教学,使得用户可以直观、准确、规范的学习如何护理老年人的相关知识。

对于沉浸式学习空间的课程学习内容,上海开放大学还可以进行眼动数据、脑波数据以及学习行为数据采集和多模态数据分析,通过实践教学验证沉浸式学习空间教学的成效。

上海开放大学还建设了智慧学习体验中心,根据智慧学习中心 VR 互动体验区的现场实景,制作三维全景虚拟环境,让市民可以线上"云体验"VR 互动体验区的空间环境,包括学前儿童保育与教育以及老年护理培训等沉浸式项目体验,增强了互动教学和情景式体验,营造了"主动式学习"的体验环境。

本 章 小 结

本章主要介绍了智能沉浸式学习环境的理论及技术,主要包括沉浸式学习理论基础、沉浸式技术、虚拟现实技术、沉浸式学习环境构建和智能沉浸式学习环境应用。

第一,详细介绍了沉浸式学习理论基础,重点介绍了沉浸式学习概述和沉浸式学习的理论支持。第二,详细介绍了沉浸式技术,重点介绍了沉浸式技术的概念、沉浸式技术的分类和沉浸式技术的特征。第三,详细介绍了虚拟现实技术,重点介绍了虚拟现实技术的发展历程、虚拟现实技术在教育中的创新应用,以及虚拟现实技术的挑战与发展。第四,详细介绍了沉浸式学习环境构建,重点介绍了沉浸式学习环境的设计原则与思路、面向空间推理技能发展的沉浸式学习环境设计,以及数学沉浸式学习环境的设计与实现。第五,介绍了智能沉浸式学习环境应用,重点介绍了基于 MR 技术的沉浸式学习应用案例、探索火星沉浸式教学全息甲板案例和上海开放大学沉浸式学习空间案例。

习　　题

1. 什么是沉浸式学习，它有哪些优势和局限？
2. 沉浸式学习的理论支持主要包括哪些方面，请简要说明它们的核心观点。
3. 沉浸式技术的分类有哪些，请举例说明每种类型的特点和应用场景。
4. 沉浸式技术的特征有哪些，请简要说明它们对学习效果的影响。
5. 虚拟现实技术在教育中的创新应用有哪些，请举例说明它们的目标、内容和效果。
6. 请简要介绍一下虚拟现实技术的发展历程，包括主要的技术阶段、代表性的产品和影响力的变化。
7. 请简要介绍一下虚拟现实技术在教育中面临的主要挑战和发展方向，包括技术、教学、评估、伦理等方面。
8. 请简要介绍一下沉浸式学习环境的设计原则与思路，包括教学目标、教学内容、教学活动、教学资源、教学支持等方面。
9. 请简要介绍一下面向空间推理技能发展的沉浸式学习环境设计，包括设计背景、设计目标、设计内容、设计方法和设计评价等方面。
10. 请简要介绍一下数学沉浸式学习环境的设计与实现，包括设计背景、设计目标、设计内容、设计方法和设计评价等方面。
11. 请设计一个基于AR技术的沉浸式化学实验系统，给出系统的目标、结构、流程、参数设置等方面的设计方案。
12. 请使用Unity或其他游戏引擎制作一个基于MR技术的沉浸式物理探究系统，实现基本的虚拟环境、角色、交互等功能。可以使用任意的资源，但必须给出代码注释和运行结果。
13. 请使用Excel制作一个表格，展示基于MR技术的沉浸式学习应用案例中学生的学习成绩、学习态度、学习兴趣等信息，并给出相应的图表和分析。

参 考 文 献

[1] 刘琳,苏雪晨.基于VR技术的沉浸式学习环境构建研究[J].信息与电脑(理论版),2020,32(3):231-234.
[2] 柳瑞雪,万昆,王美.面向空间推理技能发展的沉浸式学习环境设计及实证研究[J].中国电化教育,2021(12):40-47.
[3] 柳瑞雪.沉浸式学习环境促进中学生空间推理技能发展的实证研究[D].上海:华东师范大学,2021.
[4] 纪海林,刘语柔,叶心怡,等.数学沉浸式学习环境的设计与实现[J].计算机仿真,2022,39(12):323-329.
[5] 王子,杨冬,周筠,等.桌面式VR教育应用中基于数据挖掘技术的学习者交互行为分

析——以初中物理课程"电与磁"的教学为例[J]. 现代教育技术,2020,30(12):98-104.

[6] 高媛,刘德建,黄真真,等. 虚拟现实技术促进学习的核心要素及其挑战[J]. 电化教育研究,2016,37(10):77-87.

[7] 龚鑫,许洁,乔爱玲. 基于沉浸式学习环境的隐形性评估:机理、框架与应用[J]. 电化教育研究,2023,44(12):64-72.

[8] 沈夏林,杨叶婷. 空间图式:沉浸式虚拟现实促进地理空间认知[J]. 电化教育研究,2020,41(5):96-103.

[9] BIOCCA F, DELANEY B. Immersive virtual reality technology[M]//BIOCCA F, LEVY M R. Communication in the age of virtual reality. USA: L. Erlbaum Associates Inc, 1995:57-124.

[10] DE FREITAS S, NEUMANN T. The use of 'exploratory learning' for supporting immersive learning in virtual environments[J]. Computers & Education, 2009, 52(2):343-352.

第11章

多模态学习分析

多模态学习分析是一种利用多种分析技术对学习过程中的多模态数据(语言、表情、肢体动作等)进行同步采集、整合处理和融合分析,以揭示复杂学习环境中的学习机制,为教与学提供科学的、精准化的数据支持的学习分析技术。多模态学习分析的目的是优化学习过程,提高学习效果,增强学习体验,促进学习者的自主性和协作性。

本章将从多模态学习分析概述、多模态数据处理技术、多模态学习分析的应用和多模态学习分析的发展趋势四个方面介绍多模态学习分析的基本概念和整体框架,帮助读者了解多模态学习分析的理论、方法、技术和应用,以及多模态学习分析的前沿和未来。

11.1 多模态学习分析概述

11.1.1 多模态学习分析的概念

多模态学习分析是一门新兴的学科,该学科关注于如何利用数据挖掘及学习科学相结合的方式来探索来自教育环境的独特类型的数据,并使用深度学习的方法来推测学生的学习情况及学习质量。基于数字跟踪的分析方法的局限性要求研究者拥有利用从学习者和学习环境中收集的各种学习数据来探索学习教育的能力。经济上可行的传感器和有效的计算技术使研究者能够应对这一挑战,因此,多模态学习分析成为一个潜在的解决方案,使研究者能够超越基于技术/中介的学习来研究现实环境中的学习。

多模态学习分析的基本概念是指利用多种不同源数据的相互融合,来对复杂场景下的学习状况及学习行为进行分析,并通过分析结果来改变学习的方式,从而提高学习效率。在技术层面上,多模态学习分析以学习为核心,以多模态感知、多模态语义理解、多模态交互技术、学习科学为支撑,形成了跨数据、跨分析、跨模态及跨空间的独特体系。在数据分类方面,多模态学习分析涵盖了人机的交互数据、学习的体征数据及学习资源数据和学习场景数据,形成以学习者为中心的数据相互交融的数据生态。从方法论上来看,多模态学习分析主要先对教学过程中产生的不同格式的数据进行采集,如视频、音频、图片、生理信息等,然后使用数据挖掘、学习分析、人工智能等方法对数据进行建模分析,揭示数据之间的内在关系,从而对学习过程进行定量化研究,洞察学习活动,优化教学。其关注点在于发展新方法来分析海量异构数据,以理解和提高实际世界中的学习过程。

总的来说,多模态学习分析是学习科学、数据挖掘和多模态交互领域的交叉,它通过分析多源异构数据,深入理解复杂的学习过程,以支持教学决策优化。该领域仍处在初创阶段,具有广阔的发展前景。

11.1.2 多模态学习分析的发展历程

多模态学习分析作为一门新兴的交叉学科,自 2012 年被提出以来,经历了高速发展期和逐步深化期,并逐渐成为学习分析研究的前沿领域之一。这个领域的发展起始于 2011 年左右,当时学习分析领域对利用数据进行教学决策支持的呼声日益高涨。传统的标准化测试只能反映学习产出,而无法揭示真实的学习过程。教育研究者意识到,需要进一步拓宽数据来源的视野,利用不同形式的数据进行过程性的学习分析,以更全面地理解复杂的教学活动及学习者状态。

在 2012 年的一场国际会议上,多模态交互领域的先驱 Stefan Scherer, Louis-Philippe Morency 以及教育学者 Marcelo Worsley 首次联合提出了"多模态学习分析"的概念。他们指出,利用多模态数据(如语音、视觉、文字等)可以更丰富地描绘学习情景,多模态学习分析可以借助机器学习等方法,开展基于过程的学习研究,以支持教学决策。这一构想立即在学术界引起了强烈反响,并标志着多模态学习分析作为一个新兴研究领域的正式诞生。

在多模态学习分析概念被提出的次年,Scherer 等就在国际多模态交互大会上举办了首届多模态学习分析工作坊(MultiModal Learning Analytics Workshop)。此后的四年中,工作坊每年举办一次,多国专家学者聚集一堂,对这个新兴领域的发展方向和具体研究内容进行热烈讨论。

2012—2015 年可以被视为多模态学习分析的快速发展时期。这一时期的相关研究工作快速积累,相关论文数量呈爆发式增长。越来越多的研究者加入这个领域,探索多模态数据在不同教学场景中的应用,如智能课堂、数字学习平台等。从检索文献数据库中可以发现,"多模态学习分析"这个关键词的相关论文从 2013 年的 20 篇,快速增加到 2015 年的 80 篇。知名国际学术会议也纷纷设置了多模态学习分析的专场或专题。

在多模态数据收集和处理方面,音视频数据、眼动追踪、语音识别等成为常见的选择。研究者也尝试整合可穿戴设备等新兴传感器来获取生理、行为数据。如何表达和存储不同模态的数据的内在关系是这个阶段的重要技术难题。

2016 年以后,多模态学习分析渐渐趋于成熟,进入深化和扩展阶段。越来越多研究者意识到,要推动多模态学习分析理念的实际应用,就不能再局限于小规模的实验研究,而是需要构建可重复、可扩展的学习分析模型,处理真实世界中的海量异构数据。因此,一些优秀研究团队开始构建复杂的多模态融合架构,实现视频、音频、生理信息等异构数据的统一表示和建模。新技术(如深度学习)也被引入特征表达和多模态融合中。这一时期的数据集规模也在快速增加,2015 年发布的多模态智能课堂数据集 MORE 已经包含了近千个小时的视频数据。

同时,实证研究更加注重真实教学场景。如使用可穿戴设备采集大学生的学习行为数据,或在线课堂中部署面部和语音分析,这类研究都增加了多模态学习分析结果的说服力和实践意义。一些初步的多模态学习分析系统也已在真实环境中试运行。

综观多模态学习分析的发展历程，其经历了萌芽、快速发展和深化过程，日益成熟。目前，其研究前沿已拓展至如何构建可解释的多模态学习模型，如何实现实时的个性化反馈等方面。多模态学习分析正在逐步推动学习科学研究范式的转变，促进教育智能化进程。

11.2 多模态数据处理技术

本节主要对多模态数据处理与分析所涉及的理论和技术进行简要阐述，首先介绍多模态数据预处理和特征提取方法，其次介绍三种常见的多模态融合方法，最后介绍了不确定性估计和迪利克雷分布相关知识。

11.2.1 多模态数据特征提取

随着深度学习技术的发展，以人工神经网络为基础的各种网络模型层出不穷，并在图像识别、目标检测、语义分割等领域大放异彩。若想取得精准度高且鲁棒性强的识别效果，一个优秀的网络模型自然不可或缺，同时，质量高、冗余少、噪声低的输入数据也至关重要。近年来，人工智能领域能取得飞速发展的原因之一是自互联网上存在的大量数据。基于多模态数据的情感分析，主要针对文本、语音、图像数据进行特征提取和融合分析。由于多模态数据间存在异质性，因此需要分别对每个模态数据采用不同的处理方法进行数据预处理，并根据每个模态数据的特性，搭建不同的特征提取网络来提取特征。本节将分别对文本、语音、图像数据的常用特征提取方法进行介绍。

1. 文本特征提取

如何对文本数据进行有效的特征提取是自然语言处理领域最基本也是最重要的问题。在基于机器学习的文本特征提取方法提出以前，国内外学者通常使用基于统计的方法进行特征提取，例如词频-逆文本频率、词频、文档频次、互信息等方法，总体而言，这类方法首先通过构造评估函数，对文本中每个词的不同特征进行评估、打分，以获取该特征的权值，其次按权值依次对特征进行排序，最后提取最优特征作为特征子集。然而，这类方法在实际使用中存在诸多缺陷：首先，这类方法提取的文本特征质量会受到评估函数的直接影响；其次，这类方法的本质是使用词语在文本或文档集合中出现的频率作为参考依据，并非真正意义上的理解语义，将这些统计信息作为文本特征显然并不合理，因为文本中词语包含的信息量的大小与其出现的频率并没有强相关性；最后，这类方法在面对一词多义的场景时无法有效提取特征，例如，在对句子"I thought a thought"进行特征提取时，根据词频统计结果得到的特征必定无法表示每个 thought 的真实含义。因此，在实际应用中基于统计信息的传统方法逐渐被基于机器学习的方法替代。当前基于机器学习与深度学习的文本特征提取方法通常将词映射成向量表示，相似含义的词所映射的词向量在向量空间之间的距离更接近，因此可以解决传统方法存在的语义鸿沟问题。当前较为主流的将词映射成词向量的方法有 Word2Vec、BERT 模型等。

Word2Vec 方法在应用场景与语料库相匹配的条件下能取得良好的效果，但也存在诸多局限性：首先，在模型的训练过程中仅使用了上下文局部的信息，对全局信息缺乏关注；其次,该模型在训练之前需要先将词根据语料库映射成 one-hot 编码,这就导致了训练好的词向量在其他场景中并没有很好的普适性;最后,Word2Vec 对英文语料较为友好,对于以字组词的中文,在训练之前需要进行分词操作,最终训练结果容易受到分词效果的影响。BERT 模型是 Transformer 模型的一种应用形式,在当前诸多自然语言处理任务中,BERT 模型都展现出优异的性能。它将文本基于字符进行向量化表示,能够解决一词多义问题,其结构如图 11-1 所示。

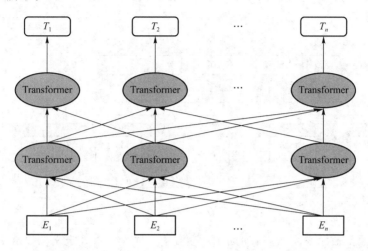

图 11-1 BERT 模型结构

与传统的文本特征提取方式相比,BERT 模型不仅可以提取语义中的特征信息,还可以获取上下文信息。这得益于 BERT 模型使用了 Transformer 作为特征提取器,Transformer 是一个不含循环神经网络的 sequence-to-sequence 结构,由几个单元重叠而成,单元内部的子层之间使用残差网络进行连接。当序列输入 Transformer 时,先经过子层的自注意力层,然后进入残差层,各子层的自注意力层依次相连,因此 BERT 模型具有强大的特征提取性能,并且对文本数据全局特征的提取有着显著优势。在多模态领域,预训练 BERT 模型也展现出惊人的效果。使用预训练 BERT 模型对语言特征进行提取,可有效提升多模态任务的性能,本章采用了英文和中文的预训练 BERT 模型对文本特征进行提取与上下文表征。

2. 语音特征提取

通过声音来表达情感是自然界生物通过进化而产生的能力,人类拥有的语言能力能使声音表达的情感更为丰富。语音中的信息包含声学信息和语义信息,但由于语音输入的是模拟信号,需经过模数转换后才可对其进行分析,且信号收集过程易受到环境、设备等因素干扰,因此,从语音数据中提取具有情感指向的特征具有一定的挑战性。在处理语音数据时,与情感相关的音频特征分为:频谱特征、音质特征和韵律特征。

梅尔频率倒谱系数(MFCC)是应用较为广泛的频谱特征之一,对它的提出与人耳听觉特性密切相关。由于人耳对于声音中的低频部分更加敏感,因此使用 Mel 滤波器对频率低于 1 kHz 的频段进行线性尺度变换,对高于 1 kHz 的频段进行对数尺度变换,由 Hz 频率转换成 Mel 频率的公式近似为

$$\mathrm{mel}(f) = 2\,595\log_{10}(1+f/700) \tag{11-1}$$

其中，f 为声音的频率，以 Hz 为单位。

MFCC 特征提取流程如图 11-2 所示。首先，需要对原始连续语音信号进行数据预处理，预处理过程通常包括滤波、去噪、预加重、分帧、加窗等一系列操作；其次，对处理后的数据进行离散傅里叶变换，获取其频谱；再次，使用 Mel 滤波器组对信号频谱进行处理，并对 Mel 滤波器的输出进行对数运算；最后，对对数能量进行离散余弦变换，动态特征提取后得到 MFCC 特征。

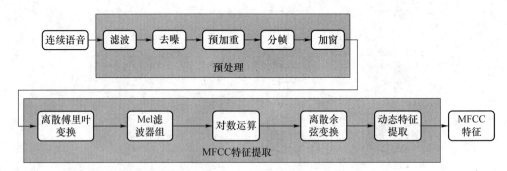

图 11-2 MFCC 特征提取流程

音质特征通常被用来度量声音的清晰程度，是一种人为主观定义的评价指标，但由于人在受到情绪波动时常常会出现哽咽、喘息、颤抖等现象，因此音质特征也时常被运用于语音情感识别领域。常见的音质特征有声门参数（Glottal Parameter）、频率与振幅微扰（Jitter and Shimmer）、共振峰频率及其带宽（Format Frequency and Bandwidth）等。

韵律特征能反映语音的轻重、缓急、长短等变化程度，因此韵律特征也常常被用于语音情感分析领域。韵律特征中有些与基频相关，如基音频率及其均值、方差等；也有些与能量相关，如短时平均能量、振幅、能量变化率等；还有些与时长相关，如短时过零率、语速、时长等。由于语音数据本身具有一定的复杂性，并且传统方法通过信号处理等手段提取的特征具有多样性，因此，为提升工作效率，学者们常常使用开源的语音处理工具包来进行音频特征的提取。常用的音频特征提取工具包有 COVAREP、openSMILE 和 LibROSA 等，这些开源工具均可有效提取多种音频特征，其中，COVAREP 工具可对音频数据以每秒 30 帧率的速率提取基频、VUV（Voiced/Unvoiced）、标准振幅熵（NAQ）、QOQ（Quasi-Open Quotient）等共计 81 种不同特征，这些特征涵盖频谱、音质、韵律等不同类型且与情绪和语调相关。

3. 图像特征提取

人脸表情是人们表达情感的主要途径，脸部器官和脸部肌肉的形态变化都传递着可以支撑人脸情感识别的重要信息。早在 1997 年，Ekman 等就提出人脸面部表情编码系统（FACS），该系统将人脸按不同区域进行划分，并将面部肌肉与各个面部器官组合成 44 个运动单元，基于这些运动单元对人类六大基本情感进行编码预测。此后，国内外研究学者在人脸情感识别领域提出了各种不同方法用于提取人脸特征，其中传统的特征提取方式主要针对 Gabor 特征、Hog 特征、LBP 特征等。近年来基于深度学习的人脸特征提取方法层出不穷,如 FaceNet、MTCNN(其网络结构如图 11-3 所示)等网络模型。此外,为提升特征提取效率,各种针对人脸特征提取的开源工具包如 Openface2.0 也被广泛使用。

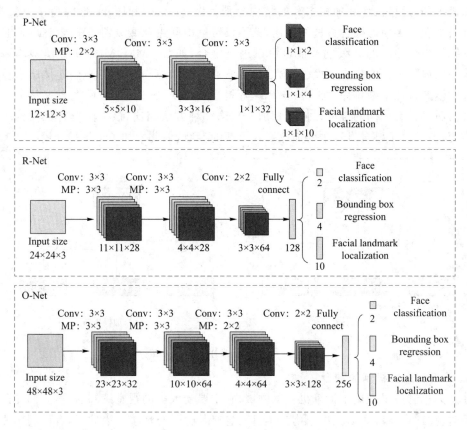

图 11-3 MTCNN 网络结构

11.2.2 多模态融合方法

如何有效融合多个模态一直是多模态领域研究的一个关键问题。多模态融合旨在将不同单模态的信息集成到一个多模态的表示当中,通常,单模态的特征表示和多模态的融合有着密切的相关性,因此,以往大多数对多模态融合策略的分类是根据融合的过程在整体流程中出现的阶段来划分的。例如,早期融合方法是直接融合每个模态提取的特征,可充分抽取模态间的共性特征,但是对于不同模态之间的相互作用和唯一性特征的提取有所欠缺。相反,晚期融合方法是为每个模态单独建立模型,并将不同模型的输出结果组合起来,可有效提取单一模态内的唯一性特征,但是对模态间共性特征的提取略显不足。

由于早期融合与晚期融合方法各自存在劣势,因此近年来学者们聚焦于混合融合方法,这种融合方式可在模型的多个层级上进行融合,并且各阶段之间的界限也没那么清晰,融合形式更为灵活。因此,本节对多模态融合方法的介绍将从以下三种常见的方法展开,分别是:基于简单操作的融合方法、基于注意力机制的融合方法以及基于张量的融合方法。

1. 基于简单操作的融合

由于神经网络具有极强的非线性映射能力,并且可以通过调节神经元的个数来灵活缩放特征向量维度,因此在基于深度学习的特征融合方法中,常常对来自不同信息源的特征向量使用简单的操作进行集成,例如直接对特征向量进行首尾拼接操作,以及对多个特征向量进行加权求和,拼接操作和加权求和的结构分别如图 11-4(a)和图 11-4(b)所示。其中,第一种方法被众多多模态融合方法所采用,其不仅可以串联组合低级别的输入特征,而且对于预先训练的模型输出的高级别特征也可以进行融合,如 SelfMM、MMIM 等模型均采用此类结构并取得了极佳的效果。此外,第二种方法通常需要联合训练一个全连接层来控制维度以及对模态特征重新排序,如 Perez-Rua 等提出的 MAFS 模型,该模型要求每个模态输出的特征向量具有相同的维度以便其相加。与第一种方法相比,该方法对特征的处理更加灵活多变,但是由于融合过程中的加权引入了新的参数,因此增加了训练的开销。

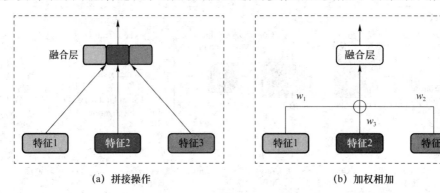

图 11-4 基于简单操作的融合方法

2. 基于注意力机制的融合

注意力机制最早被用于计算机视觉领域,它主要受人类的视觉感知启发:人们在区分各种物品时,往往会将注意力集中于物品本身而忽略其背景与环境。因此,学者们利用注意力机制的特性,让网络关注于图像中最重要的区域并忽视其他冗余区域,从而提升识别效果。随后,Banhdanau 等在自然语言处理领域使用注意力机制,并在机器翻译任务中取得了突破性进展。从此,注意力机制被应用于各种领域。

注意力机制作为编码-译码(Encoder-Decoder)模型的一部分,其结构如图 11-5 所示。该模型的输入为序列 $X=[x_1,x_2,\cdots,x_T]$,经模型映射后,输出为可变长序列 $Y=[y_1,y_2,\cdots,y_t]$,其中,s_t 表示 t 时刻译码模块的隐藏层状态,故隐藏层状态 s_t 可由以下公式表示:

$$s_t = f(s_{t-1}, y_{t-1}, C_t) \tag{11-2}$$

其中,C_t 表示上下文向量,由编码模块输出的隐向量与注意力分配系数加权求和计算得出,如公式(11-3)所示:

$$C_t = \sum_{j=1}^{T} a_{t,j} h_j \tag{11-3}$$

其中,$a_{t,j}$ 表示译码模块对应输入 j 与输出 t 的注意力系数,且 $\sum_j a_{t,j}=1$,其计算公式如公式(11-4)所示:

$$a_{t,j} = \text{Softmax}(f_{att}(h_j, s_{t-1})) \tag{11-4}$$

其中,h_j 表示第 j 个输入在编码模块编码后得到的隐向量,模型 f_{att} 通常由神经网络模型构成并参与整体网络模型的训练。

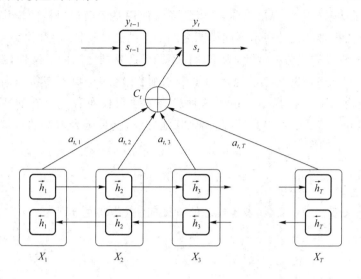

图 11-5　注意力机制结构

由于注意力机制在衡量特征的重要程度上有着独到的优势,因此被迅速运用到多模态融合领域。注意力机制可以用来计算不同模态特征之间的相关性,获取其关联信息并分别为其赋予权重,让模型更关注重要部分。当前较为常见的方法是将不同模态的特征两两相互组合,利用互注意力机制对不同模态间的重要区域进行标记,提取一致性特征,最后通过级联融合将多个互注意力机制输出的特征融合起来。其流程如图 11-6 所示。这种融合方式虽然能有效地提取不同模态之间的共有特征,但是随着模态数量的增加,其组合个数会呈指数增长,进而增加计算开销。而减少组合个数会导致不同模态之间融合的不够充分,只通过注意力机制来进行多模态融合往往效果欠佳。因此,学者们通常将注意力机制与其他融合方式相结合的方式来提升融合效果。

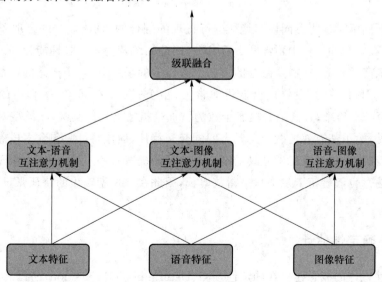

图 11-6　基于互注意力机制的多模态融合

3. 基于张量的融合

在基于张量的融合方法提出以前,学者们通常使用基于简单拼接的操作进行不同模态的融合,这种方法很难显式的表示不同模态之间产生的交叉特征,而这种交叉特征恰恰是多模态数据独有的特性和优势。因此,为了捕捉不同模态特征之间的交叉性,Zadeh 等提出了张量融合网络(TFN),该网络巧妙地运用笛卡尔乘积,将多个单模态特征向量映射成一个多维张量,其结构如图 11-7 所示。由于这种融合方法仅仅对各个模态的特征进行外积操作,融合的过程并不涉及学习参数,因此相比其他方法,这种融合方法的过拟合发生概率更低,其公式如式(11-5)所示:

$$z^m = \begin{bmatrix} z^l \\ 1 \end{bmatrix} \otimes \begin{bmatrix} z^v \\ 1 \end{bmatrix} \otimes \begin{bmatrix} z^a \\ 1 \end{bmatrix} \tag{11-5}$$

其中,$z^l \in \mathbb{R}^l$、$z^v \in \mathbb{R}^v$、$z^a \in \mathbb{R}^a$ 代表各模态的特征向量,其维度分别为 l、v、a,$\otimes$ 表示笛卡尔乘积。

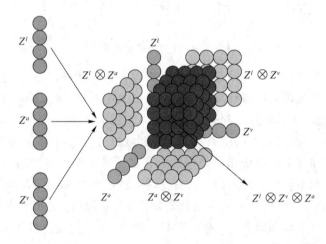

图 11-7 张量融合网络结构

张量融合网络可以将不同模态特征进行直观的融合,并且能显式的提取不同模态之间的交叉特征,在融合的过程中不涉及学习参数,因此训练较为容易且性能较好。但是该模型也存在一些缺陷。首先,在需要融合的模态个数较多的场景下,各个模态的特征经过笛卡尔乘积之后所得到的特征张量维度会变得非常大,由公式(11-5)可知,融合后的张量维度为 $(l+1)(v+1)(a+1)$ 维,且会随着模态个数的增加呈指数增长。其次,该模型对各模态特征进行了一次外积,虽然有效地融合了模态间的交叉特征,但该特征只包含多模态数据中各模态间的共性特征,对单一模态所独具的唯一性特征的提取有些不足。最后,由于单一模态特征中的冗余信息也随着笛卡尔乘积呈指数增长,因此在该模型输出的特征张量中,信息存在极高的冗余。

11.2.3 不确定性估计

不确定性估计的概念建立在确定性预测(Deterministic Prediction)的概念之上,确定性预测通过事物的确定性特征进行预测判断,而不确定性估计用来衡量确定性预测的可靠程度。例如在人脸识别任务中,要想验证两张人脸照片是否同属于一个人,我们可以使用人脸识别系统分别对两张照片进行特征提取,再使用某些度量指标来衡量人脸特征之间的相似度,如果相似度大于预先设定好的阈值(如95%),即可判定两张照片属于同一个人,这种判断方式被称为确定性预测。然而,在实际应用中如果仅依靠确定性预测,那么结果通常是不可靠的。当输入的两张人脸照片存在不同程度的模糊时,人脸识别系统可能认为两张照片有着较高的相似度,针对这种情况,就需要引入额外的判断指标:置信度分数(Confidence Score),用于判断系统预测出的结果是否可信。例如,人脸识别系统对两张人脸照片进行验证,给出的相似度为95%,置信度分数为10%,那么其结果就表明此次预测需要谨慎采纳。由此可知,当面对一些特殊情况时,基于确定性预测的机器学习系统往往并不能给出可靠性较高的预测结果,即结果中存在不同程度的"不确定性",因此需要引入置信度分数或不确定性程度这样的额外判断指标来帮助我们做出更优的决策。

预测模型中的不确定性通常有两种类型:数据的不确定性和模型的不确定性。数据的不确定性也被称为偶然不确定性(Aleatoric Uncertainty),这种不确定性来源于数据中存在的噪声和误差,并且它不会因为样本数量的增加而削弱;模型的不确定性也被称为认知不确定性(Epistemic Uncertainty),它是由模型自身学习不足或训练数据与测试数据不匹配而导致的,这种不确定性可以通过对模型的调整和训练过程的优化而减少。在传统机器学习和深度学习领域,研究者们对预测结果中的不确定性的量化与估计进行了充分的研究,其中三个具有代表性的方法分别是:Monte-Carlo Dropout(MC Dropout)、Bootstrap 模型和高斯混合模型(Gaussian Mixture Model)。

Dropout 最开始被用于缓解神经网络在训练过程中产生的过拟合现象,它通过临时丢弃部分神经元的计算结果来提升网络性能。Gal 等认为,在网络训练过程中多次使用 Dropout 操作类似于合并贝叶斯神经网络,因此可以被看成在贝叶斯神经网络中使用蒙特卡罗方法,故他们将 Dropout 操作解释为高斯过程和贝叶斯神经网络的近似结果,即 Monte-Carlo Dropout,其模型如图 11-8 所示。

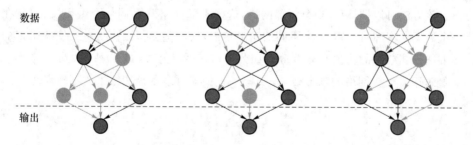

图 11-8　MC Dropout 模型

模型预测结果的不确定性可以用模型输出的方差来表示,但由于训练好的模型参数是固定的,而单一的输出结果无法计算方差,因此基于 MC-Dropout 计算模型不确定性的方法对一个模型的同一个样本进行 T 次预测,每次预测的结果并不相同(这是由于 dropout 层的存在),从而可以计算其输出结果的方差,其方差表示的不确定性估计同时包含了数据中的偶然不确定性和模型中的认知不确定性。例如,输入样本 x,输出预测结果 y,对其进行 T

次预测,dropout 层可以表示为由伯努利分布生成的权重矩阵 $\hat{W}_t$,神经网络的前向传播过程可表示为 $f^{\hat{W}_t}(x)$,因此预测结果的均值和方差分别如公式(11-6)与公式(11-7)所示。

$$\mathbb{E}[\hat{y}] = \frac{1}{T}\sum_{t=1}^{T}\hat{y}_t = \frac{1}{T}\sum_{t=1}^{T}f^{\hat{W}_t}(x) \tag{11-6}$$

$$\text{Var}(\hat{y}) = \frac{1}{T}\sum_{t=1}^{T}(f^{\hat{W}_t}(x))^2 - (\mathbb{E}[\hat{y}])^2 \tag{11-7}$$

Bootstrap 方法是一种基于统计学的估计方法,它首先需要从训练集中分离出 K 个子训练集,然后在这些子训练集上分别展开训练,训练出 K 个模型。但这种方式的计算开销非常大且较为耗时,因此 Osband 等提出的改进方法是让 K 个网络模型共享同一个编码层,在编码层的 dropout 层之后连接 K 个头部网络,每个头部网络拥有相同的网络结构,其结构与 baseline 网络中的全连接部分相同,该模型整体结构如图 11-9 所示。

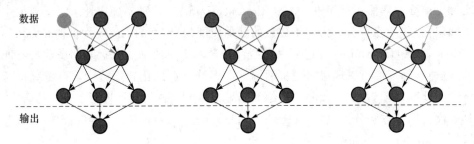

图 11-9 Bootstrap 模型

Bootstrap 模型在训练的过程中为每条训练数据生成一个掩码,用来表明前向传播时选择的头部网络,这样的方式可以确保每个头部网络的训练数据都来自同一个子训练集。此外,该模型的数据重采样过程也可以使用二进制掩码 $\{0,1\}^K$ 来实现,每一条数据的掩码就可以表明该样本能否通过第 k 个头部网络,$k \in [1,K]$,此二进制掩码可服从伯努利分布或者泊松分布。该方法可以训练出 K 个头部网络,这些头部网络共享同一个编码层,因此在测试时输入一个数据样本即可获得 K 个不同的输出结果,从而避免了因多次重复实验带来的额外消耗。该方法预测结果的均值和方差分别如公式(11-8)与公式(11-9)所示,其中,$f^{(k)}(x)$ 表示样本 x 经过第 k 个头网络的输出结果,方差 $\text{Var}(\hat{y})$ 即可表示预测结果的不确定性。

$$\mathbb{E}[\hat{y}] = \frac{1}{K}\sum_{k=1}^{K}f^{(k)}(x) \tag{11-8}$$

$$\text{Var}(\hat{y}) = \frac{1}{K}\sum_{k=1}^{K}(f^{(k)}(x))^2 - (\mathbb{E}[\hat{y}])^2 \tag{11-9}$$

高斯混合模型由多个高斯模型经过加权叠加构成,在对数据进行分析时,可以先假设该数据服从一个特定的分布,然后利用高斯混合模型对该分布进行建模。Choi 等最先在深度学习任务中利用高斯混合模型来估计模型预测结果的不确定性,这种方法的核心思想是利用神经网络的拟合能力来学习高斯混合模型的参数,并通过这些参数对不确定性进行求解,其结构如图 11-10 所示。

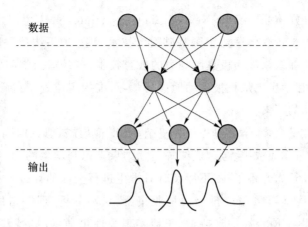

图 11-10　高斯混合模型

对于一个由 K 个子模型构成的高斯混合模型,可利用神经网络对第 j 个子模型的均值 μ_j 和方差 σ_j^2 进行拟合,对所有子模型的预测结果进行加权求和即可得到最终的预测结果。高斯混合模型输出结果的整体方差可分解为子模型方差的加权求和与子模型均值的方差的加权求和,子模型方差的加权求和可表示数据中的偶然不确定性,子模型均值的方差的加权求和可表示为模型认知的不确定性。其最终预测的均值如公式(11-10)所示,预测的方差如公式(11-11)所示,其中,$\mathcal{N}$ 表示子模型的概率密度函数。

$$\mathbb{E}[\hat{y}] = \sum_{j=1}^{K} \pi_j(x) \int y N(y|\mu_j(x), \sigma_j^2(x)) \mathrm{d}y$$
$$= \sum_{j=1}^{K} \pi_j(x) \mu_j(x) \tag{11-10}$$

$$\mathrm{Var}(\hat{y}) = \int (y - \mathbb{E}[\hat{y}])^2 p(y) \mathrm{d}y$$
$$= \underbrace{\sum_{j=1}^{K} \pi_j(x) \sigma_j^2(x)}_{\text{aleatoric}}$$
$$+ \underbrace{\sum_{j=1}^{K} \pi_j(x) \left\| \mu_j(x) - \sum_{k=1}^{K} \pi_k(x) \mu_k(x) \right\|^2}_{\text{epistemic}} \tag{11-11}$$

利用高斯混合模型能够以一种高效的方式对预测结果的不确定性进行估计,在计算的过程中既不需要像 MC-Dropout 那样重复多次预测,也不需要如 Bootstrap 模型般输出多个预测结果,大大减少了计算的开销,并且该模型可分别评估数据中的偶然不确定性和模型认知的不确定性,因此成为目前主流的不确定性估计方法。

11.3　多模态学习分析的应用

11.3.1　基于学习分析的在线学习风险预测应用

随着大数据技术不断深入各个领域,许多行业都发生了改变,也让我们更加了解到数据的深层意义。美国新媒体联盟（The New Media Consortium，NMC）与北京师范大学智慧学习研究院合作的《2016新媒体联盟中国基础教育技术展望：地平线项目区域报告》指出，大数据学习分析技术将在未来成为极具影响力的教育技术，有效运用学习分析技术可以设计出更好的教学活动，让学生更加积极主动地参与学习，准确定位处于危险中的学生群体，评估预测影响学生成功的因素。

在线学习学生数量众多，学习过程行为复杂，突破了传统教学的时间、空间限制，而传统教学中，教师只能通过作业成绩、考试成绩等测评结果来评判学生的学习情况，而对于学生在学习过程中的其他行为并不了解，不能及时对学生进行全面的评价。利用大数据分析方法可以对学生的在线学习数据进行全面地收集、测量和分析，理解与优化教学过程及其情境，为教学决策、学业预警提供支持，真正地实现个性化学习，提高教学效率，这也是大数据学习分析在教育领域的价值所在。本应用在大数据分析的技术背景下，以北京某大学网络教育学院的真实学生数据为例，将大数据分析方法应用于在线学习结果预测中，以提高教学效率。

1. 研究的问题与相关算法

本应用聚焦的问题是在某门课程的学习过程中，预测哪些学生存在期末总评成绩不及格的风险，因此关注的是一个二分类问题。基于实际情况，本研究选择了四种比较常见的分类算法进行对比：逻辑回归、支持向量机（SVM/SMO）、J48决策树和贝叶斯。

若要对机器学习中二分类训练模型的预测性能进行评估，仅单纯地用准确率或错误率来判断一个模型的表现好坏是不准确的，这并不能反映模型的能力，还要关注其他度量标准，如准确率（Accuracy）、误报率（FP Rate）、精确度（Precision）和召回率（Recall）。

四种分类算法分别基于本次实验的25%、50%、75%、100%四种大小的样本数据以及原始训练集进行实验，通过对每个算法的准确率、误报率、精确度和召回率进行统计，得出如表11-1所示的算法性能比较数据。通过对表11-1中原始数据的机器学习结果和抽样后平衡数据的机器学习结果进行比较，本研究发现精确度和召回率有大幅度的提升，且抽样后的平衡数据相比于不平衡的原始数据训练出来的模型精确度更高，效果更好。

表11-1 算法性能比较

抽样比例	样本类型	数量	参照标准	SVM/SMO/%	J48/%	贝叶斯/%	逻辑回归/%
无	无风险	7 241	准确率	94	94.4	92.4	94.3
			误报率	0.7	0.6	3.9	0.6
	有风险	438	精确度	54.7	56.5	32.9	55.2
			召回率	14.6	11.9	31.3	14.9
100%	无风险	3 844	准确率	80.3	94.1	79	80.4
			误报率	20	4.5	24.9	18.9
	有风险	3 838	精确度	80	95.4	77	80.9
			召回率	80.7	92.7	83	81.8

续表

抽样比例	样本类型	数量	参照标准	SVM/SMO/%	J48/%	贝叶斯/%	逻辑回归/%
75%	无风险	2 942	准确率	80.8	94.6	80.3	81.5
			误报率	20.9	4	24	17.5
	有风险	2 819	精确度	80.5	96	78.6	82.8
			召回率	82.4	93.4	84.5	83.7
50%	无风险	1 950	准确率	80.2	92.9	80	80.8
			误报率	21	5.4	24.7	18.2
	有风险	1 891	精确度	80	94.6	78	81.9
			召回率	81.4	91.4	84.7	83.9
25%	无风险	973	准确率	79.7	89.7	79.5	80.9
			误报率	21	10	26.4	17.8
	有风险	947	精确度	79.7	89.7	76.9	82.1
			召回率	80.5	85.3	85.3	84.9

逻辑回归、贝叶斯和 SVM/SMO 算法在数据集总量变化时，表现稳定，指标变化很平缓；随着样本的变小，J48 算法的准确率下降，误报率上升，表现不够稳定，所以首先排除 J48 算法。另外，所有分类算法使用平衡数据集实验后的召回率都很高，几乎都超过 80%，比不平衡的原始数据经过实验后的数据有明显提升，但是误报率较不平衡的原始数据集试验后的数据都有所上升。因此，通过重采样产生的平衡数据集有助于分类器对有风险学生的预测，但增加了对无风险学生的错误预测，即在实际操作过程中，很可能将一部分无风险的学生错误地预测为有风险。

通过对四种分类算法的数据进行比较可知：总体而言，逻辑回归算法优于其他算法，该算法具有较好的稳定性、高召回率、低误报率。因此，本章研究选择逻辑回归算法来进行风险预测建模。

2. 学习风险预测框架设计

基于对已有研究的综合分析，本章研究提出了学习风险预测框架，如图 11-11 所示。学习风险预测框架包括数据清洗、训练模型和预测应用三个阶段：①数据清洗阶段需要对数据源进行选取，数据源包含学生的基本信息和学习行为信息，首先对数据源中的数据进行选取并提取，其次进行数据清洗，将缺失值、异常数据等进行处理，最后将输入数据分为训练数据和测试数据两种；②训练模型阶段首先将数据重抽样，使数据类型平衡，再使用机器学习算法进行训练，将训练得到的模型使用测试数据测试，不断地调整模型的性能，直到模型达到最佳状态；③在预测应用阶段，对学生一段时间内的学习过程进行监控，利用模型对学生的学习数据进行预测，得到预测结果。

3. 学习风险预测模型构建及预测效果分析

北京某大学网络教育学院在读学生有 5 万名左右，学生在学院提供的教务与教学系统上进行自主学习，并可在该系统中进行学习内容的阅读观看，完成线上测试，下载学习资料，提交作业，参加教师发起的实时远程教学答疑辅导，以及和老师、同学讨论问题。学生的期末考试均为线下考试,最终的成绩在教务管理系统中可以查看。

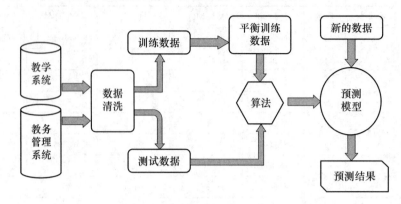

图 11-11 学习风险预测框架

学生的数据被分为学习行为数据和综合信息数据。其中:学习行为数据包括课程学习时长、参加实时答疑次数、章测试成绩、作业成绩、论坛发帖次数等;综合信息数据则包括学生 ID、课程 ID、生源地、学生类别、入学成绩、所有已完成课程的平均成绩等。本实验选取 7 679 个学习"数字通信原理"课程的学生数据进行实验,学生特征属性值比较如表 11-2 所示。

表 11-2 学生特征属性值比较

特征值类型	特征值名称	描述	数据缺失率/%
可用特征值	入学成绩	入学时参加的在线机考成绩	19
	作业成绩	该课程平时分数	6
	所有已完成课程的平均成绩	该学生所有学过的课程总成绩平均分	0
	已完成的课程数	已完成学习的课程总数	0
	课程学习平均时长	所有课程学习时长/已学习课程总数	3.6
	生源地	考生所报名的地域	0
	学生类别	专升本或高起专	0
	章测试成绩	学生在线测试的得分	6
预测目标	总成绩	该课程期末总成绩	7
丢弃特征值	课程学习时长	学生在网上学习该课程的总时长	25
	参加实时答疑次数	该课程参与答疑的次数	54
	论坛发帖次数	学生在论坛发言次数	69

(1) 学生特征值的选取原则

数据分析算法的好坏受输入数据的质量影响。如果输入数据质量很低,那么即使数据分析算法比较智能,也不能产生准确的模型。在提取系统数据时,我们发现有一些属性的数据存在不同程度的缺失。设定缺失数据率的阈值为 20%,将数据缺失率超过 20% 的属性进行丢弃,对于包含缺失数据的其余属性(未超过 20%)进行保留。

课程学习时长、参加实时答疑次数和论坛发帖次数三个特征值因为使用的人数不足

80%而被丢弃。根据调研,造成这种数据缺失结果的原因有两个:第一,成人教育的特点是学生的年龄范围覆盖广,学生的背景情况比较复杂,学生的自我约束力也比较差,导致参与课程在线学习的人数不多和学习频率不高;第二,教学模式采用自主学习,对学生只有提交作业这一个强制要求,其他学习活动不是必须和强制的环节,导致学生参与率不高。如每个学期每门课程都会安排 2~3 次实时答疑辅导课程,但是由于没有强制要求学生参与,因此很多学生都放弃了与老师面对面交流的机会。

(2) 处理不平衡的数据分类

由于选取的真实数据中及格同学与不及格同学的比例相差过大——及格同学有 7 241 个,不及格的同学有 438 个,因此导致数据类别不平衡,没有办法提供更多区别及格与不及格学生的信息。因此,本章研究通过对训练数据集使用分层抽样的方法,平衡两种类别数据的比例来提高预测模型在预测过程中的性能。数据抽样具体包括对类别占优的数据(及格同学数据)进行子抽样以及对类别劣势的数据(不及格同学数据)进行重抽样。子抽样的过程为对及格同学的数据进行随机抽样,抽样后的样本比原先及格同学的样本少;重抽样的过程则利用 SMOTE 采样方法,对不及格同学的数据进行采样。本实验将通过采样,分别创建训练 25% 的数据、50% 的数据、75% 的数据、100% 的数据四种大小的样本数据进行实验。

(3) 构建学习风险预测模型

本实验使用 Weka 3.6.11 版工具进行数据分析。Weka 是一种 Java 语言编写的数据挖掘机器学习软件,是在 GNU 协议下分发的开源软件。该工具是一套完整的数据处理工具、学习算法和评价方法,包含数据可视化的图形用户界面,同时还可以比较和评估不同的学习算法性能。选择 75% 重采样的数据集进行逻辑回归建模,最终得到的拟合方程式如下:

Logit(P) = −23.597 + GPA_CUMULATIVE(所有已完成课程的平均成绩) × 0.214 + COURSECOUNT(已完成的课程数) × 0.197 + AREA(生源地) × 0.154 + STYTYPR(学生类别) × 0.123 + ONLINETIME(课程学习平均时长) × 0.038 + GB_SCORE(作业成绩) × 0.014 + BASESCORE(章测试成绩) × 0.006 + APITITUDE_SCORE(入学成绩) × 0.001。

(4) 预测变量重要性分析

通常,建模工作需要专注于最重要的预测变量字段,并考虑删除或忽略那些不重要的变量。IBM 的 SPSS Modeler 16.0 版工具可以帮助我们实现这一点,它在模型估计中可以计算出每个预测变量的相对重要性。预测变量的重要性与模型精确性无关,它只与每个预测变量在预测中的重要性有关,而不涉及预测是否精确。

使用 IBM 的 SPSS 工具对本次实验预测变量的重要性进行排序,得到的结果是:在所有的预测变量中,"所有已完成课程的平均成绩"的相关性最高,接下来依次是"作业成绩""已完成的课程数""生源地""学生类别""课程学习平均时长""章测试成绩""入学成绩"。

(5) 预测效果分析

本章研究利用一组测试数据对学习风险预测模型进行验证。这组测试数据共有学习信息数据 291 条,其中 40 个学生类型为有不及格风险,251 个学生类型为没有不及格风险。随后,本章研究将学生的学习信息数据带入模型进行计算评判。最终评判结果为:有风险的学生中,有 10 位学生被判定为无风险(FN=10),30 位学生被判定为有风险(TP=30);无风险的学生中,有50位学生被判定为有风险(FP=50),201位学生被判定为无风险(TN=201)。算法性能评估参数中准确率的计算公式为 A=(TP+TN)/(P+N)=(TP+TN)/(TP+FN+FP+TN),根据该公式可计算出该模型的预测准确率为79.38%,即模型能够以接近80%的正确率,预测某门课程学习过程中的学生是否存在期末成绩不及格的学习风险。

本应用首先探讨了如何利用大数据分析方法对在线学习进行分析;其次选取了四种适合分类问题解决的机器学习算法进行对比分析,并利用真实数据对学习算法的性能进行了评估;再次提出了基于学习分析的学习风险预测框架,并利用北京某大学网络教育学院的教学平台和教务系统的真实数据,选取了影响在线学习结果的特征值,构建了在线学习风险预测模型;最后利用真实数据对模型进行了验证,得出模型能够以接近80%准确率预测学生学习结果的结论。未来可根据在线学习风险预测的结果,帮助教师全面了解教学中的问题,及时调整教学策略和内容,改善教学效果,为学生提供个性化的学习帮助。另外,未来可以用雷达图等可视化的工具为学生提供全面的学习分析,帮助学生在学习过程中及时发现自己的不足,降低期末成绩不及格的风险。

11.3.2　面向群体投入特征画像的多模态学习分析应用

在当前教育与信息技术交叉学科的诸多研究议题中,学习者投入特征画像是人机协同、适应性学习等诸多前沿研究议题的基础,得到了研究者与实践者的广泛关注。当前,个体投入特征画像的研究已经相对充分,例如:弗雷德里克斯等研究者提出的被广为引用的个体投入分析模型,该模型包含行为投入、认知投入、情感投入三个维度,建立了个体投入特征画像的基础;另有研究者针对慕课等应用场景,对模型进行扩展,建立了融合社交投入的四要素模型来刻画在线学习者的学习投入特征。

然而,目前针对群体投入特征的刻画与分析尚处于起步阶段。相较个体投入特征的刻画,群体投入特征的刻画需要关注动态多变的群体多重交互过程,并需对多种模态的交互状态数据做出融合分析。本章应用选择协作知识建构作为研究场景,探索多模态交互分析的方法来刻画协作学习参与者的群体投入特征。

1. 研究设计

1) 研究问题与对象

鉴于上述分析,本章应用提出的基本问题为:如何采用多模态交互信息刻画协作学习中群体的多重投入状态?具体分为以下三个子问题:①群体多重投入特征刻画的维度与指标是什么?②如何采集、融合多模态交互数据来表征群体投入状态?③在具体协作知识建构场景中,群体投入的组间及时序差异特征是什么?

为了探索上述研究问题,本章应用依托华东某高校教育技术系的一门专业必修课程"WEB学习系统的设计与开发",收集并分析多模态交互数据。共有38名大三年级本科生参加该课程,剔除某些阶段请假缺席的学生,获取了24名学生完整的多模态交互分析过程数据。研究对象征集环节分为三步:首先,告知研究目标及基本程序;其次,经过本人同意后签署研究情况告知协议;最后,将确定的参与者分为6个小组,每组4~5人。

2) 群体协作学习投入分析框架构建过程

本章应用基于前期研究,来提取群体投入刻画的初始维度与指标,结合德尔菲法与层次分析法建立分析框架。德尔菲法旨在通过多轮收集专家意见来获取指标体系,层次分析法则是通过征集专家对指标重要性的对比判断,来确定分析模型各指标的权重占比。具体操作步骤如下。

首先,依据前人研究提取协作学习投入的四个基本维度,即行为参与、社会关系、观点建构以及共享调节。通过梳理与分析已有学习投入和群体交互研究中的分析指标,来逐步析出子维度的多级观测指标,得出协作学习投入分析的初始模型。

其次,运用德尔菲法对模型及指标维度进行判断。专家选取遵循以下两个原则:①专家的研究领域要与协作学习研究相关;②专家在该领域的研究方向要所有差别,保证专家来源的多样性。最终确定的12位专家小组成员来自华东师范大学、华中师范大学、南京师范大学、江南大学等多个高校。

再次,依据初始模型编制专家咨询问卷,邀请专家对分析指标体系进行重要性判断并提出修改建议,根据每个指标的重要性得分,计算算数平均数、满分频率和变异系数,以此为判断尺度并与其界值进行比较。当三个尺度均不符合要求时,剔除该指标;当一个或两个指标不符合要求时,根据理论和实践依据或专家的修改意见,对观测指标进行调整。两轮专家咨询的协调系数分别为0.258和0.312,说明第一轮专家对评价指标的重要性认识存在分歧,意见协调程度较低。第二轮的协调系数相比较第一轮有所提高,说明专家对指标重要性的认识逐渐趋向一致,可信度较高。两轮协调系数的检验均小于0.001,表明专家评议结果的可靠性高,因此可构建协作学习投入的分析指标体系,如表11-3所示。

最后,通过运用层次分析法征求专家对分析模型指标体系的对比判断,构建判断矩阵以计算各指标的权重,从而得到协作学习投入分析指标体系的全局权重(由于篇幅所限,表11-3仅呈现分析维度和指标,没有展示由层次分析法得到的权重)。

表11-3 协作学习投入的分析指标体系

基本维度	一级观测指标	二级观测指标
A 行为参与投入	A_1 专注度:小组成员参与任务时的注意力集中程度	A_{1-1} 对任务的注意水平
		A_{1-2} 对任务注意的持续性
	A_2 同步度:小组成员与同伴行为的协调配合程度	A_{2-1} 发表言论
		A_{2-2} 聆听同伴发言
		A_{2-3} 记录同伴发言内容
B 社会关系投入	B_1 协调度:小组成员控制同伴交互的权力	B_{1-1} 与同伴进行直接交互
		B_{1-2} 连接同伴之间的交互
	B_2 引领度:小组成员与同伴交互的主动性	B_{2-1} 对同伴发起提问或质疑
		B_{2-2} 对同伴的问题进行回答
		B_{2-3} 对同伴进行评论或建议
	B_3 响应度:小组成员发出的信息受到同伴的关注度	B_{3-1} 收到同伴的回答
		B_{3-2} 收到同伴的提问或质疑
		B_{3-3} 收到同伴的评论或建议

续表

基本维度	一级观测指标	二级观测指标
C 观点建构投入	C_1 观点共享度：小组成员分享个人观点的质量	C_{1-1} 提供与任务相关的知识或经验来佐证其观点
		C_{1-2} 提出新问题或凝练新观点
		C_{1-3} 提出的观点整合在任务成果中
	C_2 观点协商度：小组成员对问题或冲突的辩驳程度	C_{2-1} 反驳同伴观点
		C_{2-2} 质疑同伴观点
		C_{2-3} 进一步判断、推理和解释个人观点
	C_3 观点共建度：小组成员对同伴观点的引用与深化程度	C_{3-1} 对同伴观点表示赞同
		C_{3-2} 在同伴观点基础上修改个人观点
		C_{3-3} 寻求同伴认同个人观点并修正同伴观点
D 共享调节投入	D_1 任务计划度：小组成员制定行为计划来执行协作任务的程度	D_{1-1} 明确学习目标
		D_{1-2} 明确组内分工
		D_{1-3} 明确时间安排
		D_{1-4} 围绕计划执行任务
	D_2 任务监控度：小组成员对任务执行过程的感知与优化程度	D_{2-1} 感知任务进程
		D_{2-2} 选择优化策略
	D_3 任务反思度：小组成员对任务执行过程反思的程度	D_{3-1} 反思任务成果
		D_{3-2} 反思认知过程
		A_{1-1} 对任务的注意水平

3) 群体协作学习投入分析框架及指标

行为参与投入主要表征共同体参与者"对任务的关注"，重点研究参与者在知识建构过程中的专注度与同步度，聚焦每位参与者对任务的注意力集中程度，与同伴的协调配合程度。其中，专注度和同步度是观察参与者参与协作学习知识建构的重要指标。①专注度是指小组成员参与任务时的注意力集中程度。当个体专注于某项活动时，会表现出高度集中的精神状态。②同步度是指小组成员与同伴行为协调配合程度。在融洽的协作学习中，参与者之间会表现出高水平的同步行为，这种同步行为会促进小组任务的达成。知识建构要求每位参与者都要积极参与并相互配合，当组内出现不同的观点时，小组成员要继续关注任务并共同努力寻找解决方案，这体现出参与者良好的学习行为韧性，有利于推进群体知识建构的发展。

社会关系投入主要表征共同体参与者"对关系的维护"，这种社会关系是通过参与者之间的互动形成的。其中，协调度、引领度和响应度是考察参与者在维护共同体、稳定社会关系的重要指标。①协调度是指小组成员控制同伴交互的权力，关注参与者对组内紧张关系的调节以及对问题的处理的程度；②引领度表示小组成员与同伴交互的主动性；③响应度是指小组成员所发出的信息受到同伴的关注程度。在共同体发展的过程中，需要参与者相互配合，促进积极的社会情感互动，从而才能创建一个具有凝聚力的共同体。参与者体现在这三类指标上的高水平投入，可以增加参与者之间的信任感和归属感等，从而为学习共同体的形成与发展提供保障，促进小组内部的意义分享以及有助于知识共建。

观点建构投入主要表征共同体参与者"对观点的分享与加工",重点考察参与者在参与知识共建认知过程中,体现的知识贡献质量与认知加工策略投入。参与者要通过交流来分享自己的理解,通过质疑他人的观点、澄清或协商想法,以推动共同体知识的发展。其中,可以通过分析参与者在知识加工过程中观点分享度、观点协商度以及观点共建度,来判断成员是否积极参与知识共建。①观点分享度是指小组成员分享个人观点的质量;②观点协商度是指小组成员对问题或冲突的辩驳程度;③观点共建度是指小组成员对同伴观点的引用与深化程度。知识建构的过程要求每位参与者都要积极分享观点、争辩协商以及整合观点,最终达成一致的方案,体现出参与者为了完成共同目标的认知能力与策略。

共享调节投入主要关注共同体参与者"对观点加工过程的调控",重点考察参与者在集体协商的过程中监控及调节任务执行过程的行为。在知识建构活动中,调节是参与者控制、协调个人以及共同体发展过程的调控技能和策略的体现。其中,可以通过任务计划度、任务监控度和任务反思度来反映参与者在协作活动中对任务进程的跟踪与调整程度。①任务计划度是指小组成员制定行为计划来执行协作任务的程度;②任务监控度是指小组成员对任务执行过程的感知与优化程度;③任务反思度是指小组成员对任务执行过程反思的程度。参与者需要集体协商对任务的理解,共同设置学习目标与计划,监控任务进度并建立优化策略。其中,个人目标和集体目标是整合的,个人的调节行为嵌入在集体调节中,二者不可分割。共同体发展过程中的知识加工过程需要参与者不断监控群体的认知状态,调节目标与结果之间的关系。同时,社会交往过程也需要成员之间彼此监控,调节社会关系,以促进相互依赖关系的达成。因此,如果缺少对共享调节的投入,那么将会导致低水平的知识共建与社会交互,进而降低协作水平。

4) 多模态交互信息的采集与融合分析过程

在建立协作学习投入分析维度以及指标之后,依照多模态交互信息分析的流程,提取并融合表征协作学习投入状态,具体流程如图 11-12 所示。

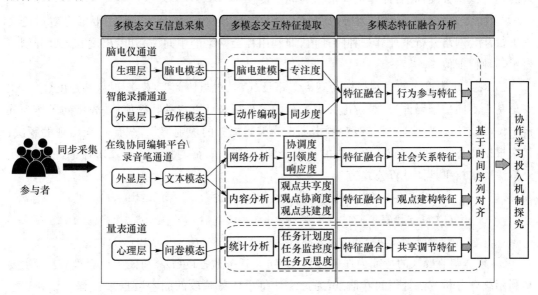

图 11-12 面向群体投入特征画像的多模态交互分析流程

(1) 多模态交互信息采集

该环节根据小组成员在互动过程中产生的表情、文本、动作、脑电、眼动等多种类型的模态数据,确定采集的多模态信息类型及采集技术。首先,需要根据协作学习投入的分析指标,明确要采集的模态。行为参与维度的专注度指标对应脑电模态,同步度指标对应动作模态,社会关系维度和观点建构维度均利用文本模态计算,共享调节维度借助量表获取问卷模态。因此,需要采集的模态信息有:脑电、动作、文本和问卷四种模态信息。然后,根据模态选择相应的采集设备和技术。两台摄像机(智能录播通道)用于采集参与者的动作,录音笔用于采集参与者对话中的文本信息,脑电仪用于采集参与者的脑电信息,在线协同编辑平台用于记录参与者讨论过程与结果的文本信息,经验取样量表用于获取参与者在学习不同阶段的感知信息(量表通道)。最后,共获取约18个小时的视频数据和脑电数据,以及18份讨论文本数据和142份经验取样量表数据。

(2) 多模态交互特征提取

该环节是从模态信息中提取协作学习投入四个子维度对应的交互特征,提取交互特征的关键在于提取技术。

① 行为参与投入的特征为专注度(A_1)和同步度(A_2),主要分别通过对脑电信息和行为片段进行脑电建模和动作编码来计算两种特征值。专注度主要在脑电波的基础上计算出参与者的专注水平和持续时间。由于感知设备采集脑电信息的时间一般是毫秒数量级,因此在同一秒内可能会有多条数据,可以将平均每秒钟的专注指数作为专注度的特征值。同步度主要通过对视频中的行为进行动作编码来分析参与者之间的行为一致性。首先,通过行为标注从视频中提取参与者的动作模态;然后,每隔30 s对视频中的行为进行动作编码,并统计 A_{2-1}、A_{2-2}、A_{2-3} 三种行为片段的频数;最后,基于层次分析法并根据专家评议结果得到的模型权重分配标准,计算最终值作为同步度。

② 社会关系投入的特征为协调度(B_1)、引领度(B_2)和响应度(B_3),主要通过对讨论文本进行社会网络分析来计算三种特征值,即利用社会网络的中间中心度、出度和入度分别来表示三种特征值。

③ 观点建构投入的观测指标为观点共享度(C_1)、观点协商度(C_2)、观点共建度(C_3),主要是基于不同的编码框架,对讨论文本进行内容分析来计算三种特征值:首先将句子作为分析单位,以 C_{1-1}、C_{1-2}、C_{1-3} 等二级观测指标作为编码框架的识别特征,统计特征出现的频次;其次根据协作学习投入分析模型中的权重分配,对所有特征的频次进行二次计量,依据层次分析法确定权重具体计算公式为

$$C_1(观点共享度)=0.203\ 1\times C_{1-1}+0.342\times C_{1-2}+0.454\ 9\times C_{1-3}$$
$$C_2(观点协商度)=0.184\times C_{2-1}+0.407\ 7\times C_{2-2}+0.408\ 3\times C_{2-3}$$
$$C_3(观点共建度)=0.308\ 8\times C_{3-1}+0.369\ 8\times C_{3-2}+0.321\ 4\times C_{3-3}$$

④ 共享调节投入的特征为任务计划度(D_1)、任务监控度(D_2)和任务反思度(D_3),主要是利用统计分析方法处理问卷信息:通过统计每个任务阶段的问卷数据来计算二级观测指标的特征值,然后根据协作学习投入分析模型中的权重占比,计算出任务计划度、任务监控度和任务反思度的特征值,具体计算公式为

D_1(任务计划度)$=0.241\,6\times D_{1\text{-}1}+0.020\,79\times D_{1\text{-}2}+0.169\times D_{1\text{-}3}+0.381\,5\times D_{1\text{-}4}$

D_2(任务监控度)$=0.493\,8\times D_{2\text{-}1}+0.506\,2\times D_{2\text{-}2}$

D_3(任务反思度)$=0.296\,9\times D_{3\text{-}1}+0.489\,6\times D_{3\text{-}2}+0.213\,5\times D_{3\text{-}3}$

(3) 多模态特征融合分析

该环节是将子维度交互特征值进行融合,计算出行为参与、社会关系、观点建构以及共享调节四个子投入的特征值。首先,以参与者 ID 和时间为依据,将同一位参与者的四个协作学习投入子维度特征值依据事件发生的时间轴排序对齐,同步整合每个参与者 ID 的协作学习投入四个子投入的水平。然后,根据权重分配将相关指标的特征值进行融合计算,得出四个子投入的特征值。最后,从多维度视角进一步探究协作交互过程中,协作学习投入在个体、群体以及时间序列层面的形成规律与机制。具体的融合公式如下:

A(行为参与)$=0.739\,8\times A_1$(专注度)$+0.260\,2\times A_2$(同步度)

B(社会关系)$=0.261\,3\times B_1$(协调度)$+0.244\,38\times B_2$(引领度)$+0.294\,9\times B_3$(响应度)

C(观点建构)$=0.270\,1\times C_1$(观点共享度)$+0.348\,2\times C_2$(观点协商度)$+$
$\qquad 0.381\,7\times C_3$(观点共建度)

D(共享调节)$=0.286\,5\times D_1$(任务计划度)$+0.331\,3\times D_2$(任务监控度)$+$
$\qquad 0.382\,2\times D_3$(任务反思度)

2. 研究结果分析

为了探究小组整体以及内部参与者在协作学习过程中的投入特征情况,本章研究对参与者的知识建构协作学习投入水平进行了量化表征与实证分析,并在此基础上,从个体层面、群体层面以及时间序列上刻画协作学习投入的特征、差异及趋势。

1) 小组内个体投入特征描述

首先,为了描述参与者的协作学习投入特征,需要利用雷达图原理,将投入的多维度量化数据进行统一度量刻画,并根据子投入水平对参与者进行聚类分析。在运用描述样本的离散程度来对四个投入维度的度量进行转化时,通常需要进行划分范围或者确定排名。本章研究利用平均值加减标准差来表示范围的上限和下限,通过上限值和下限值可以划分出三个区间,分别为高水平、中等水平和低水平。根据该划分依据,将参与者的协作学习投入的四个维度统一度量单位。

其次,基于统一度量单位后的协作学习投入四个维度,对参与者进行聚类分析,使用 K-Means 聚类方法后共得到四类参与者群体,如图 11-13 所示:①浅层投入型,该类群体的人数比例为 20.83%,除行为参与投入外,其他三个子投入处于低水平,这部分参与者在协作知识建构过程中,处于消极投入状态;②中等投入型,该类群体的人数比例为 50.00%,在四类参与者群体中人数占比最大,四个子投入处于中等水平且分布较为均衡,这部分参与者在协作知识建构过程中,处于中等投入水平状态;③深层投入型,该类群体的人数比例为 12.50%,三个子投入处于高水平,一个子投入处于中等水平(平均值位于 2~3 之间),行为参与、社会关系和观点建构投入要高于共享调节投入的水平,在协作知识建构中保持全身心投入的状态;④调控投入型,该类群体的人数比例为 16.67%,三个子投入处于中等水平,一个子投入处于高水平(平均值在 2~3 之间),共享调节投入的水平高于其他三个子投入的水平,说明有小部分参与者在协作知识建构过程中,对任务过程中的计划、监控和反思程度相对较高。

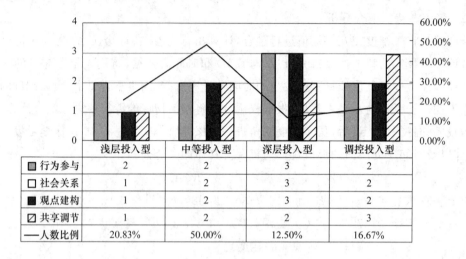

图 11-13　四种子投入水平的聚类群体

2) 群体投入特征的差异性分析

对基本投入水平进行刻画后,需要进一步探索小组内部协作学习投入的基本特征。本章研究主要从组内参与者与其类属的群体类型两个角度进行组间差异分析,以更深入地刻画小组内部参与者的交互特征。在此,以四种参与者群体的类别为基础,分析小组内部参与者的类型及具体投入特征,以理解组内参与者协作学习投入的基本情况。在此基础上,统计 6 个小组组内参与者类型,结合参与者协作学习投入状态的具体水平,深入描述小组内部参与者投入的基本情况。

小组参与者的类型分布情况可以分为四类。①高投入小组,大部分组员处于高水平投入,其雷达图如图 11-14 所示。从该组参与者的协作知识建构整体情况来看,参与者之间在不同投入维度上的侧重不同,但均处于比较高的投入水平上,每位参与者之间相互配合,共同维持了小组协作学习投入的高水平发展。②中等投入小组,大部分组员都处于中等投入水平,其雷达图如图 11-15 所示。在协作交互过程中,组长的角色不明显,每位小组成员在参与意义分享与协商的互动过程中,都展现出了中等水平的积极、持久的状态,组内成员相互配合共同推动小组知识的发展。③低投入小组,大部分组员属于低水平投入,其雷达图如图 11-16 所示。参与者在协作交互过程中的多维度上表现出消极参与的状态。主要由组长来贡献观点或提出关键性问题,组内的观点协商度和观点共建度较低,且对协作任务的调控也主要有组长来计划和监控。④社交型投入小组,大部分组员在行为参与和社会关系投入维度的水平较高,其他投入维度的水平较低,其雷达图如图 11-17 所示。参与者在协作交互过程中,能够对协作任务保持注意力集中并与同伴协同完成任务,在维护同伴相互依赖关系方面付出了较多精力,而在知识加工和任务调控上的投入处于中等水平。

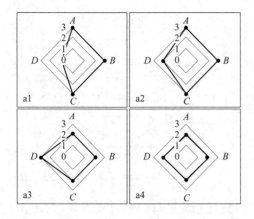

图 11-14 高投入小组内部参与者投入情况

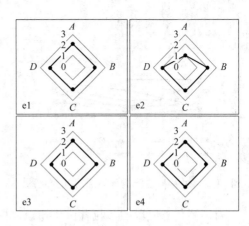

图 11-15 中等投入小组内部参与者投入情况

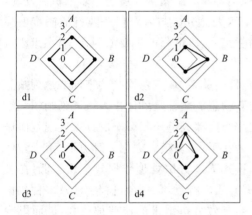

图 11-16 低投入小组内部参与者投入情况

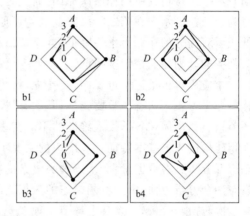

图 11-17 社交型投入小组内部参与者投入情况

3) 群体投入特征的时序性分析

从协作学习事件的角度上看,在本章研究中,协作活动共设置了三次讨论任务,以任务时序为单位,对参与者在三个时间段里的投入水平进行表征,探究协作知识建构过程中的群体投入的时序特征,小组行为参与投入、社会关系投入、观点建设投入、共享调节投入随时间的变化图分别如图 11-18、图 11-19、图 11-20 和图 11-21 所示。将不同时间段里的协作知识建构投入多维度状态可视化后,可以从四个维度分析协作知识建构投入水平随时间变化的基本情况,然后选取个别特殊小组案例进行深度剖析。

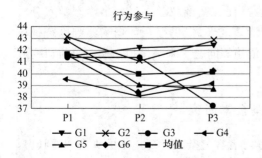

图 11-18 小组行为参与投入随时间变化图

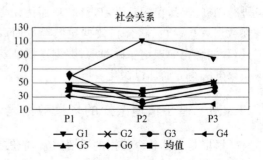

图 11-19 小组社会关系投入随时间变化图

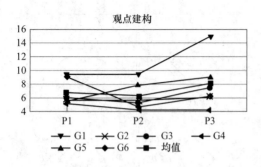 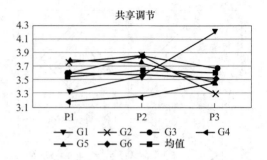

图 11-20 小组观点建构投入随时间变化图　　图 11-21 小组共享调节投入随时间变化图

对不同任务阶段的参与者协作知识建构投入的变化趋势进行分析可以发现,大部分小组的行为参与投入和共享调节投入水平波动较大,而社会关系投入和观点建构投入水平波动较小。为探析其中的深层次原因,研究者选取个别特殊小组案例开展进一步剖析后发现:行为参与投入水平在第二阶段降低的主要原因在于,大部分参与者对任务执行的同步度降低或者对任务的注意力水平降低;共享调节投入在第三阶段下降的主要原因在于,小组成员对任务的计划与监控程度降低。

本应用得出了三个重要结论:首先,行为参与、社会关系、观点建构和共享调节是刻画群体协作学习投入状态的重要指标;其次,多模态交互信息的融合是群体投入特征刻画的关键环节;最后,个体在各子投入维度的不均衡表现与小组内部成员相互影响的投入表现是协作知识建构投入的基本特征。本应用的主要不足之处在于:在多模态数据处理方面,由于多模态交互分析具有数据量大、模态种类复杂的特点,采用人工方法处理数据效率比较低;在多模态融合分析方面,由于不同模态的数据之间具有异质性特征,且融合过程中涉及多种数据的多次转换和分析,一旦某个环节出现误差,可能会导致分析结果的误差被放大,进而影响结果的准确性。因此,后续可以从多模态分析的技术与工具角度进一步优化:在多模态数据处理方面,探索能够综合运用多种识别技术批量处理或自动处理海量模态数据的方法,实现对多维、海量的模态信息进行连续、快速、准确地编码计算;在多模态融合分析方面,可以通过减少模态转换的环节来降低误差,即从源头上直接识别交互特征,减少模态转换的节点。

11.4　多模态学习分析的发展趋势

多模态学习分析旨在利用"多模态"思想和方法对学习者的内在学习状态、特征与变化进行深度诠释,挖掘其学习规律,从而优化学习过程、促进精准教学。尽管多模态学习分析在数据采集、数据融合和数据建模等方面取得了诸多成果,但仍存在数据采集难以跨越场景,数据融合的理论基础薄弱,数据建模缺乏情境依赖等问题。未来多模态学习分析研究可从以下三个方面加以深化。

11.4.1　基于情境感知的场景数据混合采集技术研究

情境是表征教育数据的重要因素,能够表征学习者在复杂教学环境中的真实学习状态,对构建学习模型有着关键作用。随着物联网和智能传感技术的发展,跨越物理和数字世界进行教育情境的精准建模日渐成为一种研究趋势。基于文献分析可知,目前多模态学习分析的数据采集存在两大问题:一是采集的数据大多是简单、片段式的学习表现数据,较少在时间序列层面捕获连贯性的过程数据,因而难以全面、实时反映学习的动态过程;二是采集到的数据基本是单一时空场域,难以跨越线上、线下不同场景,实现对数据的"无缝衔接",并做到与真实教学情境紧密耦合。

为此,未来学校需构建融情境感知技术、影像技术、跟踪与评价技术、平台数据采集技术等混合技术的智慧教育环境,在学习空间建设上为多模态学习数据的线上、线下场景采集提供支持,进而按照"情境—活动—事件—数据"四层框架实现全过程和全方位的数据采集。教学情境数据可从线上、线下两个时空维度进行分类采集,包括与学习者相关的用户情境、时间情境、任务情境、物理情境、设备情境等信息。由于数据只是用于描述事物的符号记录,其自身并不能提供判断或意义诠释,数据的意义获取需要与具体业务相关联。因此,可通过对学习任务的信息进行描述来建立线上、线下跨时空教学场景数据的关联。将学习活动数据融入反映时间序列的学习过程中,既可实现对学习者学习全过程的细致刻画,挖掘学习者在整个学习过程中的学习变化规律,又可实现对混合教学场景学习活动的动态描述,构建多元化的混合学习活动路径。学习事件数据是指在学习过程中,学习者完成特定学习任务所产生的动作、语音、眼动、表情、生理等多模态数据集。例如,为了解学习者的编程学习表现,蒙佳洛斯卡等基于在线编程平台,按照编程活动环节及其活动事件进行实时数据采集,以获得学习者在编程平台不同区域内完成不同活动事件时的数据链。这为多模态学习分析中情境性数据采集的深化研究提供了启发。

11.4.2 数据融合的理论与科学精准性研究

数据融合是一个费时费力的复杂过程。已有研究表明,数据融合的方式主要有三类:一是使用多维度、多模态数据测量,用于解释一个学习指标;二是使用多维度、多模态数据测量,用于解释多个学习指标;三是使用多方数据互相印证,用于全面且深度地阐释某一个问题。基于文献分析,数据特征选择是多模态学习分析数据融合的关键。随着每一类数据的测量潜力被逐步挖掘,其蕴含的特征信息对同一学习指标的解释力也逐步增强。尽管通过优化或创新算法可以实现对数据特征的筛选,但倘若有明确的学习理论作为支撑,那么数据特征的提取将更具合理性。

未来多模态学习分析的数据融合将从支持单一特征聚合的数据层融合逐渐迈向支持高维空间映射的特征层融合,甚至是最优决策支持的决策层融合和混合式融合。因此,亟须挖掘有关行为、认知、情感和交互等基础理论在多模态数据融合研究中的价值意蕴,丰富不同模态数据与学习之间的复杂映射关系,进而为数据融合提供强有力的理论依据。目前已有研究者开始关注从认知负荷、情感动力等学习理论的角度,确立数据特征提取的维度,进而构建学习者模型。若未来要实现科学精准的数据融合,那么对教育神经科学、脑科学和学习科学的最新理论进行跟踪也是极其必要的。

11.4.3 数据建模的情境依存特征与适用性研究

时序性和情境化是教育的基本特征。由于受跨场景、时序性数据采集技术的限制,面向学习者个体的特定情境下的全过程、多模态学习数据的采集仍较为欠缺,因此,目前已构建的学习者模型在某种程度上是去境脉化的,其对具体情境下学习者的认知、情感和交互的发展规律与发生机制难以做出精准解析,以致构建的模型难以实现推广普及。

强化情境依存性的数据建模将成为未来多模态学习分析的重点之一。一方面,在时间维度上,可引入时间序列分析方法,对学习者的认知、情感和交互的发展状况进行序列化建模,以消除单一时间数据所表征信息的不确定性,进而纵向深度挖掘学习者周期性的学习规律并预测其发展趋势。另一方面,在空间维度上,人们已关注到学习者的认知、情感和交互状态会随着学习空间场域的切换而有所不同,如学习者在网络学习空间中所表现出来的学习状态,与在智能学习空间,甚至虚实融合空间所表现出来的学习状态是不一样的。因此,有必要对学习发生的空间场域进行量化,并构建面向不同空间场域的学习模型。这有助于分析学习者在不同学习情境中的认知发展、情感变化和交互状况,进而帮助教师做出精准的教学决策和活动设计。此外,在任务维度上,亟待在不同学科的复杂任务情境中,探索学习者的学习规律、认知特征、情感和生理状态、社交偏好等,构建出与任务情境相适应的认知、情感和交互模型,甚至是综合模型,以拓展和丰富多模态数据建模的案例,并为多模态学习分析系统提供面向不同任务情境的学习者模型库,进而促进多模态人机交互发展。

本 章 小 结

本章主要介绍了多模态学习分析的理论及技术,主要包括:多模态学习分析概述、多模态数据处理技术、多模态学习分析的应用和多模态学习分析的发展趋势。

第一,本章详细介绍了多模态学习分析概述,重点介绍了多模态学习分析的概念和发展历程。第二,详细介绍了多模态数据处理技术,重点介绍了多模态数据特征提取、多模态融合方法、不确定性估计。第三,详细介绍了多模态学习分析的应用,重点介绍了基于学习分析的在线学习风险预测应用和面向群体投入特征画像的多模态学习分析应用。第四,介绍了多模态学习分析的发展趋势,重点介绍了基于情境感知的场景数据混合采集技术研究、数据融合的理论与科学精准性研究和数据建模的情境依存特征与适用性研究。

习 题

1. 什么是多模态学习分析,它和单模态学习分析有什么区别和优势?
2. 多模态数据特征提取有哪些常用的方法?请举例说明它们的原理和应用。
3. 多模态融合方法有哪些常用的类型?请举例说明它们的原理和应用。
4. 什么是不确定性估计?
5. 请简要介绍一下多模态学习分析的发展历程,包括主要的研究阶段、代表性的研究成果和影响力的变化。
6. 请简要介绍一下基于学习分析的在线学习风险预测应用,包括应用背景、应用目标、应用内容、应用方法和应用效果等方面。
7. 请简要介绍一下面向群体投入特征画像的多模态学习分析应用,包括应用背景、应用目标、应用内容、应用方法和应用效果等方面。

8. 请设计一个基于多模态数据的智能辅导系统，并给出系统的目标、结构、流程、参数设置等方面的设计方案。

9. 请设计一个基于多模态数据的情感识别系统，并给出系统的目标、结构、流程、参数设置等方面的设计方案。

10. 请使用 Python 编写一个简单的多模态数据特征提取程序，实现对图像、文本和语音数据的特征提取。可以使用任意的特征提取方法，但必须给出代码注释和运行结果。

参考文献

[1] 徐尚. 基于文本、语音和图像的多模态情感分析技术研究[D]. 南京:南京邮电大学,2022.

[2] 李建伟,苏占玖,黄赟茹. 基于大数据学习分析的在线学习风险预测研究[J]. 现代教育技术,2018,28(8):78-84.

[3] 童慧,杨彦军. 基于多模态数据的智慧课堂教学互动研究[J]. 电化教育研究,2022,43(3):60-68.

[4] 尹睿,何淑茵. 基于系统性文献综述的多模态学习分析研究进展与前瞻[J]. 现代远程教育研究,2022,34(6):54-63.

[5] 马志强,孔伶玉,岳芸竹. 面向协作学习多重投入特征画像的多模态学习分析[J]. 远程教育杂志,2022,40(1):72-80.

[6] 彭红超,姜雨晴. 多模态数据支持的教育科学研究发展脉络与挑战[J]. 中国远程教育,2022,(9):19-26+33+78.

[7] 田浩,武法提. 混合场景下协作认知投入的多模态表征与分析路径研究[J]. 远程教育杂志,2022,40(4):35-44.

[8] 牟智佳,符雅茹. 多模态学习分析研究综述[J]. 现代教育技术,2021,31(6):23-31.

[9] SOLEYMANI M,GARCIA D,JOU B,et al. A survey of multimodal sentiment analysis[J]. Image and Vision Computing,2017(65):3-14.

[10] DI MITRI D,SCHEFFEL M,DRACHSLER H,et al. Learning pulse:a machine learning approach for predicting performance in self-regulated learning using multimodal data［C］//Proceeding of the Seventh International Learning Analytics& Knowledge Conference. Vancouver British Columbia Canada. ACM,2017:188-197.

[11] BERG A M,MOL S T,KISMIHÓK G,et al. The role of a reference synthetic data generator within the field of learning analytics[J]. Journal of Learning Analytics,2016,3(1):107-128.

[12] RUFFALDI E,DABISIAS G,LANDOLFI L,et al. Data collection and processing for a multimodal learning analytic system［C］//2016 SAI Computing Conference. London,UK. IEEE,2016:858-863.

第12章 未来智能教育技术与教育应用展望

当前,以 ChatGPT 为代表的新一代人工智能技术给全球高等教育带来了新的机遇与挑战。新一代人工智能技术将会深刻影响高校人才培养的目标、方法和内容,加速推进大规模个性化学习,驱动教育教学变革等。下面结合最新的智能技术对未来教育应用的发展趋势进行预测。

12.1 生成式人工智能与教育应用

生成式人工智能(Generative Artificial Intelligence)是指利用人工智能技术自动化生成文本、图像、视频、音频等多模态数据的能力,其受到教育领域的广泛关注。其中,ChatGPT 因其良好的自然语言理解和生成能力,体现出较高的多领域应用潜力。

12.1.1 生成式人工智能概述

生成式人工智能是一种基于深度学习和大数据的人工智能技术,其核心是利用神经网络模型学习数据的潜在分布和规律,并根据给定的输入或条件生成新的数据。生成式人工智能可以分为两类:基于自回归(Autoregressive)的模型和基于变分自编码器(Variational Autoencoder)的模型。前者通过从左到右或从右到左的顺序逐个预测数据中的元素,实现数据的生成;后者通过将数据编码为一个隐含向量,并从该向量中采样新的数据,实现数据的重构和生成。

生成式人工智能的发展经历了几个阶段。最初,研究者主要关注基于概率图模型(Probabilistic Graphical Model)的生成方法,如隐马尔可夫模型(Hidden Markov Model)、贝叶斯网络(Bayesian Network)等,但这些方法在处理高维、复杂、非结构化的数据时遇到了困难。随后,研究者开始尝试基于神经网络的生成方法,如受限玻尔兹曼机(Restricted Boltzmann Machine)、深度信念网络(Deep Belief Network)等,但这些方法在训练和推理时仍然存在计算效率低、收敛困难等问题。近年来,随着深度学习技术、算力水平的提升与可获取数据量的提高,生成式人工智能技术依托语言、图像以及多模态大模型,可以实现较好的内容生成效果,并在传媒、零售、法律、医疗、教育、金融等领域开始逐步提供专业化与个性化内容生成服务。

12.1.2 生成式人工智能的教育应用

生成式人工智能在教育领域有着广泛而深刻的应用价值。一方面,它可以为教师提供高效而灵活的教学辅助工具，如习题生成、自动批改、课件制作、知识图谱构建等；另一方面，它可以为学生提供丰富而有趣的学习资源和体验，如对话式学习、沉浸式学习、创造性学习等。本节从教、学、评、辅四个典型教育环节，梳理了不同核心能力可以支持的潜在教育应用，具体如图12-1所示。

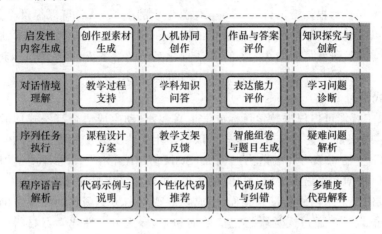

图12-1　生成式人工智能的潜在教育应用

1. 习题生成

生成式人工智能可以根据教材内容或教师要求，自动生成各种类型和难度的习题，如选择题、填空题、简答题等，并提供参考答案和解析。这样可以节省教师的时间和精力，同时提高习题的质量和多样性。例如，多邻国（Duolingo）使用大型语言模型（LLM）来生成练习题，这些模型能够根据教师提供的指令和要求，快速生成大量的练习题，从而加快课程练习的开发速度。

2. 自动批改

生成式人工智能可以根据习题的答案和标准，自动对学生的作答进行评分和反馈，从而提高批改的效率和公正性，减轻教师的负担，同时提升学生的学习效果。例如，北京邮电大学教育技术研究所研发了基于科大讯飞星火大模型的自动批改系统，该系统可以从学生的作文内容、结构、语言等方面给出综合评分和具体批改建议。

3. 课件制作

生成式人工智能可以根据教学主题或教师需求，自动生成适合教学场景的文本、图像、视频、音频等多模态数据，丰富和美化课件的内容和形式。这样可以提升教师的专业水平和创造力，同时增加学生的学习兴趣和参与度。例如，Synthesia是一个文本转视频工具，能在短时间内将书面内容转化为引人入胜的视频课程，这些课程由AI角色讲解，支持多种语言，并且便于快速编辑以调整内容，将这些AI视频整合到课程制作工具中，能添加互动元素，创造出让学生全情投入的课程。

4. 知识图谱构建

生成式人工智能可以根据教材内容或领域知识，自动生成知识图谱，即以图形的方式展示知识之间的关系和属性。这样可以帮助教师梳理和组织知识体系，同时帮助学生构建和拓展知识网络。例如，百度推出了基于ERNIE 3.0模型的知识图谱构建系统，该系统可以根据用户输入的文本或语音，生成包含实体、关系、属性等信息的知识图谱。

5. 对话式学习

生成式人工智能可以根据学生的问题或需求,自动生成适当的回答或建议,实现与学生的自然语言交互。这样可以为学生提供个性化和及时的学习辅导和支持,同时培养学生的自主学习能力和思维能力。例如,可汗学院开发的 Khanmigo 是一个基于 GPT-4 的 AI 助手,旨在为学生和教师提供帮助,Khanmigo 作为学生的虚拟导师,可以提供个性化的指导、支持和参与,以满足不同年龄和水平的学生的需求。北京邮电大学教育技术研究所基于科大讯飞星火大模型,研发了面向法学教育的情景化互动教学系统,该系统可以将法律知识和案例融入具体的情境中,并通过互动来推动学习进程学习。

6. 沉浸式学习

生成式人工智能可以根据教学目标或学生兴趣,自动生成适合沉浸式体验的虚拟环境和场景,实现与学生的多感官交互。这样可以为学生提供更真实和更有趣的学习环境和体验,同时激发学生的想象力和创造力。例如,Stable Diffusion 是一种深度学习文本到图像生成模型,可以根据文本描述生成高质量的图像,在教育领域的沉浸式学习中具有多种应用潜力。它可以用于艺术创作和设计课程,生成物理现象和历史场景的图像帮助学生理解抽象概念,辅助语言学习通过视觉联想记忆单词和短语,生成个性化学习材料以提高学习效率,创建教育游戏背景和角色增强互动性,以及为特殊教育学生生成定制化的视觉辅助材料。这些应用为学生提供了丰富多样和互动的学习体验。

7. 创造性学习

生成式人工智能可以根据教学任务或学生喜好,自动生成具有创造性的文本、图像、视频、音频等多模态数据,实现与学生的创意交流和协作。这样可以为学生提供更多的表达和创造的机会和方式,同时培养学生的审美能力和创新能力。例如,微软推出了一系列支持创造性学习的工具,这些包括 Microsoft Copilot、Microsoft 365 工具和 AI 课堂工具包。Microsoft Copilot 帮助用户进行写作、设计、搜索和决策,支持多种创意任务。Microsoft 365 工具(如 Windows 11 中的 Word、OneNote 和 PowerPoint)增强了合作和创意学习体验。AI 课堂工具包则包括了一系列资源和工具,帮助创建可以互动、有趣且具有教育意义的学习体验。这些工具共同致力于提升用户的生产力和创造力,为学生和教师提供丰富的表达和创造机会。

12.1.3 未来挑战与展望

生成式人工智能在教育领域已经展现出了巨大的潜力和价值,但也面临着一些挑战和风险。一方面,生成式人工智能需要不断提高其生成质量和多样性,避免出现重复、错误、无意义或不合适的内容,同时保证其生成过程和结果的可解释性和可信赖性。另一方面,生成式人工智能需要充分考虑其对教育伦理和社会责任的影响,避免出现侵犯版权、泄露隐私、损害公平或诱发不良行为等问题。

为了促进生成式人工智能在教育中的健康发展,我们需要从以下三个方面进行努力。

1. 技术创新

我们需要不断探索和优化生成式人工智能的理论和方法,提高其在教育场景中的适应性和应用效果。例如:我们可以利用知识蒸馏(Knowledge Distillation)、迁移学习(Transfer Learning)、元学习(Meta Learning)等技术,实现对教育领域知识和数据的有效利用和迁移;我们可以利用对抗生成网络(Generative Adversarial Network)、强化学习(Reinforcement Learning)、注意力机制(Attention Mechanism)等技术,生成高质量和高多样性的教育内容和形式;我们可以利用可解释性(Explainability)、可审核性(Auditability)、可逆性(Reversibility)等技术,实现对教育过程和结果的有效监督和管理。

2. 应用探索

我们需要不断拓展和优化生成式人工智能在教育场景中的应用范围和效果。例如:我们可以利用生成式人工智能生成跨学科、跨文化、跨语言、跨媒体等多维度的教育内容和资源;我们可以利用生成式人工智能提供个性化、情境化、情感化、协作化等多层次的教育服务和体验;我们可以利用生成式人工智能满足基础教育、职业教育、终身教育等多阶段的教育需求和目标。

3. 伦理规范

我们需要不断建立和完善生成式人工智能在教育领域中的伦理原则和规范。例如:我们需要明确生成式人工智能在教育中的角色定位和责任界限,避免替代或削弱学生的主体地位和学习能动性;我们需要保障生成式人工智能在教育中的数据安全和知识产权,避免滥用或泄露教师或学生的个人信息和创作成果;我们需要确保生成式人工智能在教育中提供的内容和对社会的影响是正向的,避免产生或传播错误、有害或不良的教育信息和价值观。

综上所述,生成式人工智能是一种具有革命性的教育技术,它可以为教育领域带来更多的可能性和机遇,同时也会带来更多的挑战和风险。我们期待生成式人工智能能够在教育领域发挥更大的作用,为教师提供更好的教学支持,为学生提供更好的学习支持,为社会和人类提供更高的教育质量和效益。

12.2 元宇宙与教育应用

元宇宙(Metaverse)是指一个由虚拟现实、增强现实、互联网等技术构建的,具有高自由度、互动性和沉浸感的数字世界,其受到教育界的高度关注。

12.2.1 元宇宙概述

元宇宙的概念最早由美国作家尼尔·斯蒂芬森在其1992年出版的科幻小说《雪崩》中提出,指一个由无数个虚拟世界组成的网络空间,用户可以通过头戴式显示器等设备进入,并在其中进行各种活动。元宇宙的发展经历了几个阶段。最初,研究者主要关注基于文本的虚拟世界,如多人在线角色扮演游戏(如 Multi-User Dungeon)、多人在线文本冒险游戏(如 Multi-User Shared Hallucination)等,但这些世界缺乏视觉和声音等多感官刺激,难以吸引用户。随后,研究者开始尝试研究基于图形的虚拟世界,如第二人生(Second Life)、魔兽世界(World of Warcraft)等,但这些世界仍然受限于屏幕和键盘等设备,难以实现真正的沉浸感。近年来,随着虚拟现实、增强现实、云计算、区块链等技术的发展,元宇宙逐渐成为一个由多种平台和设备构成的开放和连贯的数字世界,用户可以通过头戴式显示器、智能眼镜、智能手套等设备进入,并在其中进行社交、娱乐、教育、商业等各种活动。

要理解元宇宙,我们首先要理解虚拟世界。虚拟世界是一种全新的世界,它是客观存在的。虚拟世界是继现实世界和内心世界之后由人类创造的第三种世界。人类能通过虚拟现实设备与虚拟世界交互。虚拟世界是多维世界。为满足不同的社会需求、地缘和文化,可建立多个虚拟疆域。虚拟世界是采用数字技术在现实世界基础上建立的包罗万象的数字模型。图12-2表示的是组成元宇宙的三个世界模型。

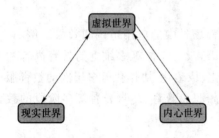

图12-2 元宇宙的三个世界模型

现实世界是指客观存在的大千世界,包括自然界和人类社会。现实世界的数字化基础设施包括服务器、网络和计算设备,是承载虚拟世界的物质基础。人类社会包括开发者、用户、投资者等,他们也是现实世界的一部分。现实世界是客观的,是始终存在的。

内心世界是指人的情感和精神体验,每个人都有一个自己的内心世界。全球有80亿人即具有80亿个内心世界。内心世界是主观的,自从有了人类,内心世界就产生了。人们可以与他人互动、交往、进行创造和探索等活动,这些活动都会对人们的内心世界产生影响,进而影响人们的社交能力、创造力、自信心等等。

元宇宙由现实世界、虚拟世界和内心世界融合而成,是人类社会高度数字化和智能化以后形成的数字社会新形态。用户在虚拟世界中使用元宇宙身份从事学习、社交、娱乐、生产、经营、社会治理等活动,并逐步建立一种新的数字文明。

在元宇宙三个世界模型的基础上,本节将从虚拟世界构建技术、虚拟世界交互技术、虚实空间连接技术、元宇宙管理技术四个维度对元宇宙的关键技术进行划分和阐述,并说明这些技术对教育的作用和影响。元宇宙四类关键技术框架如图12-3所示。

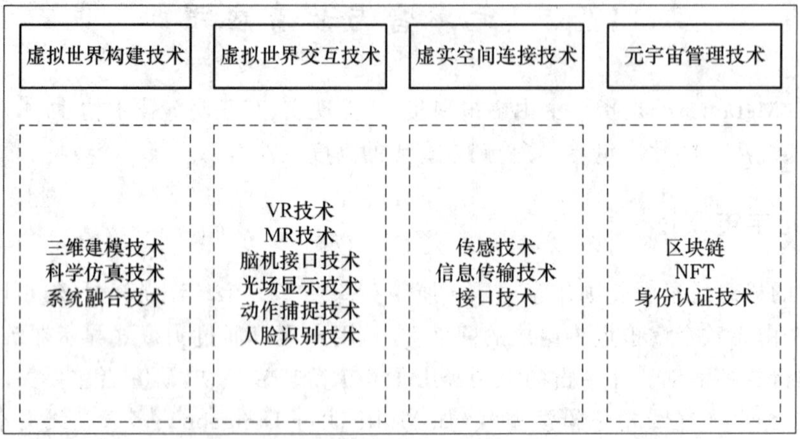

虚拟世界构建技术	虚拟世界交互技术	虚实空间连接技术	元宇宙管理技术
三维建模技术 科学仿真技术 系统融合技术	VR技术 MR技术 脑机接口技术 光场显示技术 动作捕捉技术 人脸识别技术	传感技术 信息传输技术 接口技术	区块链 NFT 身份认证技术

图12-3 元宇宙四类关键技术框架

12.2.2 元宇宙的教育应用

元宇宙在教育领域有着广泛而深刻的应用价值。一方面,它可以为教师提供更多元和更灵活的教学方式和方法,如虚拟实验、虚拟旅行、虚拟博物馆等;另一方面,它可以为学生提供更真实和更有趣的学习环境和体验,如虚拟课堂、虚拟同学、虚拟导师等。以下是一些具体的应用案例。

1. 虚拟实验

元宇宙可以为教师和学生提供一个可以进行各种科学实验的虚拟实验室,无须考虑实验材料、设备、安全等问题。这样可以节省教育资源,同时提高教师教学效果和学生学习兴趣。例如,斯坦福大学开发了基于 VR 技术的虚拟实验系统 Virtual Lab VR,其可以让用户在虚拟环境中进行化学、物理、生物等学科的实验,并获得及时的反馈和指导。

2. 虚拟旅行

元宇宙可以为教师和学生提供一个可以探索各种地理和历史场景的虚拟旅行平台,无须考虑时间、空间、费用等问题。这样可以拓宽教育视野,同时增加教学趣味和学生学习动力。例如,谷歌推出了基于 VR 技术的虚拟旅行系统 Google Expeditions,其可以让用户在虚拟环境中参观各种名胜古迹、自然风光、文化遗产等,并获得相关的信息和解说。

3. 虚拟博物馆

元宇宙可以为教师和学生提供一个可以欣赏各种艺术和文化作品的虚拟博物馆,无须考虑门票、排队、保护等问题。这样可以丰富教育资源,同时提升教学品味和学习素养。例如,微软推出了基于 AR 技术的虚拟博物馆系统 Microsoft HoloLens,其可以让用户在真实环境中观看各种虚拟的绘画、雕塑、建筑等,并获得相关的介绍和评论。

4. 虚拟课堂

元宇宙可以为教师和学生提供一个可以进行同步或异步的在线教学和学习的虚拟课堂,无须考虑地点、时间、人数等问题。这样可以提高教育效率,同时增强教学互动和提高学习参与度。例如,Mate 推出了基于 VR 技术的虚拟课堂系统 Facebook Horizon,其可以让用户在虚拟环境中创建或加入各种主题和形式的课程,并与其他用户进行语音或手势等多种方式的沟通和协作。

5. 虚拟同学

元宇宙可以为教师和学生提供一个可以结交来自不同地区和背景的在线学习伙伴的虚拟同学平台,无须考虑语言、文化、信任等问题。这样可以扩大教育网络,同时促进教育交流和学习共享。例如,英国剑桥大学开发了基于 AI 技术的虚拟同学系统 AI Buddy,其可以让用户在虚拟环境中与具有不同性格和能力的虚拟角色进行友好或竞争的学习活动,并获得相应的学习反馈和建议。

6. 虚拟导师

元宇宙可以为教师和学生提供一个可以获得来自不同领域和水平的在线教育指导和支持的虚拟导师平台,无须考虑资格、费用、可用性等问题。这样可以提高教育质量,同时满足教育需求和目标。例如,IBM 公司推出了基于 AI 技术的虚拟导师系统 IBM Watson Tutor,其可以让用户在虚拟环境中与具有不同专业和经验的虚拟专家进行自然语言对话,并获得相关的答案和建议。

12.2.3 未来挑战与展望

元宇宙在教育领域已经展现出了巨大的潜力和价值,但也面临着一些挑战和风险。一方面,元宇宙需要不断提高其技术水平和用户体验,解决虚拟环境中的延迟、卡顿、眩晕等问题,同时保证其稳定性和安全性。另一方面,元宇宙需要充分考虑其对教育伦理和社会责任的影响,避免出现沉迷、隔离、欺诈或暴力等问题。为了促进元宇宙在教育中的健康发展,未来,以下三个方面仍需努力。

1. 技术创新

我们需要不断探索和优化元宇宙的构建和运行的技术,提高其在教育场景中的适应性和效果。例如:我们可以利用5G、6G等通信技术,确保元宇宙中数据传输和处理的高速和低延迟;我们可以利用区块链、数字身份等技术,确保元宇宙中的用户和资源的有效认证和管理;我们可以利用人工智能、物联网等技术,确保元宇宙中的内容和服务的智能化和个性化。

2. 应用探索

我们需要不断拓展和优化元宇宙在教育场景中的应用范围和效果。例如:我们可以利用元宇宙实现跨时空、跨维度、跨界别等多层次的教育协同和交流;我们可以利用元宇宙实现多感觉、多媒体、多模态等多维度的教育表达和体验;我们可以利用元宇宙实现多学科、多领域、多层次等多维度的教育拓展和创新。

3. 伦理规范

我们需要不断建立和完善元宇宙在教育领域中的伦理原则和规范。例如:我们需要明确元宇宙在教育中的角色定位和责任界限,避免替代或削弱学生的主体地位和学习能动性;我们需要保障元宇宙在教育中的数据安全和知识产权,避免滥用或泄露教师或学生的个人信息和创作成果;我们需要确保元宇宙在教育中提供的内容和对社会的影响是正向的,避免产生或传播错误、有害或不良的教育信息和价值观。

综上所述,元宇宙是一种具有革命性的教育技术,它可以为教育领域带来更多的可能性和机遇,同时也会带来更多的挑战和风险。我们期待元宇宙能够在教育领域发挥更大的作用,为教师提供更好的教学支持,为学生提供更好的学习支持,为社会和人类提供更高的教育质量和效益。

12.3 脑机接口与教育应用

12.3.1 脑机接口概述

脑机接口(Brain-Machine Interface,BMI或Brain-Computer Interface,BCI)是指在人或动物大脑与外部设备之间创建的直接连接,以实现脑与设备的信息交换。这一概念其实早已有之,但直到20世纪90年代以后,才开始出现阶段性成果。脑机接口的主要应用是辅助、增强、修复人体的感觉-运动功能或提升人机交互能力。例如,脑机接口可以帮助残疾人重新行走或支配上肢,也可以用于控制鼠标、机器人手臂、虚拟现实等外部设备。脑机接口可以分为三类:侵入式(有创植入电极至大脑皮层之下)、半侵入式(有创植入电极至硬脑膜或蛛网膜上)和非侵入式(无创)。由非侵入式到半侵入式再到侵入式,电极植入位置越来越深,所获脑电信号质量越来越好,所获信号频率越来越高。

脑机接口技术主要涉及硬件、软件和算法,其中,硬件主要包括用于脑电信号采集或神经反馈的电极和用于信号处理的芯片,算法主要是用于信号处理的机器学习,软件则是关于脑相关数据的处理和管理。其发展历程可以大致分为以下五个阶段：

第一阶段（20 世纪 70 年代至 80 年代）：实验室层面的基础研究，主要是在动物模型上探索神经元对运动和感觉的编码规律。

第二阶段（20 世纪 90 年代至 21 世纪最初十年初期）：实验室层面的应用研究，主要是在动物模型上实现运动皮层信号对外部设备的控制。

第三阶段（21 世纪最初十年中期至 21 世纪第二个十年初期）：临床层面的应用研究，主要是在人类受试者上实现运动皮层信号对外部设备的控制。

第四阶段（21 世纪第二个十年期中期至 21 世纪 20 年代初期）：商业化层面的应用研究，主要是在人类受试者上实现多种皮层信号对外部设备的控制，并开发出可移植、可穿戴、可连接的产品。

第五阶段（21 世纪 20 年代中期至未来）：普及化层面的应用研究，主要是在正常人群中实现多种皮层信号对外部设备的控制，并开发出更安全、更高效、更智能的产品。

12.3.2 脑机接口的教育应用

脑机接口技术在医疗、娱乐、军事等领域已经有了广泛的应用，而在教育领域，它也有着巨大的潜力和价值，如学习状态的监测和反馈、学习能力的提升和训练、学习内容和形式的创新等。

1. 学习状态监测和反馈

脑机接口技术可以实时监测学生的学习状态，如注意力、兴趣、情绪、疲劳等，并根据学生的大脑活动数据提供相应的反馈和建议，从而帮助学生调整和优化自己的学习方式和效果。例如，哈佛大学开发了一款基于脑机接口技术的智能眼镜 FocusEDU，其可以通过分析学生的眼动和脑电信号，判断学生是否专注于课堂，并通过声音或光线等方式提醒学生保持注意力。

2. 学习能力提升和训练

脑机接口技术可以通过刺激或抑制特定的脑区域，来改变学生的学习能力，如记忆、思维、创造等，并通过神经反馈或游戏等方式进行训练和评估，从而帮助学生提高自己的学习水平和质量。例如，加州大学伯克利分校开发了一款基于脑机接口技术的记忆增强系统 Decoded Neurofeedback，该系统可以通过在睡眠中重放学生在学习时产生的与记忆相关的脑电波，来加强学生对所学内容的记忆。

3. 学习内容和形式创新

脑机接口技术可以通过读取和解析学生的想象或创意，来生成与学习内容相关的文本、图像、音频等多模态数据，并通过虚拟现实或增强现实等技术呈现给学生，从而帮助学生拓展和创新自己的学习内容和形式。例如，清华大学开发了一款基于脑机接口技术的诗歌创作系统 Brain Poetry，其可以根据用户输入的主题或要求，生成具有优美性、独特性和新颖性的诗歌，并通过语音合成或图像生成等方式呈现给用户。北京邮电大学张洪欣教授团队开发了世界上第一款脑机"象棋"系统，该系统是一种在单人或者双人同屏的情况下，利用实时脑电实现"象棋"功能的脑-机系统，即通过双人脑电数据的同步采集和实时处理，实现人脑"意念"象棋对决。被试者通过注视屏幕中不同频率的象棋棋子，从而诱发被试者产生相应的脑电信号，这些信号被发送给中控端进行象棋逻辑处理，进而改变刺激界面刺激状态。

该系统充分发挥脑机接口技术和人类在认知、视觉、感知觉等信息处理方面的优势,实现了"人工智能+人"既优于"人工智能"又优于"人"的效果。

12.3.3 未来挑战与展望

脑机接口技术在教育领域已经展现出了巨大的潜力和价值,但也面临着一些挑战和风险。一方面,脑机接口技术需要不断提高其准确性和可靠性,解决脑信号的干扰、噪声、变异等问题,同时保证其安全性和舒适性。另一方面,脑机接口技术需要充分考虑其对教育伦理和社会责任的影响,避免出现侵犯隐私、损害公平或诱发不良行为等问题。基于此,为了促进脑机接口技术在教育中的健康发展,我们需要从以下三个方面进行努力。

1. 技术创新

我们需要不断探索和优化脑机接口技术的理论和方法,提高其在教育场景中的适应性和应用效果。例如:我们可以利用深度学习、迁移学习、元学习等技术,实现对教育领域知识和数据的有效利用和迁移;我们可以利用多模态融合、情感计算、自然语言处理等技术,生成高质量和高多样性的教育内容和形式;我们可以利用可解释性、可审核性、可逆性等技术,实现对教育过程和结果的有效监督和管理。

2. 应用探索

我们需要不断拓展和优化脑机接口技术在教育场景中的应用范围和效果。例如:我们可以利用脑机接口技术生成跨学科、跨文化、跨语言、跨媒体等多维度的教育内容和资源;我们可以利用脑机接口技术提供个性化、情境化、情感化、协作化等多层次的教育服务和体验;我们可以利用脑机接口技术满足基础教育、职业教育、终身教育等多阶段的教育需求和目标。

3. 伦理规范

我们需要不断建立和完善脑机接口技术在教育领域中的伦理原则和规范。例如:我们需要明确脑机接口技术在教育中的角色定位和责任界限,避免替代或削弱学生的主体地位和学习能动性;我们需要保障脑机接口技术在教育中的数据安全和知识产权,避免滥用或泄露教师或学生的个人信息和创作成果;我们需要确保脑机接口技术在教育中提供的内容和对社会的影响是正向的,避免产生或传播错误、有害或不良的教育信息和价值观。

综上所述,脑机接口技术是一种具有革命性的教育技术,它可以为教育领域带来更多的可能性和机遇,同时也会带来更多的挑战和风险。我们期待脑机接口技术能够在教育领域发挥更大的作用,为教师提供更好的教学支持,为学生提供更好的学习支持,为社会和人类提供更高的教育质量和效益。

12.4 区块链与教育应用

12.4.1 区块链概述

区块链(Blockchain)的概念最早出现于 2008 年,一位化名为"中本聪"的学者发文提出基于区块链的比特币系统,这是全球第一个区块链应用。中国信息通信研究院在发布的《区块链白皮书(2019年)》中对"区块链"进行了定义:是一种由多方共同维护,使用密码学保证传输和访问安全,能够实现数据一致存储、难以篡改、防止抵赖的记账技术,也称为分布式账本技术(Distributed Ledger Technology)。典型的区块链以"块-链"结构存储数据,并利用可信的共识机制同步数据的变化,因此可用于创建分布式的、防篡改的数据存储和共享平台。

区块链的发展可以分为以下四个阶段:

第一代区块链:以比特币为代表,主要用于实现数字货币的发行和交易,解决双重支付和去中心化共识的问题。

第二代区块链:以以太坊为代表,引入了智能合约的概念,使区块链能够支持更复杂的逻辑和功能,拓展了区块链的应用范围。

第三代区块链:以 EOS、Cardano 等为代表,致力于解决区块链的可扩展性、安全性、互操作性等问题,以提升区块链的性能和便利性。

第四代区块链:以 Hashgraph、Holochain 等为代表,尝试使用非线性数据结构或非共识机制来实现分布式系统,探索区块链的新可能性。

目前,区块链技术仍在不断创新和发展,应用领域也在不断拓展,包括金融、供应链、医疗、政府、媒体等多个行业。

12.4.2 区块链的教育应用

区块链是一种基于分布式账本、密码学、共识机制等技术的去中心化、不可篡改、可追溯的数据存储和交换方式,它可以为教育领域带来更高的信任度、安全性和效率,促进教育资源的共享和优化,推动教育创新和变革。区块链在教育领域的应用主要包括以下八个方面。

1. 学习证书和成绩管理

区块链可以为学习证书和成绩提供一个可信、可验证、不可篡改的数字存证平台,从而解决传统纸质证书的伪造、丢失、损坏等问题,同时简化证书的核验和认证流程,提高证书的流通性和价值。例如,麻省理工学院推出了基于区块链技术的数字毕业证书系统 Blockcerts,该系统可以让毕业生在手机上下载并展示自己的毕业证书,并通过区块链上的哈希值验证其真实性。

2. 学习数据和行为追踪

区块链可以为学习数据和行为提供一个全面、连续、透明的记录和分析平台,解决传统学习管理系统的数据孤岛、数据泄露、数据隐私等问题,同时支持个性化、情境化、情感化的学习服务和体验,提升学习效果和提高满意度。例如,Learning Machine 是一个基于区块链技术的学习数据管理系统,它可以让学习者在不同的教育机构和平台之间自由地迁移和控制自己的学习数据,并根据自己的学习目标和兴趣定制自己的学习路径。

3. 教育资源和服务交易

区块链可以为教育资源和服务提供一个开放、公平、高效的交易和分配平台,从而解决传统教育市场的信息不对称、信任缺失、交易成本高等问题,同时激励教育参与者的贡献和创新,提升教育资源和服务的质量和多样性。例如,EduCoin 是一个基于区块链技术的教育资源和服务交易平台,它可以让教育提供者和需求者在去中心化的网络中直接进行点对点的交易,并通过智能合约实现交易的自动执行和结算。

4. 教育治理和评估

区块链可以为教育治理和评估提供一个民主、透明、可信的决策和监督平台，从而解决传统教育制度的权力集中、利益冲突、效率低下等问题，同时赋予教育参与者更多的话语权和选择权，提高教育公平性和有效性。例如，BitDegree 是一个基于区块链技术的在线教育平台，它可以让教育参与者通过投票决定课程内容、质量和价格，并通过区块链上的反馈机制持续改进课程。

5. 可信可追溯的终身学习成长档案

基于区块链技术的终身学习档案可记录、存储学习者各阶段的标志性学习轨迹等数据，有助于实现去中心化、不可篡改、可追溯的档案信息安全共享。此外，该技术支持学生、教育机构、用人单位查询认证，从而促进学习型社会的构建。黄太进等提出了一种去中心化的终身教育记录跟踪方案——Educhain 区块链平台方案，其将学习者各个受教育阶段的学习记录存储在区块链上，以在不同教育机构之间共享与应用学习数据。关于终身学习成长档案，国外已有一些成功的应用案例，如麻省理工学院的学历证书系统 Blockcerts、英国开放大学的组合"微认证"（Microcredentials）系统，这些系统均可用于职业生涯管理和个人学习记录管理，使终身学习成为可能。

6. 开放共享教学资源的数字知识产权保护

利用区块链可记录数字资源的发布、传播、使用等过程，而利用区块链的防篡改、可追溯特点，可实现数字资源版权保护，促进教育数字资源的开放和共享。北京师范大学提出一种基于区块链的数字版权管理系统，此系统通过公有链和私有链相结合的方式来管理在线教育多媒体资源，并利用三个智能合约框架来分别实现多媒体数字版权的记录、安全存储和数字证书的无中介认证。Guo 等的研究证明，基于区块链的数字版权管理系统是在线教育环境中多媒体数据保护的一种前景良好的解决方案。

7. 直接连接学习者和教师的灵活开放的学习平台

利用区块链的智能合约优化教学管理流程，可减少中间环节，降低教育成本，建立灵活开放的学习平台，支持学习者和教师的直接连接，支持学分银行，促进终身学习体系的构建。例如，英国的 Woolf 大学学习平台、瑞士的按需教育市场（On-Demand Education Marketplace, ODEM）平台等，这些平台使用智能合约实现教育提供者和需求者的直接互联，并实现教育资源的授权、管理和交付。

8. 动态精准的形成性教育评价

基于区块链记载的关键学习数据，对学习者特征进行精准画像，可形成科学、客观的教育评价。评价动态可变，而其及时的反馈有助于学习者获得更好的发展。例如，廊坊市教育局借鉴国际学生评估项目（Program for International Student Assessment, PISA）测试经验，基于区块链技术开发了教育质量监测系统，为学习者的成长过程创建档案，通过该系统可以对学习者进行精准画像和综合性评价。英国开放大学利用区块链开发的微认证技术，可用于记录学习者慕课学习的过程并进行动态评估。区块链在教育领域的应用为动态、精准的形成性教育评价提供了有效的解决方案。

12.4.3 未来挑战与展望

区块链在教育领域已经展现出了巨大的潜力和价值，但也面临着一些挑战和风险。一方面,区块链技术需要不断提高其性能和可扩展性,解决区块链网络中的延迟、拥堵、存储等问题,同时保证其兼容性和稳定性。另一方面,区块链技术需要充分考虑其对教育伦理和社会责任的影响,避免出现数据滥用、知识垄断、教育分化或排斥等问题。基于以上问题,我们需要从技术创新、应用探索和伦理规范三个方面继续深化研究,以应对这些挑战和风险。

1. 技术创新

我们需要不断探索和优化区块链的构建和运行的技术,提高其在教育场景中的适应性和应用效果。例如:我们可以利用分层架构、侧链、闪电网络等技术,实现对区块链网络的分级和分片,提高其吞吐量和响应速度;我们可以利用零知识证明、同态加密、多方计算等技术,实现对区块链数据的隐私保护和安全计算,保障教育参与者的数据权益。

2. 应用探索

我们需要不断拓展和优化区块链在教育场景中的应用范围和应用效果。例如:我们可以利用区块链实现跨机构、跨平台、跨地域等多维度的教育数据的共享和验证;我们可以利用区块链实现多元化、个性化、智能化等多维度的教育资源和服务的交易和分配;我们可以利用区块链实现民主化、透明化、可信化等多维度的教育治理和评估的决策和监督。

3. 伦理规范

我们需要不断建立和完善区块链在教育领域中的伦理原则和规范。例如:我们需要明确区块链在教育中的角色定位和责任界限,避免替代或削弱学生的主体地位和学习能动性;我们需要保障区块链在教育中的数据安全和知识产权,避免滥用或泄露教师或学生的个人信息和创作成果;我们需要确保区块链在教育中提供的内容和对社会的影响是正向的,避免产生或传播错误、有害或不良的教育信息和价值观。

综上所述,区块链是一种具有革命性的教育技术,它可以为教育领域带来更多的可能性和机遇,同时也会带来更多的挑战和风险。我们期待区块链能够在教育领域发挥更大的作用,为教师提供更好的教学支持,为学生提供更好的学习支持,为社会和人类提供更高的教育质量和效益。

12.5 未来智能教育技术展望

智能教育技术在教育领域有着广阔的应用前景和发展潜力,可以为教育提供更高效、更个性化、更公平、更开放的服务和体验,促进教育质量和效益的提升,推动教育变革和创新。未来,智能教育技术将呈现以下三个发展趋势:

1. 智能教育技术将更加融合和协同

不同的智能教育技术将相互补充和协作,形成一个多层次、多维度、多场景的智能教育技术体系,实现对教育全过程和全要素的智能化支持。例如:人工智能可以与虚拟现实或增强现实相结合,以提供沉浸式和情景化的学习体验;大数据可以与区块链相结合,以提供安全和可信的学习数据管理和交易;云计算可以与 5G、6G 相结合,以提供高速且低延迟的学习资源和服务传输。

2. 智能教育技术将更加开放和共享

智能教育技术将打破时间、空间、地域等限制,实现优质的教育资源和服务的跨界流动和共享,促进教育公平和包容。例如:云平台可以为不同地区、不同层次、不同类型的学习者提供统一和便捷的学习入口和环境;物联网可以为不同设备、不同平台、不同系统的学习者提供无缝和智能的学习连接和交互;区块链可以为不同机构、不同组织、不同领域的学习者提供去中心化和自治的学习社区和网络。

3. 智能教育技术将更加个性化和智慧化

智能教育技术将根据每个学习者的特征、需求、目标等因素,提供定制化和适应性的学习内容和形式,从而对每个学习者进行精准诊断和指导。例如:人工智能可以通过深度学习和神经网络等,分析每个学习者的学习数据和行为,生成个性化的学习路径和策略;物联网可以通过感知器或可穿戴设备等,监测每个学习者的生理状态和情绪变化,提供情感化的学习反馈和建议;虚拟现实或增强现实可以通过交互器或数字人等,模拟每个学习者的想象或创意,提供创造性的学习表达和体验。

本 章 小 结

本章主要介绍了未来智能教育技术与应用展望,主要包括:生成式人工智能与教育应用、元宇宙与教育应用、脑机接口与教育应用和区块链与教育应用。

第一,本章详细介绍了生成式人工智能与教育应用,重点介绍了生成式人工智能概述、生成式人工智能的教育应用、未来挑战与展望。第二,详细介绍了元宇宙与教育应用,重点介绍了与宇宙概述、元宇宙的教育应用、未来挑战与展望。第三,详细介绍了脑机接口与教育应用,重点介绍了脑机接口概述、脑机接口的教育应用、未来挑战与展望。第四,详细介绍了区块链与教育应用,重点介绍了区块链概述、区块链的教育应用、未来挑战与展望。第五,介绍了未来智能教育技术展望,重点介绍了智能教育技术的发展趋势和持续改进方向。

习 题

1. 什么是生成式人工智能,它和其他类型的人工智能有什么区别?
2. 什么是元宇宙,它和虚拟现实、增强现实、混合现实有什么区别?
3. 什么是脑机接口,它和其他类型的人机交互有什么区别?
4. 什么是区块链,它和其他类型的分布式数据库有什么区别?
5. 未来智能教育技术有哪些发展趋势和持续改进方向?
6. 请简要介绍一下生成式人工智能在教育领域的主要应用场景和应用效果。
7. 请简要介绍一下元宇宙在教育领域的主要应用场景和应用效果。
8. 请简要介绍一下脑机接口在教育领域面临的主要挑战和展望。
9. 请简要介绍一下区块链在教育领域面临的主要挑战和展望。
10. 请设计一个基于元宇宙的虚拟课堂系统,并给出系统的目标、结构、流程、参数设置等方面的设计方案。
11. 请设计一个基于区块链的学习证书系统,并给出系统的目标、结构、流程、参数设置等方面的设计方案。

参 考 文 献

[1] 卢宇,余京蕾,陈鹏鹤,等.生成式人工智能的教育应用与展望——以 ChatGPT 系统为例[J].中国远程教育,2023,43(4):24-31.

[2] 蔡苏,焦新月,宋伯钧.打开教育的另一扇门——教育元宇宙的应用、挑战与展望[J].现代教育技术,2022,32(1):16-26.

[3] 兰丽娜,吴芬芬,石瑞生.国内"区块链+教育"研究的可视化分析——以 160 篇"区块链+教育"相关的核心期刊论文为样本文献[J].现代教育技术,2021,31(10):23-31.

[4] 教育部学校规划建设发展中心教育数字化产学融合组织,元宇宙教育实验室,北邮-润尼尔虚拟现实创新技术与应用联合实验室.2023 教育元宇宙发展研究展报告[R].北京:2023.